Hermann Müller-Franken
Vom Sturz der Monarchie zur Weimarer Republik.
Die Novemberrevolution 1918

SEVERUS Verlag

Müller-Franken, Hermann: Vom Sturz der Monarchie zur Weimarer Republik.
Die Novemberrevolution 1918. 2017
Neuauflage der Ausgabe von 1928
ISBN: 978-3-95801-735-1

Umschlaggestaltung: Annelie Lamers, SEVERUS Verlag

Bibliografische Information der Deutschen Nationalbibliothek: Die Deutsche Nationalbibliothek verzeichnet diese Publikation in der Deutschen Nationalbibliografie; detaillierte bibliografische Daten sind im Internet über https://dnb.de abrufbar.

Der SEVERUS Verlag ist ein Imprint der Bedey & Thoms Media GmbH,
Hermannstal 119k, 22119 Hamburg

SEVERUS Verlag, 2017
http://www.severus-verlag.de
Gedruckt in Deutschland

Hermann Müller-Franken

Vom Sturz der Monarchie zur Weimarer Republik

Die Novemberrevolution 1918

INHALTSVERZEICHNIS

I. Die Ursachen der Revolution

Wer sich an die Novembertage des Jahres 1918 gerne erinnert, wird die Frage, ob wir überhaupt eine Revolution hatten, gefühlsmäßig ohne weiteres bejahen. Es gibt aber auch heute noch mit den Ergebnissen der Revolution unzufriedene Republikaner, die behaupten, daß sich in Deutschland gegen die Vorkriegszeit fast gar nichts geändert habe, daß wir sozusagen eine Monarchie mit einem republikanischen Vorzeichen hätten. Ich bin der letzte, der verkennt, wie viel noch zu tun ist, bis alle Einrichtungen der deutschen Republik von wahrhaft republikanischem Geist erfüllt sein werden, bis sich eine wirkliche demokratische Tradition in Deutschland entwickelt haben wird. Aber wir wollen über den Mängeln der Republik von heute nicht vergessen, was eigentlich vor dem Kriege war.

Vor dem Kriege waren die Träger der europäischen Reaktion der absolutistische Zarismus, der durch Schlamperei gemilderte Absolutismus der Habsburger und der den Volkswillen verachtende, sich auf die preußischen Bajonette stützende Halbabsolutismus Wilhelms II. Fest schien von den Trägern der Reaktion nur das wilhelminische Reich zu stehen, das sich auf die vollkommenste Militärmaschine der Welt stützte. Dieser preußisch-deutsche Militarismus kapitulierte am 9. November 1918 vor dem Volke. Das war das Ende des Obrigkeitsstaats. Das Volk nahm nun sein Schicksal selbst in die Hand. Verdient dieser Systemwechsel nicht den Namen einer Revolution?

Andererseits gibt es gute friedliebende Demokraten in Deutschland, die behaupten, daß eine Revolution eigentlich gar nicht mehr nötig gewesen sei. Denn die Verfassungsänderung, die den parlamentarischen Staat in Deutschland begründen sollte, habe der Reichstag bereits vom 2. bis 26. Oktober 1918 beschlossen, und Wilhelm II. habe darunter am 28. Oktober 1918 seine Unterschrift gesetzt. Daß das unter dem Drucke nicht mißverständlicher Aeußerungen Wilsons so geschehen war, ist an sich richtig. Der Parlamentarismus ist in Deutschland nicht erst durch die Verfassung von Weimar eingeführt worden. Aber ebenso richtig ist, daß diese Reform im November 1918 dem deutschen Volke nicht mehr genügte.

Wie kam es nun zur Novemberrevolution?

Seit der Marneschlacht standen sich im Westen die Heere der Deutschen und der Entente im Stellungskrieg gegenüber. Die deutschen Heere hielten aus, trotzdem Deutschland wegen des Boykotts der Entente an Nahrungsmitteln und Rohstoffen bittere Not litt und auf unzureichenden Ersatz angewiesen war. In den weitesten Kreisen des deutschen Volkes herrschte das Gefühl, daß es, wie August Bebel im Jahre 1913 im Haushaltsausschuß des deutschen Reichstags gesagt hatte, um Sein oder Nichtsein Deutschlands ging. Die Entbehrungen waren unmenschlich. Wenn Deutschland damals wirkliche Staatsmänner an seiner Spitze gehabt hätte, so hätte das Ziel ihrer Politik sein müssen, in den Ländern der Entente den Zusammenbruch der Stimmung der Massen zu fördern. In Frankreich und Italien war 1917 zeitweise die Stimmung sehr gedrückt. Es fanden dort Meutereien von einem Umfang statt, wie sie das deutsche Heer nie gekannt hat. Aber die deutschen Reichskanzler und ihre nachgeordneten Staatssekretäre waren gegen die militärischen Halbgötter ohnmächtig, die weder die Grenzen der deutschen Kraft, noch das Ausmaß der durch den Beitritt der Vereinigten Staaten von Amerika gestärkten Kraft der Kriegsgegner richtig einschätzten. Die deutschen Militärs mit Ludendorff an der Spitze wollten Belgien dauernd unter deutscher Oberhoheit halten, im Osten das Baltenland annektieren und außerdem die Kriegskosten ersetzt haben. Deshalb wurde das „Gottesgeschenk" der russischen Märzrevolution deutscherseits nicht ausgenützt. Hätte damals ein deutscher Reichskanzler offen und ehrlich erklärt, daß Deutschland im Osten zu einem Frieden ohne Annexionen und ohne Kontributionen bereit sei, hätte er den Einwohnern Rußlands wirklich das Recht auf Selbstbestimmung gelassen, so hätte das in Frankreich, Belgien und Italien, wo die Massen auch kriegsmüde waren, die stärkste propagandistische Wirkung haben müssen. So ging der Krieg im Westen wie im Osten weiter.

Seit dem Ausbruch der russischen Revolution mehrten sich die Stimmen derer, die bei Fortdauer des Weltkrieges über Jahr und Tag auch eine deutsche Revolution für möglich hielten. Die Vorbedingungen für eine Revolution erfüllten sich aber erst, als die Karte des U-Boot-Krieges nicht stach. Für diesen Fall hatte Helfferich Deutschlands Sturz vorausgesagt. Und als am 8. August 1918 die deutschen Truppen bei Albert durch die Engländer eine schwere Niederlage erlitten, kam der Wendepunkt. Die Tanks der Entente hatten wesentlich zu dieser Niederlage beigetragen. Durch die Anwendung der Tanks wurde im Westen zum erstenmal die Moral der deutschen Truppen aufs schwerste erschüttert. Mit der Augustniederlage war das ganze System des ewigen Wartens auf militärische Erfolge ins Wanken geraten. Jetzt wußte alle Welt, daß der preußische Militarismus seinen letzten Waffengang antreten würde.

An der Spitze des deutschen Reiches stand damals G r a f H e r t l i n g, ein hilfloser Greis. Wilhelm II. hatte seine „Handlanger" bisher immer gewählt, ohne den Reichstag zu fragen, wozu ihn die halbabsolutistische Verfassung von 1871 berechtigte. Vor Ernennung Hertlings hatte er zum erstenmal die „Gnade" gehabt, mit den Reichstagsparteien Fühlung nehmen zu lassen. V o n K ü h l m a n n, der Staatssekretär des Auswärtigen, betrieb die Kandidatur des Grafen Hertling mit der Behauptung, daß der Kaiser die Fühlung mit dem Parlament für untauglich halten würde, wenn die Parteien Hertling ablehnen würden, in dessen Person ein Führer der Zentrumspartei berufen würde. Graf Hertling stand auf dem rechten Flügel des Zentrums. Um die Bedenken der Sozialdemokratie und der Freisinnigen zu zerstreuen, wurde neben ihm der Schwabe F r i e d r i c h P a y e r als Vizekanzler in die Regierung berufen. Graf Hertling mußte schon am 9. Juli 1918 den Schmerz erleben, daß die Oberste Heeresleitung Herrn von Kühlmann stürzte, weil er im Reichstag wahrheitsgemäß gesagt hatte, daß militärische Entscheidungen allein den Krieg nicht mehr beenden würden. Das hatte ihn übrigens vorher die Oberste Heeresleitung selbst als geheime Information wissen lassen. Im September sah endlich jedermann ein, daß der „Fünfminutenbrenner" auf dem Kanzlerstuhle nicht mehr länger zu halten war. P r i n z M a x v o n B a d e n zog als letzter Kanzler des Kaisers in die Wilhelmstraße ein.

Der Prinz war militärisch nicht belastet. Im Kriege war er hauptsächlich in der Gefangenenfürsorge tätig gewesen. Er war unzweifelhaft guten Willens. Aber selbst wenn er mehr Kraft besessen hätte als ihm eigen war, wäre es für den Abschluß eines Verständigungsfriedens, wie ihn die Sozialdemokratie immer verlangt hatte, zu spät gewesen. Prinz Max glaubte noch, als er das Amt übernahm, an die Möglichkeit einer moralischen Offensive für einen halbwegs günstigen Frieden und an die Möglichkeit einer Fortsetzung des Krieges im Falle der Verweigerung eines solchen. Er war zur Annahme des Kanzleramtes nur bereit, wenn die Sozialdemokratie Parlamentarier für die Reichsregierung zur Verfügung stellte. Vor seiner Berufung hat er E b e r t diese Bedingung gestellt.

Die Reichstagsfraktion und der Parteiausschuß der deutschen Sozialdemokratie hatten am 23. September 1918 in einer gemeinsamen Sitzung im Reichstagsgebäude in getrennter Abstimmung mit 55 gegen 10 bzw. 25 gegen 11 Stimmen grundsätzlich beschlossen, den Eintritt in eine etwa neu zu bildende Reichsregierung unter einer Reihe formulierter Bedingungen zu billigen. Diese betrafen vor allem: Uneingeschränktes Bekenntnis zur Friedensresolution vom 19. Juli 1917, Erklärung der Bereitschaft zum Eintritt in einen Völkerbund, der für alle Streitigkeiten zuständig sein und auf der allgemeinen Abrüstung beruhen sollte, vollkommen einwandfreie Erklärung über die Wiederherstellung Belgiens und Verständigung über dessen Entschädigung, das gleiche für Serbien und Montenegro, Erklärung, daß die Friedensschlüsse von Brest-Litowsk und Bukarest kein Friedenshindernis für den allgemeinen Friedensschluß sein dürften, sofortige Einführung der Zivilverwaltung in allen besetzten Gebieten, Freigabe der besetzten Länder bei Friedensschluß, Autonomie für Elsaß-Lothringen, allgemeines, gleiches, geheimes und direktes Wahlrecht für alle deutschen Bundesstaaten, Auflösung des Preußischen Landtags, wenn das Herrenhaus der Wahlrechtsänderung nicht unverzüglich zustimmen sollte, Einheitlichkeit der Reichsleitung, Ausschaltung unverantwortlicher Nebenregierungen, Einführung der parlamentarischen Regierung im Reiche, Wiederherstellung der bürgerlichen Freiheiten (Aufhebung der Zensur, der Versammlungsbeschränkungen usw.)

Dem Beschlusse war eine Debatte vorausgegangen, in der das Mißtrauen gegen die Durchsetzung dieser Forderungen stark zum Ausdruck kam, denn Michaelis und Graf Hertling, die beiden Vorgänger des Prinzen Max, hatten ein hinterhältiges Spiel getrieben. Ein von B e i m s , L ö b e und L a n d s b e r g gestellter Antrag: „Die vom Vorstand in Aussicht genommenen Bedingungen genügen der Fraktion nicht für eine Beteiligung der Sozialdemokratie an der Regierung" war durch die Beschlußfassung gegenstandslos geworden. Wenn schließlich trotz schärfster kritischer Einstellung die grundsätzliche Bereitwilligkeit zum Eintritt in die Regierung mit so großer Mehrheit beschlossen wurde, so war dafür weniger die Notwendigkeit der Mitwirkung der Partei bei der Demokratisierung des Reichs und der Bundesstaaten maßgebend, als die Meinung, daß ohne Eintritt der Partei in die Regierung nicht die notwendige Vorbereitungsarbeit zur Herbeiführung eines baldigen Friedens gesichert wäre.

Vor der Abstimmung hatte E b e r t in der ihm eigenen klaren Weise nochmals das ganze Problem aufgerollt und auf die große Verantwortung aller Beteiligten hingewiesen.

Er sagte, daß es keine Genossen gäbe, die den Eintritt in die Regierung nicht erwarten könnten: „Sie dürfen niemanden von uns für einen solchen Esel halten, daß er nicht sagt: Ich danke meinem Schöpfer, wenn dieser Kelch an mir vorübergeht. Aber das sind persönliche Auffassungen, die nicht in Betracht kommen, wenn das Interesse der Partei, der Arbeiterklasse und des Landes auf dem Spiel steht."

Auch ich gehörte zu den Anhängern des Vorschlags des Vorstandes. Ich war, von Ebert zurückgerufen, erst am Abend des 22. September aus Bayern nach Berlin zurückgekehrt und hatte an den Vorbereitungen nicht teilgenommen. Was ich aber gerade in Bayern über die Kriegsmüdigkeit aller Kreise der Bevölkerung erfahren hatte, zeigte mir, daß Deutschland schleunigst Frieden brauchte.

Vom 23. September bis Anfang Oktober hatte sich die Lage Deutschlands weiter so verschlechtert, daß S c h e i d e m a n n , der in der Sitzung vom 23. September als Referent unter der Voraussetzung der Bewilligung unserer Bedingungen für den Eintritt in die Regierung gesprochen hatte, nun die schwersten Bedenken hatte und deshalb zunächst persönlich den Eintritt in die Regierung ablehnte. E b e r t vertrat die Notwendigkeit des Eintritts Scheidemanns aber so überzeugend, daß dieser schließlich zustimmte. Die Regierung wurde sodann aus den drei Parteien gebildet, die später die Koalition von Weimar eingingen. An die Spitze des vom Reichsamt des Innern abgezweigten Reichsarbeitsamtes trat G u s t a v B a u e r , der bis dahin neben Karl Legien Vorsitzender der Generalkommission der Gewerkschaften Deutschlands gewesen war. Das Reichsamt des Innern übernahm der Kölner Zentrumsführer K a r l T r i m b o r n , der als echter Rheinländer die Gabe hatte, auch in der schlimmsten Zeit den Humor nicht ganz zu verlieren. Neben Scheidemann wurden E r z b e r g e r und G r ö b e r vom Zentrum Staatssekretäre ohne Portefeuille. Am 14. Oktober wurde noch C o n r a d H a u ß m a n n als solcher bestellt. Die Freisinnigen waren bis dahin nur durch Herrn von Payer in der Reichsregierung vertreten.

So war denn der Eintritt der Sozialdemokratie in die Reichsregierung Tatsache geworden. Mir erschien er unerläßlich, weil auf Wilsons Erklärungen die Probe gemacht werden mußte. Wie sollte denn ohne Beteiligung der Sozialdemokratie in Deutschland überhaupt eine parlamentarische Regierung gebildet werden? Gewiß fiel uns diese Entscheidung schwer. Es war ein gewagtes Spiel. Manch einer fürchtete, wie O t t o W e l s damals sagte, daß die Sozialdemokratie vielleicht mit in die Konkursmasse des Kaiserreichs gezogen werden könnte.

Immerhin ist fraglich, ob die Mehrheit des sozialdemokratischen Parteivorstandes, des Parteiausschusses und der Reichstagsfraktion ihre Zustimmung zum Eintritt in das Kabinett des Prinzen Max gegeben hätten, wenn sie gewußt hätten, wie hoffnungslos die militärische Lage Deutschlands Ende September 1918 bereits war. Die Oberste Heeresleitung gab dem Prinzen Max keine Zeit mehr, um eine Friedensoffensive vorzubereiten, sondern sie verlangte am 1. Oktober sofort nach Bildung einer neuen Regierung die Uebersendung eines Waffenstillstandsangebots. Die Oberste Heeresleitung fürchtete damals im Westen einen Durchbruch und als dessen Folge die Aufrollung der ganzen Front Wenn es zunächst dazu auch nicht kam, so war doch die völlige militärische Niederlage nur noch eine Frage der Zeit. Dazu kam der Abfall der Verbündeten Deutschlands, der am 26. September 1918 durch die Friedensforderung Bulgariens eingeleitet wurde. Ich erinnere mich genau, wie im Reichshaushaltsausschuß des Reichstags G r a f W e s t a r p am Vormittag für die Konservativen noch den starken Mann markiert, aber am Nachmittag einen wesentlichen Teil seiner Courage eingebüßt hatte, nachdem die Parteiführer über die militärische Lage nach dem Abfall Bulgariens informiert worden waren. Nach dem weiteren Abfall der Türkei und Oesterreich-Ungarns hatte die Entente den Sieg sicher in der Tasche. An eine Fortführung des Kampfes, auch nur bis zum Jahresende, konnten nur Wahnsinnige denken.

Wer zu behaupten wagt, daß die Flugblätter des Spartakusbundes den Krieg entschieden hätten, macht sich ebenso lächerlich wie derjenige, der glaubt, daß die deutsche Revolution mit dem Gelde der Bolschewisten gemacht worden sei, für das E m i l B a r t h Revolver kaufte und Flugblätter drucken ließ. Uebrigens würde das letztere, wenn es wahr wäre, schwere Schuld auf die Oberste Heeresleitung wälzen, denn mit Genehmigung Ludendorffs sind L e n i n , S i n o w j e w und andere Bolschewisten 1917 im plombierten Wagen durch Deutschland gefahren, damit sie beim „Weitertreiben" der russischen Revolution dabei sein konnten.

Wir Mehrheitssozialdemokraten hatten vor der Revolution keine Beziehungen zur Russischen Botschaft. Wir haben Herrn Joffe und sein Personal stets richtig eingeschätzt. Als eine Beihilfe der Russischen Botschaft bei der Herstellung und Verbreitung illegaler Flugblätter vermutet wurde, ohne daß der Beweis angetreten werden konnte, machte S c h e i d e m a n n den Vorschlag, einmal eine Kurierkiste ordentlich zu stürzen. Das wurde am 4. November 1918 auf dem Bahnhof Friedrichstraße probiert. Die Kiste platzte und prompt kam in deutscher Sprache gedruckte illegale Literatur zum Vorschein. Wie das nach dem geltenden Völkerrecht der Brauch ist, wurden Herrn J o f f e und seinem Personal die Pässe zugestellt. Am 6. November 1918 reiste das Personal der Botschaft nach Moskau ab, nachdem Herr Joffe noch am Abend des 5. November dem juristischen Beistand der Russischen Botschaft, dem Rechtsanwalt O s k a r C o h n, Geld „zur Förderung der Revolution" übergeben hatte. Oskar Cohn nahm das russische Regierungsgeld ruhig an, weil es nach seiner Auffassung das Geld einer gleich der Unabhängigen Sozialdemokratie auf der Zimmerwalder Konferenz vertreten gewesenen Bruderpartei war! Er hatte auch keine Bedenken, wegen des Zweckes: den Gedanken der Revolution in Deutschland zu verbreiten.

Festgestellt muß werden, daß Oskar Cohn sich mit der Annahme dieses Geldes in Gegensatz zu der Haltung der Unabhängigen Sozialdemokratie gesetzt hatte, die nach einer am 10. November 1918 veröffentlichten Erklärung ihres Parteivorstandes schon Monate vorher beschlossen hatte, Gelder, die aus russischen Quellen herrühren könnten, zurückzuweisen. Zur Begründung wurde ausgeführt, daß aus fremden Staaten stammende Geldmittel nicht in den Dienst der Parteipropaganda gestellt werden sollten. Daß das russische Geld nicht Parteigeld, sondern Regierungsgeld war, konnte nicht zweifelhaft sein.

Wir Führer der Mehrheitssozialdemokratie haben die Kreise stets mit allen Mitteln bekämpft, die unter völliger Verkennung der wirtschaftlichen Existenzmöglichkeiten Deutschlands den Bolschewismus nach Deutschland verpflanzen wollten. Daraus entstand die Legende, daß wir bis in die Novembertage hinein überhaupt jeder revolutionären Bewegung feindlich gesinnt gewesen seien. Wir wußten allerdings, daß Revolutionen nicht gemacht werden. Wir hatten das Wort Ferdinand Lassalles nicht vergessen:

„Eine Revolution machen wollen, ist eine Torheit unreifer Menschen, die von den Gesetzen der Geschichte keine Ahnung haben."

Das galt ganz besonders für die Novemberrevolution, die sich nicht aus den gesellschaftlichen Zuständen normal entwickelte, sondern ein Kriegskind war. Vom Oktober 1918 ab war sicher, daß der Ausbruch der Revolution kam. Fraglich war nur, wo zuerst und an welchem Tage die Gewalt des Krieges in die Gewalt der Revolution umschlug. Der sozialdemokratische Parteivorstand hatte seit dem Januarstreik von 1918 eine enge Fühlung mit den Vertrauensleuten der Partei in den Berliner Großbetrieben hergestellt. Er war infolgedessen über die wirkliche Stimmung unter den Berliner Arbeitern genau unterrichtet.

Und wie in Berlin, so draußen. Für den 12. und 13. Oktober 1918 wurde ich von dem Landesvorstand der bayerischen Sozialdemokratie nach München gerufen, um an Stelle des in der Schweiz erkrankten Genossen Adolf Müller auf dem 14. Parteitag der bayerischen Sozialdemokratie das Referat über „Reichs- und Auslandspolitik" zu halten. Ich übernahm diesen Auftrag um so lieber, als ich bereits im September Gelegenheit hatte, in einem abgelegenen oberbayerischen Dorfe die Stimmung einer reinen Bauernbevölkerung kennenzulernen. In dieses Dorf war während des ganzen Krieges kein Spartakusflugblatt gekommen. Dort, an der bayerischen Königstraße, wird heute noch das Andenken Ludwigs II. fast heilig gehalten. Und doch sagten im fünften Kriegsjahr dort die Bauern, daß sie den Krieg „gar" hätten. Der bayerische Parteitag bewies, daß nicht nur die Arbeiter den Tag der Abrechnung mit dem herrschenden System herbeisehnten, sondern daß auch das bayerische Bürgertum, vom Geist der Zeit erfaßt, ganz revolutionär redete. Der Nürnberger Delegierte E r n s t S c h n e p p e n h o r s t sagte damals öffentlich u. a.:

„Ich habe kürzlich erst eine Rede eines Bürgerlichen gehört, der meinte, der Haushaltungsvorstand der Familie Lehmann muß verschwinden. Wen er darunter gemeint hat, darüber war sich keiner der Hörer im Unklaren. Wir sind ja grundsätzlich für die Beseitigung der Monarchie, und dieser alte Programmpunkt muß jetzt in den Vordergrund treten. Nicht nur Tirpitz, sondern in der Hauptsache die Hohenzollern, die Wittelsbacher waren mit die Kriegsverlängerer, waren die Verbrecher, die Millionen von Toten auf dem Gewissen haben."

An demselben 13. Oktober sagte Dr. M a x S ü ß h e i m - Nürnberg auf dem bayerischen Parteitag:

„Die Forderung des Rücktritts des deutschen Kaisers und des deutschen Kronprinzen ist eine volkstümliche Forderung der weitesten Kreise der Bürgerschaft."

Genosse Dr. H e i m e r i c h - Nürnberg sagte in der gleichen Debatte:

„Ich bin dieser Tage in einem Zuge gefahren, da war ich Zeuge, wie ein Militär, ein Divisionskommandeur, glatt die Abdankung der Hohenzollern gefordert hat, und er hat sich mit Worten über die Leute ausgelassen, daß man staunen mußte. Und diese Stimmung geht heute durch die weitesten bürgerlichen Kreise."

Der Parteitag der bayerischen Sozialdemokratie nahm eine Entschließung an, in der es u. a. hieß:

„Unter Betonung unserer sozialdemokratischen Grundsätze fordert der Parteitag die Ueberführung Deutschlands in einen Volksstaat mit vollkommener Selbstbestimmung und -verwaltung des Volkes in Reich, Staat und Gemeinde."

Das seit der Gründung der Sozialdemokratischen Partei volkstümliche Wort „Volksstaat" — so hieß in den sechziger Jahren des vorigen Jahrhunderts das Leipziger Blatt Wilhelm Liebknechts und August Bebels — war absichtlich als deutsches Wort für das Wort Republik gewählt worden. Wie geredet wurde, so schrieb die Presse.

Die Militärdiktatur der Generalkommandos bestand zwar in der zweiten Oktoberhälfte noch. Aber die Presse setzte sich immer mehr über die Zensurverbote hinweg, und die Herren mit dem breiten roten Generalstreifen nahmen das einfach hin, weil sie von einem Einschreiten nur eine Verschlimmerung befürchteten. Besonders deutlich wurde das zuerst in Nürnberg. Hier führte Dr. A d o l f B r a u n, der Chefredakteur der „Fränkischen Tagespost", im vollen Einverständnis mit den Nürnberger Parteiinstanzen bereits vom 10. Oktober ab einen schneidigen Kampf für die schleunige Herbeiführung des Friedens, und weil das dazu gehörte, für die Abdankung des Kaisers. In einem Leitartikel über Wilson und Kaiser Wilhelm erinnerte er daran, wie Wilhelm II. schon am 16. August 1888 erklärt hatte:

„Daß darüber nur eine Stimme sein kann, daß wir lieber unsere gesamten 18 Armeekorps und 42 Millionen Einwohner auf der Wahlstatt liegen lassen, als daß wir einen einzigen Stein von dem, was mein Vater und Prinz Friedrich Karl errungen haben, abtreten."

Das schlug ein. 1¾ Millionen Tote lagen schon auf der Wahlstatt. Das Volk wollte nicht warten, bis nach Wilhelms II. Wunsch 42 Millionen Deutsche hingeschlachtet waren. Der bayerische „Volksfreund" denunzierte die „Fränkische Tagespost" beim Generalkommando wegen der „Schand- und Brandartikel" „gegen unseren Kaiser". Aber von Könitz, der stellvertretende kommandierende General des 3. bayerischen Armeekorps lehnte die Verhaftung der Redakteure Adolf Braun und Schneppenhorst wegen Hochverrats und Majestätsbeleidigung mit der Begründung ab, daß er wisse, daß die Revolution kommen würde, aber nicht wolle, daß sie zuerst in Nürnberg ausbreche. Er beschränkte sich auf das Verbot des Nachdrucks der Leitartikel der „Fränkischen Tagespost" in seinem Befehlsbereich. Die Auflage der „Fränkischen Tagespost" stieg dabei täglich.

Unser Nürnberger Parteiblatt stand mit solcher klaren zeitgemäßen Sprache durchaus nicht allein da. Unser Breslauer Parteiorgan, dessen Chefredakteur damals Paul Löbe war, wurde am 16. Oktober 1918 auf drei Tage verboten, weil es nach der Feststellung des Dahinsinkens der Kaiserpracht und -macht den Satz enthielt, daß es nicht schwer fallen müsse, von dem kleinen

Rest Abschied zu nehmen. Das Verbot wurde aufgehoben, weil die Breslauer Arbeiter der Großbetriebe mit der Parole: „Freigabe des Arbeiterblattes" in den Ausstand getreten waren.

Am 17. Oktober forderte die Magdeburger „Volksstimme" die Abdankung der Hohenzollern. Ueber ganz Deutschland fluteten revolutionäre Wellen.

Die Forderungen zur Erlangung eines Verständigungsfriedens verhallten zunächst ungehört. Die bayerische Regierung hatte nach der Bismarckschen Verfassung den Vorsitz im Auswärtigen Ausschuß des Bundesrates. Sie war also verpflichtet, solche Anregungen zu geben. Ueber die wahre Lage Deutschlands war die bayerische Regierung unterrichtet, denn der bayerische K r o n - p r i n z R u p p r e c h t hatte aus dem Felde schon am 15. August 1918 an den Prinzen Max von Baden geschrieben, es „hat sich unsere militärische Lage so rapid verschlechtert, daß ich nicht mehr glaube, daß wir über den Winter werden aushalten können, ja es kann sein, daß bereits früher eine Katastrophe eintritt".

Der dem Kaiser treu ergebene Gesandte T r e u t l e r telegraphierte am 20. Oktober 1918 aus München über die Stimmung dort: „Tatsächlich wünscht überwiegende Mehrheit nur Frieden."

In Hessen sah es ebenso aus. Am 17. Oktober 1918 erhielt der sozialdemokratische Parteivorstand folgenden, von unserem Parteisekretär H e r m a n n N e u m a n n in Offenbach am Main verfaßten, für die Stimmung in allen hessischen Kreisen bezeichnenden Bericht:

„Durch Herrn Kappus, Offenbach a. M., wurde ich zu einer Unterredung mit dem Prinzen Leopold zu Isenburg gebeten. Die Unterredung fand am Mittwoch, dem 16. Oktober 1918, in der Privatwohnung des Prinzen in Darmstadt, Goethestr. 44, statt und dauerte von 6.15 Uhr bis 7.20 Uhr abends.

Der Prinz bemerkte einleitend, er wünsche mit mir über zwei Punkte, über die speziell hessischen Fragen und über die das Reich betreffenden Fragen zu verhandeln. Er erklärte dann, er sei kein Sozialdemokrat, aber durchaus demokratisch gesinnt. Diese demokratische Gesinnung habe er schon immer gehabt und gehöre deshalb nicht zu den Umlernern. Was die hessischen Verhältnisse angehe, so sei eine Reform der Verfassung nicht mehr aufzuhalten. Das von der Sozialdemokratie geforderte Wahlrecht werde und müsse kommen. Bei dieser Gelegenheit müsse auch eine Reform der Ersten Kammer vorgenommen werden. Die Erste Kammer sei in ihrer jetzigen Zusammensetzung durchaus senil. Ich erklärte, nicht eine Reform, sondern Beseitigung der Ersten Kammer strebten wir an. Der Prinz erwiderte, das sei ihm bekannt, aber die Beseitigung würden wir jetzt nicht erreichen. Er mache deshalb den Vorschlag, von den 16 Standesherren sechs zu beseitigen und die verbleibenden zehn durch die Standesherren wählen zu lassen; dadurch würde Gewähr geboten, daß nur die gewählt würden, die wirklich Interesse hätten, und damit käme auch mehr Geist in die Erste Kammer. Für die sechs ausgefallenen Standesherren müßten Vertreter der Berufsstände (Handel, Gewerbe, Landwirtschaft und Arbeiterschaft) gewählt werden. Das Recht des Großherzogs, Mitglieder der Ersten Kammer auf Lebenszeit zu bestimmen, zu beseitigen, würde jedenfalls nicht schwer fallen. Auf die direkte Frage, ob uns eine derartige Reform genügen würde, erklärte ich, mich dahingehend nicht binden zu können. Zur Zweiten Kammer übergehend, bemerkte der Prinz, daß über die Einführung des allgemeinen Wahlrechtes nicht mehr zu reden sei, darüber gäbe es keine Diskussion mehr."

Nach weiteren Mitteilungen über hessische Fragen fährt der Bericht fort:

„Zu den Verhältnissen im Reich übergehend, erklärte der Prinz, er habe Fühlung mit fast sämtlichen regierenden Häusern Deutschlands und stehe mit diesen in dauernder Verbindung.

Mit der Beseitigung der Hohenzollern müssen wir rechnen. Er hält es für ausgeschlossen, daß Frieden kommt ohne diese Beseitigung. Er äußerte sich dann ausführlich über die Kriegslage und die Friedensaussichten. Dann kam er zu der Frage, wie das neue Deutschland auszusehen habe. Er bitte, folgenden Vorschlag in Erwägung zu ziehen: Errichtung eines Staatenbundes, mit dem Reichstag an der Spitze. Die Leitung des Staatenbundes müßte einem Bundeskanzler übertragen werden. Auf meine Zwischenfrage, daß dann die Macht aller regierenden Häuser beseitigt sei, erklärte er: „Ja, das wäre auch nicht schlimm", die Mehrzahl der Herren würden freiwillig zurücktreten. Wir würden bei einem derartigen Staatenbund aber die Deutsch-Oesterreicher gewinnen. Ein Gewinn, der nicht zu unterschätzen sei. Als Bundeshauptstadt könnte vielleicht Frankfurt a. M. in Frage kommen. Nicht nur wegen der zentralen Lage, sondern auch wegen der dort wohnenden Juden, die man unbedingt gewinnen müsse. (!) Auf keinen Fall aber sollte man sich damit einverstanden erklären, daß vielleicht mit Rücksicht auf den Anschluß Deutsch-Oesterreichs Bayern als Mittelpunkt bestimmt würde; das wäre nichts anderes, als eine katholische Herrschaft errichten, wovor wir uns hüten müßten. Er forderte meine Ansicht über diesen Plan, ausdrücklich bemerkend, daß, wenn wir diesem zustimmen würden, er dann im Sinne dieses Planes weiter bei den maßgebenden deutschen Regierenden tätig sein würde. Es sei keine Idee von ihm, sondern sie sei bereits Gegenstand der Verhandlungen gewesen. Ich lehnte auf das Bestimmteste ab, darüber irgendwelche Erklärungen abzugeben, erklärte mich aber bereit, mit meinen Parteifreunden im Reich und in Hessen darüber zu konferieren und ihm dann in einer neuen Unterredung unsere Ansicht mitzuteilen. Dem stimmte der Prinz zu und bat mich, die Sache in den nächsten Tagen zu erledigen; er würde dann zu einer neuen Besprechung gerne zur Verfügung stehen."

Daß die Hohenzollern abdanken mußten, konnte man nun auf allen Gassen hören, oft zugleich mit der bangen Frage: Wird mit dem Sturz der Dynastie auch das Reich in Stücke gehen? Wer die Reichstagssitzungen vom 23. und 24. Oktober 1918 miterlebt hat, wird nie vergessen, wie in offener Sitzung der Pole Stychl, der Elsässer Ricklin, der Däne Hansen dem Reiche die Kündigung aussprachen. War das der Anfang vom Ende des deutschen Reiches? Hier verlangten deutsche Reichstagsabgeordnete im Namen ihrer Wähler das Recht zur Selbstbestimmung. Das konnte ihnen niemand wehren. Aber es war ein Gradmesser für die Erkenntnis der Ohnmacht des Reiches. Wir sahen die Gefahr völligen Reichszerfalls zum erstenmal deutlich vor Augen. Das verursachte Herzschmerzen.

Die Sorge, daß dieser Krieg zwecklos noch weiter verlängert werden könnte, hatte in jenen Tagen die sozialdemokratischen Frauen Berlins veranlaßt, eine Deputation an den Parteivorstand zu senden. Als C l a r a B o h m - S c h u c h , E n n i S t o c k und W a l l y Z e p l e r auf unserem Büro in der Lindenstraße erschienen, um das bittere Herzeleid der Mütter, Frauen, Bräute und Schwestern der Kriegsteilnehmer beredt zu schildern, konnte ich sie beruhigen. Der Sprachgewalt eines Léon Gambetta wäre es nach viereinhalbjährigem Kriege auch nicht gelungen, den Landsturm eines allerletzten Aufgebots zum Kampfe gegen die Tankgeschwader der Entente zu begeistern.

Am 7. Oktober 1918 hatte W a l t e r R a t h e n a u in der „Vossischen Zeitung" die „Levée en masse", „das letzte Aufgebot" verlangt. L u d e n d o r f f , der wieder Mut gefaßt hatte, dichtete in der Sitzung des Kriegskabinetts vom 17. Oktober der Sozialdemokratie die Macht an, das Volk noch packen und hochreißen zu können: „Kann das nicht Herr E b e r t tun? Es muß gelingen!"

Die Antwort erhielt Ludendorff in dem am 18. Oktober 1918 im „Vorwärts" veröffentlichten Aufruf des sozialdemokratischen Parteivorstandes. Die Partei wußte, daß bei einer militärischen Kapitulation dem deutschen Volke schwerste Lasten auferlegt werden würden. In dem Aufruf des Parteivorstandes hieß es u. a.:

„Deutschland und das deutsche Volk ist in Gefahr, das Opfer der Eroberungssucht englisch-französischer Chauvinisten und Eroberungspolitiker zu werden."

Scharf sprach sich der Aufruf gegen die Kriegsgewinnler und gegen die chauvinistischen Demagogen der Vaterlandspartei aus, aber ebenso entschieden auch gegen die unverantwortlichen Treibereien bolschewistischer Apostel, die die Herbeiführung des Friedens und der Demokratisierung erschwerten und die Gefahr des Bürgerkrieges und des wirtschaftlichen Chaos heraufbeschworen, wodurch Not und Elend nur gesteigert und die Eroberungsgier unserer Kriegsgegner nur angereizt werden konnte.

Darüber hinaus lag es nicht in der Macht der Sozialdemokratie, die Massen des Volkes zu neuen großen Kraftanstrengungen aufzupeitschen, weil diese einfach nicht mehr geleistet werden konnten. Die deutsche Volkskraft war fast bis zum Weißbluten vergeudet.

Walter Rathenaus Aufruf konnte nicht mehr zünden. Er selbst sah Deutschlands Lage zu klar, um das zu erwarten. Der Aufruf löste offenen Widerspruch auch im Lager der Intellektuellen aus. Fritz von Unruh sandte aus Zürich dem Prinzen Max eine Aufzeichnung, in der er ihm auseinandersetzte, „es sei sündhaft und rückfällig, jetzt noch an eine Volkserhebung zu denken." Hingegen sprang am 22. Oktober Richard Dehmel in einem Aufruf „Letzte Rettung" Rathenau bei. Ihm gab, den Massen der Frauen aus dem Herzen sprechend, am 28. Oktober Käthe Kollwitz die treffende Antwort: „Saatfrüchte sollen nicht vermahlen werden ... es ist genug gestorben, keiner darf mehr fallen."

Nicht nur die sozialdemokratischen Frauen rührten sich in jenen Tagen. Bürgerliche und sozialdemokratische Frauen hielten am 4. November 1918 in Berlin in den Sophiensälen eine gemeinsame Kundgebung für die Einführung des Frauenwahlrechts ab. Marie Juchacz, Rosa Kempf, Marie Stritt, Clara Bohm-Schuch, Minna Cauer und Regina Deutsch referierten. Nach ihnen sprachen Vertreter der politischen Parteien und verschiedener Organisationen für das Frauenwahlrecht. Nach Konrad Haenisch, Paul Hirsch, Heinrich Schulz und dem Freisinnigen Sivkowitsch sprach ich für den Vorstand der Sozialdemokratischen Partei. Meine Vorredner hatten mir alle schönen Argumente für die Notwendigkeit der Einführung des Frauenwahlrechts weggenommen, und so sagte ich einfach nach wenigen einleitenden Sätzen: „Wahrlich, es werden wenige in diesem Saale sein, die den Sieg des Frauenstimmrechts in Deutschland nicht erleben werden." Es wird mir unvergeßlich sein, wie Minna Cauer, die greise Vorkämpferin für die staatsbürgerliche Gleichberechtigung der Frauen, mir nachher sagte:„ Das waren Worte der Hoffnung, aber ich weiß nicht, ob ich das noch erleben werde." Schon wenige Wochen später wurde das Frauenwahlrecht in Deutschland durch die Volksbeauftragten eingeführt.

Die „Unabhängige Sozialdemokratie" hatte bereits am 5. Oktober in ihrer Presse und gleichzeitig in Flugblattform in Massen einen Aufruf verbreitet „An das werktätige Volk", in dem es nach Aufzählung von Forderungen, die die Beendigung des Krieges und die Wiederherstellung der bürgerlichen Freiheiten betrafen, hieß: „Unser Ziel ist die sozialistische Republik. Sie allein ermöglicht es, die Welt von den Verwüstungen des Krieges zu erlösen." Dieses

Ziel war international aufgestellt: „Tiefe Umwälzungen gehen in allen Staaten vor sich. Die Welt erhält ein völlig anderes Antlitz." Wir Mehrheitssozialdemokraten glaubten nicht an das gleichzeitige baldige Eintreten tiefer Umwälzungen in allen Staaten. Warum sollten in den Ententeländern, denen der Sieg seit dem August 1918 in greifbare Nähe gerückt war, Revolutionen kommen?

In bürgerlichen Kreisen sah man diese Zeichen der nahen Umwälzung mit Besorgnis an. In Berlin fürchteten damals gerade demokratische Politiker, daß die verzweifelte Stimmung in Bayern in der Zeit der größten Not des Reiches zum Abschluß eines Separatfriedens nach dem Vorbilde Karl von Habsburgs drängte.

Zur Unterstützung der Regierungspolitik war die „Zentrale für Heimatdienst" in der Potsdamer Straße 113 unter Leitung des Staatssekretärs E r z b e r g e r errichtet worden, die Richtlinien für die Friedensfrage, für die Demokratisierung des Reiches und der einzelnen Bundesstaaten und für die Erhaltung der Einheit des Reiches in Form von Flugblättern herausgab. E r z b e r g e r war sozusagen Propagandaminister geworden. Aber auch diese Arbeit kam reichlich spät. In wieviel bayerische Hände mag das am 4. November gedruckte Flugblatt Richtlinien Nr. 6 „Bayern und das Reich" gekommen sein, in dem es unter Bezugnahme auf Bayern hieß:

„So wird jetzt durch eine heimlich, mit Hilfe von allerhand gedrucktem oder gesprochenen Agitationsmaterial getriebene Mache der Abfall vom Deutschen Reiche als unabwendlich und als nutzbringend hingestellt."

Es wurde dann den Bayern ihre Verbundenheit mit Deutschland an der Hand einer Fülle von Zahlen klar gemacht. Die Bayern hätten keine Kohle und fast keine künstlichen Düngemittel, für die Norddeutschland eine Art Weltmonopol besitze, usw.: „Kein fremder Staat, auch Deutschösterreich nicht, könne ersetzen, was durch Loslösung vom Norden verloren ginge." Gegen das Gespenst der Donaumonarchie hatte sich in Bayern selbst bereits die München-Augsburger Allgemeine Zeitung gewandt.

Am 31. Oktober hatten wir in der „Zentrale für Heimatdienst", deren Beirat ich damals als Beauftragter der sozialdemokratischen Reichstagsfraktion angehörte, unter E r z b e r g e r s Vorsitz eine eingehende Debatte über die kommende Staatsumwälzung. Wer sie miterlebt hat, muß zugeben, daß der heute von allen Reaktionären so sehr geschmähte Erzberger damals das Menschenmöglichste tat, um die Debatte über die Kaiserfrage einzudämmen. Er suchte mit allen Mitteln zu beweisen, daß Wilson auch in seiner Note vom 20. Oktober 1918 nicht die Abdankung Wilhelms II. verlangt hätte.

Erzberger suchte für die Richtlinien zur Kaiserfrage eine einstimmige Billigung des Beirats herbeizuführen. Das gelang ihm aber nicht. Ich widersprach ihm nicht nur, weil ich andere Folgerungen aus den Noten Wilsons zog, sondern auch, weil meiner festen Ueberzeugung nach durch die Herausgabe solcher Richtlinien über die Kaiserfrage irgendwelcher Eindruck auf die Massen des Volkes nicht mehr zu erzielen war. Um die Einmütigkeit herzustellen, wollte mich Erzberger dazu überreden zuzugestehen, daß die Kaiserfrage zurzeit noch nicht die Abdankung des Kaisers erheische. Er ließ deutlich durchblicken, daß es aber bald soweit kommen könne. Aber ich konnte ihm auch diesen Gefallen nicht tun. Die Richtlinien gingen dann am 31. Oktober mit folgender Einschränkung heraus:

„Die folgenden Richtlinien sind nicht dazu bestimmt, den Meinungsstreit über die Kaiserfrage zu verbreitern und zu vertiefen, sondern sie sollen nur Gedanken zur Abwehr und Zurückweisung für diejenigen enthalten, die bei einer öffentlichen oder privaten Erörterung für das Verbleiben des Kaisers pflicht- und überzeugungsgemäß eintreten wollen."

Damit war gesagt, daß sie eigentlich nur noch für den Hausgebrauch bis in die Knochen konservativer Familien bestimmt waren. Erzberger fürchtete aber auch, daß nach der Abdankung des Kaisers und des Kronprinzen in einer Zeit schwerster Erschütterungen der Sohn des Kronprinzen, ein Knabe im Alter von zwölf Jahren, an die Spitze des Reiches gestellt werden würde. Die Regentschaft würde ungeheure Schwierigkeiten überwinden müssen, zumal für Preußen der nächste männliche Anverwandte, Prinz Eitel Friedrich, als Regent in Betracht komme. Damals war noch nicht bekannt, daß Wilhelm II. sich einige Tage vorher von seinen sämtlichen Söhnen — und seine sieben Söhne haben ja alle den Krieg überstanden — hatte feierlich versprechen lassen, daß keiner im Falle seiner Absetzung die Regentschaft übernehmen würde. Sozusagen also ein Generalstreik der Hohenzollernprinzen im Falle der Absetzung. Freilich hoffte damals Erzberger noch, daß Wilhelm II. freiwillig gehen würde:

„Glaubt der Kaiser, die Bürde der Krone nicht mehr tragen zu können, so wird sich die Nation in Ehrfurcht seinem Entschlusse beugen: sie darf aber nicht von sich aus dem Kaiser die Treue versagen."

Wilhelm II. dachte damals noch nicht an Abdankung, aber immerhin war ihm Berlin zu unsicher geworden. Er floh, ohne von seinem Vetter, dem Prinzen Max, Abschied zu nehmen am 29. Oktober — angeblich aus Furcht vor Grippe — ins Große Hauptquartier. Der Reichskanzler suchte vergebens unter den deutschen

Fürsten und Prinzen einen, der Wilhelm II. zur Abdankung über-
reden konnte. Der G r o ß h e r z o g v o n H e s s e n lehnte dankend
ab. · Wilhelms Schwager, P r i n z F r i e d r i c h K a r l v o n
H e s s e n , war erst bereit, sagte aber dann ab, als ein angeforderter
Extrazug schon bereit stand. Als am 8. November 1918 schon halb
Deutschland von den Wogen der Revolution erfaßt war, verweigerte
Wilhelm die Abdankung immer noch. Er wollte an der Spitze des
Heeres die Ordnung in der Heimat wiederherstellen. Aber da
versagten die Truppen den Dienst. Zum Mord von Vater und
Mutter ließen sie sich von Wilhelm II. nicht mehr kommandieren.
Das hatte ihnen der Kaiser einst im Frieden zugemutet, und sie
hatten schweigen müssen. Eine bis dahin für zuverlässig gehaltene
Frontdivision, die auf Befehl des Kaisers den Rücken des Großen
Hauptquartiers gegen die Aufständischen von Köln bis Aachen
decken sollte, kündigte den Offizieren den Gehorsam und setzte
sich gegen deren ausdrücklichen Befehl nach der Heimat zu in
Bewegung. Nun erst ging Wilhelm II. über die Grenze nach
Holland.

Sein Verhalten hat vom 29. Oktober ab einer radikalen Lösung
geradezu den Weg gewiesen. Die „Zentrale für Heimatdienst"
brauchte sich nicht mehr den Kopf darüber zu zerbrechen, ob wir
Deutsche Anlaß haben, „republikanischer zu sein als der Republikaner Wilson". Das Auswärtige Amt konnte die Versuche einstellen, darüber zur völligen Klarheit zu kommen, ob Wilson
neben gewissen Sicherungen auch die Abdankung des Kaisers
verlangt hatte.

Die Revolution war unvermeidbar geworden. Prinz Max sah
das jetzt ein. Er erzählt in seinen Erinnerungen, wie er am
20. Oktober nach der Drohung mit seiner Demission zu dem
Generaladjutanten v o n P l e s s e n gesagt habe: „Wenn ich gehe,
dann fällt das Kabinett auseinander, und dann kommt die Revolution." Die Revolution war aber schon da. Ehe Prinz Max von
Baden zurücktrat, hatte sie in Kiel bereits begonnen.

Soviel zur Einleitung dieses Buches, das keine Geschichte der
deutschen Revolution von 1918 werden, sondern für den späteren
Geschichtsforscher eine Quelle sein soll. Ich will mich bemühen,
den Ideen- und Stimmungsgehalt jener schweren Zeit so objektiv
festzuhalten, wie das einer kann, dem es vergönnt war, den gewaltigen Umsturz des deutschen Verfassungslebens nicht nur aus
nächster Nähe zu beobachten, sondern auch an dem werdenden
Neuen ordnend mitzuwirken.

II. Meine Reise nach Hamburg und Kiel

Wilhelm II. hatte seit Beginn seiner Regierungszeit der Flotte besonderes Interesse gewidmet. Der Flottenbau hatte mit dazu beigetragen, daß das Mißtrauen gegen eine friedliche Politik Deutschlands immer stärker wurde. Ohne den Ausbau der deutschen Flotte hätte sich die englische Regierung nicht so eng an Frankreich und Rußland angeschlossen.

Was die Sozialdemokratie immer vorausgesagt hatte, trat ein. Die Schlachtflotte kam im Kriege nicht zur Geltung. Die ihr aufgezwungene Tatenlosigkeit verdarb die Stimmung der Mannschaften. Die intelligenten blauen Jungen, meist im Zivilberuf qualifizierte Arbeiter, empfanden besonders schlimm, daß sie durch Borddienst gepiesackt und mangelhaft verpflegt wurden, während die Offiziere noch immer einen guten Tag lebten.

Diese Mißstände hatten schon im Jahre 1917 im Reichstag zu Auseinandersetzungen geführt, die schließlich den Sturz des unmöglichen Reichskanzlers Michaelis zur Folge hatten. Die Marineleitung ging damals mit drakonischen Mitteln vor. Sie schreckte selbst vor Justizmorden nicht zurück. Der Matrose M a x R e i c h - p i e t s c h aus Neukölln und der Heizer A l b i n K ö r b i s aus Reinickendorf, beide Mitkämpfer der Seeschlacht am Skagerak, wurden am 16. August 1917 zur Abschreckung zum Tode verurteilt und am 5. September auf dem Schießplatz Wahn bei Köln a. Rh. erschossen. Der Rechtsberater des Chefs der Hochseestreitkräfte hielt in Uebereinstimmung mit der Auffassung des zuständigen Admiralitätsrats Dr. Fellisch im Reichsmarineamt das Todesurteil für einen Fehlspruch. Trotzdem wurden zwei blühende Menschenleben vernichtet. Dagegen wurde die Ursache der Unzufriedenheit auch 1917 und in der Folgezeit nicht beseitigt. Das mußte zu Explosionen führen, als klar wurde, daß der Krieg verloren war, und die Schiffsmannschaften den festen Eindruck erhielten, daß die Flotte und damit Tausende von Menschenleben trotzdem für nichts und wieder nichts noch einmal zum Angriffe eingesetzt werden sollten. Wohlgemerkt: zur Verteidigung war die Mannschaft auch Ende Oktober noch durchaus bereit. Die angeordneten Schiffsbewegungen schienen zu beweisen, daß man die Engländer in der Nordsee zur Schlacht herausfordern wollte, wenn auch die ganze Flotte daran kaputt ginge.

Die Einleitung einer großen Seeschlacht durfte nach dem Waffenstillstandsangebot ohne Einverständnis der Reichsregierung überhaupt nicht angeordnet werden. Unter dem eben erst eingeführten parlamentarischen System war es unzulässig, daß ein x-beliebiger Admiral die Pläne der Reichsregierung durchkreuzte.

Die Mannschaften parierten auf dem „Markgraf" bereits am 28. Oktober nicht mehr Ordre. Sie hinderten das Schiff am Auslaufen. An den folgenden Tagen kamen auf anderen Kriegsschiffen Gehorsamsverweigerungen vor. Das Kommando „Anker lichten" wurde mit dem Rausreißen des Feuers beantwortet. Die Offiziere suchten ihre Autorität zunächst durchzusetzen. Die Verhaftung der schuldigen Matrosen wurde angeordnet. Es regnete Massenstrafen. In Kiel und Wilhelmshaven nahm infolgedessen die Gärung unter den Mannschaften immer mehr zu. Die Zustände bei der Flotte waren der beste Agitator.

Am 1. November 1918 war bereits in Kiel im Gewerkschaftshause ein Matrosenrat gegründet worden. Eine weitere Sitzung des Rats, die am 2. November geplant war, wurde durch die Kommandobehörde verhindert. Dessenungeachtet fand am 3. November, einem Sonntag, auf dem großen Exerzierplatz in Kiel eine von Tausenden besuchte Protestversammlung statt, die die Freilassung der Verhafteten forderte. Nach der Versammlung bildete sich ein großer Zug, in dem leidenschaftlich geredet wurde. Der Geist der Revolution hielt seinen Einzug unter den Massen. Die Parole hieß: „Auf zur Marinearrestanstalt!" Auf die Aufforderung, auseinanderzugehen, hörte die Menge nicht. Darauf erging der Befehl zum Scharfschießen. Die Demonstranten flohen. Sie ließen 8 Tote und 29 Verwundete am Platze. Am folgenden Tage war die ganze Marine in Aufruhr. Auf dem Linienschiff „König" kam es zu Schießereien. Sein Kommandant fiel. Am 4. November waren die Schiffe im Hafen in der Hand der Matrosen. Die Landtruppen sympathisierten mit den Marinetruppen. So nahm die deutsche Revolution ihren Anfang in dem größten deutschen Seekriegshafen.

Die Kieler Vorgänge blieben in Berlin nicht geheim, trotzdem die Militärzensur jede Verbreitung der Kieler Nachrichten durch die Presse verbot. Die mündliche Unterrichtung über die Kieler Marinerevolte schlug in Berlin ein wie der Blitz. Die politische Atmosphäre war in Berlin schon geladen. Deutschland stand gegen eine Welt von Feinden, die die Politik Wilhelms II. ihm auf den Hals gehetzt hatte. Es war von seinen Verbündeten verlassen. Oesterreich-Ungarn war im Zerfall. Seit Ende Oktober war Deutschösterreich Republik geworden. In Prag jauchzte die Bevölkerung den Begründern des tschechischen Staates zu. In Budapest war Tisza ermordet und Graf Karolij Ministerpräsident geworden. Karl von Habsburg hatte seine Flotte schon durch Vermittlung des Nationalausschusses in Pola dem in der Bildung begriffenen großserbischen Staat zum Eigentum übergeben. Die Türken hatten ihren Waffenstillstand mit den Alliierten bereits geschlossen. Alles das wurde in Deutschland allmählich bekannt und vom Volke richtig gewertet.

Die „Schleswig-Holsteinische Volkszeitung" hatte recht, als sie am 5. November 1918 schrieb:

„Die Revolution ist auf dem Marsche. Was sich in Kiel ereignet hat, wird in den nächsten Tagen weitere Kreise ziehen und den Anstoß zu einer Bewegung geben, die durch ganz Deutschland gehen wird."

Dabei nahm die Revolution in Kiel keinen stürmischen Verlauf. Der Soldatenrat überreichte dem Gouverneur eine Reihe ebenso bescheidener wie zeitgemäßer Forderungen, so daß der Gouverneur sich mit einem Teil derselben einverstanden erklärte und nur im übrigen abwarten wollte, bis Vertreter der Reichsregierung in Kiel eingetroffen waren, um deren Entsendung er telephonisch gebeten hatte. Der Soldatenrat verlangte Freilassung der politischen Gefangenen und Häftlinge, Versammlungs- und Pressefreiheit, anständige Behandlung der Mannschaften, Aufhebung der Grußpflicht, Verbot des Auslaufens der Schiffe, Schutz gegen neues Blutvergießen, Abgang aller Offiziere und zwar ohne Versorgungsanspruch, die sich mit dieser Maßnahme nicht abfinden wollten, Anerkennung des Arbeiter- und Soldatenrates, der die zum Schutz des Eigentums nötigen Maßnahmen treffen sollte. Die Bildung eines Arbeiter- und Soldatenrates erinnerte an das russische Muster. Die Durchführung der Kieler Revolution zeigte aber bereits, daß die deutschen Arbeiter und Soldaten nicht daran dachten, sklavisch das russische Beispiel nachzuahmen.

Obwohl der Reichsregierung klar sein mußte, daß die Kieler Revolution durch ein militärisches Aufgebot nicht mehr niedergeschlagen werden konnte, denn Infanterie schoß im November 1918 einfach nicht mehr auf Marinetruppen, plädierten in Berlin der Marinestaatssekretär Edler von Mann und Erzberger zunächst für ein Vorgehen mit Mitteln der Gewalt. Schließlich siegte aber doch die Vernunft. Der fortschrittliche Staatssekretär Conrad Haußmann und der Reichstagsabgeordnete Gustav Noske wurden mit außerordentlichen Vollmachten nach Kiel gesandt. Sie fanden den Weg der Verständigung mit den Arbeitern und Soldaten. Darob allgemeiner Jubel. Die Arbeiter und Soldaten hatten ihren Willen durchgesetzt. Die Matrosen verpflichteten sich, für Aufrechterhaltung der Ordnung zu sorgen. Plünderern, die auf frischer Tat ertappt würden, wurde das Blei des

Standrechts angekündigt. Conrad Haußmann reiste nach Berlin, um dem Kabinett Bericht zu erstatten. Als er, dort angekommen, am späten Abend für eine weitgehende Amnestie der Matrosen eintrat, fand er zunächst keine Gegenliebe. Als er darauf seinen Rücktritt anzukündigen für notwendig hielt, stimmte das Kabinett am 6. November seinen Darlegungen einstimmig zu. Gustav Noske, der als langjähriger Referent über den Marineetat in Kiel großes Vertrauen genoß, blieb in Kiel. Er hielt auf Wunsch des Arbeiter- und Soldatenrates seinen Einzug im Hause des Gouverneurs. De facto war er bereits Gouverneur von Kiel. Auch die bürgerliche Presse erkannte an: „Der jetzt eingetretene Zustand größerer persönlicher Sicherheit ist in allererster Linie dem Einfluß des Wirkens Noskes zu danken."

Der Großadmiral Prinz Heinrich von Preußen fuhr im schnellsten Tempo aus seiner Kieler Residenz gen Norden. Sein Auto führte einen roten Wimpel. So bezeugte der Bruder des Kaisers der Revolution seine Hochachtung.

Die Kieler Revolution griff zunächst auf Eckernförde, Rendsburg und Flensburg über. Auch dort wurden Arbeiter- und Soldatenräte gebildet. Die Behörden fügten sich ihren Anordnungen. Von all dem sollten die lieben Berliner eigentlich nichts erfahren. Der Zugverkehr wurde in Richtung Neumünster unterbrochen. Deshalb liefen in ganz Berlin mehr oder minder richtige Gerüchte über die Kieler Revolution um.

Der Parteivorstand der deutschen Sozialdemokratie hatte in Berlin täglich mit den Vertrauensleuten der Betriebe Sitzung. Die Nachrichten aus Kiel hatten besonders in den für den Heeresbedarf arbeitenden Fabriken das allergrößte Interesse erweckt. Niemand zweifelte daran, daß nun die Kugel ins Rollen kam. Die Kieler Revolution war ebensowenig zu lokalisieren als im Juli 1914 der Weltkrieg. Kiel hatte das Signal zur deutschen Revolution gegeben.

Am Mittwoch, dem 6. November, saß ich vormittags im Büro des Parteivorstandes in der Lindenstraße 3 und bearbeitete die eingegangene Post. Da ließ sich ein Mann bei mir melden, der angab, aus Kiel zu kommen und vorgab, mir wichtige Mitteilungen machen zu müssen. Es war ein Deckoffizier, von Beruf Kaufmann, nicht Mitglied der Partei, sondern, wie er mir sagte, bei der letzten Wahl freisinniger Wähler. Er war in Zivil und erklärte, daß ihn das, was er eben am Lehrter Bahnhof erlebt habe, veranlaßt hätte, sofort den Weg zum Vorstand der deutschen Sozialdemokratie zu suchen. Auf dem Lehrter Bahnhof seien eben alle aus der Kieler Gegend kommenden Urlauber zwecks Internierung in Haft genommen worden. Es sei dies zweifellos geschehen, um zu verhindern, daß die Wahrheit über die Kieler Vorgänge von Augen- und Ohrenzeugen in Berlin verbreitet würde. Er befürchtete, daß das Bekanntwerden dieser Vorgänge in Kiel zu schärfsten Repressalien des Arbeiter- und Soldatenrates führen könnte und bat mich, zur Verhinderung solcher Folgen beim Staatssekretär des Marineamts schleunigst zu intervenieren.

Nachdem ich die in Berlin umlaufenden Gerüchte über die Kieler Revolution mit dem Deckoffizier durchgesprochen und so auf ihre Richtigkeit geprüft hatte, rief ich das Reichsmarineamt an. Der Staatssekretär Ritter Edler von Mann war zu einer Kabinettsbesprechung gegangen. Ich mußte deshalb mein Anliegen seinem Adjutanten übermitteln. Darauf wollte ich Scheidemann informieren. Da rief dieser mich selbst an mit dem dringenden Ersuchen, mit dem Mittagszug zur Unterstützung Noskes nach Kiel zu fahren. Der Reichskanzler Prinz Max von Baden habe die Nachricht erhalten, daß Noskes Gesundheit unter der ihm aufgebürdeten Last Schaden zu nehmen drohe. Ich lehnte zunächst ab, da mir die Zeit für den 1-Uhr-Mittagszug zu knapp zu sein schien. Ohne mich mit dem nötigen Kleingepäck versehen zu haben, wollte ich nicht abfahren, da ich in Berücksichtigung der gährenden Zeit nicht wußte, wie lange mein Kieler Aufenthalt dauern würde. Aber Scheidemann wußte Rat. Im Hofe der Reichskanzlei standen Automobile des Kriegsministeriums. Er sandte mir sofort einen Wagen. In gut 50 Minuten war ich zu Hause in meiner Wohnung gewesen und dann auf dem Lehrter Bahnhof. Hier angekommen fand ich den fahrplanmäßigen Zug nach Kiel nicht vor. Der einzige Schnellzug sollte nach Hamburg gehen. Ich benutzte die knappe Zeit, um dem Zugführer klarzumachen, daß ich nach Neumünster müßte, wo mich ein Auto zur Weiterfahrt nach Kiel erwarten würde. Der Beamte erklärte mir aber in aller Seelenruhe, daß nach seiner Kenntnis keine Züge mehr nach Kiel gingen. Ich kaufte mir am Restaurationsstand noch schnell einige Brotschnitten, die mit einem Zeuge bestrichen waren, das wie gelöschter Kalk aussah und Ersatz für weißen Käse darstellte, stieg in den Zug nach Hamburg und widmete mich der Lektüre eines Paketes am Morgen angekommener Zeitungen.

Als der Schaffner meine Fahrkarte kontrollierte und dabei meine Abgeordneteneigenschaft wahrnahm, teilte er mir freundlich mit, daß der Abgeordnete H a a s e sich auch im Zuge befände.

Ich nahm davon Kenntnis und las zunächst meine Zeitungen. Erst hinter Hagenow-Land begann ich einen Spaziergang die Korridore des D-Zuges entlang. In einem der folgenden Wagen traf ich Hugo Haase, der mir freundlichst guten Tag sagte. Ich vermerke das deshalb, weil seit der Zeit der Spaltung der Partei, die infolge des geschlossenen Vorgehens der Mehrheit des Parteivorstandes zum Rücktritt Haases aus dem Parteivorstand geführt hatte, die Mitglieder des Parteivorstandes von den Abgeordneten der Unabhängigen Sozialdemokratie nicht mehr gegrüßt wurden.

Die Unabhängigen Sozialisten Kiels hatten um Entsendung eines Vertreters des Vorstandes der Unabhängigen Sozialdemokratie gebeten. L e d e b o u r hielt sich in Berlin für unabkömmlich und so war Haase ersucht worden, nach Kiel zu fahren. Haase fragte mich, ob ich auch nach Kiel wolle. Ich bejahte dies. Darauf fragte er mich, ob ich wisse, daß auch in Lübeck Revolution sei. Die Leitung seiner Partei habe am Vormittag die Nachricht erhalten, daß Kieler Schiffe, die die rote Flagge führten, im Lübecker Hafen erschienen seien. Die Matrosen hätten den Anschluß Lübecks an die Revolution sodann vollzogen. Der Lübecker Senat habe kapituliert.

Ich antwortete, daß mir diese Lübecker Nachricht neu sei und stellte dann an Haase die Gegenfrage, ob er gehört habe, daß auch in Hamburg die Revolution bereits ihren Einzug gehalten hätte. Haase wußte davon nichts und fragte mich nach meiner Quelle. Ich antwortete ihm: Ich habe soeben, als ich im Korridor des D-Wagens stand, gehört, wie der diensttuende Stationsbeamte in Hagenow-Land drei Offizieren, die im Nebenkupee saßen und auf deren Anwesenheit ihn der Schaffner aufmerksam gemacht hatte, den Rat gab, lieber in Hagenow den Zug zu verlassen oder wenigstens die Säbel dazulassen und die Achselstücke abzunehmen. Einer der Offiziere sei dem Rat gefolgt und habe den Zug verlassen. Ich hätte daraus geschlossen, daß auch in Hamburg bereits Revolution sei.

Haase hielt meine Annahme für richtig. Wir unterhielten uns dann noch über den unvermeidlich gewordenen Sturz der Hohenzollern und die Weigerung Wilhelms, freiwillig zu gehen. Im Zuge traf ich dann noch den Lübecker Arbeitersekretär Mehrlein. Wir verabredeten uns, im selben Hotel am Hamburger Hauptbahnhof abzusteigen für den wahrscheinlichen Fall, daß wir über Hamburg hinaus keinen Anschluß mehr nach unseren Reisezielen finden sollten.

Daß in Hamburg wirklich Revolution war, sollten wir bald erfahren. Der D-Zug hielt ausnahmsweise in Rotenburgort. Die Revolution hatte schon ihren eigenen Fahrplan. Der Bahnhof war von Matrosen besetzt. Der D-Zug wurde von Matrosenpatrouillen, die Hand am Gewehr, durchsucht. Ein Matrose, durch eine rote Armbinde für seine neue Aufgabe kenntlich gemacht, ging in das Kupee, in dem die beiden Offiziere saßen. Er forderte die Offiziere auf, den Degen abzugeben. Sie gehorchten schweigend. Dann zog er sein Seitengewehr, trennte ihnen, ohne lange zu fragen, die Achselstücke ab und warf sie durchs Fenster auf den Bahnsteig. Die Offiziere ließen das widerstandslos geschehen. Auch von den Zuschauern protestierte niemand. Wer diese Szene miterlebt hat, wußte, daß der preußische Militarismus in seine Sterbestunde eingetreten war.

Eine halbe Stunde später habe ich dann auf dem Hamburger Hauptbahnhof mit angesehen, wie Matrosen einem Trupp einfacher Soldaten, die als Genesene aus einem Mecklenburger Lazarett zurückkamen, die Kokarden abnahmen, was aber nur unter lebhaften Protesten dieser einfachen Soldaten und nach Abgabe langer Erklärungen möglich war. Das waren einfache Leute, die nicht wollten, daß ihnen die Kokarde aberkannt wurde, nicht einmal durch die Revolution.

Ich verabschiedete mich zunächst von Haase und fragte einen Bahnbeamten, wo die Bahnhofskommandantur sei. Er wies mich in ein kleines Eckzimmer des Bahnhofes. Die Revolution hatte rasch gearbeitet. Die Bahnhofskommandantur war bereits neu besetzt. Ich bat um alsbaldige Verbindung mit dem Arbeiter- und Soldatenrat in Kiel, um zu melden, daß ich in Hamburg sei. Mir war mitgeteilt worden, daß der Zugverkehr nach Kiel zunächst völlig unterbrochen sei. Die Telephonverbindung mit Kiel war in wenigen Minuten hergestellt. Ich meldete mich für den kommenden Tag in Kiel an.

Während ich auf die telephonische Verbindung mit Kiel wartete, begann vor dem Bahnhof und im Bahnhof die Gleise entlang eine arge Schießerei. Ich begriff das zunächst gar nicht. Vor wenigen Minuten noch hatte sich eine freudig erregte Menge durch die weiten Hallen des Bahnhofs bewegt. Plötzlich hatte sich das Gerücht verbreitet, daß die Wandsbeker Husaren angeritten kämen, um im revolutionären Hamburg das alte System wiederaufzurichten. Dabei dachten die Wandsbeker Husaren an so etwas gar nicht. Aber das Gerücht fand Glauben. Zur Abwehr wurden von Revolutionären bediente Maschinengewehre auf den

Gleisen in Stellung gebracht. Irgendein hysterischer Revolutionär ließ seinem Revolver einen Schreckschuß entfahren. Dadurch fühlten sich andere bedroht und machten sich aus Angst auch mit dem Revolver zu schaffen. Es gab durch Zufall ein halbes Dutzend Leicht- und Schwerverletzte. Die der Schießerei folgende Panik hatte im übrigen zur Räumung des Bahnhofs geführt.

Während ich mit dem Kieler Arbeiterrat telephonierte, war Hugo Haase auf dem Bahnhof von einigen seiner Parteifreunde erkannt und mitgenommen worden. Ich sah ihn an diesem Abend nicht mehr. In der Nähe des Bahnhofs verlangten Patrouillen die Räumung der Straßen. Wie verabredet, ging ich nach dem Hotel, wo ich Genossen Mehrlein und zwei seiner holsteinischen Bekannten traf. Nach einigen vergeblichen Versuchen gelang es mir, telephonisch mit der Hamburger Partei Fühlung zu bekommen. Der Genosse W i e s n e r teilte mir aus der Sitzung der Bürgerschaft mit, daß er nach meinem Hotel kommen würde, um mich im einzelnen von den Vorgängen zu unterrichten, die in Hamburg der Revolution zu einem so raschen Siege verholfen hatten.

Ruhig kam der Umsturz über H a m b u r g nicht. Auch in Hamburg konnten Militär- und Zivilbehörden nicht verhindern, daß die Kieler Vorgänge bekannt wurden. Auch in Hamburg hatten sich am Abend des 5. November die Massen mit den Kieler Forderungen solidarisch erklärt. Am 6. November waren die Werftarbeiter in Streik getreten. Am Mittag fand eine Riesendemonstration auf dem Heilig-Geist-Felde statt. Hiergegen wurde das Militär aufgeboten. Noch einmal waren Soldaten bereit, dem Befehl zu folgen, auf Vater und Mutter zu schießen. Neun Tote blieben als Opfer des Militarismus auf dem Platze. Das wirkte aufreizend auf das Volk. Das Volk fühlte bereits seine Macht. Es kam zu neuen großen Massenkundgebungen. Aus Waffenläden wurden die Waffen herausgeholt. Die Waffenkammer von Altona wurde erstürmt. Aus den Gefängnissen wurden die Häftlinge und die politischen Gefangenen befreit. Die Soldaten wurden gezwungen, ihre Kokarden abzulegen. Auf den Schiffen im Hafen wehte die rote Fahne. Rote Binden und rote Schleifen waren die Abzeichen der neuen Ordnung. Das Volk hatte gesiegt. Die Kasernen und die Bahnhöfe wurden von revolutionären Matrosen besetzt. Als der General v o n F a l c k vom Stellvertretenden Generalkommando abgesetzt werden sollte, konnte dieser Akt nicht feierlich vollzogen werden, weil der General es vorgezogen hatte, zu verschwinden.

Zu derselben Zeit, in der ich in Hamburg angekommen war, kam eine Deputation ins Rathaus, um dem Senat, der seine Macht infolge eines Klassen- und Privilegienwahlrechts hatte, das Ende seiner Herrlichkeit zu verkünden. Der Senat kapitulierte. Auch in Hamburg lag die Macht von nun ab in den Händen des Arbeiter- und Soldatenrates.

Da ich hörte, daß Abgesandte der Hamburger Mehrheitssozialdemokratie nach Berlin gefahren waren und am kommenden Morgen zurückerwartet wurden, verabredete ich mich für den folgenden Morgen zehn Uhr zu einer Sitzung im Konferenzzimmer des „Hamburger Echo" mit den Hamburger Parteifreunden. Ich wollte meine Weiterreise nach Kiel nicht antreten, ohne mir über den Fortgang der Hamburger Revolution ein Urteil gebildet zu haben. Nach dem, was ich am Abend hörte, war zu befürchten, daß in Hamburg die Wellen der Revolution weiter nach links schlagen würden, als das mit der Lage Deutschlands verträglich war.

An jenem Abend waren nicht alle Revolutionäre davon überzeugt, daß der neue Zustand dauerhaft sein würde. Aus letzterem erklärte sich die Nervosität jener Leute, die sich immer wieder einbildeten, daß sich irgendwo Anhänger des alten Systems verborgen hätten mit dem Ziel, die Konterrevolution in Gang zu bringen.

Nach Mitternacht legte ich mich ins Bett, ohne schlafen zu können. In den Morgenstunden hörte ich schwere Tritte und starkes Klopfen an den Nachbartüren der Hoteletage, in der mein Zimmer lag. Ehe an meine Türe geklopft wurde, hörte ich aus den Gesprächen vor Oeffnung der Nachbartüren, daß Patrouillen von den Hotelgästen, den Männern und den Frauen, die Legitimationspapiere zur Durchsicht anforderten. Sie suchten nach Offizieren, die sich in Hamburg verborgen halten konnten. Als ich dem Klopfenden die Tür geöffnet hatte, sah ich einen Matrosen mit Gewehr und roter Armbinde vor mir. Ich wies ihm meinen Paß vor. Er las ihn langsam und aufmerksam durch und sagte mir dann, daß mein Paß bereits am 17. Mai 1918 abgelaufen wäre und ich ihn mir doch erneuern lassen sollte. Ich erwiderte ihm, daß ich nach meiner Rückkehr in Berlin sehen würde, was dann dort für eine Regierung wäre, der ich meinen Paß zur Verlängerung übergeben könnte. Lächelnd zog sich der Matrose zurück und klopfte an der nächsten Türe. Wäre es in einem anderen Lande denkbar gewesen, daß in der Nacht nach Beginn einer Revolution ein Revolutionär sich Sorgen um die Verlängerung eines Passes gemacht hätte? Am andern Morgen erzählte mir der

Generaldirektor eines Hamburger Werkes, der in demselben Hotel Zimmer und Schlafzimmer gemietet und am Abend Bekannte bewirtet hatte, daß, als die Patrouille bei ihm erschien, sein Zimmer nicht aufgeräumt war. Leere Weinflaschen und ungespülte Teller standen noch auf dem Tische. Der patrouillierende Matrose habe ihm deshalb gesagt: „Hier ist wohl noch kurz vor dem Anbruch einer neuen Zeit eine nette Orgie gefeiert worden?" Dafür war aber der Paß des Generaldirektors in Ordnung.

Die Nacht zum 7. November 1918 war in Hamburg im allgemeinen ruhig verlaufen, abgesehen von Schüssen, die ab und zu durch die Luft knallten. Wer sie abgegeben hatte, konnte nicht festgestellt werden. Aber solche Schüsse gehörten nun einmal zur Romantik der ersten Revolutionstage. Der Verkehr war am 7. November nicht stillgelegt worden. Die Schulen waren behördlich nicht geschlossen. Man suchte dem Leben am Tage seinen normalen Charakter zu erhalten. Nach Verhandlung mit dem Hamburger Kriegsversorgungsamt war verkündet worden, daß die Verpflegung der Bevölkerung unter allen Umständen weiter gesichert und womöglich gebessert werden sollte. Die Ordnung wurde durch Soldaten, die die rote Binde kenntlich machte, aufrechterhalten. Hingegen war der Fernverkehr eingestellt worden. Um den Hauptbahnhof herum, in der Nähe des Rathauses, wo noch Verhandlungen mit dem Senat stattfanden, und in der Nähe des Gewerkschaftshauses wogten gewaltige Menschenmassen hin und her. Ich bekümmerte mich zuerst um den Fahrplan nach Kiel. Es konnte mir aber am Morgen und am frühen Nachmittag noch nicht mit Sicherheit gesagt werden, ob und wann ein Zug nach Kiel gehen würde. Ich erlebte es bei diesen Erkundigungen zweimal, daß die Reisenden, die Hamburg verlassen wollten, von Patrouillen den Befehl erhielten, schleunigst den Bahnhof zu räumen. Das einemal wurde das damit begründet, daß ein Fliegerangriff aus der Richtung Harburg drohe, von dem man in Harburg aber nicht das geringste wußte.

Für die Zeit nach Eintritt der Dunkelheit waren strenge Vorsichtsmaßregeln angeordnet worden. Das Sicherheitskommando des A.- und S.-Rates, gezeichnet i. A. Zöller, hatte an die Bevölkerung von Hamburg-Altona zunächst kategorisch verkündet:

„Alle Zivilpersonen müssen von heute ab um 6 Uhr abends von der Straße sein. Vor morgens 7 Uhr darf die Straße auch nicht betreten werden. Personen, die geschäftlich gezwungen sind, die Straße zu benutzen, haben sich beim Arbeiter- und Soldatenrat einen Ausweis abzuholen. Jede Zivilperson, die sich von 6 Uhr abends bis 7 Uhr morgens auf der Straße aufhält, wird erschossen. Diese Maßnahme ist nötig, weil Ausschreitungen der Bevölkerung bedauerlicherweise vorgekommen sind."

Die Durchführung dieser Verordnung war selbstverständlich ganz unmöglich. Die neuen Funktionäre der Revolution hätten sich zu Tode stempeln können, um die nötigen Ausweise herzustellen. Die Verordnung stand außerdem in unlösbarem Widerspruch zu der Absicht, die Theater, Kinos und Varietés weiterspielen zu lassen, wenn sie bis 10 Uhr abends ihr Programm erledigten. Die Geschäfte und Büros sollten um 5 Uhr schließen.

Der Arbeiter- und Soldatenrat beriet in Permanenz. Am 7. November verlegte er seinen Sitz aus dem Gewerkschaftshaus nach Bans Gesellschaftshaus am Besenbinderhof. Er ordnete unentgeltliche Massenspeisung aus den Kriegsküchen für diejenigen an, die nichts zu essen hatten. Der Straßenverkehr wurde schließlich bis abends 9 Uhr erlaubt, später nur mit Ausweis. Ich ging am Morgen des 7. November zur verabredeten Zeit nach dem Hause des „Hamburger Echo". Dort sah ich, daß das Organ der Hamburger Sozialdemokratie in die Hände der von P a u l F r ö h - l i c h geführten Jünger Moskaus gefallen war. Das überraschte mich in Hamburg um so mehr, da dessen Arbeiterbewegung stets durchaus gesund gewesen war. Hamburgs Arbeiter hatten A u g u s t B e b e l und H e i n r i c h D i e t z jahrzehntelang als ihre Vertreter in den Reichstag gesandt. Deshalb sollten die Gedanken der Demokratie in der bodenständigen Arbeiterbevölkerung Hamburgs eigentlich besonders stark verwurzelt sein.

In Hamburg hatte der Reichstagsabgeordnete W i l h e l m D i t t m a n n am Abend des 5. November in einer von der „Unabhängigen Sozialdemokratie" einberufenen großen Versammlung über die Notwendigkeit der Abdankung des Kaisers und das Kommen der sozialen Republik gesprochen. Die Versammlung, die auch von Mehrheitssozialdemokraten stark besucht war, hatte einen durchaus ruhigen Verlauf genommen. Die „Unabhängige Sozialdemokratie" hatte in jenen Tagen einen Aufruf verbreitet, der mit der Aufforderung schloß: „Haltet euch zum Eingreifen bereit." Im Rahmen der Unabhängigen Sozialdemokratie arbeitete aber seit Wochen die Spartakusgruppe selbständig. In der ersten Oktoberwoche hatte diese linksradikale Gruppe eine Reihe Flugblätter herausgegeben, die für die Weltrevolution Stimmung machten. So u. a. eines: „Der Anfang vom Ende." Der Inhalt dieser Flugblätter wurde „nur zur Information" durch die „Sozialistische Korrespondenz" zur Kenntnis unserer Parteiredaktionen gebracht. In dem Flugblatt „Der Anfang vom Ende" hieß es u. a.:

„Wir müssen die Gunst der Stunde ausnutzen. Die äußeren Schwierigkeiten unserer Ausbeuter und Bedrücker gilt es auszunutzen zum Sturze unserer herrschenden Klassen, um an deren Stelle die Herrschaft der deutschen Arbeiterklasse siegreich aufzurichten, was den siegreichen Beginn der Weltrevolution bedeutet." Am Schluß des Flugblattes hieß es dann:

„Bis in weite Kreise des Bürgertums hinein ist unverkennbar eine Stimmung vorhanden, die erfolgversprechend ist! Also nutzen wir die Zeit, um diese Kämpfe vorzubereiten! In allen Betrieben, unter den Soldaten an der Front und im Hinterland gilt es jetzt, alles zu organisieren. Die spontanen Meutereien unter den Soldaten gilt es mit allen Mitteln zu unterstützen, zum bewaffneten Aufstand überzuleiten, den bewaffneten Aufstand zum Kampf um die ganze Macht für die Arbeiter und Soldaten auszuweiten und durch Massenstreiks der Arbeiter für uns siegreich zu machen. Das ist die Arbeit der allernächsten Tage und Wochen. Wir haben nichts zu verlieren, nur alles zu gewinnen. Die unerbetene Hilfe der imperialistischen Ententestaaten darf kein Hindernis sein. Im Gegenteil, wir werden mit ihren imperialistischen Ansprüchen insofern leicht fertig werden, als sie selbst die Revolution im Leibe haben und ihnen von der Arbeiterklasse dieser Länder dasselbe Schicksal bereitet werden wird. Der Beginn der deutschen Revolution ist der Anfang der siegreichen Weltrevolution "

Das war eine falsche Rechnung. Der Bolschewismus konnte höchstens ein russischer Exportartikel für diejenigen Länder sein, die der Niederlage verfallen waren. In den Ländern der Entente waren die zivilen und die militärischen Gewalthaber sicher, daß die Moskauer Rezepte für politische Eisenbartkuren keine Anwendung finden würden. Anders in Großstädten wie Berlin und Hamburg. Da gab es unter den politisch aktiven linksradikalen Teilen der Arbeiterschaft Elemente genug, die bereit waren, einem Kriege, für den die Regierungen anscheinend kein Ende fanden, mit Gewalt ein Ziel zu setzen. Mochte dabei drauf gehen, was wollte.

Spartakus gab zuerst in Hamburg Beweise seiner Aktivität. In der Versammlung, die am Mittwoch, dem 6. November, auf dem Heilig-Geist-Feld abgehalten wurde, wurden scharfe Töne geredet gegen die Volksregierung und gegen die formale Demokratie, die eben im Reichstag durchgesetzt worden war, sich also noch gar nicht auswirken konnte. Sodann wurde gleichzeitig ohne Widerstand beschlossen, daß das „Hamburger Echo" in den Dienst der Revolution zu übernehmen sei. In Vollziehung dieses Beschlusses war das Organ der Mehrheitssozialdemokratie dann in den Dienst des Arbeiter- und Soldatenrats gestellt worden. Als amtliches Organ desselben bekam es den neuen Titel: „Die Rote

Fahne". Aber auch ohne Titeländerung hätte der sozialdemokratische Leser bald gemerkt, welche Wandlung sich vollzogen hatte. Der Spartakist P a u l F r ö h l i c h führte jetzt die Redaktion. In seinen Artikeln mischten sich Erinnerungen an die Zeiten Dantons mit den ach so einfachen Parolen Lenins. Er predigte Kühnheit und abermals Kühnheit: „Die Feste der Klassenherrschaft ist sturmreif! Es ist der Anfang der deutschen Republik, der Weltrevolution! Es lebe der Weltbolschewismus!"

Am Morgen des 7. November waren die Reichstagsabgeordneten S t u b b e und S t o l t e n von der sozialdemokratischen Partei und Blunck von der Fortschrittlichen Volkspartei aus Berlin wieder in Hamburg eingetroffen. Sie standen vor vollendeten Tatsachen. In Hamburg war eine Bewegung entstanden, die mit den Mitteln, die der schwachen Regierung des Prinzen Max zur Verfügung standen, nicht mehr eingedämmt werden konnte. In Berlin hatten inzwischen am 6. November 1918 Reichstagsfraktion und Parteiausschuß der Mehrheitssozialdemokratie nochmals getagt, eine schnelle Regelung des Rücktritts des Kaisers verlangt, Amnestie für militärische Vergehen und Straffreiheit für Mannschaften gefordert, die sich gegen die Disziplin vergangen hatten. Für die Wasserkante waren diese Forderungen überholt. Die Miltärgefangenen waren bereits vom Volke befreit. Der Kaiser hatte nichts mehr zu sagen. Hier hieß bereits das Problem: „Diktatur oder Demokratie?"

Während P a u l F r ö h l i c h für einen aufpeitschenden neuen Artikel Wort neben Wort setzte, hatte die Leitung der „Roten Fahne" nichts dagegen einzuwenden, daß im Konferenzzimmer des „Hamburger Echo" eine Aussprache zwischen der Hamburger Parteileitung und mir stattfand. Nachdem der Bericht über die Haltung der Reichstagsfraktion gegeben war, einigten wir uns bald darüber, daß in Hamburg Partei und Gewerkschaften alles daran setzen müßten, um ihren Einfluß auf die Massen der Arbeiter wiederzuerlangen. Wir waren sicher, daß das gelingen würde. Der gesunde Sinn der Arbeiter von der Wasserkante konnte eine mit russischer Würze gepfefferte geistige Kost auf die Dauer sicher nicht vertragen.

Die Wirkung dieses Ringens um die Seele der Hamburger Arbeiter sollte der Arbeiter- und Soldatenrat bald erkennen. Gegen die Aufrufe der Mehrheitssozialdemokratie und der Gewerkschaften fuhr der Arbeiter- und Soldatenrat bald scharfes Geschütz auf. Ihre Weiterverbreitung wurde verboten. Zuwiderhandelnde wurden mit militärischen Maßnahmen bedroht. Gegen jede Sabotage der Revolution sollte mit den schwersten Zwangsmaßnahmen vorgegangen werden. Für solche Sprache fehlte den Hamburger Arbeitern das Verständnis.

Am Spätnachmittag des 7. November fuhr ich dann mit dem ersten Personenzuge nach Kiel. Die Strecke war wieder frei. Die Strecke über Neumünster nach Kiel war die erste Eisenbahnlinie der Revolution. Haase hatte ich in Hamburg nicht mehr gesehen. Er wohnte bei Verwandten und war, wenn ich ihn auf dem Rathause oder im Gewerkschaftshause ermittelt zu haben glaubte, immer an anderer Stelle gerade in Anspruch genommen. Sein Rat war sehr begehrt. Seine Hamburger Parteigenossen hatten sich zunächst vorgenommen, die Revolution ohne die Mehrheitssozialdemokratie durchzuführen. Haase war fast zur selben Zeit im Auto nach Kiel gefahren, als ich mit der Bahn hinfuhr. Ich sah ihn dort wieder.

Die Kieler Zeitungen hatten bereits gemeldet, daß ich zur Unterstützung Noskes in Kiel eintreffen würde. Ich wurde auf dem Bahnhof von einem Deckoffizier, der die Geschäfte der Kieler Kommandantur führte, herzlich empfangen. Im Auto wurde ich nach dem Hause des Gouverneurs gefahren, wo Noske noch mitten in der Arbeit saß. Dann aßen wir zusammen. Er hatte für Offizere und Mannschaften die Einheitsküche eingeführt. Wäre das schon im Kriege allgemein geschehen, wäre eine der Hauptursachen der Erbitterung beseitigt gewesen.

In der elften Abendstunde ging ich zu Fuß ins Hotel Continental, wo Noske Quartier genommen hatte und auch für mich ein Zimmer bestellt war. Ich traf dort den Redakteur M e n d e l von der Berliner Morgenpost, den das Haus Ullstein auf den Kieler Revolutionsschauplatz gesandt hatte. Noske war, wie ich mit Genugtuung feststellen konnte, von seiner Riesenarbeit und der damit verbundenen Riesenverantwortung zwar etwas ermüdet, aber sonst gesundheitlich durchaus in Ordnung. Er hatte das Vertrauen der Bevölkerung gewonnen. Der Kieler Große Soldatenrat hatte einstimmig beschlossen, daß der militärische Sicherheitsdienst in der Ostsee aufrechterhalten werden sollte. Er hatte verordnet, daß jedes unbefugte Waffentragen zu unterbleiben hatte. Zivilisten sollten die Waffen sofort bei der nächsten militärischen Dienststelle abgeben. Patrouillen durften nur auf Anordnung des Soldatenrats ausgeschickt werden. Alle Anordnungen des Soldatenrats hatten die Unterschrift des Vorsitzenden, Abgeordneten Noske, und eines Mitgliedes des Soldatenrats zu tragen. So hieß es in einer Verordnung gez. Artelt, gez. Noske. WTB. konnte bereits am 6. November amtlich melden: „Der militärische Schutz der Ostsee durch die Marine ist lückenlos hergestellt." So war die Kraft zur Verteidigung durch die Kieler Revolution nicht gebrochen. Nur das Eingehen sinnloser Abenteuer war gehindert. Noske übernahm sodann auch in aller Form von dem Admiral Souchon die Geschäfte der Admiralität.

Wer wie ich aus der gärenden Unruhe der ersten beiden Hamburger Revolutionstage kam, empfand das Kieler Leben und Treiben als stärksten Gegensatz hierzu. In Kiel war bereits seit Sonntag Revolution. Die Lebensverhältnisse hatten sich bereits konsolidiert. Die sinnlosen nächtlichen Schießereien hatten aufgehört. Von den Patrouillen abgesehen, die zehn bis zwölf Mann stark durch die Straßen zogen, trugen die Matrosen und Soldaten außerhalb des Dienstes keine Waffen. Die Straßen waren gut beleuchtet. Die Kinos spielten. Soldaten und Arbeiter, Männlein und Weiblein zogen vergnügt durch die Straßen in der frohen Erwartung, daß der furchtbare Weltkrieg nun endlich zu Ende gehen würde. Alle hatten sich der neuen Ordnung gefügt. So bot an jenem Abend infolge der Disziplin der Kieler Soldaten, Arbeiter und Matrosen die Stadt Kiel ein Feiertagsbild, wie es im Frieden nicht schöner gedacht werden konnte. Im Gegensatz zu Hamburg hatte hier die politisch aufgeklärte Arbeiterschaft ein gemeinsames Ziel. Der unvergeßliche Eindruck meines Kieler Abendspaziergangs war aber der: Die Revolution ist gesichert. Sie wird in Deutschland ihre eigene Bahn schreiten. Die sozialdemokratische „Schleswig-Holsteinische Volkszeitung" hatte das Ziel der deutschen Revolution bereits scharf umrissen in dem Satze:

„Was die Arbeiter und Soldaten wollen, ist nicht das Chaos, sondern die neue Ordnung, ist nicht Anarchie, sondern die soziale Republik."

Hierin waren sich Kieler Mehrheitssozialdemokratie und Unabhängige ganz einig. Sie gingen gemeinsam vor. Die Vorbereitung zur Absetzung des Oberpräsidenten der Provinz war bereits getroffen. Der Arbeiter- und Soldatenrat hatte einen Aufruf an die Bevölkerung Schleswig-Holsteins erlassen, der geschickt an die alte demokratische Tradition dieses Landes anknüpfte und lautete:

Aufruf an die Bevölkerung Schleswig-Holsteins!

„Die politische Macht ist in unserer Hand.

Es wird eine provisorische Provinzialregierung gebildet, die im Zusammenarbeiten mit den bestehenden Behörden eine neue Ordnung aufrichtet.

Unser Ziel ist die freie, soziale Volksrepublik.

Wo Arbeiter- und Soldatenräte in der Provinz noch nicht bestehen, rufen wir die Bevölkerung von Stadt und Land auf, unserem Beispiel zu folgen, und sich geschlossen hinter die neue Volksregierung zu stellen und sie in ihrer Arbeit am Volkswohl zu unterstützen.

Unsere Hauptaufgabe wird es zunächst sein, den Frieden zu sichern und die Schäden des Krieges zu heilen.

Die über den Rahmen der Provinzialverwaltung hinausgreifenden Fragen unterliegen selbstverständlich nach wie vor der Staats- und Reichsgesetzgebung. Wir sind gewillt, mit der gesamten Beamtenschaft, sofern sie sich dem neuen Kurs unterstellt, in bisherigen Formen zusammen zu arbeiten.

Wir sind entschlossen, jedem Widerstand mit der uns zur Verfügung stehenden öffentlichen Gewalt entgegenzutreten.

Schleswig-Holsteiner! Ein alter demokratischer Traum nach Freiheit und Einheit, für die viele eurer Besten gekämpft und gelitten haben, wird jetzt auf neuen und höheren Bahnen Wirklichkeit.

K i e l , den 7. November 1918.

Der Arbeiter- und Soldatenrat.“

Noske hatte inzwischen Haase über die Lage in Kiel und in der gesamten Provinz unterrichtet. Nach seinem eigenen Bericht nach Berlin machte N o s k e Haase klar, daß beim Ausbruch von Streitigkeiten zwischen den politischen Parteien die Position nicht zu halten wäre. Haase hatte ihm die Versicherung gegeben, daß auch er die Einigkeit wolle und Gegenleistungen in Berlin erwarte. Nach einer Aussprache mit dem Genossen K ü r b i s , dem Bezirksleiter der Sozialdemokratischen Partei Schleswig-Holsteins, und nach erneuter Rücksprache mit Noske kamen wir überein, daß H a a s e u n d i c h mit dem Mittagschnellzug am 8. November die Rückfahrt nach Berlin antreten sollten. In Berlin waren wir sicherlich nötiger als in Kiel. Haase, den seine Kieler Parteifreunde sehr gern dort behalten wollten, ließ sich nicht überreden. Als wir abfuhren, begleiteten uns Genossen aus beiden Parteien an die Bahn. Sie kamen mit bis ins Kupee und beschworen uns flehentlich, nach unserer Ankunft in Berlin um die Einigkeit der Arbeiter besorgt zu sein. Besonders Artur Popp sagte das immer und immer wieder.

Nach Berlin zu kommen, war aber nicht so einfach. Berlin war vom Verkehr abgeschnitten. In der Richtung Magdeburg, Hannover, Köln, Hamburg war der Schnellzugsverkehr gänzlich eingestellt, der Personenverkehr fast ganz. So führte uns der D-Zug nur bis Lübeck. Von dort fuhren wir in einem Personenzug in der Richtung Wittenberge weiter. In Lübeck hatte uns der Stationsvorsteher gesagt, daß der Zug höchstens bis Wittenberge ginge. Alle Abteile waren überfüllt. In unserem Kupee befanden sich stehend ein halbes Dutzend Plöner Kadetten, die aus Angst vor der Revolution zu ihren konservativen Vätern flüchteten und nicht ahnten, wem sie in dieser drangvoll fürchterlichen Enge so nebenbei ihre Sorgen anvertrauten. Da wir über Wittenberge doch nicht hinauskamen, dort aber kaum ein Unterkommen zu finden war, entschlossen sich Haase, Mendel und ich, in Ludwigslust zu übernachten. Wir fanden im Parkhotel gerade noch drei Einzelzimmer. Der Kellner gab jedem, weil wir keine Fleischmarken besaßen, gegen Brotmarken eine Kalbshaxe. Das war die letzte Mahlzeit im Kaiserreich in der Nacht zum 9. November.

Auf Haase hatten die Kieler Vorgänge starken Eindruck gemacht. Er war von der Notwendigkeit eines Zusammengehens beider Parteien zur Durchführung der Revolution überzeugt worden. Er sprach mit mir im einzelnen darüber, wie man die ostelbischen konservativen Landräte beseitigen müsse, und ob man nicht einfach zunächst den Kreissekretären das Landratsamt übergeben könnte, die doch jetzt schon die meiste Arbeit geleistet hätten. Haase bedauerte immer wieder, nicht in Berlin zu sein. Er sagte mir, daß man in seiner Partei vor seiner Abreise nicht vor Montag, dem 11. November, mit dem Ausbruch einer revolutionären Erhebung in Berlin gerechnet hätte. Nun würde das Schicksal aber wohl früher seinen Lauf nehmen. Auf der Fahrt wurden wir darüber unterrichtet, daß inzwischen u. a. auch in Hannover, in Magdeburg, in Köln, in Braunschweig und Oldenburg die Revolution gesiegt hatte. In Mecklenburg waren Schwerin und Rostock in den Händen der Arbeiter- und Soldatenräte. Ludwigslust war noch ein grüner Fleck inmitten des roten Mecklenburger Landes, in dem bis zum November 1918 noch die mittelalterlichen Ritterstände Parlament gespielt hatten. Aber auch im Ludwigsluster Lokalblättchen hatte ein Sportverein seinen Unterhaltungsabend wegen der „unruhigen Zeiten" bereits abgesagt, und aus Ratzeburg, das noch kaisertreu war, wurde bereits „Bewegung" gemeldet. Am Morgen des 9. November setzten wir die Reise nach Wittenberge fort. Weiter ging es nicht auf dieser Strecke. Dafür hatte das Oberkommando in den Marken gesorgt. Wittenberge war von der Revolution erfaßt. Da bald ein Personenzug nach Stendal ging, fuhren wir dorthin. Auch bis dorthin war die Revolution bereits vorgedrungen. Genossen, die uns erkannten, informierten uns. Sie trugen uns ihre Sorgen wegen der Lebensmittelversorgung der Stadt vor. Zwischen dem Oberbürgermeister Dr. S c h ü t z e als Vertreter der Zivilgewalt und den Vertretern des Arbeiter- und Soldatenrates waren Vereinbarungen getroffen, die in 20 Punkten formuliert und als Flugblatt verbreitet worden waren. Am Schluss dieses Flugblatts hieß es lakonisch: „Kenntnis genommen. Bezirkskommandeur Major Finner." Von besonderem Interesse waren unter den eingegangenen Vereinbarungen folgende:

1. Die militärische Gewalt in Stendal wird zur Vermeidung von Blutvergießen augenblicklich durchgeführt durch den derzeitigen Garnisonältesten und die oben genannten Mitglieder des Arbeiter- und Soldatenrates.

5. Der Arbeiter- und Soldatenrat verpflichtet sich, für Ruhe, Ordnung und Sicherheit zu sorgen.

7. Den Anordnern, mit Armbinden und der Aufschrift Arbeiter- und Soldatenrat versehenen Personen, ist unbedingt Folge zu leisten.

8. Die Offiziere behalten Achselstücke.

11. Vorgesetzte *im Dienst* sind also solche zu beachten.

12. Den Anordnungen des Arbeiter- und Soldatenrates ist auch von den Zivilpersonen unbedingt Folge zu leisten.

19. *Die Arbeit in den Betrieben darf nicht eingestellt werden.*

20. Jeder muß Ruhe und Disziplin halten.

Dieses vom 8. November 1918 datierte Flugblatt trug in Fett die Ueberschrift: „Die neue Ordnungsgewalt in Stendal."

Von Stendal aus gelangten wir in einem Personenzug schließlich am Nachmittag nach Rathenow. Hier war noch keine Revolution. Wer aber an der Husarenkaserne vorbeiging, konnte dem Posten förmlich vom Gesicht ablesen, daß die Revolution keinen militärischen Widerstand finden würde. Ueber Berlins Schicksal waren wir immer noch im Unklaren. In einem Restaurant hörten wir, daß in einem Aushängekasten eines Lokalblattes Nachrichten über die Revolution zu lesen wären. Ich sehe heute noch Haases erstauntes Gesicht vor mir, als er so von dem ersten Lebenszeichen der Berliner Revolution hörte:

„Reichskanzler hat angeordnet: Es wird nicht geschossen! — Berlin: Revolution ausgebrochen. Otto Wels ist an der Spitze der Alexander-Garde-Grenadiere durch die Berliner Straßen gezogen. Vierte Jäger haben sich dem Volke angeschlossen."

Haase hatte sich das erste Berliner Revolutionsbulletin etwas anders vorgestellt. Offen gestanden: ich auch. Aber wir wußten ja nicht, was seit Mittwochnachmittag alles in Berlin vorgefallen war. Auch in Rathenow wurden wir von Genossen erkannt. Sie kamen mit zum Bahnhof. Sie gingen noch weiter als die Genossen in Kiel und Stendal und beschworen uns förmlich, in Berlin die Vereinigung der beiden sozialdemokratischen Parteien herbeizuführen. Das sei jetzt das Gebot der Stunde.

Gegen Abend ging bei Eintreten der Dunkelheit endlich ein bummeliger Zug über Spandau nach Berlin. Er war überfüllt.

Alles stürzte sich auf die wenigen Wagen. Haase klemmte sich gerade noch in einen Wagen hinein. Der war mir zu voll. Ich ging vorn nach dem Schutzwagen, wo beim Zugführer bereits ein Landstürmer es sich bequem gemacht hatte. Frierend hing bei trübem Laternenlicht jeder seinen Gedanken nach. So kam ich in der neunten Abendstunde des 9. November auf dem Boden des revolutionären Berlin an.

III. Der 9. November in Berlin

Als ich am 9. November 1918 abends gegen 9 Uhr auf dem Lehrter Bahnhof in Berlin ankam, drängte sich mir unwillkürlich der Vergleich mit dem in Kiel und Hamburg Erlebten auf. In Berlin wogten in der Dunkelheit die Massen noch durch die Straßen. Von den Gesichtern war die Freude abzulesen, daß endlich der Umschwung vollzogen war, der das schwergeprüfte deutsche Volk dem heißersehnten Frieden näherbringen sollte. Wilhelm II. hatte abgedankt. Zu spät! Die Republik war auf dem „Königsplatz" ausgerufen, ehe die Herren in Spa mit den Formulierungen über die Abdankung fertig geworden waren. Ein Gefühl der Sicherheit, wie es in Kiel am Donnerstagabend die Bevölkerung ganz allgemein hatte, war in Berlin noch nicht zu spüren. Ebenso fehlte aber auch die Nervosität, die in den ersten Tagen der Revolution in Hamburg dem Beobachter sofort auffiel. Die Verkehrsmittel waren infolge des Generalstreiks noch stillgelegt. Ich ging deshalb mit meinem Handkoffer zu Fuß vom Lehrter Bahnhof zum Reichstag, um zu sehen, ob dort etwa der Parteivorstand tagte oder um andernfalls zu erfahren, wo meine Kollegen zu finden wären.

Vor dem Reichstagsgebäude waren, als ich ankam, Menschenmassen versammelt. An dem nach dem Brandenburger Tor zu gelegenen Portal II standen Revolutionssoldaten in losen Gruppen. Reichstagsdiener prüften gemeinsam mit ihnen die Ausweise derer, die in den Reichstag wollten. Als Abgeordneter bekannt, hatte ich nicht die geringsten Schwierigkeiten. Im Gegenteil, die Diener schienen sich zu freuen, daß sich auch einmal ein bekanntes Gesicht zeigte.

Ich ging im Ueberzieher nach dem Hauptgeschoß. In der Wandelhalle standen um das Denkmal Wilhelms I. Gewehrpyramiden. In der Wandelhalle sah es aus, als ob eine Generalprobe zu Wallensteins Lager in russischer Ausgabe gespielt werden sollte. Ich traf im Reichstag einige bekannte Genossen, darunter P a u l

Hirsch und Eugen Ernst, die mich schnell über den augenblicklichen Stand der Berliner Revolution unterrichteten.

Was war in Berlin geschehen, seit ich es am Mittwochnachmittag zu der Reise nach Kiel verlassen hatte?

Am 6. November hatten Reichstagsfraktion und Parteiausschuß die Haltung des Fraktionsvorstandes, der die sozialdemokratischen Kabinettsmitglieder zu schneller Herbeiführung einer Entscheidung in der Kaiserfrage drängte, gebilligt. Wilhelm II. wollte immer noch nicht abdanken. Prinz Max von Baden zögerte, energisch zu werden. Partei- und Fraktionsleitung überreichten deshalb am 7. November, nachmittags 5 Uhr, der Reichsregierung ein Ultimatum von fünf Punkten. Unter Punkt 4 wurde Verstärkung des Einflusses der Sozialdemokratie in der Reichsregierung verlangt, unter Punkt 5, daß die Abdankung des Kaisers und des Kronprinzen bis zum 8. November mittags bewirkt werde. Für den Fall der Nichterfüllung dieser Forderungen wurde der Austritt der Sozialdemokratie aus der Reichsregierung angekündigt.

Dieser starke Druck mußte gegen den verblendeten Monarchen in einer Zeit angewendet werden, in der der Waffenstillstand vor dem Abschluß stand. Wie sehr die Sorge um den Waffenstillstand, dessen Abschluß bei Nichtvorhandensein einer verhandlungsfähigen Reichsregierung gefährdet zu sein schien, die Gemüter aller Verantwortlichen bedrückte, geht aus den Berichten hervor, die der „Sozialdemokratische Pressedienst" streng vertraulich „nur zur Information" am 8. November herausgab. Es hieß in ihnen u. a.:

„In der Fraktionssitzung vom 7. November abends führte E b e r t etwa folgendes aus: „Die Dinge gehen mit rasender Schnelligkeit weiter. Die Küstenorte sind vollständig im Besitz der Matrosen; ebenso wichtige Binnenorte wie Bremen, Hannover und Braunschweig. Im Laufe der nächsten Stunden steht eine weitere Ausdehnung der Bewegung bevor. Die Bewegung wird sicher auch auf Berlin übergreifen. Die Versammlungen der Unabhängigen sind heute nachmittag überraschend von der Polizei verboten worden. Die Gefahr von Zusammenstößen ist außerordentlich groß. Die höchst lächerliche Verfügung Linsingens gegen die Soldatenräte ist ohne Einwilligung der Regierung erfolgt. Der Reichskanzler war heute vormittag der Ueberzeugung, daß die Kaiserfrage in den allernächsten Tagen erledigt werden wird. Aber heute nachmittag gewannen Scheidemann und ich die Ueberzeugung, daß die ganze Sachlage nicht einen Tag länger Aufschub duldet, wenn nicht schlimmstes Unheil für das ganze Land nicht daraus entspringen soll. Die Vorstandssitzung stellte sich einmütig auf den Standpunkt, daß schnellstens neue Forderungen für unser Verbleiben in der Regierung gestellt werden müßten. Auf den Beschluß der Fraktionen konnten wir nicht warten. Wir haben dem Kanzler gesagt, daß es möglich scheine, die gesamte Situation zu retten und den Ausbruch von Unruhen in Berlin zu verhüten, wenn unsere fünf Forderungen sofort bewilligt würden.

Mit unserer Forderung nach sofortiger Parlamentarisierung Preußens und mit dem Verlangen nach stärkerer Vertretung in der Reichsregierung haben wir bei den Vertretern der bürgerlichen Parteien im interfraktionellen Ausschuß volles Verständnis gefunden. Ueber die Abdankung erübrigt sich jedes weitere Wort. Möglich, daß auch ohne unser Ultimatum die Entscheidung bald in unserem Sinne gefallen wäre, aber wir mußten den Berliner Arbeitern schon heute sagen, wie die Dinge stehen. Wir haben dafür gesorgt, daß unser Beschluß schnellstens durch Flugblatt bekannt gegeben und daß auch die ganze bürgerliche Presse darüber unterrichtet wird.

Der Kanzler war über unser Ultimatum sehr bewegt. Ueber alle Punkte könne man sich sofort verständigen. Da gäbe es gar kein Hindernis. Aber die Form des Ultimatums in der Kaiserfrage sei außerordentlich bedenklich. Noch kurz vor dieser Sitzung war ein Geheimrat des Reichskanzlers bei mir, um das zu wiederholen. Wir halten aber am Ultimatum fest, nicht aus ostentativen Gründen, sondern um die Berliner Arbeiter zu beruhigen."

In der Aussprache kam der Gedanke zum Ausdruck, man müsse doch mit den letzten Schritten warten, bis die Waffenstillstandsbedingungen vorliegen. Der Schritt der Parteileitung wurde einmütig gebilligt. . .

„In der Fraktionssitzung vom 8. November nachmittags 2 Uhr berichtete Scheidemann über die Verhandlungen des Kabinetts. Den Vorwurf der Illoyalität haben wir mit Hinweis auf die Stimmung der Berliner Arbeiter entschieden zurückgewiesen. Der Kanzler bat dringend, keinen Druck auszuüben, da er sonst die Geschäfte, auch die Waffenstillstandsverhandlungen nicht weiterführen könne. Er hat dem Kaiser seinen Rücktritt telegraphisch angezeigt. Wenn der Kanzler geht, und wir Sozialdemokraten ausscheiden, weil der Kaiser bleibt, hätte die Waffenstillstandskommission keine Vollmachten mehr. Die Sozialdemokratie kann nicht allein die Regierung bilden, ohne das Vertrauen einer Reichstagsmehrheit zu haben. Nachdem der Kanzler daher seinen Rücktritt telegraphisch angeboten hat, wünschen wir, daß er bleibt und bleiben auch selbst so lange, bis der Waffenstillstand abgeschlossen ist. — Die Fraktion billigte diese Konzession Scheidemanns" . . .

„In Berlin hat man auf dem Alexanderplatz gestern noch eine Attacke geritten und Verhaftete mit Gummischläuchen mißhandelt. Es soll sofort die Verfügungsgewalt des Oberkommandos unter Kontrolle gestellt werden. Die Kohlenzufuhr stockt. Ebert hofft, daß es ihm gelingen wird, die Entscheidung der Berliner Arbeiter bis morgen Mittag hinauszuzögern. Bis dahin muß Nachricht von der Unterzeichnung des Waffenstillstandes da sein."

Am Mittwoch, dem 7. November, war die deutsche Waffenstillstandskommisson aus dem Großen Hauptquartier nach den französischen Linien abgefahren, bestehend aus dem Staatssekretär Mathias E r z b e r g e r , dem Gesandten G r a f e n v o n O b e r n - d o r f f , dem Generalmajor von W i n t e r f e l d t und dem Kapitän z. S. V a n s e l o w . Am 8. November waren die Waffenstillstandsbedingungen den Unterhändlern mitgeteilt worden. Wie schwer sie waren, war in Berlin noch nicht bekannt geworden. Nach Auffassung des sozialdemokratischen Parteivorstandes sollte eine Regierungskrise vermieden werden, bevor nicht über den Inhalt der Waffenstillstandsbedingungen Klarheit vorhanden war.

Weil über die Waffenstillstandsbedingungen noch keine Klarheit vorhanden war, anderseits auf innerpolitschem Gebiet die Regierungsparteien den Forderungen der Sozialdemokratie völlig nachgegeben hatten, gab der sozialdemokratische Parteivorstand am Abend des 8. November in einem Flugblatt bekannt, daß die Ultimatumsfrist um einige Stunden verlängert worden sei. Das Flugblatt hatte folgenden Wortlaut:

„Arbeiter! Parteigenossen!

Ein Teil der gestern von uns aufgestellten Forderungen ist von der Regierung und den Mehrheitsparteien erfüllt worden.

Das gleiche Wahlrecht für Preußen und alle Bundesstaaten auf Grundlage der Verhältniswahl soll ohne Verzug durch Reichsgesetz eingeführt werden.

Die sofortige Parlamentarisierung der Preußischen Regierung ist gesichert, ebenso die Verstärkung des sozialdemokratischen Einflusses in der Reichsregierung.

Die Einberufungen zum Militär sind rückgängig gemacht.

Noch nicht erledigt ist die Kaiserfrage. Unsere Forderung auf sofortigen Rücktritt des Kaisers und Verzicht des Kronprinzen wurde aufgestellt unter der Voraussetzung, daß der Waffenstillstand heute Mittag abgeschlossen sein würde. Diese Voraussetzung hat sich nicht erfüllt, weil die deutsche Delegation infolge äußerer Hindernisse heute vormittag im feindlichen Hauptquartier nicht eintreffen konnte. Der Abschluß des Waffenstillstandes würde aber gefährdet durch unseren Austritt aus der Regierung. Deshalb haben Parteivorstand und Reichstagsfraktion die gestellte Frist bis zum Abschluß des Waffenstillstandes verlängert, um erst das Aufhören des Blutvergießens und die Sicherung des Friedensschlusses herbeizuführen. Sonnabend Vormittag treten die Vertrauensmänner der Arbeiter erneut zusammen.

Arbeiter! Parteigenossen! Es handelt sich also nur um einen Aufschub von wenigen Stunden.

Eure Kraft und eure Entschlossenheit verträgt diesen Aufschub.

Der Vorstand der Sozialdemokratischen Partei Deutschlands
und die Reichstagsfraktion.“

Der deutsche Vorschlag auf Abschluß einer vorläufigen Waffenruhe war vom Marschall F o c h brüsk abgelehnt worden. Er forderte, daß die Waffenstillstandsbedingungen bis Montag, den 11. November, 11 Uhr vormittags, angenommen würden.

Erzberger hat es später mit dem Leben gebüßt, daß er den Waffenstillstand abschloß. Seit dem 11. November 1918 konzentrierte sich der Haß aller Reaktionäre auf seine Person. Dabei hat Erzberger im Walde von Compiègne im ausdrücklich erklärten Einverständnis der Obersten Heeresleitung gehandelt. Diese wußte ebensogut wie Foch und Lloyd George, daß ein erfolgreicher Durchbruch an der Westfront und damit die Aufrollung der deutschen Heeresmassen nur eine Frage allerkürzester Zeit sein würde. Prinz Max von Baden erzählt in seinen Erinnerungen, daß Ludendorffs Nachfolger General G r o e n e r , nachdem er Einblick in die Lage im Westen genommen hatte, sehr schwarz sah. Er befürchtete bereits am 5. November, daß die Armee die weiße Fahne ziehen müsse. Rückschauend kann heute gesagt werden, daß es ein Fehler der damaligen Reichsregierung war, durch eine von einem zivilen Staatssekretär geführte Kommission einen Waffenstillstand abschließen zu lassen. Die Militaristen der Ententeseite waren nicht so sentimental, daß sie einem Zivilisten bessere Bedingungen gewährten.

Weil am Abend des 8. November die Erklärung des Rücktritts Wilhelm II. immer noch nicht erfolgt war, erklärten Philipp Scheidemann und Gustav Bauer und mit ihnen die zu Unterstaatssekretären ernannten Genossen Eduard David, August Müller und Robert Schmidt ihren Austritt aus der Reichsregierung. Damit war die Regierung des Prinzen Max erledigt. Dieser hatte sich nach Ablehnung seines Demissionsgesuches noch am 8. November bereit erklärt, die Geschäfte bis zu der in kürzester Frist zu erwartenden Entscheidung des Kaisers weiterzuführen.

Am Abend des 8. November waren die Groß-Berliner Betriebsvertrauensleute der Sozialdemokratischen Partei erneut nach dem Sitzungssaal des Parteivorstandes in das Haus Lindenstraße 3 berufen worden. Die Stunde war gekommen, in der jede Rücksicht aufhören mußte.

Die Vertrauensleute der Partei hatten in den Berliner Großbetrieben seit dem im Januar zusammengebrochenen Streik in der Munitionsindustrie mit den Anhängern der Unabhängigen und den in deren Organisation selbständig arbeitenden Spartakusleuten Tag für Tag Auseinandersetzungen über die zur Herbeiführung des Friedens und der Demokratisierung Deutschlands einzuschlagende Taktik zu führen. Der Januarstreik war ausgebrochen, ohne daß die Partei gefragt worden war. Die Staatsgewalt war damals noch so stark, daß die Machthaber nicht nachzugeben brauchten. Der Zusammenbruch des Streiks hatte zunächst einen Rückschlag zur Folge. Seit der militärischen Niederlage im August waren aber die Linksradikalen wieder sehr mobil geworden. Nach bolschewistischen Rezepten wollten sie Militarismus und Kaiserreich zusammen erledigen. Auf Grund der Auseinandersetzungen in den Betrieben hatten die Genossen W i l h e l m S i e r i n g und G u s t a v H e l l e r vom Metallarbeiterverband seit Juli 1918 mit den Vorständen der beiden sozialistischen Parteien Verhandlungen über eine Einigung oder wenigstens ein Zusammengehen beider Parteien geführt, das ihnen wegen der kommenden Ereignisse dringend geboten schien. Diese Bemühungen hatten keinen Erfolg. Ein Briefwechsel darüber zog sich bis in den Oktober hinein. Die Unabhängigen verlangten u. a. Verzicht auf die Beteiligung an einer Regierung mit den bürgerlichen Parteien, also Zurückziehung der Mitglieder politischer und gewerkschaftlicher Organisationen aus den Regierungsämtern. Das konnte die Sozialdemokratische Partei nicht zugeben, weil sie einen Frieden auf Grund der Wilsonschen Bedingungen herbeigeführt haben wollte und gerade deswegen Parteigenossen in die Reichsregierung entsandt hatte. Außerdem mußte es für die spätere Politik der Partei von Vorteil sein, wenn die Sozialdemokratie nicht allein die Verantwortung für den Abschluß des Waffenstillstandes zu tragen hatte, sondern bürgerliche Parteien mitverantwortlich waren.

Die Anhänger der Unabhängigen glaubten andererseits aufrichtig, daß die Tage der mehrheitssozialdemokratischen Partei gezählt wären, wenn die Feldgrauen erst zurückgekehrt sein würden und Abrechnung mit den „Regierungssozialisten" gehalten hätten. Eine Rechnung, die sich nachher als gänzlich falsch erwies. Die Kommission der Metallarbeiter gab erst Ende Oktober nach dem Eingang eines Schreibens des Vorstandes der Unabhängigen, in dem noch einmal an der gesamten Politik der Mehrheitssozialdemokratie schärfste Kritik geübt worden war, den Versuch auf Herbeiführung einer Verständigung auf und betrachtete ihre Mission als erledigt.

Der Parteivorstand der Sozialdemokratie mußte deshalb, als die Zeit der Revolution erfüllt war, seine Maßnahmen allein treffen. Er tat das und sorgte dafür, daß bei der unvermeidlich gewordenen Revolution die Partei nicht ins Hintertreffen kam.

Für Sonnabend, den 9. November, früh 8 Uhr, war eine abermalige Zusammenkunft der Betriebsvertrauensleute verabredet worden. Es wurde in Aussicht genommen, daß der allgemeine Ausstand zu erklären sei, wenn bis dahin die Abdankung des Kaisers noch nicht erfolgt sei. Einstimmig beschlossen wurde, einen aus 12 Personen bestehenden Aktionsausschuß zu bilden, dem später E b e r t , B r a u n , E r n s t und W e l s noch zugesellt wurden. Die Fraktion trat um 9 Uhr zusammen und stimmte dem zu. Im Protokoll der Fraktionssitzung heißt es darüber:

„Der Vorstand hat sich dahin verständigt, bei einer notwendigen Aktion gemeinsam mit den Arbeitern und Soldaten vorzugehen. Die Sozialdemokratie will dann die Regierung ergreifen, gründlich und restlos, ähnlich wie in München, aber möglichst ohne Blutvergießen. Die Unabhängigen haben dazu keine positiven Zusagen gegeben. Sie berufen sich darauf, daß ihr Vorstand nicht vollzählig beisammen ist (Haase war noch nicht von Kiel zurück). Es sollen jetzt sofort Verhandlungen mit den Arbeiter- und Soldatenvertretern gepflogen werden und dann die Regierung aufgefordert werden, uns die Macht zu übergeben. Geschieht das nicht, dann soll die Aktion weiter geführt werden. — Nach einer Aussprache, an der sich außer Fraktionskollegen fast sämtliche Mitglieder der Arbeiterabordnung beteiligten, wird einstimmig den Vorschlägen zugestimmt."

Als am 9. November, früh 8 Uhr, vom Hauptquartier in Spa immer noch keine Abdankungserklärung Wilhelm II. eingetroffen war, wurde die Parole ausgegeben: „Heraus aus den Betrieben!" Der Generalstreik sollte in allen Fabriken nach der Frühstückspause beginnen. So war in Erwartung der kommenden Dinge verabredet worden. Dieser Parole wurde mit größter Selbstverständlichkeit allseitig Folge geleistet. Wenn übrigens an jenem Morgen die Nachricht von der Abdankung Wilhelms II. bereits eingetroffen gewesen wäre, so hätte die Revolution trotzdem begonnen, denn am 8. November, abends, war in Berlin schon bekannt, daß nicht nur an der Wasserkante, in Köln, in Hannover, in ganz Mitteldeutschland, sondern auch in München, in Stuttgart und in Frankfurt a. M. die Revolution bereits gesiegt hatte. Nach dem Zusammenbruch der Regierung des Prinzen Max war deshalb die Bildung einer neuen Koalitionsregierung eine Unmöglichkeit. C o n r a d H a u ß m a n n glaubte allerdings am Vormittag des 9. November noch, daß eine Regierung durch die Verstärkung der Sozialisten im Kabinett um einen Staatssekretär bei gleichzeitiger Erhöhung der Zahl sozialistischer Minister in Preußen gebildet werden könne.

Inzwischen hatte der Ausschuß der „Revolutionären Obleute", die den linken Flügel der Unabhängigen bildeten, einen Flugzettel herausgegeben, in dem wegen der am 8. November erfolgten Verhaftung D ä u m i g s zum Kampf für die sozialistische Republik aufgefordert wurde. Die Frage war nun, ob die Behörden überhaupt noch den Versuch wagten, der Revolution in den Weg zu treten. Die Entscheidung hierfür lag bei Militär und Polizei. Als zuverlässig war das 4. Jägerbataillon von Naumburg nach Berlin verlegt worden. Es kam nach der Alexanderkaserne, von der aus das Berliner Schloß geschützt werden sollte. In der Alexanderkaserne hatte W i l h e l m II. am 28. März 1901 die Alexandergarde als Leibwache der Hohenzollern gegen seine lieben republikanischen Berliner wie folgt angefeuert:

„Wie eine feste Burg ragt eure neue Kaserne in der nächsten Nähe des Schlosses auf, das ihr in erster Linie zu schützen stets bereit sein werdet. Ihr seid berufen, gewissermaßen als Leibwache, Tag und Nacht, bereit zu sein, um für den König und sein Haus, wenn's gilt, Leben und Blut in die Schanze zu schlagen. Und wenn jemals wieder, wie 1848, das Berliner Volk frech und unbotmäßig werden sollte, dann, davon bin ich überzeugt, werdet ihr alle Unbotmäßigkeit wider euren königlichen Herrn nachdrücklich in die Schranken zurückverweisen.“

In der Nacht zum 9. November wurden in der Alexanderkaserne an die Soldaten Handgranaten ausgegeben. Weil aber gleichzeitig bekannt wurde, daß ein Gefreiter wegen einer angeblich aufrührerischen Aeußerung in Arrest abgeführt worden war, kam es zu einem Konflikt mit den Offizieren. Die Soldaten weigerten sich, Dienst zu tun. Sie beschlossen, um 10 Uhr früh einen Umzug mit Waffen durch die Stadt zu machen. Das konnten ihnen die Offiziere noch ausreden. Aber sie sandten nun eine Vertretung des Bataillons auf die Redaktion des „Vorwärts“ und zum V o r s t a n d   d e r   D e u t s c h e n   S o z i a l d e m o k r a t i s c h e n   P a r t e i, die dort die Erklärung abgab, d a ß   s i c h   d a s   B a t a i l l o n   r e s t l o s   a u f   d i e   S e i t e   d e r   A r b e i t e r s c h a f t   s t e l l e n   w ü r d e. Dem Beispiel der Jäger folgte die Alexandergarde und dann die übrigen Garderegimenter. Die Vertreter der Naumburger Jäger wünschten, daß ihnen ein Mitglied des Parteivorstandes die politische Lage klarlege. Dazu fuhr O t t o   W e l s in einem Auto, begleitet von einem Arbeitervertreter, in die Alexanderkaserne. Jäger und Grenadiere formierten sich, und W e l s hielt nun eine Ansprache, in der er den Soldaten vor Augen führte, daß bei ihnen die Entscheidung darüber liege, ob sie die Waffen gegen ihre Volksgenossen führen wollten. „Ich frage nicht, welcher Partei Ihr angehört. Wenn Ihr wollt, daß das Volk in Zukunft sein Schicksal selbst bestimmen soll, dann stellt Euch heute der Sozialdemokratischen Partei zur Verfügung. Bekräftigt das durch den Ruf: Es lebe der Frieden! Das freie deutsche Volk, die freie Republik leben hoch!“ Begeistert stimmten die Soldaten in das Hoch ein, während die Offiziere betreten beiseite standen.

Der „Vorwärts“ gab dann ein E x t r a b l a t t heraus:

„Es wird nicht geschossen!

Der Reichskanzler hat angeordnet, daß seitens des Militärs von der Waffe kein Gebrauch gemacht werde.“

Es ist später behauptet worden, daß dieses Schießverbot von Einfluß auf die Revolution gewesen sei, insofern es die Militärbehörden gehindert habe, die Monarchie zu verteidigen. Das ist falsch. Die erste Mitteilung von einem Schießverbot soll von dem Oberleutnant Colin-Roß ausgegangen sein und zwar zwei Stunden bevor der General von Linsingen um 1 Uhr 25 Minuten sein a m t - l i c h e s Schießverbot herausgab: „Truppen haben nicht von Waffen Gebrauch zu machen, auch bei Verteidigung von Gebäuden." Selbst in Spa war ein Schießverbot ergangen. Nach dem Uebertritt der Soldaten zum Volke war ein Widerstand nicht mehr gut denkbar.

Wir haben im Reichstag einmal Helfferich während einer seiner nationalistischen Hetzreden zugerufen: „Wo waren Sie denn am 9. November?" Er antwortete, daß er am 9. November bereit gewesen sei, seinen Kaiser zu verteidigen, aber man habe ihn nicht gerufen. Tatsächlich waren die sehr zahlreich in Berlin anwesenden Reserveoffiziere vom Mittwoch, dem 6. November, ab mit Revolvern und Munition versehen worden. Sie hatten richtig ihren Appell. Aber kein Mensch kam auf die Idee, die Reserveoffiziere am 9. November gegen die Revolution einzusetzen. Daß das Militär der Berliner Garnison am 9. November mit der Mehrheitssozialdemokratie die Fühlung herstellte, zeigte aber auch, daß nicht einmal die Garnisontruppen, geschweige denn die Fronttruppen von den Flugzetteln der Spartakusgruppe beeinflußt waren. Das ist wichtig, weil die Militärs immer wieder behaupten, daß die Tätigkeit des Spartakusbundes der Front das Rückgrat gebrochen hätte.

Der Uebergang der Naumburger Jäger zur Revolution hatte aber noch eine andere Auswirkung. Nachdem am Vorwärtsgebäude die rote Fahne als Siegeszeichen der Revolution aufgezogen worden war, machte die Geschäftsleitung des „Vorwärts" gerne von dem Anerbieten der Naumburger Jäger Gebrauch, eine hundert Mann starke Abteilung der Jäger zum Schutze des Gebäudes in die Lindenstraße 3 zu legen. Als in der Mittagsstunde des 9. November ein Lastauto in den Hof des Vorwärtsgebäudes einfahren wollte, um unter Führung des früheren Vorwärtsredakteurs Paul John den „Vorwärts" zu besetzen und damit den Linksradikalen dienstbar zu machen, wiesen die Naumburger Jäger diesen Versuch, gestützt auf ihre Maschinengewehre, zurück. John begriff, daß es mit der Eroberung des „Vorwärts" nichts war. Er legte seine Handgranaten beiseite und fuhr mit seinem Auto davon. Nach dem Muster der Besetzung des „Hamburger Echo" den „Vorwärts" zu kapern, war fehlgeschlagen. Schon das Vorgehen Johns zeigte, daß die Verhandlungen über eine Einigung der beiden sozialistischen Parteien schwierig werden würden. Das gute Beispiel von Kiel, München und anderen Orten wirkte auf Berlin nicht. Nur wenige waren so ein-

sichtig wie der alte F r i t z Z u b e i l , der trotz seines Uebertrittes
zu den Unabhängigen in der Nachtexpedition des „Vorwärts"
weiter beschäftigt worden war, und der seiner Freude rührenden
Ausdruck gab, als er hörte, daß am Morgen des 9. November die
sozialdemokratischen Betriebsvertrauensleute den Streik proklamiert hatten. Ihm war jetzt ein Alb von der Brust gewichen. Er
fand ergreifende Sätze, um die Genossen beider Lager zur Einigkeit
zu mahnen. Es war ein Unglück, daß Hugo Haase sich noch mit mir
auf der Rückreise von Kiel befand und erst am späten Abend in
Berlin eintraf, was die Entschlußkraft der Unabhängigen lähmte.

Der Vorstand der Mehrheitssozialdemokratie hatte die Verständigung der beiden sozialistischen Parteien am 9. November für
so selbstverständlich gehalten, daß er in einem vom „Vorwärts"
herausgegebenen Extrablatt, das zur Teilnahme am Streik aufforderte und vom Uebertritt der Berliner Garnison Mitteilung
machte, sagte:

„Die Bewegung wird gemeinschaftlich geleitet von der Sozialdemokratie
und den Unabhängigen."

Als das Flugblatt erschien, war davon leider noch keine Rede.
Wegen der Abwesenheit Haases war die Leitung der Unabhängigen
am Vormittag des 9. November nicht zusammengerufen worden.
V o g t h e r r und L e d e b o u r hatten zwar im Reichstag über-
nachtet. Ledebour war aber schärfster Gegner der Zusammenarbeit
mit den Mehrheitssozialdemokraten. Er verließ sich ganz auf seine
„revolutionären Obleute". Er mißtraute H a a s e , der in seinen
Augen ein Flaumacher war. Auf dem ersten Rätekongreß hat er
später ausgeplaudert, daß der revolutionäre Ausschuß bereits am
2. November eine Sitzung gehabt hatte, in der alle Teilnehmer bis
auf H a a s e zu beschließen bereit waren, daß die Revolution am
4. November auszubrechen hätte. Am Abend sei dann auch D i t t -
m a n n auf H a a s e s Seite getreten. So hätten sich dann sozusagen
wegen „Verspätung der Revolution" die „verräterischen Mehrheitssozialdemokraten" der Revolution bemächtigen können. L e d e -
b o u r begriff auch am 9. November noch nicht, daß ohne Teilnahme
der Mehrheitssozialdemokratie die Revolution zum Scheitern verurteilt gewesen wäre. Denn die Mehrheitssozialdemokratie hatte
nun einmal die Massen hinter sich, auf die es jetzt ankam.

Da eine Sitzung mit Delegierten des Vorstandes der Unabhängigen nicht zustande kam — sie hatte um 12 Uhr stattfinden
sollen —, gingen E b e r t , S c h e i d e m a n n und O t t o B r a u n
mit F r i t z B r o l a t und G u s t a v H e l l e r in die Reichskanzlei
zum P r i n z e n M a x und hörten dort vom Kanzler, daß nach

einem soeben eingetroffenen Telegramm Wilhelm II. abgedankt habe. Davon weitere Notiz zu nehmen, lohnte jetzt nicht mehr. E b e r t setzte dem Kanzler auseinander, daß das Volk, zu dem große Teile der Berliner Truppen bereits übergegangen seien, nun entschlossen sei, die Demokratie voll zu verwirklichen. An Widerstand sei nicht mehr zu denken. Das hatte sich das Kabinett, das seit dem Rücktritt der sozialdemokratischen Minister sowieso keinen Lebenswillen mehr hatte, wohl schon selbst gesagt. Es war niemand mehr vorhanden, der eine neue Regierung ernennen konnte. Deshalb übergab P r i n z M a x, nachdem er sich von E b e r t die Versicherung hatte geben lassen, daß dieser glaube, die Ordnung aufrechterhalten zu können, F r i t z E b e r t die G e s c h ä f t e d e s R e i c h s k a n z l e r s. Ebert nahm das Amt an. In seiner P r o - k l a m a t i o n vom 9. November sagte er:

„Mitbürger!

„Der bisherige Reichskanzler Prinz Max von Baden hat mir unter Zustimmung der sämtlichen Staatssekretäre die Wahrnehmung der Geschäfte des Reichskanzlers übertragen. Ich bin im Begriff, die neue Regierung im Einvernehmen mit den Parteien zu bilden und werde daher über das Ergebnis der Oeffentlichkeit in Kürze berichten.

Die neue Regierung wird eine Volksregierung sein. Ihr Bestreben wird sein müssen, dem deutschen Volke den Frieden schnellstens zu bringen und die Freiheit, die es errungen hat, zu befestigen.

Mitbürger! Ich bitte euch alle um eure Unterstützung bei der schweren Arbeit, die unser harrt, ihr wißt, wie schwer der Krieg die Ernährung des Volkes, die erste Voraussetzung des politischen Lebens bedroht.

Die politische Umwälzung darf die Ernährung der Bevölkerung nicht stören.

Es muß die erste Pflicht aller in Stadt und Land bleiben, die Produktion von Nahrungsmitteln und ihre Zufuhr in die Städte nicht zu hindern, sondern zu fördern.

Nahrungsmittelnot bedeutet Plünderungen und Raub, mit Elend für alle! Die Aermsten würden am schwersten leiden, die Industriearbeiter am bittersten getroffen werden.

Wer sich an Nahrungsmitteln oder sonstigen Bedarfsgegenständen oder an den für ihre Verteilung benötigten Verkehrsmitteln vergreift, versündigt sich aufs schwerste an der Gesamtheit.

Mitbürger! Ich bitte euch alle dringend: Verlaßt die Straßen! Sorgt für Ruhe und Ordnung.

Berlin, den 9. November 1918.   Der Reichskanzler. Ebert."

An „A l l e B e h ö r d e n u n d B e a m t e n" richtete Ebert folgenden Aufruf:

„Die neue Regierung hat die Führung der Geschäfte übernommen, um das deutsche Volk vor Bürgerkrieg und Hungersnot zu bewahren und seine berechtigten Forderungen auf Selbstbestimmung durchzusetzen. Diese Aufgabe kann sie nur erfüllen, wenn alle Behörden und Beamten in Stadt und Land ihr hilfreiche Hand leisten.

4*

Ich weiß, daß es vielen schwer werden wird, mit den neuen Männern zu arbeiten, die das Reich zu leiten unternommen haben, aber ich appelliere an ihre Liebe zu unserem Volke. Ein Versagen der Organisation in dieser schweren Stunde würde Deutschland der Anarchie und dem schrecklichen Elend ausliefern.

Helft also mit mir dem Vaterlande durch furchtlose und unverdrossene Weiterarbeit, ein jeder auf seinem Posten, bis die Stunde der Ablösung gekommen ist.

Berlin, den 9. November 1918. Der Reichskanzler. gez. Ebert."

Als Ebert mit seinen Begleitern die Reichskanzlei verließ — Scheidemann und Otto Braun waren nach dem Reichstag vorausgegangen — trafen sie Wilhelm Dittmann, Oskar Cohn und Emil Vogtherr, die zur Reichskanzlei wollten. Ebert informierte sie über das Vorgefallene und schlug ihnen vor, eine Regierung aus beiden sozialistischen Parteien paritätisch zu bilden, der Parlamentarier der bürgerlichen Linksparteien als Fachminister beigegeben werden sollten. Deutschland sollte Republik werden. Die Regierung der Republik sollte ein Programm entwickeln mit dem Ziele der Herbeiführung einer sozialistischen Republik. Die Führer der Unabhängigen erhoben für ihre Person keine grundsätzlichen Einwendungen, behielten sich jedoch die Entscheidung ihrer Parteileitung bis nachmittags 4 Uhr vor.

Eberts Angebot war großzügig. Um jedes Mißtrauen zu verscheuchen, bot er der viel schwächeren Partei der Unabhängigen, die besonders in einigen Teilen Deutschlands keine nennenswerte Zahl von Anhängern hatte, die Hälfte der Sitze in der zu bildenden Regierung an. Ein alter erfahrener Politiker der Unabhängigen, Eduard Bernstein, hat Eberts Vorschlag „als einen Beweis großer Einsicht in die Erfordernisse des Augenblicks und ein Beispiel versöhnlichen Entgegenkommens" öffentlich gerecht gewürdigt. Ja, Ebert war bereit, noch weiter entgegenzukommen. Auf eine Frage Oskar Cohns erklärte er ausdrücklich, daß die Bildung der Regierung von Personenfragen nicht abhängig gemacht werden dürfe. Und als Cohn direkt von Liebknecht sprach: „Bitte bringen Sie uns Karl Liebknecht, er soll uns angenehm sein." Trotzdem sollten sich die Verhandlungen noch stundenlang hinziehen.

Das Volk wollte aber wissen, woran es war. Schon erschienen Extrablätter, die „Der Arbeiter- und Soldatenrat" unterzeichnet hatte, übrigens von Sozialisten aus beiden Parteien. Es war, als ob der Berliner Kommandant, General von Linsingen, gefoppt werden sollte, der noch am 7. November durch Verordnung verboten hatte, daß nach russischem Muster Arbeiter- und Soldatenräte gebildet würden und zwar mit der Begründung:

„Derartige Einrichtungen stehen mit der bestehenden Staatsordnung im Widerspruch und gefährden die öffentliche Sicherheit."

Am 9. November war die „bestehende Staatsordnung" verschwunden. Deshalb war die Voraussetzung für die Entstehung von Arbeiter- und Soldatenräten durchaus gegeben. General von Linsingen hatte am 8. November seinen Abschied eingereicht. Persönlich stand er deshalb der Bildung von Arbeiter- und Soldatenräten nicht mehr im Wege. Andererseits wurde die Unterschrift „Arbeiter- und Soldatenrat" benutzt, ohne daß ein von den sozialistischen Parteien anerkannter Arbeiter- und Soldatenrat gebildet war.

Inzwischen hatten sich im Zentrum Berlins Menschenmassen aus allen Teilen der Stadt eingefunden. Besonders Unter den Linden, vom Schloß bis zum Brandenburger Tor und darüber hinaus auf dem damaligen „Königsplatz", der heute „Platz der Republik" heißt. Rote Fahnen wurden entfaltet. Plakate mit der Inschrift „Frieden, Freiheit, Brot" wurden auf den Straßen getragen. Hirn und Herz schrien noch stärker nach Frieden und Freiheit als der Magen nach Brot. Da nützte Philipp Scheidemann mit dem richtigen politischen Instinkt die Stunde, indem er gegen 2 Uhr an ein Fenster des Reichstags trat und die Republik ausrief. Darauf hatten die Massen nur gewartet. Um das zu hören, waren sie nach dem Reichstag gekommen. Scheidemann sprach nur die Forderung des Tages aus.

„Mitbürger! Arbeiter! Genossen!
Das monarchische System ist zusammengebrochen. Ein großer Teil der Garnison hat sich uns angeschlossen. Die Hohenzollern haben abgedankt. Es lebe die große deutsche Republik! Fritz Ebert bildet eine neue Regierung, der alle sozialdemokratischen Richtungen angehören. Dem Militäroberbefehlshaber ist der sozialdemokratische Abgeordnete Göhre beigeordnet, der die Verordnungen mit unterzeichnen wird; jetzt besteht unsere Aufgabe darin, den vollen Sieg des Volkes nicht beschmutzen zu lassen, und deshalb bitte ich Sie, sorgen Sie dafür, daß keine Störung der Sicherheit eintrete. Sorgen Sie dafür, daß die Republik, die wir errichten, von keiner Seite gestört werde. Es lebe die freie deutsche Republik!"

Die Ansprache wurde mit unbeschreiblichem Jubel aufgenommen. Hoch auf Hoch brachten die Massen auf die Republik aus. Sozialistische Kampflieder wurden gesungen. Das Volk hatte das Bewußtsein, daß ein Friedenshindernis in Gestalt des kaiserlichen Regierungssystems gefallen war.

Später ist die Frage aufgeworfen worden, ob Scheidemann lediglich aus eigenem Antriebe handelte, als er die Republik ausrief. Solcher Streit erscheint mir ganz müßig. In dem Hin und Her dieses einzigartigen Tages der deutschen Geschichte konnten die

Instanzen wahrhaftig nicht immer erst gefragt werden. Die Ausrufung der Republik lag am 9. November in der Luft. Sie war nur
die Proklamierung eines staatsrechtlichen Zustandes, der tatsächlich
bereits eingetreten war.

In Berlin hatte der Monarch keinen Statthalter mehr. Das Oberkommando in den Marken, das während des Krieges den Auftrag
hatte, die öffentliche Meinung zu dressieren und den Geist der
Unzufriedenheit niederzuhalten, hatte aufgehört zu existieren. Die
sozialdemokratische Reichstagsfraktion hatte in ihrer Sitzung vom
8. November, mittags 12 Uhr, sich mit der Forderung ihres Vorstandes einverstanden erklärt, nach welcher das Oberkommando
in den Marken durch ein Dreimännerkollegium ersetzt werden
sollte, bestehend aus einem Sozialdemokraten, einem Offizier und
einem dritten zu ernennenden Mitglied, wie es etwas unbestimmt
im Protokollbuch heißt. Sitzungen der sozialdemokratischen
Reichstagsfraktion haben am 9. November nach dem Protokollbuch
um 9 Uhr früh, um 1½ Uhr und um 2½ Uhr stattgefunden. Der
größte Teil der Abgeordneten war aber in der Heimat, weil er sich
um die örtlichen revolutionären Vorgänge kümmern wollte. In den
Sitzungen wurde vor allem über die Besprechungen mit den Vertretern der Großbetriebe und über die mit Ledebour, Dittmann
und Vogtherr, den Vertretern der Unabhängigen, berichtet. Das
Protokoll über die Sitzung der Reichstagsfraktion vom 9. November,
mittags 12 Uhr, sagt nur:
„Genosse Ebert berichtet über die weiteren Vorgänge. Die Fraktion
verständigt sich, daß die Vorstände der Fraktion und der Unabhängigen
zusammentreten sollen, um sich zu einigen über die Zusammensetzung
der Regierung.
Nachher soll der Fraktion darüber Bericht erstattet werden.“
Ebert gab inzwischen den bereits mitgeteilten Aufruf heraus, den
er vorbereitet hatte, nachdem Prinz Max ihm die Geschäfte des
Reichskanzlers übertragen hatte.

Die Mahnung des Aufrufs: „Verlaßt die Straßen“, kam etwas zu
früh. Denn auf der Straße sammelten sich noch immer die Massen,
die einen Teil der öffentlichen Gebäude besetzen wollten. Das
geschah meist ohne besonderen Auftrag. Dafür war eben Revolution.
So hatte sich Emil Eichhorn mit seinen Getreuen inzwischen
im Polizeipräsidium am Alexanderplatz häuslich eingerichtet. Die
„Blauen“ leisteten keinen Widerstand. Im Gegenteil. Sie sagten
sich, daß sie die Monarchie nicht tatkräftiger zu schützen brauchten
als das Militär. Sie wußten ganz genau, wieviel die Uhr geschlagen
hatte. Ferner wurden besetzt das Hauptpost- und Telegraphen-
amt, das Wolffsche Telegraphenbureau, die Berliner Komman-

dantur usw. Bei der Besetzung der Maikäferkaserne gab es durch Schuld eines Offiziers drei Tote. Als die Menge die Türen der Kaserne gewaltsam öffnen wollte, schoß dieser Offizier. Unter den Toten war einer der Führer der Berliner Arbeiterjugendbewegung, der 26jährige Metallarbeiter E r i c h H a b e r s a a t h. Ein Teil der Maikäfer schloß sich den Demonstranten an, die übrigen gingen einzeln in die Stadt.

Auch das Berliner Schloß wurde besetzt. Das Berliner Schloß wurde seit Mitte August 1914 nicht mehr von der Familie Hohenzollern bewohnt. Es hatte zuletzt nur seinen Kommandanten, 200 Mann Schloßwache und Diener beherbergt. In der Nacht zum 9. November war das Schloß noch durch Maschinengewehre gesichert worden. Es war der Befehl gegeben worden, im Angriffsfalle von der Waffe rücksichtslos Gebrauch zu machen. Die Straßenzüge und Brücken sollten schußbereit abgeriegelt werden. Diese Manöver waren überflüssig. Am 9. November wurden Straßen und Brücken dem Volke freigegeben. Das Generalkommando fühlte sich nicht mehr stark genug zum Widerstand. Man hatte noch versucht, die Kaiser-Franz-Grenadiere telegraphisch zur Hilfe heranzurufen. Es kam die Antwort, daß die Franzer nicht mehr zuverlässig wären. Zum Schutz blieben ein Polizeimajor und 25 Schutzleute im Schloß. Ein unbekannter Soldat öffnete nach dem Lustgarten zu ein Fenster des Schlosses und hängte als Symbol eine rote Decke über den Balkon. Im übrigen mahnte dieser Soldat zur Ordnung, warnte vor Plünderungen und erklärte das Schloß zum Nationaleigentum. Der Mann kannte die Geschichte von 1848!

In der fünften Stunde erschien dann K a r l L i e b k n e c h t. Er hielt an der Stelle, von der aus Wilhelm II. gelegentlich zum Volke geredet hatte, eine Ansprache für die freie sozialistische Republik, für die Regierung der Arbeiter und Soldaten und für die Weltrevolution. Die versammelten Massen hoben die Hand zum Schwur. Ein unbekannter Arbeiter rief: Hoch lebe der erste Präsident der sozialistischen Republik Karl Liebknecht! Liebknecht wehrte dies ab: „So weit sind wir noch nicht!" Es sollte auch nicht so weit kommen.

Im Schloßviertel fielen dann blühende Menschenleben als Opfer der Revolution. Zuerst soll aus dem Marstall geschossen worden sein. Dagegen wurden Maschinengewehre in Stellung gebracht. Der Marstall wurde gestürmt. Eine Besatzung wurde in ihm nicht gefunden. Aehnliche Vorgänge spielten sich an der Universität und in der Nähe der Staatsbibliothek ab. Eine organisierte Truppe der Gegenrevolution konnte nirgends dingfest gemacht werden. Inwieweit einzelne Fanatiker absichtlich mit Schießzeug gespielt hatten, konnte nicht ermittelt werden. Wenn in Revolutionszeiten auch nur bei einigen die Nerven versagen, fordert das seine Opfer. Das siegreiche Volk hatte jedenfalls keinerlei Blutdurst. Als ein Trupp von Offizieren und Polizei freiwillig das Schloß verließ und durch eine schmale Gasse am Volke vorbeimarschierte, fielen nicht einmal Schmährufe.

Unterdessen waren sich Partei- und Fraktionsleitung der Sozialdemokratie darüber einig geworden, daß die Genossen F r i e d r i c h E b e r t , P h i l i p p S c h e i d e m a n n und O t t o L a n d s b e r g in eine auf paritätischer Grundlage zu bildende Regierung der Volksbeauftragten eintreten sollten. Alle drei waren seit der Zeit der Parteispaltung bei den Unabhängigen nicht sehr beliebt. Der linke Flügel der Unabhängigen sah in ihnen immer noch „Verräter“, wie es so oft in Flugblättern, Versammlungen und Parlamentsreden geheißen hatte.

Die Unabhängigen waren keine so einheitliche Partei wie die Mehrheitssozialdemokratie. Eine besondere Gruppe der Unabhängigen hatte seit Jahr und Tag auf eigene Faust den Kampf gegen den Krieg geführt. Seit dem Jahre 1917 hatten ferner die „revolutionären Obleute“ der Berliner Metallindustrie eine besonders organisierte Gruppe gebildet. Mit ihnen hatte Georg Ledebour Fühlung gehalten. Er wollte mit ihnen s e i n e Revolution machen. Er verließ sich auf ihre Kampfkraft, die aber in dem von ihm angenommenen Maße nicht da war und gar nicht da sein konnte. Dabei hätte er eigentlich seit dem Januar 1918 wissen müssen, daß die Arbeiter in den Betrieben bei einer Entscheidung über den Kopf der revolutionären Obleute hinweg das Zusammengehen der beiden sozialistischen Parteien fordern würden. Nur langsam sah die Mehrheit der unabhängigen Führer ein, daß der Mehrheitssozialdemokratie für die Benennung der Hälfte der Volksbeauftragten keine Vorschriften gemacht werden konnten, wie sie sich mit Recht auch keine machen lassen wollten. Die Mehrheit des Vorstandes der Unabhängigen erklärte sich grundsätzlich zu einem Zusammengehen beider Parteien bereit. Das wurde den Sozialdemokraten aber erst mitgeteilt, nachdem sie mehrfach vergeblich Kundschafter ausgesandt hatten. Als aber die Grundlage für eine gemeinsame Regierungstätigkeit festgelegt werden sollte, kam K a r l L i e b k n e c h t mit einigen seiner Getreuen von seiner Aktion im Zollernschlosse nach dem Reichstag in diese Sitzung. E d u a r d B e r n s t e i n erzählt, wie Karl Liebknecht dem Schriftführer der Fraktion befehlenden Tones die Worte diktierte: „Alle Exekutive, alle Legislative, alle richterliche Gewalt bei den Arbeiter- und Soldatenräten." Da erschienen Scheidemann, Brolat und Heller im Fraktionszimmer der Unabhängigen. Scheidemann fragte: „Seid Ihr nun endlich zu einem Entschluß gekommen?" Als ihm das Liebknechtsche Diktat gezeigt wurde, sagte er in fast väterlichem Tone: „Ja aber, Leute, wie denkt Ihr Euch denn das?" Und schon war die schönste Diskussion zwischen Scheidemann, Brolat und Heller auf der einen und Karl Liebknecht, Emil Barth und Richard Müller auf der anderen Seite im Gang. Die gemäßigten Elemente schwiegen, weil sie Liebknecht nicht vor Scheidemann desavouieren wollten, bevor die Unabhängigen selbst zu einer bestimmten Stellungnahme gelangt waren. Haase aber war immer noch mit mir auf der Reise von Kiel nach Berlin. Eduard Bernstein schrieb später in seiner „Geschichte der deutschen Revolution", daß ihm bei aller trotz weitgehender Meinungsverschiedenheiten vorhandenen persönlichen Sympathie für Karl Liebknecht in Anbetracht des Liebknechtschen Versuchs, in der geschilderten Weise der Unabhängigen Partei das bolschewistische System aufzudiktieren, wie ein Blitz der Gedanke durch den Kopf gegangen sei: „Er bringt uns die Konterrevolution." Das war am Nachmittag des 9. November!

Der Vorstand der Mehrheitssozialdemokraten nahm zu dem Liebknechtschen Programm prompt Stellung: „Von dem aufrichtigen Wunsche, zu einer Einigung zu gelangen, geleitet", grenzte er in einem in der neunten Abendstunde den Unabhängigen zugeleiteten Schreiben seine Stellungnahme gegen den Bolschewismus klar ab:

1. Soziale Republik? Ja. Sie ist Ziel der eigenen Politik, indessen hat darüber das Volk durch die konstituierende Versammlung zu entscheiden.

2. Die gesamte exekutive, legislative und jurisdiktionelle Macht den Arbeiter- und Soldatenräten? Nein, die Diktatur einer Klasse, hinter der nicht die Mehrheit des Volkes steht, wird abgelehnt. Sie widerspricht unseren demokratischen Grundsätzen.

3. Ausschluß aller bürgerlichen Mitglieder aus der Regierung? Nein. Erfüllung dieser Forderung würde die Volksernährung erheblich gefährden, wenn nicht unmöglich machen.

4. Beteiligung der Unabhängigen nur für drei Tage, um eine für den Abschluß eines Waffenstillstands fähige Regierung zu schaffen? Wir halten mindestens bis zum Zusammentritt der Konstituante die Zusammenwirkung der sozialistischen Richtungen für erforderlich.

5. Die Ressortminister gelten nur als technische Gehilfen des entscheidenden Kabinetts? Ja.

6. Gleichberechtigung der beiden Leiter des Kabinetts? Ja, für Gleichberechtigung aller Kabinettsmitglieder. Indessen hat darüber die Konstituante zu entscheiden.

Die Beantwortung dieses Schreibens wurde bis zum folgenden Tage zurückgestellt, da sich die Leitung der Unabhängigen in Abwesenheit Haases nicht binden wollte.

Inzwischen war es im Reichstag sehr lebendig geworden. Im Zimmer 17 des Reichstags hatten sich den Unabhängigen und besonders deren Spartakusgruppe nahestehende Soldaten- und Betriebsvertreter versammelt. Sie hatten sich als Funktionärversammlung der Arbeiter- und Soldatenräte aufgetan. Gegen ½10 Uhr abends siedelten sie in den Plenarsaal des Reichstags über, dessen Podium eilig mit roten Tüchern ausgeschlagen und dessen Präsidentenstuhl mit der roten Fahne geschmückt worden war. Eine Kontrolle über die Teilnehmer dieser Versammlung fand nicht statt. Das soll kein besonderer Vorwurf sein. Eine Revolution mit Eintrittskarten hat es in der Weltgeschichte noch nicht gegeben.

Wer diese Versammlung beherrschte, wurde bald klar. Emil Barth wurde zum Vorsitzenden gewählt. Er feierte den siegreichen Aufstand des Proletariats, betonte das kommende Regime der sozialistischen Regierung und zog im übrigen gegen die verräterischen Mehrheitssozialdemokraten vom Leder, von denen fast keiner im Saale war. Zweck dieser ganzen Uebung war offensichtlich, der kommenden, aus beiden sozialistischen Parteien zu bildenden Regierung der Volksbeauftragten den Weg zu verlegen. Nach Barth sprach Richard Müller. Die Regierung der „revolutionären Obleute" sollte vorbereitet werden!

Dann sprach für die Soldaten, denen Emil Barth schon den Dank für ihre Mitwirkung bei dem unblutigen Sieg der Berliner Revolution ausgesprochen hatte, der Pionierleutnant-Flammenwerfer Walz, von dem noch die Rede sein wird.

Walz sprach schon, als ich den Plenarsaal des Reichstags betrat. Die Befürchtung, die mir Paul Hirsch geäußert hatte, fand ich in kürzester Frist bestätigt. Der Aktionsplan der revolutionären Obleute wurde mir klar, als die Parole für den kommenden Sonntag ausgegeben wurde:

„Morgen, den 10. November, früh 10 Uhr, wählen alle Arbeiter Berlins auf je 1000 Mann einen Vertreter. Desgleichen alle Soldaten. Auf jede Formation bzw. Bataillon entfällt ein Vertreter. Diese versammeln sich um 5 Uhr im Zirkus Busch, wo die provisorische Regierung gebildet wird."

Das war ein hinterhältiger Plan. Die meisten Arbeiter konnten bis zum anderen Vormittag ihr Wahlrecht an Ort und Stelle gar nicht ordnungsgemäß ausüben. Zweck war eben, die deutsche Revolution in russische Bahnen zu leiten.

Wie war das zu vermeiden? Eine Gegenaktion konnte nicht im Reichstag, sondern nur von außerhalb eingeleitet werden. Da im Reichstag keine Mitglieder der sozialdemokratischen Parteileitung mehr zu finden waren — Wels hatte, wie ich später erfuhr, den Reichstag verlassen, ehe ich angelangt war — ging ich zunächst nach der Reichskanzlei. Dort traf ich auf der Treppe Conrad H a u ß m a n n. Er erkundigte sich nur flüchtig nach meinen Kieler Eindrücken, denn er stand ganz im Zeichen der Berliner Erlebnisse. Er erklärte mir, daß Abgeordnete bürgerlicher Fraktionen in einer rein sozialistischen Regierung auch nicht als technische Mitarbeiter ohne eigenes Mitbestimmungsrecht mitwirken könnten. Sie könnten für eine solche Regierung keinerlei Mitverantwortung übernehmen.

Mit welcher Mäßigung im übrigen die Berliner Revolution eingeleitet wurde, zeigten alle an jenem Abend raschestens formulierten Kundgebungen. In einem Aufruf an die Bürger und Arbeiter sagten P a u l H i r s c h (als Beauftragter des Reichskanzlers und Innenministers), E u g e n E r n s t , C a r l L e i d und H a n s S a s s e n b a c h (für den Volksausschuß), B a u m a n n , G e l b e r g und H e r t e l (für den Soldatenrat) und K ö r s t e n (für die Berliner Generalkommission) am 9. November:

„Zur wirksamen Durchführung der revolutionären Bewegung ist Ordnung und Ruhe nötig.

Die Bevölkerung wird dringend gebeten, Straßenaufläufe zu unterlassen und nach Eintritt der Dunkelheit die Straße zu meiden.

Die Groß-Berliner Magistrate arbeiten in Uebereinstimmung mit dem Arbeiter- und Soldatenrat.

Die Groß-Berliner Schutzmannschaft hat sich in den Dienst des Volkes gestellt.

Lebensmittelautos und städtische Autos dürfen nicht angehalten werden.

Die Lebensmittelversorgung Groß-Berlins darf nicht gestört werden. Die Lebensmittelvorräte und Lebensmittelkarten-Verteilungsstellen unterstehen dem Schutze des Volkes. Sämtliche gemeinnützige Einrichtungen, wie Gas-, Wasser- und Elektrizitätswerke, Sparkassen und andere öffentliche Kassen, ebenso die Verkehrsmittel, werden ebenfalls dem Schutze des Volkes unterstellt.

Der Volksausschuß zum Schutze der gemeinnützigen Einrichtungen von Groß-Berlin wird diese Einrichtungen durch Beauftragte beschützen. Die geschützten Einrichtungen werden durch Plakate kenntlich gemacht.

Die Beauftragten sind mit roten Armbinden mit dem Aufdruck „Volksausschuß" versehen. Sie führen außerdem Legitimationskarten. In ihrer Tätigkeit werden sie durch Abgeordnete des Arbeiter- und Soldatenrats unterstützt.

Die Bürgerschaft wird gebeten, die Beauftragten des Volksausschusses in ihrer Tätigkeit zu unterstützen."

Gleichzeitig sprach sich der „Arbeiter- und Soldatenrat" g e g e n
d e n S t r e i k i n l e b e n s w i c h t i g e n B e t r i e b e n aus:
„Es dürfen nicht streiken:
1. Handels-, Verkehrs- und Transportgewerbe (insbesondere sämtliche
   Kutscher und Fahrer der Spedition, Lager, Lebensmittel und Kohlen).
2. Lebens- und Genußmittelbranche (insbesondere Fleischer, Bäcker,
   Brauer, Restaurationsbetriebe (außer Cafés).
3. Lebenswichtige Staats- und Gemeindebetriebe (insbesondere Gas,
   Wasser, Elektrizität, Kanalisation, Straßenreinigung, Müllabfuhr und
   ähnliche).
4. Haus- und Pflegepersonal (außer Hauspersonal) der Krankenhäuser,
   Pflege- und Heilstätten."

Damit sollten die Streiks, die ausgebrochen waren, um Wilhelm II.
zur Abdankung zu zwingen und eine Volksregierung herbeizuführen, beendet werden.

Zum Schutze der gemeinnützigen Betriebe der Stadt Berlin
hatten sich die Berliner Leitungen der beiden sozialistischen Parteien mit der Berliner Leitung der Gewerkschaftskommission, der
Berliner Leitung der H i r s c h - D u n c k e r s c h e n Vereine und
dem Kartell der Berliner c h r i s t l i c h e n Gewerkschaften als
„V o l k s a u s s c h u ß" zusammengeschlossen. Der Berliner Leitung
der Unabhängigen wurde diese Beteiligung am Volksausschuß
später recht übel genommen, zumal die Instanzen nicht gefragt
worden waren, wie der „Revolutionsbürokrat" Richard Müller in
seiner Geschichtsklitterung vermerkt.

Der frühere Staatssekretär der Finanzen und damalige Oberbürgermeister W e r m u t h war diesem Volksausschuß als Vertreter der Berliner Stadtverwaltung beigetreten.

Erfreulich war, daß sich die Vertreter a l l e r Arbeiterorganisationen sofort einmütig zusammenfanden, um nach besten Kräften
neue Not von der Bürgerschaft fernzuhalten. Die politische
Schulung des deutschen Arbeiters bewährte sich in der Zeit des
politischen Umsturzes überall dort, wo die bewährten Leiter der
Arbeiterorganisationen das Wort und die Feder führten. Es war
nur die Frage, ob diese geschulten Kräfte in der Revolutionszeit
führend blieben. Am 10. November erschien im „Vorwärts"
folgende Anzeige:

„Organisatoren gesucht!
Personen, die imstande sind, die Aufsicht über gemeinnützige und
städtische Betriebe aller Art zu übernehmen, werden dringend gesucht.
Wer hierzu bereit ist, möge sich auf dem Büro seiner Organisation
melden. Der Arbeiter- und Soldatenrat."

E b e r t war zunächst durch Besprechungen festgehalten, als ich
ins Reichskanzlerpalais kam. Endlich wurde er frei. Er war über

meine Kieler Eindrücke erfreut. Aber die Kieler Vorgänge standen jetzt im Hintergrund. Seine Sorge galt dem Verlauf der Berliner Bewegung. Vor allem den am kommenden Tage zu erwartenden Auseinandersetzungen, die nicht nur für Berlin, sondern für ganz Deutschland entscheidend werden konnten. Ich erfuhr von ihm, daß nach einer Besprechung mit den in der Reichskanzlei anwesenden Mitgliedern des Parteivorstandes und dem Genossen Landsberg der Abgeordnete W e l s beauftragt worden war, die Vertreter der Arbeiter und Soldaten, soweit das noch irgend möglich war, aufzuklären. Fraglich blieb, ob es gelingen würde, die mit allen Mitteln der List und der Ueberrumpelung arbeitenden Spartakisten auf die Linie gemeinsamer Arbeit mit der Mehrheits-Sozialdemokratie zu zwingen. Davon konnte das Schicksal der Revolution abhängen.

Ob die Revolution sich behaupten würde, darüber waren am Abend des 9. November immerhin noch Zweifel vorhanden. Immer wieder tauchte das Gerücht auf, daß in der ersten Revolutionsnacht von Potsdam her auf Wilhelms gerader Heerstraße Teile der dortigen Garnison angerückt kämen, um die Revolution niederzuschlagen. Wo wären in diesem Falle die militärischen Leiter der notwendig werdenden Gegenaktion zu finden gewesen? Am Vormittag des 9. November hatten e i n i g e O f f i z i e r e folgenden A u f r u f erlassen:

„An die Offiziere der Garnison Berlin und seiner Vororte!
Nachdem der Kaiser abgedankt hat, wird zurzeit eine neue Regierung gebildet.
Alles kommt darauf an, daß Ruhe und Ordnung aufrechterhalten wird.
Es ist vaterländische Pflicht eines jeden deutschen Offiziers, dafür zu sorgen, daß Blutvergießen vermieden wird.
Unsere ganze Kraft gehört jetzt dem deutschen Volke.
Göhre, M. d. R., Leutnant der Landwehr II, Landsturmregiment 19; Collin-Roß, Leutnant d. R., Auslandsabteilung der OHL.; Südekum, Leutnant der Landwehr I, Eisenbahnregiment I; Tiburtius, Leutnant d. R., 3. Garderegiment zu Fuß.“

War unter ihnen ein militärischer Führer? Nein!

Im übrigen dachte die Potsdamer Garnison gar nicht daran, sich für den Kaiser zu schlagen. Auch dort hatte sich bereits in der Kaserne des I. Garderegiments zu Fuß ein Soldatenrat gebildet. Auf Schloß Glienicke hatte der Sohn des Feldmarschalls Prinz Friedrich Karl, der Prinz F r i e d r i c h L e o p o l d v o n P r e u ß e n , bereits die rote Fahne aufziehen lassen. So gab ein Hohenzollernprinz schon am 9. November die Dynastie preis.

Wilhelm II. hatte in der Unterredung, die Helfferich nach der Entstehung der Friedensresolution im Garten des damaligen Reichsamts des Innern, Wilhelmstraße 74, am 20. Juli 1917 arrangiert hatte, den Parteiführern erklärt: „Wo die Garde auftritt, da gibt es keine Demokratie!" Am 9. November war die Garde zum revolutionären Volke übergegangen. Auf den Berliner Schlössern wehte die rote Fahne. Wilhelm II. war nach Holland geflohen. Wer will bestreiten, daß das Volk von Berlin am 9. November 1918 auf der ganzen Linie gesiegt hat?

IV. Der 10. November

Als ich am folgenden Sonntag morgens in das Büro des Parteivorstandes kam, meldeten sich ununterbrochen Genossinnen und Genossen, die helfen wollten und nur auf Verwendung warteten, bereit, ihre ganze Kraft für den werdenden neuen Staat einzusetzen. Legitimationen wurden stoßweise mit der Schreibmaschine geschrieben. Alle vorhandenen Stempel wurden auf die fertigen Ausweise gedrückt. Rote Armbinden wurden verteilt. Beobachtungsposten wurden nach allen Windrichtungen gesandt. Das Telephon spielte ununterbrochen. Die Genossen in den Vororten warteten auf Ordres. Alle geschulten Genossen waren in Aufregung, weil sie begriffen hatten, was die Ausschreibung der Zirkus-Busch-Versammlung bedeuten sollte. Otto Wels hatte noch am Abend vorher alle Vorbereitungen zur Ausführung des Auftrages getroffen, der ihm zuteil geworden war. Schnell und umsichtig war er zuwege gegangen. Die Betriebsvertrauensleute der Partei waren für Sonntag nachmittag 2 Uhr nach dem Hause Lindenstraße 3 berufen worden. Dort sollten sie vor Beginn der Zirkus-Busch-Versammlung über den Stand der Verhandlungen mit den Unabhängigen informiert werden. Die Entscheidung der Zirkus-Busch-Versammlung durfte auf keinen Fall dem Zufall überlassen werden. Noch viel wichtiger aber war die zweite Aufgabe: jene Soldaten zu informieren, die aus ihrem früheren Organisationsverhältnis heraus Verbindung mit der Partei hatten. Diese Verbindung war im Krieg vielfach lose geworden.

Otto Wels hatte schnell ein Flugblatt geschrieben, das noch in der Nacht in 40 000 Exemplaren gedruckt wurde: „An alle Truppenteile, welche auf dem Boden der Politik stehen, die der ‚Vorwärts' vertritt". So wandte sich das Flugblatt an die Soldaten und forderte sie auf, sofort Vertreter zu wählen und diese ebenfalls um 2 Uhr nachmittags nach dem Vorwärtsgebäude zu senden. Zur Verteilung des Flugblattes konnten genügend Genossen aufgeboten werden, die bereit und imstande waren, seinen Inhalt mündlich zu erläutern. Sie fuhren in Autos nach allen Kasernen. Was der „V o r w ä r t s" wollte, das wußten die Soldaten: „Frieden und Schaffung einer von Sozialisten geleiteten Republik."

Das war der G e g e n z u g gegen den Versuch der „revolutionären Obleute", die Mehrheitssozialdemokraten zu überrumpeln. Der Gegenzug glückte. Die Berliner Garnison übte in den Kasernen ihr Wahlrecht aus. Am Nachmittag erschienen 148 legitimierte Soldatenvertreter, die bereit waren, für die Friedens- und Freiheitspolitik der Mehrheitssozialdemokratie zu zeugen. Der Name von O t t o W e l s war seit seiner Ansprache an die Naumburger Jäger bei den Soldaten mit einem Schlage populär geworden.

Inzwischen amtierte E b e r t um die Mittagszeit in der Reichskanzlei als Kanzler. Er mußte ohne Aufschub handeln, denn die furchtbaren Waffenstillstandsbedingungen waren eingelaufen. Sie zeigten bereits, daß dieser Krieg nicht mit einem Frieden des Rechts abgeschlossen werden würde. Die Oberste Heeresleitung drängte trotzdem auf alsbaldigen Abschluß des Waffenstillstandes. Der K r i e g s m i n i s t e r bezeugte, daß nach seiner Auffassung von einer Kapitulation im Felde keine leichteren Bedingungen zu erwarten wären. Die Oberste Heeresleitung war bereit, von sich aus abzuschließen. Da C o n r a d H a u ß m a n n und G r ö b e r die Legitimität des Kabinetts wegen des staatsrechtlichen Zustandes anzweifelten, die Antwortnote an Lansing aber hinausgehen mußte, wurde es E b e r t und S o l f überlassen, die Note zu redigieren und abzusenden.

F o c h hatte eine vorläufige Einstellung der Feindseligkeiten rundweg abgelehnt. Seine Waffenstillstandsbedingungen, die sechs Stunden nach Unterzeichnung in Kraft treten sollten, nahmen auf den in Deutschland eingetretenen Umschwung nicht die geringste Rücksicht. Abzugeben waren 5000 Kanonen, 30 000 Maschinengewehre, 3000 Minenwerfer, 2000 Flugzeuge. Frankreich, Belgien und Elsaß-Lothringen sollten sofort geräumt werden. Das linke Rheinufer mit Mainz, Köln und Koblenz sollte von den Ententetruppen besetzt werden. Am rechten Rheinufer sollte eine 30—40 Kilometer tiefe neutrale Zone gebildet werden. Deutschland sollte 5000 Lokomotiven, 150 000 Waggons und 10 000 Kraftwagen abliefern. Es hatte die Besatzungstruppen zu unterhalten. Die Verträge von Brest-Litowsk und Bukarest wurden annulliert. 100 U-Boote, 8 Kreuzer und 6 Schlachtschiffe sollten abgegeben, die übrigen desarmiert und überwacht werden. Nach allem diesem aber noch mehr: R ü c k g a b e d e r K r i e g s g e f a n g e n e n o h n e G e g e n s e i t i g k e i t u n d B e s t e h e n b l e i b e n d e r B l o c k a d e D e u t s c h l a n d s. Der Waffenstillstand sollte 30 Tage dauern.

Die Frage war, ob diese militärischen Räumungsforderungen überhaupt durchführbar waren. Abgeschlossen mußte der Waffenstillstand jedenfalls werden. Das wurde auch in Solfs Note an Lansing gesagt und gebeten, bei den alliierten Mächten auf eine Milderung der vernichtenden Bedingungen hinzuwirken. Jedenfalls drohten der kommenden neuen Regierung die schwersten Sorgen.

Der R e i c h s t a g war auf Mittwoch, den 13. November, einberufen. Nach Ausbruch der Revolution war aber an eine Tagung des Reichstags nicht mehr zu denken. E b e r t erklärte deshalb auch auf eine Anfrage F e h r e n b a c h s, daß eine Sitzung des Reichstags am Mittwoch ausgeschlossen sei, und daß er den Plan habe, eine Nationalversammlung einzuberufen. Fehrenbach sah das ein und reiste nach seiner badischen Heimat ab. Auf der Tagesordnung des Reichstags, der zu seiner 198. Sitzung einberufen war, stand u. a. ein Nachtrag zum Haushaltsplan, Kriegskredite betreffend.

Der Vizekanzler P a y e r und die Staatssekretäre aus den bürgerlichen Parteien gaben am 10. November ihre Demission und verließen Berlin. E b e r t hatte inzwischen L a n d s b e r g, der neben ihm und S c h e i d e m a n n in das mit den Unabhängigen zu bildende Kabinett eintreten sollte, berufen. Um ¹/₂2 Uhr erschien D i t t m a n n mit anderen Vertretern der Unabhängigen in der Reichskanzlei und brachte die Antwort auf das Schreiben der Mehrheitssozialdemokratie vom Tage zuvor. Die Unabhängigen erklärten sich bereit, zur Befestigung der revolutionären sozialistischen Errungenschaften in ein Kabinett einzutreten, das aus sechs Sozialdemokraten zu bestehen hätte. Die Volksbeauftragten — je drei aus jeder der beiden Parteien — sollten gleichberechtigt miteinander arbeiten. Die Fachminister, die nicht Sozialdemokraten zu sein brauchten, sollten nur technische Gehilfen des entscheidenden Kabinetts sein. Jedem von ihnen sollte aus jeder der beiden sozialistischen Parteien je ein Mitglied mit gleichen Rechten beigeordnet werden. Auf die Fristbestimmung für die Dauer des Kabinetts verzichteten die Unabhängigen. Die politische Gewalt sollte in den Händen der Arbeiter- und Soldatenräte liegen, die alsbald aus dem ganzen Reiche zu einer Vollversammlung zusammengerufen werden sollten. Die Nationalversammlung sollte hinausgeschoben werden. Das war der Sinn des folgenden Satzes des von Haase gezeichneten Schreibens:

„Die Frage der konstituierenden Versammlung wird erst nach einer Konsolidierung der durch die Revolution geschaffenen Zustände aktuell und soll deshalb späteren Erörterungen vorbehalten bleiben."

Das letztere lag nicht in den Absichten Eberts, der zu Payer und Fehrenbach bereits geäußert hatte, daß die baldige Einberufung der Nationalversammlung nötig sei. Ohne die Einberufung einer solchen war an eine Konsolidierung der deutschen Verfassungsverhältnisse nicht zu denken. Andererseits war keine Zeit zu neuen Verhandlungen vorhanden. Tatsächlich lag die politische Gewalt zur Zeit in den Händen der Arbeiter- und Soldatenräte, soweit politische Gewalt überhaupt vorhanden war. Den Vertretern der Mehrheitssozialdemokraten war es also durchaus möglich, auf den Vorschlag der Unabhängigen einzugehen, um damit die schnellstens erforderliche Einigung der beiden sozialistischen Parteien mit dem Ziele der Bildung einer gemeinsamen Regierung herbeizuführen. So wurden die Bedingungen angenommen und zugleich das Einverständnis erklärt, daß H u g o H a a s e , W i l h e l m D i t t m a n n und E m i l B a r t h in das zu bildende Kabinett der sozialistischen Volksbeauftragten eintraten.

Die so vollzogene Einigung fand in den Reihen der politisch und gewerkschaftlich organisierten Arbeiter freudigste Zustimmung. Der einfache Mann von der Straße — und dieser beeinflußte zum ersten Male u n m i t t e l b a r die deutsche Politik — war rein gefühlsmäßig für den Zusammenschluß aller Kräfte der Arbeiterklasse.

Am Morgen des 10. November ging der „Vorwärts" von Hand zu Hand. Er war über Nacht zum „Reichsanzeiger" geworden. F r i e d r i c h S t a m p f e r , sein politischer Chef, hatte im Vorgefühl der heraufziehenden Revolution seit Tagen die Notwendigkeit der Einigung gepredigt. Sein Sonntagsleitartikel trug die Überschrift „K e i n B r u d e r k a m p f" — eine nur zu notwendige Mahnung:

„Heute gilt es nicht, sich hemmungslosem Jubel hinzugeben, sondern es heißt, für die Zukunft zu sorgen und zu schaffen. Bleibt einig und geschlossen! Vermeidet das Chaos! Kein Schauspiel der Selbstzerfleischung der Arbeiterschaft in sinnlosem Bruderkampf! Nehmt Euch Bayern zum Beispiel, dort gibt es keine Spaltung mehr! Es geht um das Wohl und die Zukunft der ganzen Arbeiterklasse. Die Bruderhand liegt offen — schlagt ein!"

Feindlich der Einigung blieb der linke Flügel der Unabhängigen, der seit 1917 mit der Zellenbildung in dieser Partei begonnen hatte und in sklavischer Nachahmung russischer Methoden die eben glücklich vollzogene Umwälzung russisch weiter treiben wollte.

Die Abonnenten des L o k a l a n z e i g e r s fanden auf der ersten Seite ihres Blattes am Morgen des 10. November die Mitteilung:

„Zur Beachtung! Der seitherige Lokalanzeiger wurde von uns erst in später Abendstunde übernommen, so daß wir zur Füllung des Blattes eine Reihe gesetzter Mitteilungen aufnehmen mußten, die also nicht in der Form dargeboten sind, wie wir die Dinge und Ereignisse darzustellen beabsichtigen. Von morgen ab wird dies anders werden."

Die Redaktion der „Roten Fahne",
Organ der Spartakusgruppe

Am Kopf des Blattes stand: „Die Rote Fahne, ehemaliger Berliner Lokalanzeiger." Die Spartakusleute hatten sich mit Gewalt der Scherldruckerei bemächtigt. Zur Herstellung eines neuen wirklichen Spartakusblattes war es zu spät gewesen. Die „R o t e F a h n e" nannte den vollzogenen Umsturz eine b ü r g e r l i c h e Revolution:

„Es ist wie bei allen bürgerlichen Revolutionen. Die Ereignisse überstürzen sich. Alle Ereignisse erscheinen in Feuerbrillanten gefaßt. Die Ekstase ist die Atmosphäre des Tages! So spricht Marx. Aber er spricht auch von dem Katzenjammer, der den bürgerlichen Revolutionen folgt. Hüten wir uns vor einem Katzenjammer."

Das Volk von Berlin hatte am 9. November bewiesen, daß es von jedem Revolutionsrausch frei war. Würde es der Spartakusgruppe gelingen, die Massen trunken zu machen? Jedenfalls wurde die Hetze gegen E b e r t sofort eröffnet, indem aufgefordert wurde, seinem Aufruf nicht zu folgen:

„Wir fordern im Gegenteil dazu auf, n i c h t die Straße zu verlassen, sondern bewaffnet zu bleiben und in jedem Augenblick auf der Hut zu sein."

Verlogen hieß es weiter:

„Die Aufforderung des vom gestürzten Kaiser neugebackenen Reichskanzlers verfolgt nur den Zweck, die Massen heimzusenden, um die alte Ordnung wiederherzustellen. Arbeiter, Soldaten, bleibt auf der Hut!"

Dabei hatte der zur Abdankung gezwungene K a i s e r am 9. November an seinen ältesten Sohn weinerlich geschrieben:

„Lieber Junge! Da der Feldmarschall mir meine Sicherheit hier nicht mehr gewährleisten kann und auch für die Zuverlässigkeit der Truppen keine Bürgschaft übernehmen will, habe ich mich entschlossen, nach schwerem inneren Kampf das zusammengebrochene Heer zu verlassen. Berlin ist total verloren in der Hand der Sozialisten. Dein tiefgebeugter Vater Wilhelm."

Eine andere Gruppe der Linksradikalen hatte sich der „N o r d - d e u t s c h e n A l l g e m e i n e n Z e i t u n g" bemächtigt, die unter dem Titel, „D i e I n t e r n a t i o n a l e, früher Norddeutsche Allgemeine Zeitung" nun mit sozialistischem Inhalt erschien. Im U l l s t e i n h a u s wurde die „Berliner Allgemeine Zeitung" zwangsweise mit sozialistischem Inhalt versehen, während „Berliner Morgenpost" und „Vossische Zeitung" ungehindert erscheinen konnten. Die „Berliner Allgemeine Zeitung" trug am Kopf die fettgedruckten Worte: „Erscheint auf Anordnung des Arbeiter- und Soldatenrats ab heute als Organ der Unabhängigen. Chefredakteur E. Vogtherr."

Bei dieser Gelegenheit übrigens eine Richtigstellung. In dem Buche „50 Jahre Ullstein", das der Ullsteinverlag 1927 herausgab, ist gesagt, daß ich am Nachmittag des 9. November, nachdem Demonstrationszüge auch in das Ullsteinhaus in der Kochstraße eingedrungen waren, dort plötzlich erschienen sei, mich als Hermann Müller vom sozialdemokratischen Parteivorstand und als Mitglied des großen Aktionsausschusses von Berlin vorgestellt und die bestimmte Erklärung abgegeben hätte, daß die Einstellung der Arbeiten in der Druckerei keineswegs verlangt und die bürgerlichen Zeitungen nach wie vor unter Wahrung der Pressefreiheit erscheinen könnten. Lediglich die Aufnahme der Bekanntmachungen des Arbeiter- und Soldatenrats würden verlangt. Dies sei zugesagt worden.

Hier muß eine Verwechselung vorliegen. Das muß ein anderer Müller gewesen sein. Jedenfalls aber keiner vom Parteivorstand der Sozialdemokratie. Ich war um diese Zeit noch mit Haase und übrigens auch mit Mendel vom Hause Ullstein auf der Rückreise von Kiel, also noch nicht in Berlin eingetroffen. Für die Wahrung der Pressefreiheit trat ich allerdings stets ein. Das hat mir in späteren Tagen der Revolutionszeit genug Angriffe eingetragen. Übrigens verschwand Emil Vogtherr bereits am 13. November wieder aus dem Ullsteinhause.

Die liberale Presse anerkannte die Revolution als Tatsache. Im „Berliner Tageblatt" nannte T h e o d o r W o l f f die Berliner Revolution die größte aller Revolutionen,

„weil niemals eine so fest gebaute, mit so soliden Mauern umgebene Bastille so mit einem Anlauf genommen worden ist".

Er gelobte E b e r t Unterstützung, damit das Chaos vermieden werde und verlangte nach einer Nationalversammlung, die frei und souverän über die Frage entscheiden sollte, ob Deutschland eine Republik werden oder in welcher Form es sonst in Zukunft seinen Weg gehen sollte. Daß das bisherige System versagt hatte und die Demokratie die Nachfolge antreten müßte, darüber gab es bis ins Lager der Rechten hinein keine Zweifel. Das Organ des „Bundes der Landwirte", die „Deutsche Tageszeitung", hatte bereits am 8. November geschrieben:

„Die Regierungsgewalt kann dauernd nur von einer Regierung ausgeübt werden, die ihr Mandat aus dem auf ordnungsmäßigem Wege einwandfrei festgestellten Mehrheitswillen des deutschen Volkes empfangen hat."

Das war kein Augenblickseinfall. Im Interesse der Ordnung und damit in Wahrung der ureigenen Belange der Agrarier schrieb die „Deutsche Tageszeitung" am 12. November:

„Wir wiederholen nochmals, daß das deutsche Bürgertum schon aus dringendstem eigenem Interesse durchaus bereit ist, die sozialistische Regierung bei der Aufrechterhaltung der Ordnung unter Zurückstellung aller grundsätzlichen Meinungsverschiedenheiten nachdrücklichst zu unterstützen."

Die „Deutsche Tageszeitung" entfernte am 11. November an der Spitze des Blattes die Worte „Für Kaiser und Reich". Die „Kreuzzeitung" sogar wurde realpolitisch und strich damals, angeblich auf Druck des Personals, am Kopfe des Blattes die Worte „Vorwärts mit Gott für König und Vaterland!" So hatte die Monarchie am 10. November in Berlin ihre publizistischen Vertreter verloren. Sie dachten nur noch an die Notwendigkeit „des Schutzes des heiligen Eigentums" unter der werdenden neuen Ordnung.

Selbst der Kronprinz wollte seine Truppen in vollster Ordnung und Disziplin in die Heimat zurückführen und sich wie Hindenburg der Regierung zur Verfügung stellen. Ja, er wollte sich sogar verpflichten, „i n d i e s e r Z e i t nichts gegen die Regierung zu unternehmen". Der Staatssekretär von Hintze erhielt den Auftrag, bei der Regierung zu sondieren. Diese Anfrage war reichlich naiv.

Die Regierung lehnte am 10. November spät abends telephonisch die Belassung des Kronprinzen in seiner militärischen Stellung ab. Der ehemalige Kronprinz sah darin die Bewilligung des schlichten Abschieds. Er fuhr „als freier Mann" nach Holland, nachdem er dem Generalfeldmarschall von Hindenburg gegenüber nochmals betont hatte, daß er sich zu jeder Verwendung bereit gefunden hätte.

Die Berliner Revolutionäre brauchten sich am 10. November über eines keine Sorge zu machen: Kräfte gegen Revolution und Republik wurden an keiner Stelle gesammelt. Die Gefahr, die vielmehr der Revolution drohte, war die Uneinigkeit im revolutionären Lager selbst.

Die zu der Nachmittagssitzung eingeladenen Vertrauensleute der Partei aus den Betrieben und Kasernen waren so zahlreich erschienen, daß die Versammlung von der Lindenstraße nach den Kammersälen in der Teltower Straße verlegt werden mußte. Dort gab Otto Wels einen kurzen Bericht über die Tagung der Linksradikalen, die am Abend vorher im Plenarsitzungssaal des Reichstags stattgefunden hatte. Er legte dar, wie in der Zirkus-Busch-Versammlung die Sozialdemokratie überrumpelt werden sollte, damit so die Vertreter der Mehrheitssozialdemokratie von der Regierung ferngehalten würden. Eine Berliner Versammlung der Arbeiter- und Soldatenräte habe überhaupt nicht das Recht, für die Dauer eine Regierung für das deutsche Volk zu bestellen. Wels zeigte bereits an, worum der Kampf im Grunde ging. Es war der Kampf für oder gegen die Einberufung einer Nationalversammlung. Die Soldaten, die sich ohne Unterschied der Partei auf die Seite des Volkes gestellt, hätten das getan, weil von nun an wirklich das Volk selber bestimmen sollte. Sie hätten die Pflicht, dieses Recht des ganzen Volkes zu verteidigen. Wenn die Soldaten die Politik, die der „Vorwärts" vertreten hätte, zum Siege führen wollten, müßten sie in der Zirkus-Busch-Versammlung für die Einberufung einer Nationalversammlung eintreten. Bis dahin müsse eine paritätische Regierung der beiden sozialistischen Parteien regieren. Würden die Unabhängigen unter dem Druck ihres linken Flügels die Einigung ablehnen — Wels wußte von den Verhandlungen, die zur gleichen Zeit in der Reichskanzlei zu einer Einigung geführt hatten, noch nichts — so bliebe nur eine Regierung Ebert-Scheidemann übrig. Ihr müßten die sozialdemokratischen Soldaten zur Verfügung stehen, wie das die Naumburger Jäger wegweisend getan hätten.

Wels Ansprache fand allgemeine Zustimmung. Es wurde einstimmig beschlossen, sofort einen Aktionsausschuß der Berliner Truppenteile zu bilden. Da in den überfüllten Kammersälen eine Diskussion zweckmäßigerweise nicht eröffnet werden konnte — im übrigen jetzt auch keine Zeit zum Reden, sondern nur noch zum Handeln war — traten die Vertreter der Soldaten geschlossen an und marschierten nach der Lindenstraße 3 zurück. Sie versammelten sich im zweiten Hof des Vorwärtsgebäudes. Dort wurde ein Aktionskomitee gewählt und die in der Zirkus-Busch-Versammlung einzuschlagende Taktik kurz beraten. Ein Spartakist, der sich auf dem Wege zur Lindenstraße dem Zuge der Soldatenräte aus Neugier angeschlossen hatte, merkte, was vorging und schrie, indem er Wels mit seinem Revolver bedrohte,

wie ein Wüterich: „Du Hund wirst uns noch alles verderben!"
Geschossen hat er nicht. Deshalb wurde er auch nicht gelyncht.

Die im Hofe des Vorwärtsgebäudes Versammelten hatten begriffen, von welch entscheidender Bedeutung ihr Zusammenhalt für den weiteren Gang der revolutionären Ereignisse sein mußte. Inzwischen war auch der Führer der Soldaten gefunden worden. Richard Fischer hatte unter den Soldatenvertretern Hermann Molkenbuhrs Sohn Brutus erkannt. Unter dessen Führung marschierten die auf dem Boden der mehrheitssozialdemokratischen Politik stehenden Soldatenvertreter um 4¼ Uhr geschlossen nach dem Zirkus Busch.

Im Zirkus Busch hatten sich ca. 3000 Vertreter der Arbeiter und Soldaten Berlins eingefunden. Eine wirkliche Kontrolle wurde nicht geübt, weil das gar nicht möglich war. Wer sollte auch die Legitimationen prüfen, die von den Betriebsversammlungen ausgestellt oder auch nicht ausgestellt worden waren? Die Vertreter der Betriebe waren sicher gegenüber den Vertretern der Kasernen und Lazarette in der Mehrzahl. Sollte sich aus diesem so chaotischen Gewoge wirklich der Kern einer Regierung bilden können?

Der Spartakusbund hatte am Vormittag ein Flugblatt verteilen lassen. in dem es hieß:

„Es darf keine Stimme einem Sozialisten gegeben werden, der bereit ist, gemeinsam mit den Bürgerlichen oder den Regierungssozialisten in eine Regierung zu treten. Parteigenossen! Die Bürgerlichen und die Regierungssozialisten wollen Euch in die Regierung haben, damit Ihr ihnen helft. ihre Sünden zu verdecken. Dazu seid Ihr zu gut! Sie mögen endgültig abdanken oder selbst die Folgen einer verbrecherischen Kriegspolitik tragen."

Nach diesem Flugblatt, das vor der Einigung der beiden sozialistischen Parteien ausgegeben war, wäre nichts übriggeblieben, als eine Spartakus-Regierung zu bilden. Denn Haase, Dittmann und Barth waren bereits für eine gemeinsame sozialistische Regierung gewonnen worden.

Emil Barth eröffnete um 5½ Uhr die Versammlung im Zirkus Busch mit einem Hinweis auf die einmütige Haltung der Soldaten zur Revolution und einem Nachruf für die Opfer, die der 9. November erfreulicherweise in so geringer Zahl in Berlin gefordert hatte. Als Vorsitzende der Versammlung wurden die beiden Unabhängigen Emil Barth und Richard Müller und der seit einiger Zeit mit den Unabhängigen in Fühlung befindliche Oberleutnant Walz gewählt, zum Schriftführer Brutus Molkenbuhr. Dann erhielten zu Ansprachen das

Wort E b e r t für die Mehrheitssozialdemokraten, H a a s e für die Unabhängigen und L i e b k n e c h t für den Spartakusbund. E b e r t s Mitteilung, daß zwischen den beiden sozialdemokratischen Parteien die Einigung über die Bildung einer gemeinsamen sozialistischen Regierung nachmittags vollzogen worden sei, löste brausenden Beifall aus. Störende Zwischenreden der Spartakusanhänger fanden erregte Zurechtweisung. Aber die „revolutionären Obleute" gaben ihr Spiel noch nicht auf.

War eine paritätisch zusammengesetzte Regierung bei der Stimmung der Arbeiterschaft nicht zu verhindern, so wollten die Linksradikalen durchsetzen, daß in dem zu bildenden Vollzugsrat der Arbeiter und Soldaten als Arbeitervertreter nur Unabhängige und Spartakisten gewählt würden. Neben Barth und Richard Müller wurden u. a. Ledebour, Liebknecht und Rosa Luxemburg vorgeschlagen. Als der Genosse B ü s c h e l die Tribüne bestieg, um eine Liste bewährter Vertrauensleute der Sozialdemokratie vorzuschlagen und die paritätische Zusammensetzung auch für die Arbeitervertreter im Vollzugsrat zu verlangen, stieß ihm der Vorsitzende Barth mit der Glocke in den Rücken. Aber auch das verfehlte seine Wirkung. Im Gegenteil, je lärmender die revolutionären Obleute gegen die paritätische Zusammensetzung demonstrierten, desto heftiger wurde der Widerspruch der Anhänger der Einigung.

Besonders die feldgrauen Genossen verlangten stürmisch die gleiche Zusammensetzung wie die der Regierung. Sie drohten schließlich mit der Errichtung einer sozialistischen Militärdiktatur für den Fall, daß die Einigung nicht vollzogen würde. So siegte endlich unter dem Druck der Soldaten die Vernunft.

Für die Mehrheitssozialdemokraten wurden Büschel, Heller, Hiob, Jülich, Maynz und Rusch, für die Unabhängigen Barth, Eckert, Ledebour, Richard Müller, Neuendorf und Wegmann gewählt. Karl Liebknecht und Rosa Luxemburg von der Spartakusgruppe hatten die Wahl in einen paritätisch zusammengesetzten Vollzugsrat schroff abgelehnt. Als Soldatenvertreter wurden Bartusch, von Beerfelde, Bergmann, Echtmann, Gerhardt, Hase, Hertel, Köhler, Lampert, Brutus Molkenbuhr, Walz und Wumpel ausgerufen. Als der Vorsitzende mitteilte, daß nach vollzogener Einigung das politische Kabinett der Volksbeauftragten aus Ebert, Landsberg, Scheidemann, Dittmann, Haase und Barth nunmehr zu bestätigen sei, erfolgte diese Bestätigung gegen vereinzelte Stimmen. Die Regierung der sozialistischen Volksbeauftragten wurde sodann stürmisch bejubelt.

Auf Antrag von E c k e r t wurde ein von linksradikaler Seite vorbereiteter, von D ä u m i g verfaßter, langer Aufruf des Arbeiter- und Soldatenrats an das werktätige Volk erlassen:

„Das alte Deutschland ist nicht mehr!" „Die Dynastien haben ihre Existenz verwirkt." „Deutschland ist eine Republik geworden, eine sozialistische Republik."

Das letztere war nicht richtig. Deutschland war wohl eine Republik, aber noch keine sozialistische. Durch ein Manifest konnte die Vergesellschaftung der Produktionsmittel wahrlich nicht durchgeführt werden. Ganz utopisch aber war der Satz:

„Der Arbeiter- und Soldatenrat ist von der Überzeugung durchdrungen, daß in der ganzen Welt sich eine Umwälzung vorbereitet. Er erwartet mit Zuversicht, daß das Proletariat aller Länder seine Macht einsetzen wird, um eine Vergewaltigung des deutschen Volkes bei Abschluß des Krieges zu verhindern."

In den Ländern der Sieger kümmerten sich beim Abschluß des Gewaltvertrages von Versailles die Machthaber um die Auffassung der Sozialisten und der Spartakusleute nicht im geringsten.

Seine Herkunft verriet der Aufruf deutlich an der Stelle, die sich auf die russische Revolution bezog, die der deutschen auf dem Wege vorangeschritten sei.

Den russischen Arbeitern und Soldaten wurden brüderliche Grüße gesandt. Die sofortige Aufnahme der völkerrechtlichen Beziehungen zu Rußland wurde verlangt und dessen Vertretung in Berlin erwartet.

Der Aufruf wurde nach der Verlesung freundlich aufgenommen. Kritik an Einzelheiten war in den späten Abendstunden jenes erregten Tages sowieso unmöglich. Sie hätte auch die mühsam vollzogene Einigung gefährden können.

In seinem Schlußwort pries E m i l B a r t h die nun vollzogene Einigung des Proletariats. Mit einem brausenden Hoch auf die Republik ging die erste Versammlung der Berliner Arbeiter- und Soldatenräte auseinander.

Das historische Ergebnis des 10. November war, daß wir nicht nur für die innere Politik, sondern vor allen Dingen gegenüber dem Ausland eine Regierung hatten, der die Legitimation zur Führung von Friedensverhandlungen trotz ihres revolutionären Ursprungs nicht bestritten werden konnte. Ein großer Schritt nach vorwärts war getan.

V. Der Rat der Volksbeauftragten

Bevor ich im Februar 1911 als Delegierter der Deutschen Sozialdemokratie zum Kongreß der französischen Sozialistischen Partei nach Lyon fuhr, hatte ich eine längere Unterredung mit A u g u s t B e b e l über die deutsch-französischen Beziehungen im allgemeinen und über das Elsaß-Lothringische Problem im besonderen und vor allen Dingen über die Kriegsgefahr, die sich aus dem Wettrüsten für ganz Europa ergeben konnte. Bebel war damals Optimist. Er hoffte, daß ein Weltkrieg vermieden würde, den er sich nur als einen Krieg von kurzer Dauer vorstellen konnte. Die Zerstörung aller wirtschaftlichen Beziehungen auf dem ganzen Kontinent mußte Bebels Auffassung nach zur baldigen Beendigung eines Krieges führen, in dem der Dreibund den vereinigten Mächten Frankreich und Rußland gegenüberstehen würde. An ein sofortiges Eingreifen Englands in einem solchen Kriege dachte damals noch niemand. Bebel setzte bei der deutschen Regierung im Ernstfall ein großes Maß von Vernunft voraus. Er bat mich insbesondere, in Frankreich auf eine Rede zu verweisen, die F ü r s t B ü l o w am 5. Dezember 1904 im Reichstag gehalten hatte und in der als Polemik gegen Bebel der Satz vorkam:

„Der Herr Abgeordnete Bebel hat weiter gemeint, die Früchte eines großen europäischen Krieges würde in erster Linie die Sozialdemokratie davontragen. Diese Auffassung halte ich für richtig, und das ist ein Grund mehr, warum die Regierungen aller großen Länder, wie ich hoffe, festhalten werden an ihrer jetzigen ruhigen und besonnenen Friedenspolitik."

Fürst Bülow hat 1904 sicher nicht geglaubt, daß seine Prophezeiung am Ende des Weltkrieges für Deutschland restlos in Erfüllung gehen würde. An dem Tage des Waffenstillstandes, der den Krieg vorläufig abschloß, hatte in erster Linie die Sozialdemokratie die „Früchte" des Weltkrieges davongetragen.

Würde es aber der neuen rein-sozialistischen Regierung Ebert-Scheidemann-Haase gelingen, sich zu halten, Deutschland zum Frieden zu führen und den Übergang von der Kriegs- in die Friedenswirtschaft ohne die schwersten Erschütterungen durchzuführen?

Die sechs Mann, die von den Arbeiter- und Soldatenräten Berlins am 10. November als deutsche Regierung in den Sattel gesetzt worden waren, mußten dieses Wagnis unternehmen. Mit Ausnahme von B a r t h , der zuerst beim Januarstreik von 1918 einer weiteren Öffentlichkeit bekannt geworden war, hatten sie sich in langjähriger Tätigkeit in der Arbeiterbewegung ein hohes Maß von Vertrauen erworben. Seit der Zeit der Parteispaltung hatten sie im schärfsten Bruderkampf nun über zwei Jahre gegeneinander gestanden. Daß sie sich trotzdem bereit fanden, nach bestem Willen und mit allen Kräften gemeinsam den Versuch zu wagen, Deutschland vor dem Versinken in das Chaos zu bewahren, zeigt, daß sie die hohe geschichtliche Aufgabe voll begriffen hatten, die ihnen das Schicksal gestellt hatte.

Friedrich Ebert und Hugo Haase waren bis zur Spaltung die beiden Vorsitzenden der sozialdemokratischen Partei gewesen. Haase war 1911 Singers, Ebert 1913 Bebels Nachfolger geworden. Ebert gehörte seit 1905 dem Vorstand der Sozialdemokratischen Partei an. Seit 1906, wo ich hinzukam, hatten wir beide im Vorstand noch mit den Alten zusammengearbeitet, von denen nach Molkenbuhrs 1927 erfolgtem Tode heute keiner mehr lebt. Ebert erfreute sich in der Partei großen Ansehens wegen seines klaren Blicks und seines praktischen Sinnes für das in der Partei und in der großen Politik Mögliche. Er gehörte nicht zu den blendenden Rednern, aber seine Ausführungen zwangen durch ihre Logik die Hörer in seinen Bann. Sein eiserner Fleiß befähigte ihn zu größten Leistungen. Seine rasche Auffassung der verwickeltsten Probleme verhinderte, daß er sich auch in schwierigen Situationen von unvorhergesehenen Zwischenfällen irritieren ließ. Er war nicht ehrgeizig. Als nach dem Tode Paul Singers Karl Ulrich und Karl Legien trotz seiner Ablehnung ihn auf dem Parteitag in Jena 1911 als Singers Nachfolger vorschlugen, lehnte er konsequent ab. Wenn aber Ebert auf einen Posten gestellt wurde, füllte er ihn ganz aus. Er wuchs mit jeder neuen Aufgabe. In den Reichstag war er erst 1912 gekommen. Erst im Kriege kam der in der Partei längst Bewährte in die vorderste Reihe der sozialdemokratischen Parlamentarier. Nach Fehrenbachs Wahl zum Präsidenten des Reichstags, die nach Kämpfs Tode erfolgte, wurde Ebert Vorsitzender des Reichshaushaltsausschusses. Auch die Gegner sahen bald, welche Energiequelle das deutsche Volk in der Persönlichkeit Eberts besaß. In liberalen und Zentrumskreisen erfreute er sich großer Wertschätzung. Als Prinz Max von Baden Anfang 1918 seine Regierung bildete, gab er sich die größte Mühe, Ebert für ein Regierungsamt zu gewinnen. Ebert trat mit der ganzen Wucht seiner Persönlichkeit in der Fraktion für die Beteiligung seiner Partei an der Regierung ein, lehnte aber selber ab. Er legte den größten Wert darauf, bei dem Debakel, das er kommen sah, an der Spitze der Partei zu sein, um die dann notwendigen wichtigen Entscheidungen vorbereiten und vertreten zu können. Ebert war als Kind Badens sozusagen Demokrat von Geburt. Wer ihn wegen seiner Haltung in der Zeit der Auseinandersetzungen um die Abdankung des Kaisers einer ungenügenden republikanischen Gesinnung zu verdächtigen sucht, tut ihm Unrecht. Ebert war überzeugter Republikaner. Er nahm, weil er v o r dem Abschluß des Waffenstillstandes schwere Störungen des Verfassungslebens vermieden wissen wollte, allerdings an den Diskussionen teil, die damals über die Kürung des Kaiserenkels und die Ernennung des Prinzen August Wilhelm zum Reichsverweser stattfanden. Aber sollte er auch nur einen Augenblick angenommen haben, daß Ende Oktober und Anfang November 1918 in einer solchen Reichsverweserschaft noch ein Ausweg gefunden werden konnte? Prinz Max von Baden berichtet in seinen Erinnerungen, daß Ebert am 9. November 1918, als er von ihm Abschied nahm, ihn inständig gebeten habe, zu bleiben und Reichsverweser zu werden, was er aber mit Rücksicht auf das von Ebert beabsichtigte Abkommen mit den Unabhängigen abgelehnt habe. Über eine solche Unterredung hat Ebert nie mit einem seiner Freunde gesprochen. Auch der württembergische Demokrat Conrad H a u ß m a n n , der ewige Prophet des Prinzen Max, der ihn schon im Sommer 1917 als Nachfolger Bethmanns empfahl und der noch 1919 in Weimar für ihn Propaganda machte, erwähnt von einem solchen Ansinnen nichts. Daß in einer Zeit, in der selbst Conrad Haußmann die Mitarbeit geglaubt hatte ablehnen zu müssen, Ebert ernsthaft daran gedacht haben sollte, daß Prinz Max als Reichsverweser bleiben würde, halte ich für ganz ausgeschlossen. Er wie wir alle wußten, daß die Massen des deutschen Volkes nicht in der Stimmung waren, eine Republik mit einem Großherzog an der Spitze zu dulden. Übrigens verlangte auch das Bürgertum nicht nach einer solchen Konzession.

Allerdings hatte E b e r t seit dem Beginn der bolschewistischen Revolution in Rußland deutlich zu erkennen gegeben, daß er eine Übertragung russischer Regierungsmethoden auf Deutschland für unmöglich halte und sie deshalb mit allen Mitteln bekämpfen würde. Prinz Max von Baden berichtet in seinen Erinnerungen, Ebert habe gesagt, er hasse die soziale Revolution wie die Sünde. Dem Sinne nach kann das Ebert nicht gesagt haben. Er war zeit seines politischen Lebens geschulter Marxist und hat unzählige Vorträge über den Begriff der sozialen Revolution vor Tausenden von Zuhörern gehalten. Eberts Äußerung kann sich deshalb n u r auf die bolschewistische Revolution bezogen haben.

Auf Grund dieser Einstellung Eberts ist die andere Legende entstanden, nach der sich Ebert und General Groener am Abend des 9. November zur Niederkämpfung der Revolution verbündet hätten. Was Ebert und Groener damals einte, war erstens der Wille, ohne tiefgehende Erschütterungen des Staates zu einem Frieden zu kommen. Und zweitens der Gedanke, daß das deutsche Volk in einer Wahl zu einer verfassunggebenden Nationalversammlung selbst sein politisches Schicksal bestimmen sollte. In seinem ersten, von ihm allein unterzeichneten Aufruf hat Ebert am 9. November bereits auf dieses Ziel hingewiesen. Er verlor es keinen Tag aus dem Auge, bis es erreicht war. Mit dem General Groener war Ebert damals der Auffassung, daß Revolution kein Dauerzustand sei, sondern daß sie auslaufen müsse in einen neuen Zustand von Recht und Gesetz. Sonst war weder ein Friede nach außen, noch die Freiheit im Innern zu erlangen und, was noch wichtiger war, dauernd zu erhalten. Wer helfen wollte, eine neue Ordnung aufzurichten, über deren Gestaltung das deutsche Volk und niemand anderes selbst zu entscheiden hatte, der war Ebert willkommen. General Groener hatte seit den Tagen von Spa — er war erst am 31. Oktober aus Kiew rasch herbeigeholt worden — bewiesen, daß er die Zeichen der Zeit verstand. Er war bereit — so bitter ihn das ankommen mußte — in schwerster Stunde deutscher Geschichte Verantwortung zu übernehmen. Dafür wird er von den Rechtsradikalen heute noch aufs schärfste persönlich angegriffen.

Über die eigenen staatsrechtlichen Ziele hat sich Ebert bereits am 9. November hoffnungsvoll in einem Interview in ganz präzisen Worten wie folgt ausgesprochen:

„Deutschlands künftige Staatsform ist die Republik und der freie deutsche Volksstaat. Es wird sich glücklich fühlen. im Völkerbunde der freien Nationen ein gleich geachtetes Mitglied zu sein."

Diese Worte waren zur Übermittlung nach Holland bestimmt, das damals wegen der unterbundenen unmittelbaren Verbindung das Fenster Deutschlands nach Amerika hin war.

Mit Ebert zusammen war H u g o H a a s e gleichberechtigter Vorsitzender im Rate der Volksbeauftragten. Haase war ein glänzender Jurist. In seiner ostpreußischen Heimat hatte er sich als Anwalt einen großen Ruf verschafft, noch mehr aber als uneigennütziger Helfer und Berater der Armen und Getretenen. In der Partei gehörte er zum linken Flügel. Dabei war er

Phrasen ganz abhold. Er schätzte vor dem Kriege die Macht des preußischen Militarismus, der ultima ratio des Junkerstaates richtig ein und war deshalb gegen alle törichten Experimente. Mit August Bebel zusammen hielt er fest an der Parole aus der Zeit des Sozialistengesetzes: „Laßt Euch nicht provozieren!" Im Kriege gehörte Hugo Haase zu denen, die glaubten, durch Verweigerung der Kriegskredite und schärfste Bekämpfung der offiziellen Regierungspolitik den von Karl Liebknecht geführten linksradikalen Flügel bei der Partei zu halten und gleichzeitig in den Ländern der Entente eine gleichartige Bewegung hervorzurufen, was zur Abkürzung des Krieges beitragen sollte. Die dem Kriege innewohnende Logik führte aber dahin, daß erst mit der militärischen Niederlage eine solche Bewegung Erfolg haben konnte. Als im August 1918 die von den Engländern herbeigeführte deutsche Niederlage da war und damit das Ende des Krieges in Sicht kam, sah Haase die Revolution als unvermeidlich an. Er legte auf der Tribüne des Reichstags sein Bekenntnis zur Republik ab. Am 23. Oktober 1918 stellte er im Reichstag fest, daß sich rings um Deutschland aus dem Habsburger Reiche heraus nationale Republiken auftaten: „Die Kronen rollen auf das Pflaster! Und da soll Deutschland allein noch Träger vieler Kronen und Krönlein behalten?" Haase sah die Revolution also kommen. Aber gerade weil er sicher war, daß sie den deutschen Boden erreichen würde, wollte er die Frühgeburt der Revolution vermeiden. Er hat verhindert, daß in Berlin am 4. November, wie das die revolutionären Obleute wollten, ein Putsch inszeniert wurde. Ein solcher Putsch hätte den schließlichen Sieg der Revolution auch nicht verhindert, aber vielleicht die Revolution um einige Tage verzögert. Ein Putsch am 4. November hätte sicherlich noch bewaffneten Widerstand von Militär und Polizei gefunden und so Tausende blutiger Opfer gekostet.

Neben Haase trat W i l h e l m D i t t m a n n für die Unabhängigen in die Regierung der Volksbeauftragten ein, der als Parteisekretär und Redakteur, seit 1912 auch als Reichstagsabgeordneter eine reichhaltige Tätigkeit entfaltet hatte und seit seiner Tischlergesellenzeit zur Sozialdemokratie gehörte. Dittmann war am 3. Februar 1918 wegen Landesverrats, angeblich begangen anläßlich des Berliner Munitionsarbeiterstreiks, zu zwei Monaten Gefängnis und 5 Jahren Festungshaft verurteilt worden. Er hatte während des Krieges der Militärdiktatur besonders durch seine Reichstagsreden gegen die Zensur und die Schutzhaft schwere Wunden geschlagen. Selbst bürgerliche Politiker wie Fehrenbach und Gröber konnten sich damals der Wirkung seiner wuchtigen Anklagen nicht entziehen. Dittmann war die Fähigkeit gegeben, sich auch auf schwierigem Gebiete in eine Sache bis in alle Details hineinzubohren, um dann den Gegner mit der Wucht des angehäuften Materials zu erdrücken.

Von den Volksbeauftragten war Philipp Scheidemann der am meisten Umkämpfte. Die Männer der Tirpitz- und Vaterlandspartei nahmen ihn wegen seiner Reden über den Verständigungsfrieden zum Ziel ihrer Angriffe. „Scheidemannfrieden" war zum Schlagwort der siegestrunkenen Annexionisten geworden, bis der militärische Zusammenbruch kam, und Foch und Lloyd George die Annexionen vom Körper Deutschlands vornahmen. In pazifistischen Auslandskreisen galt Scheidemann als Träger der Politik des „Regierungssozialismus", obwohl er nicht mehr als die anderen Führer für die Politik der Partei verantwortlich war. Das Ausland sah in ihm den „Sozialisten des Kaisers". Das ging so weit, daß neutrale Ausländer von der Entsendung Scheidemanns zu geplanten Besprechungen abrieten, weil er als „Kaiserist" galt. Umgekehrt wirft die Rechte heute noch Scheidemann vor, daß er den Kaiser verraten habe, weil er, der als Staatssekretär dem Kaiser den Treueid geleistet hatte, dann die Republik ausgerufen hätte. Ein Vorwurf, der unter den damaligen Umständen ganz ungerechtfertigt war. Von den angeblichen sozialistischen Erfolgen der Bolschewiki ließ sich Scheidemann keinen Augenblick blenden. Als am 8. November Prinz Max von Baden wegen der Rückwirkung der bolschewistischen Revolution auf Deutschland Sorgen äußerte, sagte ihm Scheidemann gelassen das große, aber buchstäblich wahr gewordene Wort: „M e i n e P a r t e i w i r d d a f ü r S o r g e t r a g e n , d a ß D e u t s c h l a n d v o m B o l s c h e w i s m u s v e r s c h o n t b l e i b t." Scheidemann war der einzige unter den Volksbeauftragten, der als Staatssekretär den Behördenapparat der wichtigsten Ämter bereits kennengelernt hatte. Frohnatur, wie er war, ließ er sich durch nichts kleinkriegen.

Der dritte Volksbeauftragte aus den Reihen der Mehrheitssozialdemokratie, Otto Landsberg, war seit seiner Berliner Studienzeit 1887/90 Parteigenosse, also mit dem Wesen der Partei von Jugend auf vertraut und einer der besten Kenner ihrer Geschichte, dazu ein glänzender Jurist und auch sonst in den Wissenschaften zuhause. Der alte Molkenbuhr verglich ihn gern mit dem witzigen Ludwig Bamberger, den er aus seiner parlamentarischen Frühzeit noch gut in Erinnerung hatte. Landsberg stammte aus Schlesien. Während des Krieges war er, seine Abstammung aus Grenzlanden nicht verleugnend, immer einer derer, die wußten, was für das deutsche Volk bei einem bösen Ausgang des Krieges auf dem Spiel stand. Nun war ihm neben Haase die Aufgabe geworden, für das niedergetretene Vaterland einen neuen Rechtszustand vorzubereiten und für die Übergangszeit Recht zu schaffen.

Der sechste Volksbeauftragte hieß E m i l   B a r t h. Neben Richard Müller war er zuerst durch den Januarstreik von 1918 bekannt geworden. Er wurde Volksbeauftragter, weil keiner der Spartakistenführer und kein anderer der Führer der „revolutionären Obleute" mit den „Scheidemännern" in eine Regierung gehen wollte. Er kam so als Mann der Linksradikalen in die Regierung der Volksbeauftragten. In den Reihen der Mehrheitssozialdemokraten war Emil Barth nicht weiter bekannt. Unbekannt war, daß er unpolitisch vorbestraft war. Er war wegen Erregung öffentlichen Ärgernisses in den Jahren 1902—1909 von den Schöffengerichten in Heidelberg, Erfurt, Berlin I, Rixdorf und vom Landgericht Berlin II fünfmal zu Gefängnisstrafen verurteilt worden. Später muß er die Herrschaft über sich selber wieder gefunden haben. Aber ein Zug ins Pathologische haftete seinem Wesen immer noch an. In den Pressepolemiken des Jahres 1919 wurde das Vorstrafenregister Barths Gegenstand öffentlicher Erörterung. Barth hatte sich inzwischen aus der Politik zurückgezogen.

Aus Barths Wesen erklärt sich auch der Inhalt der Broschüre „A u s   d e r   W e r k s t a t t   d e r   d e u t s c h e n   R e v o l u t i o n", die er 1919 erscheinen ließ und die zu den unerfreulichsten Erzeugnissen der Revolutionsliteratur gehört. Als Grund für die Herausgabe der Broschüre gibt Barth im Vorwort an, daß er verhindern wollte, später in der Geschichte als Bluthund, als Streber oder als Esel behandelt zu werden. Diese Gefahr war sicherlich nicht groß. Aber wer seine Rechtfertigungsschrift liest, muß zu der Überzeugung kommen, daß ein jeden Sinnes für das wirkliche Geschehen barer Renommist sich hier in Geschichtsklitterungen versucht. Haase, Dittmann, Karl Liebknecht, Jogisches, die ganzen Spartakisten, alle haben sie kein richtiges Verständnis für die Erfordernisse der Zeit gehabt; alle haben sie sich nicht so verhalten wie Barth es für richtig hielt, trotzdem er der gewählte „Diktator" war. Für Barth ist es selbstverständlich, daß Revolutionen gemacht werden! Der „parlamentarische Kretinismus" triumphierte, trotzdem Barth doch alles so gut vorbereitet hatte.

Haase warf er Angst vor der eigenen Kurage vor. Und wie tapfer hat er nach seinem Buch mit Karl Liebknecht geredet, als sie über die Anwendung der revolutionären Gymnastik stritten. Da wurde Liebknecht „schneebleich". Weil er sich zur Barthschen Konsequenz nicht aufschwingen konnte, wirft dieser ihm Feigheit und Größenwahnsinn vor. Daß Barth die Revolution allein inszeniert hat, ist für ihn selbstverständlich. Er sieht eben nichts als sich und seine Aufrufe und hörte nur seine eigenen Reden. Als Dittmann ihm am 9. November mittags mitteilte, daß schon Verhandlungen mit Ebert und Scheidemann über die Bildung einer gemeinsamen sozialistischen Regierung stattgefunden hätten, fragte er: „Was, gemeinsame Regierung mit den Verrätern? Ausgeschlossen!" Er vermißte jeden Rebellentrotz unter den Führern der Unabhängigen und sprach ihnen das proletarische Empfinden ab. Sodann war er aber bereit, mit Haase und Dittmann in eine Regierung der Volksbeauftragten zu gehen und machte sich an die Erledigung der Geschäfte für die Zirkus-Busch-Versammlung. Und doch hat auch Barth, dem Klarheit und Konsequenz fremd waren, in der Revolution mehr als einmal seinen Mann gestanden. Hat er auch die Revolution nicht gemacht, so hat doch die Revolution etwas aus ihm gemacht. Mit dem Fanatismus eines Kreuzzugpilgers goß er die Schale seines Zornes über diejenigen aus, die die ideale Bedeutung der Revolution verkannten und in ihr nur den Grund zu einer Lohnbewegung sehen wollten. Gegen solche Unvernunft hat er mehr als einmal losgewettert, bis ihm schließlich seine ehemaligen Freunde von links das Vertrauen entzogen. Sie wollten nicht hören, wie er bis zur physischen Erschöpfung gegen die Ausnutzung der Revolution zu materiellen Zwecken vom Leder zog. Ich erinnere mich, wie er einmal völlig fertig von aufregenden Reden im Freien abends zu einer Sitzung in die Reichskanzlei kam, an der ich für den Vollzugsrat teilnahm, und wie er erschöpft auf einem Sofa einschlief und erst erwachte, als lange Verhandlungen mit General Groener fast erledigt waren.

Die sechs Männer, die sich im Kabinett der Volksbeauftragten zusammengefunden hatten, waren in den besten Jahren. Ebert war 47, Scheidemann 53, Landsberg 49, Haase 55, Dittmann 44 und Barth 39 Jahre alt.

Die Ressorts wurden wie folgt verteilt:

Inneres und Heereswesen: Ebert
Äußeres und Kolonien: Haase
Finanzen: Scheidemann
Demobilisierung und Gesundheitswesen: Dittmann

Presse und Nachrichtenwesen: Landsberg
Sozialpolitik: Barth.

Außerdem wurden den fachlichen Leitern der Reichsämter, den Staatssekretären, sozialdemokratische Beigeordnete beigegeben.

Im Auswärtigen Amt waren so neben Dr. Solf tätig: Eduard David als Unterstaatssekretär und Karl Kautsky als Beigeordneter, neben dem Ritter Edler von Mann im Reichsmarineamt Gustav Noske und Ewald Vogtherr als Beigeordnete, neben dem Reichskommissar für Demobilmachung Dr. Koeth Otto Büchner und Oswald Schumann als Beigeordnete, neben dem preußischen Kriegsminister Scheuch Paul Göhre als Unterstaatssekretär und Ernst Däumig als Beigeordneter, neben dem Staatssekretär Dr. Krause Oskar Cohn im Reichsjustizamt als Beigeordneter und in gleicher Stellung Eduard Bernstein neben Schiffer im Reichsschatzamt. An der Spitze des Reichswirtschaftsamts stand der damals noch zur Mehrheitssozialdemokratie gehörende August Müller, Unterstaatssekretär war Robert Schmidt, Beigeordneter August Erdmann. Das Reichsernährungsamt führte Emanuel Wurm. Das Reichsarbeitsamt Gustav Bauer. Unterstaatssekretär war der Zentrumsabgeordnete Giesberts. Beigeordneter war Hermann Jäckel. An die Spitze des Reichsamts des Innern wurde später der demokratische Professor Hugo Preuß berufen.

Die ohne Mitwirkung von Vertretern aus dem Reich gebildete Regierung der Volksbeauftragten konnte sich im Reiche nur durchsetzen, wenn sie sich zuvor in Berlin durchgesetzt hatte. Sie mußte beweisen, daß in Berlin eine neue Ordnung ihren Einzug gehalten hatte.

Am 9. November war in Berlin erfreulicherweise nur wenig Blut geflossen, aber die folgenden Tage sollten noch einige Opfer kosten. Am 10. November kam es am Marstall und am Reichstagsgebäude zu Schießereien. Nach dem Reichstag sollte aus dem gegenüber befindlichen Ingenieurhause geschossen worden sein. Auch an dem Hause des Reichstagspräsidenten sind aus jenen Tagen noch Schußeinschläge zu sehen. In der Friedrichstraße und Unter den Linden wurden damals von wahnwitzigen Schützen Schüsse auf die Straße gefeuert, was dann Gegenschüsse und Panik auslöste. Solche gelegentlichen Schießereien wiederholten sich in den kommenden Wochen immer wieder. In Gerüchten wurden diese Vorgänge überdies mächtig aufgebauscht. Das Oberkommando in den Marken erließ, gezeichnet von L e t t o w , dem der Reichstagsabgeordneten G e o r g S c h ö p f l i n und das Mitglied des Soldatenrats D r . B r e s i n beigegeben waren, am 10. November bereits folgende Warnung gegen die sinnlosen Schieße-reien:

„Mitbürger! Noch immer wird an einzelnen Stellen der Stadt auf Or-gane der gegenwärtigen Reichsleitung und Bürger in Zivil und Waffen-rock geschossen. Es geht das Gerücht. daß die Schüsse von Personen ausgehen, die glauben. das alte Regiment verteidigen zu sollen. Dem-gegenüber wird festgestellt, daß bereits vor Tagen von allen militäri-schen Stellen, insbesondere auch dem Oberkommando in den Marken, befohlen ist, mit allen Mitteln die gegenwärtige Reichsleitung zu unter-stützen und die Ruhe unbedingt zu wahren. Dieser Befehl wird hier-durch noch nachdrücklich wiederholt. Es wird ferner das Gerücht ver-breitet, daß Truppen in Anmarsch auf Berlin seien, um die alten Zu-stände wiederherzustellen. Demgegenüber wird festgestellt, daß an diesen Gerüchten kein wahres Wort ist."

An Instanzen, die eingreifen konnten, fehlte es nicht. Neben dem Oberkommando in den Marken war auch die Kommandantur erhalten geblieben. Am 10. November war O t t o W e l s zum Kommandanten von Berlin ernannt worden. Der Oberst S c h w e r k blieb zweiter Kommandant.

Für die Groß-Berliner Truppen hatte sich laut Bekanntmachung Eberts vom 10. November bereits ein Aktionsausschuß gebildet, der seine Sitzungen im Kriegsministerium in der Leipziger Straße abhielt. Die erste Befehlsausgabe war für Montag, den 11. No-vember, früh 11 Uhr, im Kriegsministerium angesetzt. In der a m t l i c h e n B e k a n n t m a c h u n g, die ein Produkt der ersten Revolutionsstunden war, hieß es:

„Der Aktionsausschuß ist die Spitze der ausführenden Militärgewalt, die er unabhängig von irgendwelchen Meinungsverschiedenheiten der Arbeiterräte und irgendwelchen Parteizwistigkeiten solange ausübt, bis die einzuberufende Nationalversammlung andere Bestimmungen ge-troffen hat.
Der Aktionsausschuß hat sich der sozialistischen Regierung zur Auf-rechterhaltung der öffentlichen Sicherheit, Ruhe und Ordnung zur Ver-fügung gestellt; den Anordnungen desselben ist unbedingt Folge zu leisten."

Die Berliner Soldatenräte haben sich zu Beginn der Revolution um die Aufrechterhaltung der Ordnung sehr verdient gemacht. Selbst die reaktionäre Presse erkannte damals dankbar an, was von den Berliner Soldaten in kurzer Zeit geschaffen war.

Am Sonntag, dem 10. November, waren nach Prüfung der Akten die Gefängnisse für alle geöffnet worden, die als Kriegsopfer oder wegen ihrer politischen Überzeugung in Haft waren. Dadurch erlangte u. a. Hauptmann von Beerfelde die Freiheit. Däumig war bereits am Nachmittag des 9. November befreit worden. Zur selben Zeit in Breslau Rosa Luxemburg, die dort seit Monaten in Schutzhaft saß.

Am 12. und 13. November wurde die Pressefreiheit wiederhergestellt. Der S c h e r l v e r l a g sagte der Regierung der Volksbeauftragten den D a n k dafür, daß er seinen Lokalanzeiger wieder herausgeben konnte. Auch die „Norddeutsche Allgemeine Zeitung" wurde wieder frei und nannte sich von nun an „Deutsche Allgemeine Zeitung".

Die „Deutsche Zeitung" erklärte am 12. November 1918:

„Die Verhältnisse zwingen uns, bis auf weiteres jede eigene Stellungnahme zu den politischen Ereignissen zu unterlassen und uns zu beschränken, das einfache Nachrichtenmaterial wiederzugeben."

Der „B e r l i n e r L o k a l a n z e i g e r" wollte Gegenwartsarbeit leisten: „Dazu gehört — wie er am 18. November schrieb — in erster Linie, daß wir uns zunächst a u f d e n B o d e n d e r T a t s a c h e n stellen." Und dasselbe Blatt sagte, nachdem es festgestellt hatte, daß es mit dem monarchistischen Herzen keine Politik mehr machen und keine positive Gegenwartsarbeit mehr leisten könnte:

„Deshalb wäre es ruchlos, die gegenwärtige Regierung nicht einmütig und mit allen Mitteln in dem von ihr zum Gesetz erhobenen Programm zu unterstützen."

Dieses Programm der sechs Volksbeauftragten lautete:

An das deutsche Volk!

Die aus der Revolution hervorgegangene Regierung, deren politische Leitung rein sozialistisch ist, setzt sich die Aufgabe, das sozialistische Programm zu verwirklichen. Sie verkündet schon jetzt mit Gesetzeskraft folgendes:

1. Der Belagerungszustand wird aufgehoben.
2. Das Vereins- und Versammlungsrecht unterliegt keiner Beschränkung, auch nicht für Beamte und Staatsarbeiter.
3. Eine Zensur findet nicht statt. Die Theaterzensur wird aufgehoben.
4. Meinungsäußerung in Wort und Schrift ist frei.
5. Die Freiheit der Religionsübung wird gewährleistet. Niemand darf zu einer religiösen Handlung gezwungen werden.
6. Für alle politischen Straftaten wird Amnestie gewährt. Die wegen solcher Straftaten anhängigen Verfahren werden niedergeschlagen.
7. Das Gesetz über den vaterländischen Hilfsdienst wird aufgehoben, mit Ausnahme der sich auf die Schlichtung von Streitigkeiten beziehenden Bestimmungen.
8. Die Gesindeordnungen werden außer Kraft gesetzt. Ebenso die Ausnahmegesetze gegen die Landarbeiter.
9. Die bei Beginn des Krieges aufgehobenen Arbeiterschutzbestimmungen werden hiermit wieder in Kraft gesetzt.

Weitere sozialpolitische Verordnungen werden binnen kurzem veröffentlicht werden, spätestens am 1. Januar 1919 wird der achtstündige Maximalarbeitstag in Kraft treten. Die Regierung wird alles tun, um für ausreichende Arbeitsgelegenheit zu sorgen. Eine Verordnung über die Unterstützung von Erwerbslosen ist fertiggestellt. Sie verteilt die Lasten auf Reich, Staat und Gemeinde. Auf dem Gebiet der Krankenversicherung wird die Versicherungspflicht über die bisherige Grenze von 2500 Mark ausgedehnt werden. — Die Wohnungsnot wird durch Bereitstellung von Wohnungen bekämpft werden. — Auf die Sicherung einer geregelten Volksernährung wird hingearbeitet werden.

Die Regierung wird die geordnete Produktion aufrechterhalten, das Eigentum gegen Eingriffe Privater sowie die Freiheit und Sicherheit der Person schützen.

Alle Wahlen zu öffentlichen Körperschaften sind fortan nach dem gleichen, geheimen, direkten, allgemeinen Wahlrecht auf Grund des proportionalen Wahlsystems für alle mindestens 20 Jahre alten männlichen und weiblichen Personen zu vollziehen.

Auch für die

konstituierende Versammlung,

über die nähere Bestimmung noch erfolgen wird, gilt dieses Wahlrecht. Berlin, den 12. November 1918.

Ebert, Haase, Scheidemann, Landsberg, Dittmann, Barth.

Der Inhalt dieses Programms unterschied sich vorteilhaft von dem von den Linksradikalen in die Zirkus-Busch-Versammlung eingeschmuggelten Manifest. Jede Anlehnung an russische Vorbilder fehlte. Der Hinweis auf die alsbaldige Aufnahme von Beziehungen zu Sowjet-Rußland war unterlassen. Das Programm der Volksbeauftragten enthielt vielmehr das sozialdemokratische Gegenwartsprogramm, soweit es in der Zeit der Umstellung der Kriegswirtschaft zur Friedenswirtschaft durchführbar war. Die sechs Volksbeauftragten waren darin einig, daß in allererster Linie die Produktion für die Friedensbedürfnisse wieder in Gang gebracht werden mußte. Sonst verelendete das gesamte Volk. Endlich wurde von der Regierung anerkannt, daß das Eigentum gegen ungesetzliche Eingriffe Privater ebenso geschützt werden sollte, wie die Freiheit und Sicherheit der Person. Alle Eingriffe gegen das Privateigentum blieben dem Gesetze vorbehalten. Das war deutlich und klar, aber auch notwendig in einer wilden Zeit, in der in Deutschland Phantasten herumliefen, die sich einbildeten, auf eigene Faust Fabrikbetriebe oder auch ganze Industrien sozialisieren zu können. Die Abschaffung der kapitalistischen Gesellschaftsordnung konnten die sechs Volksbeauftragten nicht mit Gesetzeskraft d e k r e t i e r e n. Das verbot ihnen ihre Kenntnis der Marx'schen Lehren.

Das Programm wurde im allgemeinen günstig aufgenommen.

Im Reiche, wo mit Ausnahme von Schlesien und Ostpreußen die Revolution vor dem 9. November, also vor der Berliner gesiegt hatte, hegte das Volk, das mit einem Schlage alle Dynastien losgeworden war, die Hoffnung, daß die Revolution nicht nur zur Errichtung der Republik führen, sondern daß die Einigkeit der Arbeiter, Angestellten und Beamten es auch durchsetzen würde, diese Republik mit sozialem Inhalt zu erfüllen. Unter den Angestellten hatte die Sozialdemokratie vor dem Kriege nicht in gleicher Stärke Anhänger wie unter den Arbeitern, trotzdem weite Kreise der Angestellten wegen ihres geringen Einkommens in ihrer Lebenshaltung längst auf das Niveau der Arbeiter herabgedrückt waren. Diese Schichten erwachten jetzt mit einem Schlage. In den Großstädten und Kulturzentren wuchsen ferner die „Räte geistiger Arbeiter" förmlich aus der Erde. Die im Banne der monarchistischen Tradition gehaltenen mittleren und unteren Beamten besannen sich darauf, daß sie im Obrigkeitsstaat bei der Verteilung bürgerlicher Rechte stets zu kurz gekommen waren. Das Erwachen aller dieser Schichten, die von dem Bruderkrieg, der innerhalb der sozialistischen Reihen entbrannt war, nichts wußten, sorgte mit dafür, daß dort, wo die Unabhängigen zunächst allein regieren wollten, die Einigkeit hergestellt wurde. Auch in Hamburg wurden die Unabhängigen bald zur Ordnung gerufen und zur Einigung gezwungen. In Sachsen erfolgte die Einigung in der Nacht zum 10. November. Durch eine gemeinsame Proklamation an das Sächsische Volk wurde „die soziale Republik Sachsen" ausgerufen.

An der Staatenkarte änderte sich nichts. Es entstanden zunächst so viel Freistaaten, als Bundesstaaten im bisherigen Reiche vorhanden gewesen waren. So kam der Einheitsstaat nicht, obwohl die Dynastien nun kein Hindernis mehr für die Einigung der deutschen Stämme bildeten.

In München hatten die Kieler Vorgänge das stärkste Echo gefunden. Wie die allgemeine Stimmung in Bayern damals war, habe ich in früheren Kapiteln bereits geschildert. So fiel dort die von Kurt Eisner geleitete Aktion auf den günstigsten Boden. Nach einer Riesenversammlung am 7. November, die auf der Theresienwiese stattfand, zogen die Teilnehmer, unterwegs immer mehr Massen an sich ziehend, in die innere Stadt. Auf den revolutionären Ruf „Nieder mit dem Kaiser!" erfolgte bald der Ruf „Hoch die Republik!" Die bayrischen Soldaten schlossen sich den Revolutionären an. Die Militärgefangenen wurden befreit. Die Residenzwache wurde entwaffnet. Der Landtag wurde besetzt. Noch in der Nacht wurde der bayrische Freistaat proklamiert. Der Rat der Arbeiter, Bauern und Soldaten wählte K u r t

E i s n e r zu seinem Vorsitzenden. Ludwig III. verließ München. Die biederen Münchner ärgern sich heute im Genuß des Starkbieres darüber, daß sie 1918 beim Dünnbier so ganz unfähig und unwillig waren, etwas gegen den Handstreich Eisners zu unternehmen.

E i s n e r war zum hinreißenden Propheten der Revolution geworden. Nach viereinhalb Jahren Kriegsleiden sahen die Massen in ihm geradezu den Erlöser aus Kriegsnot und Heimatelend. Zu Beginn des Krieges stand Eisner allerdings auf einem anderen Standpunkt. Er telephonierte damals aus München an die Redaktion der „Chemnitzer Volksstimme", daß er in Rußland den Schuldigen an dem nun unvermeidlichen Ausbruch des Krieges sehe und bat deswegen auch für die Bewilligung der Kriegskredite Stimmung zu machen.

Eisner hatte begriffen, daß es im November 1918 auf die Einigung der Arbeiter ankam. In München hatte v o n V o l l m a r , der beliebteste Führer der Sozialdemokratie wegen andauernder schwerer Krankheit in der allerletzten Kriegszeit das Mandat für den zweiten Münchner Wahlkreis niedergelegt. Vor Ausbruch der Revolution stritten sich Auer und Eisner um die Erbschaft. Mitten in diesen Wahlkampf hinein, der nicht ganz unpersönlich geführt wurde, kam für München der Tag der Revolution. Beide vergaßen, was vergessen werden mußte, und reichten sich die Bruderhand.

In seinem A u f r u f proklamierte er:

„D e r B r u d e r k r i e g d e r S o z i a l i s t e n i s t v o r b e i u n d b e e n d e t."

In einer Ansprache vor dem Arbeiter- und Soldatenrat erläuterte E i s n e r das noch mit folgenden Worten:

„Sie wissen. daß beinahe seit Kriegsbeginn die sozialistischen Arbeitermassen im heftigen Kampf der Meinungen gegenüberstanden. Dieser Kampf gehört für Bayern nunmehr der Geschichte an."

Das machte auf die Arbeiter tiefen Eindruck.

Eisners Wille war, daß von der Münchner Erhebung ein starker Strom moralischer Kraft seinen Weg nach dem übrigen Deutschland finden und dem Ausland vor Augen geführt würde, daß sich in Deutschland nicht nur die äußere Staatsform geändert hatte, sondern daß das deutsche Volk auch innerlich gewandelt und nun ganz anders geartet sei als die herrschenden Klassen mit ihrer Regierung von 1914.

Eisner vergaß in den ersten Stunden des neuen Freistaats auch nicht, daß Bayern Bauernland war. Mit dem demokratischen

Bauernbündler L u d w i g G a n d o r f e r erließ er einen besonderen Aufruf an die ländliche Bevölkerung. Das war ganz realpolitisch gedacht. Nicht nur wegen der Notwendigkeit der ungestörten Lebensmittelversorgung der Städte. Er dachte auch an
die Sorgen der Bauern, die an der Grenze wohnten und die nach
dem Abfall Karl von Habsburgs fürchteten, die Schrecken des
Krieges nun zuletzt noch auf dem eigenen Hofe spüren zu müssen.
In d i e s e m A u f r u f hieß es u. a.:

> „Noch ist aber die Gefahr nicht vorüber. Der Arbeiter-, Soldaten-
> und Bauernrat lehnt es zwar ab. die nationale Verteidigung durch-
> zuführen. Er wird aber unter allen Umständen den Grenzschutz auf-
> rechterhalten. damit das Leben und das Eigentum der bayrischen Be-
> völkerung geschützt und erhalten bleibt."

Auf Eisners internationalen Idealismus fiel wie ein kalter Reif
die Bekanntgabe von Marschall Fochs Waffenstillstandsbedingungen. Über sie sagte er sofort in einem Aufruf an die
Regierungen der Entente und der Vereinigten Staaten von Nord-
amerika:

> „Alle Hoffnungen. die wir durch den Erfolg der Revolution hegen
> durften. sind damit zerstört. Die neue Republik wird, wenn diese
> entsetzlichen (Waffenstillstands-)Bedingungen unabänderlich sein sollten,
> in kurzer Zeit Wüste und Chaos sein."

In W ü r t t e m b e r g hielt das noch unter dem letzten König
eingeleitete Reformwerk die Revolution nicht auf. Der König
hatte den Demokraten L i e s c h i n g am 7. November zum
Ministerpräsidenten ernannt: Denselben Liesching, der 1917 im
Reichstag den nach der Einbringung der Juliresolution eingesetzten interfraktionellen Ausschuß der Mehrheitsparteien
ironisch „Arbeiter- und Soldatenrat" getauft hatte. Nun hatte
Stuttgart einen wirklichen Arbeiter- und Soldatenrat. König
Wilhelm erklärte, daß seine Person niemals ein Hindernis einer
von der Mehrheit des Volkes geforderten Entwicklung sein würde.
Die am 9. November gebildete provisorische Regierung der Republik Württemberg hat nach dem Thronverzicht, der förmlich
erst am 30. November erfolgte, dem König u. a. den Dank dafür
ausgesprochen, daß er durch seinen freiwilligen Verzicht dazu
beigetragen habe. die Bahn für die freiheitliche Entwicklung zu
ebnen. Der Geschichtsschreiber der 48er Revolution, der zu
Wertheim in Baden geborene W i l h e l m B l o s hätte es sich zehn
Jahre früher auch nicht träumen lassen, daß er in seinen alten
Tagen noch Württembergs Staatsoberhaupt werden und die Regierungsgewalt mit A r t u r C r i s p i e n teilen würde. In
Schwaben kursierte damals das Witzwort: „Jetzt haben wir ein

Staatsoberhaupt, das heißt Wilhelm Blos. Vorher hatten wir eines das hieß bloß Wilhelm."

In B a d e n zogen sich die Verhandlungen allerdings länger hin. Die Republik wurde dort erst am 11. November proklamiert. In H e s s e n weigerte sich der Großherzog abzudanken. Sein Eigensinn hat an der Bildung des Freistaats Hessen nichts geändert. Schließlich hat er die Republik doch anerkannt, indem er sich mit ihr über das Vermögen seines Hauses auseinandersetzte.

In Berlin etablierten sich am 10. November neben den Volksbeauftragten noch p r e u ß i s c h e Volksbeauftragte. Die preußischen Ministerien wurden wie folgt besetzt:

Inneres: Paul Hirsch und Rudolf Breitscheid,
Finanzen: Albert Südekum und Hugo Simon,
Wissenschaft, Kunst und Volksbildung (früher Kultusministerium): Konrad Haenisch und Adolf Hoffmann,
Landwirtschaft: Otto Braun und Adolf Hofer.

Die Justiz behielt zunächst noch der Zentrumsführer P e t e r S p a h n , den dann Ende November Wolfgang Heine und Kurt Rosenfeld ablösten. Die Volksbeauftragten des Reiches hätten es gern gesehen, wenn Spahn geblieben wäre. Der Vollzugsrat bestätigte aber am 26. November Spahn als Justizminister nicht, worauf dieser seine Entlassung einreichte. Im Handelsministerium blieb der Fortschrittler F i s c h b e c k , dem der Führer der Bergarbeiter, der kernige Westfale O t t o H u e beigegeben wurde. Im Eisenbahnministerium waltete der fortschrittliche Abgeordnete H o f f seines Amtes, dem der Eisenbahner B r u n n e r und der Gastwirt P a u l H o f f m a n n beigeordnet wurden*).

In der Zeit bis zur Einberufung der verfassunggebenden Nationalversammlung arbeiteten Reichs- und preußische Regierung ohne Kontrolle einer Volksvertretung nebeneinander. Beide waren rein sozialistische Regierungen, die ihr Daseinsrecht aus dem Willen der Arbeitermassen herleiteten. Auch die Soldaten waren in ihrer Masse bis zur Demobilmachung nichts als feldgrau ein-

---

*) Als ich am 10. November abends nach Hause kam, mußte ich an eine Feier denken, die nach dem 70. Geburtstag August Bebels, am 22. Februar 1910, Freunde und Kollegen des alten Kämpen um diesen geschart hatte. Als der ernste Teil des Programms erledigt war, stieg der verstorbene Leopold Liepmann, damals Sekretär der Groß-Berliner Sozialdemokratie, auf einen Stuhl und sagte ein selbstverfaßtes Gedicht auf, zu dem ihm ein damals angesagter Komet die Anregung gegeben hatte. Vers auf Vers kündigten an, was noch alles geschehen müsse, bevor jener gefürchtete Komet die Welt zum Untergang führen dürfe. In diesem Gedicht, das 30 Verse hatte, kamen auch folgende vor:

gekleidete Arbeiter und Angestellte. Diese Übergangszeit war für Deutschland sozusagen die Periode der Diktatur des Proletariats.

Der Berliner Vollzugsrat der Arbeiter und Soldatenräte war alleinige Kontrollinstanz und damit Parlamentsersatz. Es sollte sich bald zeigen, daß der Aktionsradius der Regierung der Volksbeauftragten nicht nur durch die Folgen des Kriegsverlusts beeinträchtigt war, sondern daß bei den Auseinandersetzungen über die vom alten Regime hinterlassene Konkursmasse mit zunehmender Entfernung vom 9. November radikale Strömungen die Volksbeauftragten nicht zur ruhigen Arbeit kommen ließen. Die Leiter dieser radikalen Bewegung setzten ihre Hoffnung auf den Vollzugsrat, in dem im Gegensatz zur Regierung der Volksbeauftragten der linke Flügel der Unabhängigen vertreten war.

VI. Der Vollzugsrat
der Sozialistischen Deutschen Republik

Neben den sechs Volksbeauftragten war am Abend des 10. November auch der Vollzugsrat der sozialistischen deutschen Republik im Zirkus Busch gewählt worden. Für ihn hatten die Soldaten, die für sich die Hälfte der Mandate beanspruchten und zugebilligt erhielten, durchgesetzt, daß die andere Hälfte der Sitze paritätisch unter den Mehrheitssozialdemokraten und den Unabhängigen verteilt wurde. Zu Vorsitzenden waren der Metallarbeiter R i c h a r d M ü l l e r und der Hauptmann v o n B e e r - f e l d e bestimmt worden. Der Vollzugsrat hatte Großes vor. Er brauchte deshalb eine genügend breite Operationsbasis. Deswegen hatte er das preußische Abgeordnetenhaus in der Prinz-Albrecht-Straße und das angrenzende Herrenhaus in der Leipziger Straße einfach annektiert. Beide Gebäude waren durch einen großen Garten verbunden, in dem zur Kaiserzeit die Herrenhäusler allein das Recht hatten, spazieren zu gehen. Ein

---

„Die Welt, sie darf nicht untergeh'n, bis Adolph Kultusminister,
Bis er 'ne Rede ohne Sprachfehler hält zugunsten von Pfaffen
un Küster."
„Die Welt, sie darf nicht untergehn, bis Ernst Polizeipräsident ist,
Bis Jagow im sechsten Bezirksführer wird, wozu er zwar ohne
Talent ist."
Der Dichter Liepmann ruht seit dem 26. Januar 1912 unter der Erde. Er hat nicht mehr erlebt, daß seine Prophezeiungen aus dem Februar 1910 Wahrheit wurden, daß Adolph Hoffmann 1918 tatsächlich Kultusminister und Eugen Ernst 1919 Polizeipräsident wurde.

Korridor verband beide Gebäude. In diesem Korridor lag neben anderen Zimmern das Sitzungszimmer des preußischen Staatsministeriums. In diesem Zimmer hatten die Minister Wilhelms II. die Forderung des Volkes auf Abschaffung des Dreiklassenwahlsystems bis in die letzte Kriegszeit hinein bekämpft. Auf der rechten Schmalseite thronte oben die Büste Wilhelms des Letzten. Sie blieb unbehelligt. Später kam man auf die Idee, Wilhelm mit einem roten Tuche zuzudecken. In diesem Zimmer saßen jetzt die Vollzugsratsmitglieder um einen großen Tisch. Die Teppiche waren entfernt. Natürlich aus Schonung. So fürsorglich ging die Revolution mit dem Eigentum der weiland preußischen Parlamente um.

Die Herren Abgeordneten von Gnaden des Dreiklassenwahlrechts waren am 9. November rasch und spurlos verschwunden.

Die „edlen und erlauchten Herren" der Ersten preußischen Kammer hatten noch am 31. Oktober 1918 gegen den Reichstag demonstriert und in einem Antrag des Grafen Yorck von Wartenburg „ein neues Treuebekenntnis für das Herrscherhaus" abgelegt: „Das Herrenhaus wird eingedenk seiner Vergangenheit allzeit zu seinem angestammten Herrscherhaus als Schutzwehr vor dem Thron stehen." Der Antrag war zwar einstimmig angenommen worden, aber die „neue Fraktion", in der einige Vertreter des hohen Adels mit den Oberbürgermeistern der Städte zusammensaßen, hatte durch den Mund des Fürsten von Hatzfeld, Herzog von Trachenberg verkünden lassen, daß es des Antrags eigentlich nicht bedurft hätte. Die Herrenhäusler haben nicht geahnt, daß neun Tage später die Erste preußische Kammer, deren Bildung das kranke Hirn Friedrich Wilhelms IV. einst ersonnen hatte, wie weggeblasen war.

In beiden Häusern war nur die Hausverwaltung geblieben. Vorderhand arbeitete diese unter den neuen Verhältnissen einfach weiter. Als ich am 13. November in den Vollzugsrat eintrat, hatte ich nach einem Arbeitszimmer Verlangen. Ich hatte mir das Zimmer 18a dazu ausgesucht. Ich ließ mich bei dem Direktor Geheimrat Plathe melden und fragte, ob dieses Zimmer schon anderweitig beansprucht worden sei. Er verneinte dies, machte sich über meinen Wunsch Notizen und sagte mir, daß er zu Auskünften jederzeit zur Verfügung stünde. Er freue sich, daß überhaupt jemand auf den Gedanken gekommen sei, ihn wegen der Zimmerverteilung zu Rate zu ziehen. Bisher sei das noch nicht vorgekommen. Jedes Vollzugsratsmitglied ließ sich nämlich mit seinem Stabe nieder, wo es ihm paßte. Als die Stäbe immer größer wurden, gab es später Krach mit folgender Hausreinigung. Da ich nicht die Absicht hatte, mich im Vollzugsrat „selbständig" zu machen, verzichtete ich für meine Person auf Anstellung von Personal.

Da die meisten Vollzugsratsmitglieder den ganzen Tag über im Abgeordnetenhaus und im Herrenhaus von Besprechung zu Besprechung eilten, wurde das Restaurant des Abgeordnetenhauses für den Vollzugsrat, sein Personal und die Deputationen, die aus Berlin und dem Reiche kamen, in Betrieb gehalten. Dabei wurde eine preußische Tradition aus der Kriegszeit unter Ausdehnung auf das Personal aufrechterhalten. Die Mitglieder des Abgeordnetenhauses hatten das Privileg, Fleisch ohne Abgabe von Fleischmarken zu erhalten. Im übrigen sei ausdrücklich festgestellt, daß es im Restaurant des Abgeordnetenhauses niemals zu irgendwelchen Schwelgereien kam. Dazu fehlte die Lust und der Stoff. Die Kost war Hausmannskost und das Dünnbier war gefärbtes Wasser wie damals der Kaffee, der Tee und der Kakao.

Der Vorstand der Sozialdemokratischen Partei legte größten Wert darauf, im Vollzugsrat vertreten zu sein. Die Unabhängigen hatten in ihn ihre Vorstandsmitglieder Däumig und Ledebour entsandt. Deshalb schlug der Parteivorstand an Stelle des am 10. November gewählten Genossen Hiob nach Rücksprache mit den Berliner Vertrauensleuten den Genossen Otto Braun als Mitglied vor. Als dieser nach Bildung der preußischen Revolutionsregierung mit Hofer zusammen ins Landwirtschaftsministerium übersiedelte, wurde ich am 12. November vom Parteivorstand zu seinem Nachfolger bestimmt. Ich trat mein neues Revolutionsamt am Mittwoch, dem 13. November, nach kurzer Verständigung mit Otto Braun an, der mir schilderte, mit wieviel Kleinlichem sich diese jede Homogenität entbehrende Körperschaft schon am ersten Tage der Revolution befaßt hatte. Das war der Grund für mich, jede Geschäftsordnungsdebatte über meinen Eintritt zu vermeiden. Ich ging in das Beratungszimmer, setzte mich einfach hin, tagte mit, und am Abend sagte ich zu Richard Müller, daß ich meine Legitimationskarte als Mitglied des Vollzugsrats noch nicht hätte. Eine solche wurde mir sofort ausgestellt. Diese Karte gab das Recht, auf allen Eisenbahnen, Elektrischen und Autobussen frei zu fahren.

Richard Müller war mir kein Unbekannter. Wir wohnten seit Jahren in dem gleichen Vorort. In früheren Jahren hatten wir in dem jetzt abgebrochenen Wilhelmsgarten in der Berliner Straße zu Tempelhof miteinander diskutiert, wenn ihm die Politik des

Parteivorstandes zu wenig radikal gewesen war. Bei aller Gegensätzlichkeit der Meinungen kämpfte Richard Müller nicht gehässig. Das lag seinem Naturell fern. Selbst wenn er einmal starke Kraftworte einem Gegner in sächsischer Aussprache entgegenschleuderte, so milderte der Dialekt den Angriff.

Wie Richard Müller sein Amt führte, davon später. In dem Vollzugsrat waren vom 10. November bis zu meinem Eintritt in ihn am 13. November schon ganz wesentliche Veränderungen vorgegangen. Während in der Zirkus-Busch-Versammlung nur 12 Arbeiter- und 12 Soldatenvertreter gewählt worden waren, saßen am 13. November bereits 28 Vollzugsratsmitglieder beisammen, je 14 Arbeiter- und Soldatenräte, und zwar für die Sozialdemokratie: Franz Büschel, Giert, Gustav Heller, Ernst Jülich, Max Maynz, Oskar Rusch und ich (neu war Giert). Diese sieben Mitglieder hielten dann auch bis zum Ende im Vollzugsrat aus. Desgleichen die sieben Mitglieder der Unabhängigen: Emil Barth, Ernst Däumig, Paul Eckert, Georg Ledebour, Richard Müller, Paul Neuendorf und Paul Wegmann (neu war Däumig). Dagegen waren von den 12 am 10. November gewählten Soldatenvertretern nur noch Bergmann, Gustav Gerhardt, Brutus Molkenbuhr und der Oberleutnant Walz vorhanden. Neu waren Felix Bernhagen, Max Cohen-Reuß, Heinrich Denecke, Chr. Finzel, Gehlberg, Hans Paasche, Walter Portner, Colin Roß und Otto Strobel. Selbst wenn man annimmt, daß der eine oder der andere Name im Trubel der Zirkus-Busch-Versammlung falsch auf den Zettel der Soldatenräte notiert worden war, muß zugegeben werden, daß das eine starke Veränderung in kurzer Zeit war. Der am 10. November gewählte zweite Vorsitzende Hauptmann von Beerfelde war bereits wieder aus dem Vollzugsrat hinausspediert worden. An seiner Stelle war Brutus Molkenbuhr neben Richard Müller zum Vorsitzenden gewählt worden. Später kamen dauernd Vertreter der Soldaten hinzu, nachdem von der Westfront und von der Ostfront die Truppen heimgekehrt waren.

Der Hauptmann von Beerfelde war in den Vollzugsrat gekommen, weil er sich als Pazifist einen Namen gemacht hatte. Er saß am Kriegsende für seine Überzeugung in Haft. Herr von Beerfelde war im Kriege Hauptmann in der politischen Abteilung des preußischen Generalstabes gewesen. Er hatte Beziehungen zu dem letzten Botschafter des Kaisers in London, dem Fürsten Lichnowsky, angeknüpft, der ihm gegen die Verpflichtung, sie nur persönlich zu lesen und nicht zu verwenden, seine Denkschrift „Meine Londoner Mission 1912—1914" geliehen hatte.

Nach der Lektüre der Denkschrift bildete sich von Beerfelde ein, daß er mit der Verbreitung der Denkschrift der Herbeiführung des Friedens dienen würde. Er ließ 50 Abzüge machen, die er an prominente Persönlichkeiten sandte, darunter auch an Parlamentarier und Journalisten. Das offizielle Deutschland geriet darob aus dem Häuschen. So wurde der mit dem Frieden liebäugelnde Generalstabsoffizier zum Märtyrer. Die Revolution holte ihn am 9. November aus dem Gefängnis und hob ihn für zwei Tage empor, um ihn dann fallen zu lassen. Das letztere war nicht zu umgehen. Herrn von Beerfelde fehlte der Blick für das Mögliche in ganz ungewöhnlichem Maße. Am 11. November war er auf die Idee gekommen, den Kriegsminister S c h e u c h zu verhaften. Hierzu hatte er weder Anlaß noch Recht. Seine eigenmächtige Handlungsweise konnte vom Vollzugsrat nicht gedeckt werden. Er wurde alsbald kaltgestellt. Er verschwand damit aus der Revolution und aus der Politik. Nach der Revolution trat er in harmlosen Vereinen für „soziale Erlösung" und „gesunde Körperbildung" ein. Beerfelde konnte, weil er Anfang November noch in Haft saß, erfreulicherweise nicht der militärische Berater der Revolution werden.

Dazu hatte sich der P i o n i e r l e u t n a n t - F l a m m e n - w e r f e r W a l z eingefunden. Da gegen Walz später ein hochnotpeinliches Verfahren eröffnet wurde, ist bekannt geworden, wie er zu seiner Gastrolle kam. Walz hatte in seiner Berliner Kaserne im Herbst 1918 aus den Gesprächen der Soldaten entnommen, wie die Stimmung unter den Soldaten und unter der Bevölkerung war. Er schloß daraus, daß die Tage des herrschenden Systems gezählt seien. Er suchte Anschluß. Sein Ehrgeiz erwachte. Napoleon hatte als Artillerieleutnant angefangen. Was konnte da aus dem Pionierleutnant Walz nicht alles werden, wenn die deutsche Revolution kam? In dem Verfahren, das später wegen des Verrats an Däumig vom Vollzugsrat gegen Walz eingeleitet wurde, schilderte Walz vor diesem Tribunal, wie in ihm der Entschluß reifte, sich den Unabhängigen zur Verfügung zu stellen. Irgendwelche politische Schulung hatte er nicht. Er verfolgte, nachdem er die Stimmung der Soldaten kennengelernt hatte, zu seiner Information die Reichstagsberichte. In ihnen gefielen ihm die Reden der Unabhängigen am besten. Er überlegte sich, an wen er sich vertraulich wenden sollte. Nun wiesen die Namen der unabhängigen Redner, die er aus der Zeitung kennenlernte, z. T. auf jüdische Herkunft: Bernstein, Cohn, Haase, Herzfeld. Der unpolitische deutsche Oberleutnant war aber seine rassenmäßige Abneigung gegen die Juden nicht losgeworden. Er versuchte deshalb sein Heil bei G e o r g L e d e b o u r , den er mit Recht für einen Arier hielt. Walz suchte Ledebour in der Wohnung auf. Er log ihm vor, daß er Sozialist sei und das Kapital von Marx gelesen habe. Ledebour prüfte nicht, ob das wahr war und faßte zu dem jungen Mann Zutrauen. Er stellte ihn den Führern der „revolutionären Obleute" vor. Sodann wurde Walz unter dem Namen Lindner zu den Neuköllner Zusammenkünften der „revolutionären Obleute" eingeladen, die mit Emil Barth den „strategischen" Aufmarschplan für die Revolution entwarfen. Am 2. November war der Plan fertig zur Ausführung für den 4. November. Aber die Revolution wurde nochmals abgesagt. Am 4. November kam die Polizei den Schlichen des Oberleutnants Walz auf die Spur. Er wurde verhaftet. In seiner Wohnung wurde gehaussucht. In der Verhandlung vor dem Vollzugsrat gab Walz zu, daß er, von dem ihn vernehmenden Kriegsgerichtsrat in die Enge getrieben, alles verriet. Dafür, daß er das aus Spitzelei tat, war kein Fingerzeig da. Aber Walz hatte noch nie eine Vernehmung vor Gericht mitgemacht. Er hat aus purer Angst vor dem Untersuchungsrichter alles ausgeschwatzt. Sein Geständnis vor dem Kriegsgerichtsrat hatte zur Folge, daß auch Ernst Däumig verhaftet wurde. Beiden wäre das schlecht bekommen, wenn nicht am 9. November die Befreiung durch die Revolution gekommen wäre. Walz hatte aus seinem blamablen Benehmen vor dem Kriegsgerichtsrat nicht die Erkenntnis gewonnen, daß er zum Revolutionär von Natur aus verdorben war. Im Rausche der Revolution kräftigte er sich neu und hatte den Mut, in der am Abend des 9. November von den „revolutionären Obleuten" inszenierten Versammlung im Reichstag schon wieder starke Töne zu reden. Aber auf die Dauer war der Verrat, den Walz aus Angst an Däumig verübt hatte, nicht unbekannt geblieben.

Walz wurde, wie Richard Müller zu sagen pflegte, wegen „Verdachts der Konterrevolution" aus dem Vollzugsrat ausgestoßen. Der Vollzugsrat war in diesem Fall ein milder Richter, weil er Walz für schwächlich, aber nicht für unehrlich hielt, gab er ihm auf, Berlin in drei Tagen zu verlassen. Walz ging darauf ein. Er versprach, in die Nähe des Starnberger Sees zu gehen und sich aus der Politik zurückzuziehen. Ferner hatte er sich im Interesse der Revolution verpflichten müssen, über seinen Austritt aus dem Vollzugsrat nicht zu reden. Dieses Versprechen hielt er nicht.

In einer auf Donnerstag, den 28. November 4½ Uhr nach dem Plenarsaal des Reichstags einberufenen Versammlung der Soldatenräte Groß-Berlins sprach er ausführlich über seinen Rücktritt. Er gab dabei offen zu, daß er bei seiner Verhaftung die Namen Däumig, Ledebour und Barth dem die Untersuchung führenden Kriegsgerichtsrat genannt hatte:

„Ich gebe zu, daß meine Aussage vor dem Untersuchungsrichter eine Dummheit war, aber es war kein Verrat."

Und dann suchte Walz mit demagogischen Kniffen sein Mandat für den Vollzugsrat zu retten. Er berief sich darauf, daß ihn Barth am 9. November selbst zur Wahl in den Vollzugsrat vorgeschlagen habe, worauf der anwesende Barth ihm zurief: „Da hatte ich noch keine Ahnung von Ihrem Verhalten." Unter vereinzelter Zustimmung behauptete Walz, daß er gar nicht das Recht hätte, ohne Zustimmung der Soldaten das Mandat niederzulegen. Der Vollzugsrat habe ihn verhaften lassen, weil er sonst Material hätte beiseite bringen können. Auch das war nur halb wahr. Walz durfte bis zur Beendigung der Verhandlung im Vollzugsrat das Abgeordnetenhaus nicht verlassen. Zwei Kuriere, die den Federhalter — so nannte man damals scherzweise die Brownings — immer bei sich hatten, bürgten dafür, daß er nicht ausrückte. Als er schließlich sagte, daß man nichts Belastendes bei ihm gefunden hätte, rief Ledebour, der sich bisher für Walz ehrlich eingesetzt hatte, ihm zu: „Das sind nicht die vollständigen Tatsachen!" Nun ließ sich Walz verleiten, Richard Müller anzugreifen, der ihm mit Molkenbuhr zusammen eine Vollmacht für die Kontrolle des Kriegsministeriums ausgestellt hatte, ohne daß beide sie gelesen hatten. Richard Müller gab das zu, sagte aber:

„Walz hat die Kontrolle des Kriegsministeriums überwiesen bekommen. Als er diese Tätigkeit antrat, verlangte er im Kriegsministerium sechs Zimmer für sich. Auch sonst stellte er Anforderungen, die den Kriegsminister Scheuch veranlaßten, seine Amtsniederlegung in Aussicht zu stellen. Wir gebrauchen aber den Kriegsminister noch für die Demobilmachung. Wir sind im Vollzugsrat so mit Arbeit überlastet, daß wir die Vollmacht, die uns Walz vorlegte, nicht prüfen konnten. Die Vollmacht geht viel zu weit. Das mußte Walz wissen. Er hätte sie nicht ausnutzen dürfen. Walz hat die Vollmacht mißbraucht, um Ausweiskarten an Personen auszustellen, an Geheimräte und solche Leute, die alles andere, nur keine Revolutionäre sind."

Richard Müller verlas sodann aus den Untersuchungsakten die Aussagen des Walz vor dem Untersuchungsrichter. Die Soldatenräte hörten zunächst in lautloser Stille zu. Nachdem Richard Müller etwa die Hälfte verlesen hatte, ertönten Schlußrufe, die zwar von einer Minderheit aus-

gingen, aber so stark waren, daß Richard Müller die weitere Verlesung aufgab.

Die A k t e n ergaben, daß sich Walz in ganz dummer Weise
vor dem Untersuchungsrichter herauslügen wollte, indem er den
patriotischen Möchte-gern-Spitzel spielte. Er behauptete, auf
eigene Faust Ermittlungen über die Stimmung der Soldaten angestellt zu haben, mit der Absicht, diese Ergebnisse dem Generalkommando mitzuteilen, damit es Maßnahmen für die Aufrechterhaltung der Ordnung treffen könnte. Er habe nicht aus Eigen-
nutz, sondern aus patriotischem Gefühl gehandelt. An den
Plänen der Richard Müller, Ledebour und Barth auf Sturz der
Regierung hätte er sich beteiligt, um eingeweiht zu werden und
kein Mißtrauen zu erregen. Er behauptete, durch seine am
2. November erfolgten Angaben über die mangelnde Bereitschaft
der Truppen den für den 4. November geplanten Ausbruch der
Revolution verhindert zu haben. Die Stimmung seiner Mannschaften habe er im patriotischen Sinne beeinflußt. Er habe ihnen
gesagt, daß sie weiterkämpfen müßten, wenn uns ein schmach-
voller Frieden geboten würde. Am Schlusse dieser Rede habe er
ein Kaiserhoch ausgebracht.

Es war verständlich, daß die Freunde von Walz das Weiterlesen
der Untersuchungsakten verhindern wollten. Sie schämten sich
des Mannes, der in der Revolution als Soldatenführer wenn auch
nur eine kleine Rolle gespielt hatte. Die Walz-Freunde lärmten,
als Barth nun nach dem Rednerpult ging und beantragte, daß
eine siebengliedrige Kommission die Angelegenheit Walz untersuchen sollte. Das wurde nach 11 Uhr nachts beschlossen, nachdem
ein Antrag abgelehnt worden war, der besagte, daß kein Offizier
der Kommission angehören dürfe. Der Bericht der Siebenerkommission wurde in einer Sitzung der Soldatenräte Groß-Berlins
gegeben, die am Donnerstag, den 5. Dezember nachmittags 3 Uhr
im Plenarsaal des Reichstags stattfand. Der Berichterstatter
sagte u. a.:

„Die Siebenerkommission ist einstimmig der Ansicht, daß Walz an-
fänglich für die Revolution hat arbeiten wollen. Er ist aber bei seinem
Verhör vor dem Untersuchungsrichter weit über das hinausgegangen,
was er als wahrer Revolutionär hätte sagen dürfen. Er hat die Pläne
der Genossen verraten und das Gelingen der Revolution aufs schwerste
gefährdet. Darum hat der Vollzugsrat mit Recht seinen Rücktritt verlangt. Ferner ist die Kommission einstimmig zu dem Ergebnis gekommen, daß gegen Ledebour und Barth wegen ihres Verhaltens zu
Walz kein Vorwurf zu erheben ist, da sie vor der Untersuchung des
Vollzugsrats den wahren Sachverhalt nicht gekannt haben.“

Diesen Bericht nahmen die Groß-Berliner Soldatenräte zur Kenntnis. Damit war für sie der Fall Walz erledigt. Mit der Entdeckung von Beerfelde und Walz hatte die deutsche Revolution jedenfalls kein Glück.

Ein Anhänger von Walz war G u s t a v   G e r h a r d t , der die Nachrichtenstelle für den Vollzugsrat aufzog. Er legte darüber, datiert vom 19. November 1918, 10 Uhr 55 dem Vollzugsrat einen Plan vor und bat, das Büro als zu Recht bestehend zu genehmigen und ihm zu unterstellen, mit der Vollmacht, es weiter auszubauen. Das Büro sollte zusammen mit dem Informationsbüro der Reichsregierung Beauftragte in das Haupttelegraphenamt und in das Pressebüro der Reichsministerien entsenden und von der Transozeangesellschaft Abschriften der wichtigsten Funktelegramme verlangen, endlich die Berichte sämtlicher Informationsstellen sammeln. Und dies alles nur zum Hausgebrauch des Vollzugsrats. Für die Öffentlichkeit bestimmte Sachen sollten an die Presse- und Propagandaabteilung gehen. Die Volksbeauftragten dachten natürlich nicht daran, einem solchen Büro ihre Mitarbeit zu leihen. Dies und das mangelnde Verständnis, das Gerhardt im Vollzugsrat selbst für seine großartigen Pläne fand, ärgerte ihn. In ganz demagogischer Weise trat dieses Mitglied des Vollzugsrats in der Versammlung der Groß-Berliner Soldatenräte vom 28. November gegen den Vollzugsrat auf.

„Die Geschäftsführung des Vollzugsrats spotte jeder Beschreibung. Es würden Anweisungen gegeben, die sich widersprechen und gegenseitig aufheben. Der Zustand werde von Tag zu Tag unhaltbarer. Es herrsche eine Vetternwirtschaft im Vollzugsrat. Es sei Pflicht der Soldaten gegen solche Geschäftsführung Einspruch zu erheben."

Als Gerhardt dann kaltgestellt wurde, war das kein Verlust.

Am 13 Dezember gab der Vollzugsrat amtlich bekannt, daß er sein Mitglied S t r o b e l sofort der ihm übertragenen Funktionen enthoben und ihn aufgefordert hätte, unverzüglich von seinem Amt zurückzutreten. Der Matrose Strobel hatte in der Morgenausgabe der deutschnationalen „Deutschen Tageszeitung" vom 13. Dezember einen Artikel „An das deutsche Volk vom Gelehrten bis zum Arbeiter!" veröffentlicht und als Mitglied des Vollzugsrats gezeichnet. Das war so blöd, daß es allein den glatten Ausschluß rechtfertigte, ganz gleich, ob die sonstigen Bedenken unpolitischer Art, die noch gegen Strobel geltend gemacht wurden, der tatsächlichen Unterlagen entbehrten, was ich nicht kontrollieren kann.

Endlich nahm noch C o l i n   R o ß als vierter Vertreter der Soldatenräte seinen Abschied aus dem Vollzugsrat. Colin Roß, der später durch eine Schilderung seiner Reisen nach Amerika, Asien und Afrika in weiten Kreisen bekannt wurde, hatte damals die Absicht, ein großes Propogandabüro für das werdende neue Deutschland aufzuziehen. Das Personal hierfür sollte freie Eisenbahnfahrt und im Notfalle Anspruch auf Beförderung im Auto und im Flugzeug haben. Colin Roß suchte Unterstützung, wo er sie kriegen konnte. Wegen seiner Pläne war er auch mit Beamten des Auswärtigen Amts in Verbindung getreten. Das hatte ihn Richard Müller verdächtig gemacht, der dort den Hort der Gegenrevolution erkennen zu können glaubte. Richard Müller ließ deshalb die von Colin Roß aufgezogene Pressestelle besonders überwachen. Darauf erklärte Colin Roß am 26. November 1918 sich außerstande, irgendwelche nützliche Tätigkeit im Sinne des Vollzugsrats zu leisten. Er gab sein Amt dem Vollzugsrat zurück, indem er bat, über folgende im Haus arbeitenden Stellen zu beschließen: Feckede-Becker, die Presse- und Propagandastelle des ehemaligen Aktionsausschusses, die Nachrichtenstelle Ettisch und die zentrale Funkleitung. Aufgabe des Vollzugsrats konnte es nicht sein, soviel Propagandastellen nebeneinander zu unterhalten oder gar die Funkpropaganda zu organisieren.

An Stelle von Walz und Colin-Roß wählten die Groß-Berliner Soldatenräte am 5. Dezember die Genossen G o t t s c h l i n g und A l b r e c h t in den Vollzugsrat.

Bewährt hat sich in schwerer Zeit B r u t u s M o l k e n b u h r, der von seinem Vater die Ruhe und kühle Überlegung als Erbteil bekommen hatte. Obwohl er bisher politisch wenig aktiv gewesen war, fand er sich in jener gärenden Zeit gut zurecht. Er hatte am 28. November in der Versammlung der Groß-Berliner Soldatenräte als Berichterstatter des Vollzugsrats ein Recht, zu sagen:

„Die Arbeiter- und Soldatenräte sind nur ein Provisorium, das durch die Nationalversammlung aufgehoben wird."

Das wollten damals viele Soldatenräte nicht hören, die glaubten, daß sich aus der Übergangszeit heraus allmählich ein neuer Beruf, der der Soldatenräte, entwickeln würde. Herr Soldatenrat, etwa wie Herr Geheimrat!

In gleicher Gesinnung focht gegen alle Übertragung russischer Methoden auf deutsche Verhältnisse M a x C o h e n - R e u ß. Er hatte in der Textilbranche gelernt und war Vertreter großer Textilfirmen. Im Kriege hatte er als Abgeordneter ständig eine russenfreundliche Politik getrieben, die nach Kriegsende Deutschland im Osten dauernd Ruhe schaffen sollte. Er war deshalb Gegner der amtlichen Polen- und Randstaatenpolitik gewesen.

Am 9. November 1918 zog sich Max Cohen, der bei den Franzern einmal kurz ausgebildet worden war, seine Uniform an und bekümmerte sich um die Soldaten. Wütend verfolgten einige Radikale, die auf die allein richtige Durchführung der Revolution sozusagen ein Patent genommen zu haben glaubten, dieses Beginnen. Cohen gewann so stark das Vertrauen der Soldaten, daß er in den Vollzugsrat kam. In diesem hat er in schwierigen Fällen oft ausgleichend gewirkt, wenn Heißsporne immer wieder versuchten, unter Aufreißung alter Wunden die Gegensätze zu verschärfen.

Die übrigen Groß-Berliner Soldatenräte waren unbeschriebene Blätter. Bei vielen Entscheidungen kam es aber auf ihre Stimme an. Außerhalb der Partei war von den Soldatenräten nur einer während des Krieges bekannt geworden: H a n s P a a s c h e, der Sohn des Vizepräsidenten des Reichstags, des nationalliberalen Universitätsprofessors D r. H e r m a n n P a a s c h e. Dieser Sohn war seinem sehr real denkenden Vater gar nicht ähnlich. Der Alte ein Vorkämpfer deutscher Kolonialpolitik — der Junge ein Gegner jeder Gewaltpolitik, dabei in Kolonialdingen nicht unerfahren. Er stand bei der Marine und hatte es dort bis zum Kapitänleutnant gebracht. Im Kriege marschierte er mit seinem Schwiegervater W i t t i n g, dem früheren Posener Oberbürgermeister und späteren Bankdirektor und dessen Bruder M a x i - m i l i a n H a r d e n direkt in das Lager der Pazifisten. Er wurde dafür verfolgt. Wer aus der Familie des alten Paasche kam und so dachte wie Hans Paasche, zog den Haß der Militärkaste selbstverständlich auf sich, die für sein Verhalten nur die eine Erklärung fand: „Hans Paasche ist verrückt." Hans Paasche war aber nur ein Schwärmer. Er kämpfte für den Sieg des Guten in der Welt. Der Sinn für die konstruktiven Aufgaben der neuen Zeit ging ihm völlig ab. Solange er im Vollzugsrat war, hat er der Revolution wenig genützt, aber auch nichts geschadet. Seine Ideen hat er schließlich mit dem Leben bezahlt. Am 21. Mai 1920 war er bei dem Gruppenkommandeur Deutschkrone denunziert worden. Er sollte auf seinem Gute verbotenerweise Maschinengewehre, Gewehre und Munition aufgespeichert haben. In zwei Lastautomobilen herbeigeschaffte Reichswehrsoldaten, 60 an der Zahl, umstellten unter Führung von zwei Offizieren das Herrenhaus seines Gutes Waldfrieden. Sie durchsuchten es und fanden drei Jagdgewehre. Paasche badete währenddessen im nahen See. Von Gendarmen aufgefordert, nach seinem Gute zu kommen, wurde er im Badeanzug, angeblich weil er auf den Ruf „Halt" nicht stillstand, sondern geflohen sein sollte, von einem Soldaten erschossen. Hans Paasche war in der ganzen Gegend bekannt gewesen. Daß er kein Linksputschist war, wußten die Behörden. Seine Tötung ist eine jener scheußlichen Taten, die auf dem Kleid der jungen deutschen Republik für immer einen schmutzigen Flecken zurücklassen werden.

Unter den Arbeiterräten bildeten die sieben Unabhängigen eine geschlossene Gruppe. Sie gehörten alle dem linken Flügel an. Der rechte Flügel dieser Partei, die Gruppe Haase-Dittmann-Hilferding-Bernstein hatte im Vollzugsrat gar keine Vertreter. Unter dem Aufruf, den am 8. November Barth für die Entscheidungsstunde der Revolution fabriziert hatte, standen die Namen B a r t h , E c k e r t , L e d e b o u r , N e u e n d o r f , W e g m a n n , allerdings auch der von H a a s e . Aber Barth gestand selbst, daß nur Eckert und er anwesend waren. Die anderen Namen setzten die beiden einfach darunter, wohl kraft „revolutionären Rechts". Für Stil und Inhalt des Aufrufs, der „d i e s o z i a l i s t i s c h e R e p u b l i k m i t a l l e n i h r e n K o n s e q u e n z e n" forderte, sind also nicht alle Unterzeichner verantwortlich. Aber da am 9. November alles gut ging, wurde das Dokument nicht weiter beanstandet. Außer den Genannten ergänzten Däumig und Richard Müller die Zahl der Unabhängigen im Vollzugsrat.

R i c h a r d M ü l l e r und E m i l B a r t h waren sich nahegetreten, als in der Berliner Zahlstelle des Deutschen Metallarbeiterverbandes sich die Opposition gegen die Burgfriedenspolitik zu regen begann. Richard Müller war damals Branchenleiter der Dreher, der bestorganisierten Metallarbeitergruppe, die von größter Wichtigkeit für die Munitionsherstellung war. Die Dreher waren einig im Kampf um bessere Lohn- und Arbeitsbedingungen und politisch bereit zur Demonstration. Sie demonstrierten 1916 anläßlich der Verhandlung erster Instanz gegen Karl Liebknecht nach dessen Maidemonstration. Bei dem späteren Zuchthausurteil kam allerdings die gewünschte Demonstration nicht zustande. Barth hat später Richard Müller als einen zwar tüchtigen, aber unpolitischen Gewerkschafter geschildert, dessen Radikalismus nur auf einem gesunden politischen Instinkt beruht hätte. Dieses Urteil ist ungerecht. Soviel wie Barth verstand Richard Müller auch von der Politik. Richard Müller war 1918 zum Militär eingezogen worden. Da starb der Reichstagspräsident Kämpf. Richard Müller wurde vom Militär befreit, nachdem die Unabhängigen ihn im ersten Berliner Wahlkreis als Kandidaten aufgestellt hatten. In der Stichwahl unterlag Richard

Müller im Oktober dem in der Kaliindustrie führenden Geheimrat Kempner.

Wenn Barth und Richard Müller sich so gehässig beurteilen, so deshalb, weil jeder sich einbildete, daß er der eigentlich führende Mann in der Revolution gewesen sei. Barth behauptet in seinem Buche „Aus der Werkstatt der Revolution", daß Richard Müller am 9. November ¾12 Uhr zu ihm gekommen sei und auf die Frage, wo er denn jetzt herkomme, geantwortet habe: „Ich komme jetzt von zu Hause. Jetzt gehe ich erst was essen, und dann will ich mir ein bißchen Revolution ansehen." Danach sei Richard Müller verschwunden und habe Barth mit einem Dämpfer zurückgelassen. Richard Müller bestreitet diese Darstellung. Er will am 9. November bereits seit 5 Uhr morgens tätig gewesen sein. Als er dann gegen Mittag in das „Hauptquartier" Barths, das kleine Hinterzimmer eines Restaurants in der Nähe des Alexanderplatzes, gekommen sei, habe er kräftig über dessen Revolutionsspielerei gelacht. Barth habe dort vor einem großen Plan von Groß-Berlin gesessen. Um 1 Uhr sei er dann schon wieder in Moabit gewesen, habe dort aus Arbeitern, Soldaten und Lastautos Züge zusammengestellt und an der Spitze eines solchen Zuges das Reichstagsgebäude besetzt.

Es ist heute gleichgültig, wer von beiden die Wahrheit sagt. Wie nachteilig mußte es auf die Revolution wirken, wenn engste Gesinnungsfreunde schon so zueinander standen. Als Karl Liebknecht sich am 10. November weigerte, den Posten des Volksbeauftragten anzunehmen, soll Haase, wie Richard Müller in seinem Buche „Vom Kaiserreich zur Republik" schreibt, ihn dringend gebeten haben, das Amt des Volksbeauftragten anzunehmen, weil Haase in politischer wie in moralischer Hinsicht Bedenken gegen Barth gehabt habe. Richard Müller will aus den gleichen Gründen wie Liebknecht abgelehnt haben. Er glaubte sicher, im Vollzugsrat den Gang der Revolution stärker beeinflussen zu können. Darin täuschte er sich. Übrigens hatte sich Richard Müller in den Vollzugsrat den Dreher Paul Blumenthal mitgebracht, der schon in der Metallarbeiterbewegung ihm seit 1916 zur Seite gestanden hatte, der aber zu den Leuten gehörte, die wenig Wert darauf legen, im Sichtbaren zu wirken.

Aus dem Parteivorstand der Unabhängigen saßen Georg Ledebour und Ernst Däumig im Vollzugsrat. L e d e b o u r, damals schon 68 Jahre alt, war verärgert, daß die Revolution sich nicht von ihm lenken lassen wollte. Am 9. und 10. November mußte Ledebour bereits erleben, daß die Wogen der Revolution über seinen Kopf hinweggingen. In der gegebenen geschichtlichen Situation war Ledebour besonders der Haß hinderlich, den er gegen die Führer der Mehrheitssozialdemokratie hegte, und der schon aus der Vorkriegszeit datierte. Ledebour war gelegentlich ein guter Redner, wenn es galt, temperamentvoll zu improvisieren. Seine Reden wurden umso schlechter, je besser er sich vorbereitet hatte. Vor einigen anderen weit linksstehenden Sozialisten zeichnete sich Ledebour dadurch aus, daß er dem eigenen Land Gerechtigkeit widerfahren ließ. Als der Pole Korfanty am 24. Oktober 1918 im Reichstag Danzig für Polen reklamierte, ließ sich Ledebour auch nicht durch das Argument imponieren, daß Arthur Schopenhauers Vater Danzig den Rücken gekehrt habe, weil es preußisch geworden sei, sondern trat energisch für das Selbstbestimmungsrecht der gut deutschen Danziger ein. Im Vollzugsrat hat er uns einmal lang und breit auseinandergesetzt, wie er sich in früheren Jahren bereits mit der Neugliederung Deutschlands befaßt habe, sodaß er mit fertigen Vorschlägen aufwarten könne. Doch zur eingehenden Erörterung der Frage des Einheitsstaates und der Reichsverwaltungsreform fehlte im Vollzugsrat die Zeit.

Ernst Däumig war im Gegensatz zu Ledebour ein Mann der Tat. Er konnte reden, aber er redete nicht um zu reden. Däumig hätte für die Revolution zu einer Energiequelle ersten Ranges werden können, wenn er einen gradlinigen Aufstieg gehabt hätte. Aber seine Entwicklung zeigte von Jugend auf Brüche. Er hatte zu Halle die Bürgerschule und die Latina der Franckeschen Stiftung besucht. 1887 war er zum Militär gekommen. Dann ging er zur Fremdenlegion. Über diese Zeit seines Lebens hat er im Jahre 1904 in vier Heften novellistische Skizzen „Moderne Landsknechte" veröffentlicht mit dem Motto: „Den Verarmten, Verstoßenen und Verkommenen, die in den Sandwüsten Afrikas und in den Dschungeln und Urwäldern Asiens ihr Blut verspritzten oder dahinsiechten, sei dieses Buch gewidmet." Die Erzählungen waren auf Grund von eigenen Erfahrungen geschrieben, die Däumig in Algier, Oran und Tongking gesammelt hatte. Nach seiner Rückkehr aus den französischen Kolonien übte Däumig allerlei Berufe aus. Eine Weile war er Schlafwagenkontrolleur auf der Strecke Berlin-Neapel. Wegen Differenzen, die auch zur Einleitung eines Prozesses führten, wurde er entlassen. Er fand später Anschluß an die Freidenkerbewegung und an die sozialistische Partei, der er von 1901 ab als Redakteur in Gera, Halle und Erfurt und von 1911 ab im Vorwärts gedient hat. Ich trat ihm das erstemal in der Kriegszeit näher, als ich vom Parteivorstand der Vorwärtsredaktion angegliedert worden war, damit ein weiteres Vorwärtsverbot vermieden würde. Ich hatte damals mit Däumig zusammen die Entscheidung über die Aufnahme von Notizen, die gegen die Zensurverbote verstoßen könnten. Wir haben uns damals fast immer leicht verständigt. Da wir die Letzten waren, die abends die Redaktion verließen, hatten wir in später Stunde oft Gelegenheit, uns über Politik, Militär, Kunst und Literatur zu unterhalten, bis die letzten Telegramme unser Plazet hatten. Differenzen in der politischen Auffassung haben unsere persönlichen Beziehungen nicht beeinträchtigt. In freundschaftlicher Unterhaltung hat der sonst düster erscheinende Däumig mehr als einmal gesunden Humor bewiesen. Aus seiner Militär- und Kolonialzeit hatte er sich die Vorliebe für die Beschäftigung mit militärischen Angelegenheiten erhalten. In den ersten Jahren des Weltkriegs glaubte er fest an einen Sieg der Preußen. Erst 1918 richtete er sich dann auf die Revolution ein. Als die Führer der revolutionären Obleute ab Oktober 1918 regelmäßige Zusammenkünfte abhielten, hatte Däumig gewöhnlich das Referat über die politische Lage. In der Zusammenkunft vom 2. November war er für ein Losschlagen am 4. November gewesen. Meiner Auffassung nach verkannte er damals, als er gegen Haase und Dittmann vom Leder zog, vollständig die Lage.

Däumig hatte einen großen Fehler, den ich nur aus seinem ganzen Lebensgang erklären kann. Er verstand es, Aktionen vorzubereiten, aber er scheute sich, wenn es galt, im Lichte der Geschichte mit ganzer Persönlichkeit Verantwortung zu übernehmen. Als am 9. November linksradikale Elemente den sofortigen Rücktritt des Kriegsministers Scheuch forderten, schlug Barth ihn den Unabhängigen als Nachfolger vor. Trotz seiner militärischen Erfahrungen und trotzdem er seit Jahren die militärische Literatur verfolgt hatte, ließ Däumig sich nicht überreden. Er erklärte schroff, daß er sich im Kriegsministerium nicht begraben lasse. Ich glaube auch nicht, daß er jemals das Kriegsministerium in der Leipziger Straße betreten hat. Im Vollzugsrat war er der gegebene Mann zur Bearbeitung der militärischen Angelegenheiten. Er lehnte es ab, als Beigeordneter im Kriegsministerium zu fungieren, weil er nicht zum „Verräter der Revolution" werden wollte. In dieser Zeit setzte er seine ganze Energie vielmehr gegen die Einberufung der Nationalversammlung ein. Er wollte auch für Deutschland das Rätesystem durchsetzen. In diesem Kampf verpuffte damals die gesamte Kraft des 52jährigen.

Die mehrheitssozialdemokratische Partei war während der gesamten Vollzugsratszeit durch sechs Arbeitervertreter in dieser Körperschaft beteiligt, die als Berliner Betriebsvertrauensleute seit 1917 mit dem Parteivorstand in enger Fühlung standen. Von ihnen brauchte keiner aus irgend einem Grunde ersetzt zu werden. Es waren Franz Büschel, Giert, Gustav Heller, Ernst Jülich und Max Maynz. Der sechste, Oskar Rusch, trat später zu den Unabhängigen über. Der s i e b e n t e Vertreter der Mehrheitssozialisten war i c h selbst. Ich denke an die Zeit, die ich im Vollzugsrat saß, gerne zurück. Sie war nicht immer angenehm. Aber Revolutionen arten selten in Vergnügen aus.

Ich hatte schon am 10. November befürchtet, daß es im Verlauf der Revolution zu schweren Konflikten zwischen Volksbeauftragten und Vollzugsrat kommen würde. Wenn ich in den Vollzugsrat eintrat, so mit dem festen Vorsatz, zu verhindern, daß zwischen Volksbeauftragten und Vollzugsrat Barrikaden gebaut würden. Ich hatte mir im Gegenteil fest vorgenommen, als Brückenbauer zu wirken. Mehrmals die Woche ging ich in später Abendstunde von der Albrechtstraße zur Wilhelmstraße, um noch mit Ebert über die politische Situation zu sprechen. Einerseits, um selbst über das Neueste in der Politik auf dem Laufenden zu bleiben, denn die Volksbeauftragten hatten über die Vorgänge im Ausland und über die Lage im Reich doch andere Nachrichtenquellen als der Vollzugsrat. Andererseits auch, um Ebert Aufklärung zu geben über die Entstehung mancher Beschlüsse des Vollzugsrats, die ihm zunächst unerklärlich sein mußten. Die Imponderabilien der Revolution wirkten auf den Vollzugsrat mehr als auf die Volksbeauftragten. Der Vollzugsrat atmete mehr in der revolutionären Atmosphäre. Die Volksbeauftragten dachten mehr an das Morgen. Ich habe in meinen nächtlichen Unterhaltungen mit Ebert mehr als einmal dazu beigetragen, Reibungen zu beseitigen, die sich oft bedenklich häuften. Wenn ich abends in der zehnten Stunde zu Ebert kam, mußte ich oft noch warten, bis Geheimrat S i m o n s , der jetzige Reichsgerichtspräsident, als letzter im Vortrag, mit seiner roten Mappe das Reichskanzlerzimmer verlassen hatte. Als vortragender Rat hat sich Simons damals sehr verdient gemacht. Wie es überhaupt nicht wahr ist, wenn behauptet wird, daß damals alle unter dem alten System aufgewachsenen Beamten keinen anderen Gedanken gehabt hätten, als die Tätigkeit der Volksbeauftragten zu sabotieren. Gerade die besten Köpfe im deutschen Beamtentum wußten, was in jener Zeit für das Reich auf dem Spiele stand.

Über meine Tätigkeit im Vollzugsrat will ich keine weiteren Ausführungen machen. Ich begnüge mich mit zwei Hinweisen auf Urteile aus dem linksradikalen Lager. Richard Müller schreibt in seinem Buch „Vom Kaiserreich zur Republik" Band II Seite 53:

> „Der Abgeordnete Cohen als Soldatenrat und Hermann Müller als Arbeiterrat waren geistig hochstehende, in der Arbeiterbewegung erfahrene und geschickte Redner, die mit großer Überlegung, richtiger Würdigung der Stimmung der Soldaten, auch mit List und Verschlagenheit die Politik ihrer Partei zu vertreten verstanden. Die entschiedenen Vertreter der Revolution konnten ihren Willen nur soweit durchsetzen, als es ihnen gelang, einen Teil der Soldatenvertreter auf ihre Seite zu ziehen."

Und Barth, der über die eigenen Parteigenossen, Haase, Dittmann, Karl Liebknecht, Richard Müller usw. usw. so wenig liebevolle und ungerechte Urteile fällte, der seinem Haß gegen Landsberg geradezu krankhaft die Zügel schießen ließ, der Ebert und Scheidemann so gehässig abtut, hat ganz vergessen, mich mit abzuschlachten.

Soviel über die 28 Mitglieder des Vollzugsrats der sozialistischen deutschen Republik. Soviel waren es aber nur zunächst. Denn mit der Zeit vermehrte sich die Zahl. Als der Soldatenrat des Kriegsministeriums aus seiner selbstgeschaffenen Position herausmußte, kam Friedrich Trippe in den Vollzugsrat. Die Marineleute schickten Ernst Neviandt und Driesen als neue Mitglieder. Als die Heere im Westen und Osten deutschen Boden betraten, mußten ihre Vertreter, obwohl sie keine Berliner waren, aufgenommen werden. Für die Ostfront: Georg Meier, W. Bergmann, Saar, Hermann Wäger und später Walter Oehme und Kohl, für die Westfront: Hugo Struve, Emil Pörschmann, Levin, Faass und Steinmann. Diese Vertreter der Fronttruppen waren Anhänger der Mehrheitssozialdemokratie. Damit diese nun an Einfluß nicht immer stärker wurde, entsandten die Matrosen noch Albers und Baier. Die Linksradikalen, von deren Vertretern Barth gleichzeitig Volksbeauftragter war, erhielten weitere Verstärkung durch den Rechtsanwalt O b u c h, der von da ab Ledebour sekundierte, ferner durch v o n L o j e w s k i , der mit dem Mehrheitssozialisten Lange zusammen als Ersatzmann für die ausscheidenden Soldatenräte Bergmann und Bernhagen gewählt worden war.

Sehr bald machte sich in weiten Teilen des Reiches eine starke Mißstimmung gegen den Berliner Vollzugsrat geltend. In der Versammlung der Groß-Berliner Soldatenräte vom 28. November hatte sich bereits das Vollzugsratsmitglied G e r h a r d t zum Sprachrohr dieser Unzufriedenheit gemacht:

„Der Vollzugsrat hat nicht Fühlung mit den Süddeutschen genommen, sondern die Vertreter der süddeutschen Kameraden mußten erst hierher kommen. Aber die beiden Vorsitzenden des Vollzugsrats haben die beiden Kameraden nicht empfangen."

Dem lag folgender Vorfall zugrunde: Die vom Landesausschuß der badischen Soldatenräte abgesandten Genossen Baer und Krager gaben am 21. November zu Protokoll:

„Diese Verhandlungen mit einem Mitglied (des Vollzugsrats) haben wir abgebrochen, da wir den Eindruck haben, daß der Berliner Vollzugsrat das Reich beherrschen will. Wir wollen für die Übergangszeit eine Zusammenfassung der Arbeiter- und Soldatenräte in einer Zentralinstanz. Bleibt der hiesige Vollzugsrat auf seinem Standpunkt stehen .. so lehnen wir jede Verantwortung für das Kommende ab und behalten uns die Schritte, die wir für gut halten, vor. Die Wahlen zur badischen konstituierenden Nationalversammlung sind am 5. Januar 1919."

Mit letzterem waren die Badener, die Hüter alter demokratischer Tradition, den anderen Freistaaten voraus. Was sollte der Vollzugsrat zur Besänftigung der Badener tun? Er nahm Baer und Krager einfach in den Vollzugsrat auf. Auf ähnliche Weise kamen weiter hinzu Hädrich für Bayern, König und Lemke für Lothringen (!!!), Heckert und Heldt für Sachsen. Die anderen Freistaaten sollten gleichfalls das Recht auf Vertretung erhalten.

E b e r t war über diese Entwicklung sehr ungehalten. Er fürchtete, daß ein Vollzugsrat, der sich auf die Arbeiter- und Soldatenräte des ganzen Reiches stützen könnte, den Volksbeauftragten gegenüber stärker dastehen würde, mit anderen Worten: den Volksbeauftragten noch mehr Sand in die Regierungsmaschine werfen konnte, als dazu der Berliner Vollzugsrat imstande war. Ich sah nicht so schwarz und suchte ihn vom Gegenteil zu überzeugen. In wenigen Wochen sollte sowieso der erste Kongreß der deutschen Arbeiter- und Soldatenräte zusammentreten, der einen neuen Vollzugsrat für das Reich wählen sollte. Bis dahin hatten die Volksbeauftragten von dem Gang der Entwicklung sicherlich Vorteile, denn die neu hinzutretenden Vollzugsratsmitglieder — Süddeutsche und Soldatenvertreter — waren zumeist Anhänger der baldigen Einberufung der Nationalversammlung.

Anfang Dezember fand sich dann als Vertreter des besetzten Gebietes noch H e i n r i c h S c h ä f e r a u s K ö l n ein, der später über seine Vollzugsratszeit Tagebuchblätter veröffentlichte.

Dieser fröhliche Rheinländer hatte keinen politischen Blick für den Sinn der Auseinandersetzungen im Vollzugsrat. Er sah mit seinen Kölner Fastnachtsaugen nur Hahnenkämpfe. Aber wenn die Tätigkeit des Vollzugsrats komischer Situationen auch nicht entbehrte, so waren sie doch nicht das Wesentliche, sondern schließlich kam es darauf an, ob diejenigen, die durch ihre Beschlüsse die Volksbeauftragten lahm legen wollten, zum Ziele kamen oder nicht. Schäfer klagte:

„Mehrere Male saß man die ganze Nacht. Immerhin war ich heilfroh, als ich die nächtliche Luft der Prinz-Albrecht-Straße atmen konnte. Mit dumpfem Schädel und entzündeten Augen langte ich in meinem Logis an."

Ganz so schlimm war es für die nicht, die an die Berliner Luft gewöhnt waren. Achtstündige Arbeitszeit gab es allerdings im Vollzugsrat nicht.

Allmählich war die Zahl der Mitglieder des Vollzugsrats auf 45 angewachsen. Die Arbeit im Plenum war immer schwieriger geworden. Der Vollzugsrat teilte sich deshalb in vier Abteilungen: 1. Reichsausschuß, 2. preußischer Ausschuß, 3. Groß-Berliner Ausschuß, 4. Interner Ausschuß. Für diese Arbeitsteilung war es höchste Zeit geworden. Die Sitzungen des Vollzugsrats begannen oft 1 bis 1½ Stunden nach der angesetzten Zeit, weil die Vorsitzenden vorher nicht abkömmlich waren. Auf diese stürzte nämlich alles ein, aus Berlin und aus dem Reich. Dort dichteten die lokalen Arbeiter- und Soldatenräte dem Vollzugsrat oft eine Macht an, die er nicht besaß. Vor allem wurden Vollmachten verlangt. So waren die Vorsitzenden des Vollzugsrats gezwungen, mit Hilfe des Stempelkissens die Revolution zu fördern. Die Vollmachten konnten ernstlich nicht geprüft werden. Das gab Richard Müller selbst zu. Vollmachten auszustellen mußte eben Sache der Exekutive und nicht der Ersatzlegislative sein. Aber nicht nur die Revolutionäre wollten Vollmachten haben. Würdenträger des Kaiserreichs, die z. B. ins Ausland wollten, teilten ihre Abreise dem Vollzugsrat mit. Als Prinz und Prinzessin Sigismund von Preußen als Herr und Frau von Plehwe Pässe erbaten, wurden ihnen solche nach ausgiebiger Debatte bewilligt. Als die ehemalige Kaiserin Auguste Victoria zu ihrem Mann nach Holland fahren wollte, wurde darüber mit den Volksbeauftragten verhandelt, die gegen die Reise nichts einzuwenden hatten. Aber auch die Vorsitzenden des Vollzugsrats wurden angefragt. So kam es, daß Brutus Molkenbuhr seinem Vater Hermann Molkenbuhr die Genehmigung gab, den Wagen der Exkaiserin bis zur holländischen Grenze zu begleiten, damit Unannehmlichkeiten von ihr ferngehalten würden. Die Exkaiserin kam unbehelligt an der holländischen Grenze an. Sie war sehr unglücklich während dieser Reise. Hermann Molkenbuhr suchte sie damit zu trösten, daß er ihr erzählte, wie er unter dem Sozialistengesetz ausgewiesen worden war. Die Exkaiserin hatte von all dem keine Ahnung.

Richard Müller fehlte zur Leitung einer aktionslüsternen Körperschaft jede Fähigkeit. Bei der vorhandenen Redewut konnte nur ein Mann, der wußte, was er wollte und Übersicht über die Geschäfte hatte, diese Körperschaft zu positiver Arbeit führen. War einmal eine Debatte entfesselt, so ging sie gewöhnlich ins Uferlose. Das wurde übrigens auch nicht besser, als beschlossen worden war, daß vormittags nur noch Sitzungen der Ausschüsse stattzufinden hätten und die Plenarsitzungen des Vollzugsrats nur noch nachmittags abgehalten würden. Auch die Ausschüsse kamen erst nach langwierigen Auseinandersetzungen zu Entscheidungen. Besonders Ledebour war groß darin, den einfachsten Tatbestand durch Entfesselung langer Debatten zu verwirren. Um einmal deutlich für die Nachwelt zu zeigen, wie es in einer Revolution nicht gemacht werden darf, dafür folgendes Beispiel:

Im Westen Berlins waren Flugblätter verbreitet und angeklebt worden, die in aufreizender Weise gegen die Juden hetzten. Gewisse Konventikel der Rechtsparteien suchten damals den Antisemitismus in Deutschland neu zu beleben. Sie wollten so die niedrigsten Instinkte des patriotischen Mobs gegen die sozialdemokratische und demokratische Partei mobilisieren. Als Parole gaben sie aus: „Deutschland den Deutschen." Wie frech gelogen wurde, dafür folgendes Beispiel:

„Die Beteiligung der Juden an den Frontkämpfen war gleich Null. Ihre Beteiligung an der Regierung beträgt jetzt schon 80 Prozent."

Es fehlte bloß noch die Behauptung, daß die gefallenen Juden den Tod im Weltkrieg simuliert hätten. Um die Statistik zu korrigieren, wurden Männer wie Eduard David und Erzberger einfach zu Juden gestempelt. In einem anderen Flugblatt wurde unter Berufung auf Heinrich von Treitschke Judenhetze getrieben: „Die Juden sind unser Unglück!" In diesem Flugblatt nannte der „das Christentum und das deutsche Vaterland" liebende Verfasser Helfferich „Erzbergers unversöhnlichen jüdischen Feind". Es war eben nichts so dumm, daß es nicht gedruckt werden konnte.

Als Max Cohen-Reuß von diesen Flugblättern Kenntnis erhalten hatte, hielt er den Zeitpunkt für eine Aufklärungsaktion des Vollzugsrats für gekommen. Man hätte annehmen sollen, daß eine revolutionäre Körperschaft in fünf Minuten ohne Debatte hierüber einen klaren Beschluß fassen würde. Aber weit gefehlt. C o h e n - R e u ß brachte folgenden Antrag ein:

„In der letzten Zeit sind in großen Mengen anonyme Flugblätter verbreitet worden, die in unverhülltester Form zur Judenhetze auffordern. Die Flugblätter sind nicht ohne Wirkung geblieben. Wie der „Vorwärts" vom 11. Dezember meldet, sind verschiedentlich Juden und „Christen, die durch ihr Aussehen nicht genügend gegen den Verdacht geschützt waren, Juden zu sein", körperlich angegriffen worden. Wenn diese schamlose Flugblatthetze fortdauert, muß mit der Möglichkeit gerechnet werden, daß wir auch in Deutschland die Schmach von Judenpogromen erleben. Der Vollzugsrat des Arbeiter- und Soldatenrats sieht sich daher genötigt, sich aufs schärfste gegen das reaktionäre antisemitische Treiben zu wenden, das er hiermit öffentlich und vor aller Welt brandmarkt. Der Vollzugsrat appelliert an den gesunden Sinn des deutschen Volkes und ist überzeugt, daß es in seiner überwiegenden Mehrheit der antisemitisch-reaktionären Hetze entgegentreten und keinerlei Judenverfolgungen dulden wird."

Nachdem Cohen-Reuß diesen Antrag begründet hatte, erklärte L e d e b o u r zwar sein Einverständnis mit Cohens Anregungen, sagte aber, daß das allein nicht genüge. Es müsse dem Antrag ein zweiter Absatz hinzugefügt werden, der sich gegen die schamlose Hetze gegen Karl Liebknecht und Rosa Luxemburg wende. Daß eine solche Hetze betrieben wurde, war nicht abzuleugnen. Der Zweck des Antrags wäre aber verfehlt gewesen, wenn dieser Hinzufügung stattgegeben worden wäre. Ich wies in der Debatte hierauf hin, erklärte mich im übrigen grundsätzlich mit Ledebours Anregungen einverstanden, verlangte aber gleichzeitig, daß dann noch in einem dritten Absatz gegen die tägliche schamlose Hetze gegen Ebert und Scheidemann protestiert würde. Auch das war absolut richtig. An der Spitze dieser Hetze standen aber die Leute der „Roten Fahne". Und nun erwiderte Ledebour wieder, usw. usw. usw. Und der Endeffekt? Der Antrag Cohen-Reuß wurde in seiner ursprünglichen Form angenommen und amtlich verkündet. Aber es war wieder einmal ein ganzer Vormittag guter revolutionärer Zeit vertrödelt. Genutzt hat die amtliche Bekanntmachung nichts. Kurz vor dem ersten Rätekongreß kam ein von Lügen strotzendes Flugblatt ohne Unterschrift und ohne Angabe des Druckers heraus, das sich besonders gegen den Vollzugsrat wandte und an dessen Schluß es hieß:

„Sitz des Vollzugsrats:
Synagoge im Abgeordnetenhaus.
Privatadressen:
Alte Schönhauser Straße, Scheunenviertel, Pfandkammer, kurz: jüdische Schweiz.

Kameraden, die Ihr vier Jahre das Vaterland im Kampfe gegen eine Überzahl von Feinden verteidigt habt, befreit das deutsche Reich von dieser Eiterbeule."

Mit so rohen Späßen amüsierte die erwachende politische Reaktion ihr Publikum.

Im Vollzugsrat galt Potsdam als Hort der Reaktion. Sicherlich nicht mit Recht. Auch die Potsdamer hatten ihren Arbeiter- und Soldatenrat. Als in der Versammlung der Groß-Berliner Soldatenräte am 28. November der Vorwurf erhoben wurde, daß die Potsdamer sich von aktiven Offizieren leiten ließen, was übrigens nicht verboten war, erklärten ihre Vertreter, daß sie keinen aktiven Offizier in ihrem Soldatenrat hätten. Ihr Vorsitzender Heine sei ein Leutnant der Reserve, der ganz zu ihnen stünde. Trotzdem wurde dem Vollzugsrat mehrfach gemeldet, daß die Konterrevolution, aus Potsdam kommend, in Richtung Döberitz-Charlottenburg gesichtet worden sei. Zeuge war gewöhnlich irgendein Angsthase, der in der Dämmerung eine Gulaschkanone nicht von einem Maschinengewehr unterscheiden konnte. Im Vollzugsrat konnte das ernsthafte Debatten auslösen. L e d e - b o u r donnerte dann gegen die Konterrevolution. D ä u m i g drohte Gewalt mit Gewalt zu erwidern. Beide fanden für den Fall, daß ihre Voraussetzungen richtig waren, allgemeine Zustimmung. Bei dem Polizeipräsidenten E i c h h o r n wurde dann schleunigst angefragt, ob konterrevolutionäre Erscheinungen gesichtet worden seien. Alle polizeilichen, militärischen und zivilen Stellen wußten nichts zu melden. In einem Falle wurde schließlich das Bindeglied zwischen Volksbeauftragten und Vollzugsrat herbeigeholt: B a r t h. Er besah sich den komischen Kronzeugen der Konterrevolution und nahm ihn ins Kreuzverhör. Resultat: alles war nur Gespensterseherei.

Noch sicherer wurden sachliche Verhandlungen unmöglich gemacht, wenn Deputationen von außerhalb ankamen, die ihre Wünsche dem Vollzugsrat selbst vortragen wollten. Manche wollten sofort vorgelassen werden und ließen sich nicht abweisen. Dann mußte die Erledigung der Tagesordnung unterbrochen werden. Dabei kam es oft nach Anhörung der Deputation zur Erledigung der Tagesordnung überhaupt nicht mehr. Man kann Richard Müller beistimmen, wenn er über die Tätigkeit des Vollzugsrats sagt:

„Ein unsicheres Tasten auf einem neuen und ungewohnten Gebiet. Ein ängstliches Wägen ohne entschlossenes Wagen. Ein Trieb zum Reden und eine Scheu vor jedem Handeln. So stand der Vollzugsrat bereits zu Beginn seiner Tätigkeit als schwankendes Rohr im Sturmwind der Revolution."

Aber warum ertrank denn der Vollzugsrat in einem Meer von Kleinigkeiten? Weil sein Vorsitzender Richard Müller sich einbildete, daß der Vollzugsrat das „Mädchen für alles der Revolution" sein könne. Wenn eine Deputation der Former erschien, weil Differenzen in einem Betriebe der Metallindustrie ausgebrochen waren und die Vermittlung des Vollzugsrats verlangte, so mußte aus den Mitgliedern der Körperschaft eine Kommission gewählt werden, die zu versuchen hatte, den Streit zu schlichten. Eine Körperschaft, die den Ehrgeiz gehabt hätte, in der Geschichte neben dem Wohlfahrtsausschuß der großen französischen Revolution genannt zu werden, mußte sich hüten, eine Filiale des Reichsarbeitsamts zu werden. Während der ganzen Vollzugsratszeit fehlte dieser Körperschaft eben eine F ü h r u n g , die das Wesentliche im Auge behielt und das Unwesentliche beiseite schob. Vernichtend kritisierte Richard Müller selbst hinterher seine Methode der Leitung des Vollzugsrats an folgendem Vorfall:

Der Vollzugsrat erließ eine Verordnung, nach der den in den Betrieben bestehenden Arbeiterausschüssen das Kontroll- und Mitbestimmungsrecht über alle aus dem Produktionsprozeß entstehenden Fragen zustand. Die Formulierung war Gummi. Was war eine aus dem Produktionsprozeß entstehende Frage? Die Gewerkschaftsführer protestierten. Sie konnten mit einer so unklaren Verordnung, die übrigens vom Vollzugsrat allein gar nicht erlassen werden konnte, nichts anfangen. Die Sozialdemokraten sollten dieser Verordnung zugestimmt haben. Aber wer war denn da, als die Verordnung beschlossen wurde? R i c h a r d M ü l l e r sagt darüber selbst:

„Solche Beschlüsse kamen des öfteren zustande. Wenn die Debatte über politische Gegensätze oder über das Verhalten der Volksbeauftragten stundenlang in der heftigsten Weise geführt worden war, wenn die Nerven erschöpft waren und der Geist nichts mehr zu fassen vermochte, legte Richard Müller seine Anträge vor. Wie die Dinge im Vollzugsrat lagen, war das der einzigste Weg, der beschritten werden konnte, wenn überhaupt etwas für die Revolution herausgeholt werden sollte."

Wer es mit seinen Anträgen ernst meinte, durfte sie einer erschlafften Versammlung, die übrigens in später Abendstunde auch gelichtet war, gar nicht vorlegen. Durch so gewöhnliche Schiebungen ganz kleiner Geister sollte die Revolution vorwärtskommen. Nachdem Proteste erfolgt waren, wurden Richtlinien für die Betriebsräte beschlossen, die sich durchführen ließen.

Zwei ganz wichtige Beschlüsse, auf die ich in anderem Zusammenhang noch zurückkommen werde, der über die Bildung einer Roten Garde und der über die Einladung der Sowjetvertreter zum ersten Rätekongreß, mußte der Vollzugsrat sogar in aller Form wieder aufheben.

Der Vollzugsrat verfügte für seine Mitglieder über einen großen technischen Apparat, der fast sämtliche verfügbaren Räume des Abgeordnetenhauses mit mehr oder minder geräuschvoller Tätigkeit erfüllte. Aber es kam wenig Brauchbares aus diesen Büros heraus. Über die Sitzungen des Vollzugsrats wurden regelmäßig Protokolle aufgenommen. Bis zum Ende der Vollzugsratszeit wurden diese Protokolle nicht, wie in den Parlamenten üblich, den Rednern zur Durchsicht vorgelegt. Das wäre aber in jener Zeit um so notwendiger gewesen, weil in einer Zeit der Erregung leichter Irrtümer unterlaufen als in normaler Zeit. Die nicht verifizierten Protokolle können deshalb, soweit sie überhaupt vorhanden sind, nur mit größter Vorsicht von dem künftigen Geschichtsschreiber benutzt werden.

In der Propagandaabteilung des Vollzugsrats gab F e l i x S t ö s s i n g e r die Ideen aus. Es war damals noch nicht bekannt, daß „Stösselles", wie er allgemein genannt wurde, im Kriege Vertrauensmann des Obersten Eisner-Bubnar im K. K. Kriegspressequartier gewesen war. Er stellte, wie das „Berliner Tageblatt" am 3. April 1919 angab, für diesen Obersten die Presserundschau zusammen. Als er 1915 über die Versenkung der „Lusitania" jubelte, ohrfeigte ihn der Dichter Leonhard Frank. In der Revolution war er Pazifist geworden. Nun war diese wenig erfreuliche Erscheinung Pressechef des revolutionären Quartiers. Er arbeitete im Hintergrunde.

Als Vorsteher des Zentralbüros des Vollzugsrats fungierte der Rechtsanwalt Dr. J a m e s B r o h, dessen Frau auch im Büro angestellt war. Broh stand jetzt ganz links. Während des Krieges hatte er der „Glocke", in der der rechteste Flügel der Mehrheitssozialdemokratie schrieb, Artikel angeboten, die aber nicht aufgenommen worden waren. Über die Büros des Vollzugsrats sagte Broh in einer Denkschrift an diesen:

„Es bestehen hier aber viele Büros, die nach obigen Leitsätzen überhaupt keine Existenzberechtigung haben. Diesen Überfluß an Büros festzustellen ist sehr leicht. Alle diese Büros müssen sofort aufgehoben und die betreffenden Personen sofort entlassen werden, zumal ihr Weiterbestehen unter der Flagge des Vollzugsrats geradezu eine Gefahr bedeutet, die auch nicht einen Tag länger dauern darf. Ein Beispiel dafür gibt die anliegende Karte eines gewissen Klemenz vom 19. November: „Genosse Liedler ist im Büro ‚Kontrolle sämtlicher Staatsbetriebe' beschäftigt." . . . .

„In der Regel wird das Dezernat nur ein Büro gebrauchen, bestehend aus einem Registrator und einer Stenotypistin."

Für das Sekretariat des Vollzugsrats sah die Denkschrift eine besondere Registratur und ein Geheimarchiv vor. Die persönlichen Antragsteller sollten in Zukunft in einer Auskunftsstelle abgefertigt werden, deren Vorsteher eine umsichtige, geschäftsgewandte Persönlichkeit sein müsse. Zu den Vorsitzenden sollten nur noch bekannte politische Persönlichkeiten, Volksbeauftragte und dgl., die die Vorsitzenden persönlich sprechen wollten, zugelassen werden. Dann kam ein Haufen Vorschriften über die Behandlung der Akten. Aber für die Schaffung vereinfachter bürokratischer Verhältnisse war es Ende November zu spät. Allerdings wurden einige überflüssige Büros geschlossen. Zu gleicher Zeit beantragte der interne Ausschuß:

„Die im Herrenhause befindlichen Wohnräume sind nur im Notfall, und zwar ausschließlich von Mitgliedern des Vollzugsrats zu benutzen. Es ist kein Vollzugsratsmitglied berechtigt, dortselbst länger als eine Nacht zu wohnen. Die entgegen dem Beschluß belegten Räume sind unverzüglich zu verlassen."

Das Nächtigen im Hauptquartier des Vollzugsrats war überdies nicht ungefährlich, denn die Überwachung des Hauses ließ zu wünschen übrig, wie aus folgendem Antrag Gelberg vom 28. November 1918 hervorgeht:

„Der Sicherheitsdienst im Hause bedarf dringend der Organisation; das beweist der gestrige Vorfall. Das Haus war gestern mehrere Stunden ohne jede Wache, da dieselbe nicht zur rechten Zeit abgelöst wurde und deshalb einfach fortlief. Um solche Vorkommnisse in Zukunft zu verhindern, schlage ich folgendes vor:

1. Es sind von der Kommandantur drei geeignete Unteroffiziere als ständige Wachhabende anzufordern, die sich alle 8 Stunden ablösen. Dieselben haben alle Maßnahmen für den geordneten Wachdienst zu treffen (Instruktion der Posten, Kontrolle derselben usw.).

2. Es fehlt bis jetzt an einer geeigneten Schlafgelegenheit im Hause für die Wache. Es wäre meines Erachtens ein leichtes, von der Garnisonverwaltung eine Anzahl Matratzen oder dgl. zu erhalten, die in einem geeigneten Zimmer unterzubringen wären."

Trotz aller Bemühungen, die Tätigkeit der Büros einzuschränken, entstanden bis kurz vor der Tagung des Ersten Rätekongresses noch neue. Am 9. Dezember 1918 wurde bekanntgemacht, daß der Vollzugsrat ein Aufklärungsbüro eingerichtet hätte:

„Dieses Büro stellt auf Verlangen jedem einzelnen Soldatenrat für Versammlungen bekannte und berufene politische Redner zur Verfügung, die in der Lage sind, über die Ziele der Revolution und die augenblickliche Situation jede Aufklärung zu geben. Jeder Soldatenrat, der Versammlungen abhalten und die Kameraden aufklären will, wird gebeten, sich an das Aufklärungsbüro des Vollzugsrats, Herrenhaus, Zimmer 23, Eingang Abgeordnetenhaus, zu wenden."

Das war ganz überflüssig. Politische Aufklärung hatten die Mehrheitssozialdemokratie und die Unabhängigen zu leisten, während der Vollzugsrat die Volksbeauftragten kontrollieren sollte. Auf Antrag Obuch beschloß der Vollzugsrat, daß alle für die Zeitungen bestimmten Mitteilungen des Vollzugsrats, die mit dem Zusatz „a m t l i c h" zu deren Kenntnis gebracht wurden, unverändert und unverkürzt in der nächsten erscheinenden Nummer abzudrucken seien. Dieser Beschluß war ein Beweis von Nervosität. Im übrigen war er wirkungslos, denn es fehlten die Strafbestimmungen im Falle des Zuwiderhandelns. Der Beschluß wurde durch einen anderen A n t r a g O b u c h kommentiert:

„Zur Wahrung seiner Stellung in der Öffentlichkeit sowie zur Richtigstellung und Zurückweisung unberechtigter Angriffe und böswilliger Gerüchte sind Kundgebungen des Vollzugsrats in amtlicher Darstellung erforderlich.

Der Vollzugsrat bestellt eine fachmännische Persönlichkeit, die diese Mitteilungen, versehen mit dem Zusatz („Amtlich"), an die Tagespresse des In- und Auslandes weiterzuleiten hat.

Zur Veröffentlichung ist erforderlich, daß die Mitteilung durch einen Vorsitzenden, einen Abteilungsvorsitzenden oder durch einen dazu bestellten Vertreter vorher unterzeichnet wird, der damit die Verantwortung für jede Richtigkeit der Mitteilung übernimmt."

Der Presse- und Propagandadienst hatte bereits am 22. November allen Mitgliedern des Vollzugsrats folgendes Schreiben zugesandt:

„Mit jedem Tage mehren sich die Anfragen der Öffentlichkeit und der Presse nach der in den Vollzugsratssitzungen geleisteten Arbeit. Ganz Deutschland und die gesamte Welt blicken auf diese Stelle, die bisher schweigt. Der P.- u. P.-D. hält es für seine Pflicht, die Genossen darauf hinzuweisen, daß die Veröffentlichung geleisteter Arbeit im Vollzugsrat von größter Wichtigkeit ist und nicht mehr weiter hinausgeschoben werden kann. Der P.- u. P.-D bittet, in der nächsten Sitzung in dieser Hinsicht eine definitive Entscheidung zu treffen."

Das war etwas stark übertrieben. Die ganze Welt sah nicht nach dem schweigenden Vollzugsrat. Schweigen war überhaupt nicht seine größte Tugend. Aber seine ganze Tätigkeit bestand eben im Plänemachen. An der Ausführung der Pläne fehlte es. Alles blieb stecken. Ich denke z. B. daran, wie der Vollzugsrat noch zuletzt mit untauglichen Mitteln die B a u e r n a g i t a t i o n zu fördern suchte. Ein drei Schreibmaschinenseiten langer Organisationsentwurf wurde ausgearbeitet. Ein Aufruf an die Landarbeiter und Bauern wurde entworfen, die von ihrer grundlosen Beunruhigung befreit werden sollten. Der Text des A u f r u f s war allerdings „beruhigend":

„Nun müssen alle Schichten des Volkes zusammenstehen, um auf den Trümmern des alten Reiches die sozialistische Republik zu errichten.... Nur diese Staatsform ermöglicht uns ein Leben unter gerechten Zuständen. ... Nur ruhige Arbeit und Ordnung wird uns den Frieden bringen und über diese Zeit hinweghelfen. ... Die Landarbeit darf keine Unterbrechung leiden, die Erzeugung muß aufs äußerste gesteigert werden. ... Alles was über Enteignung des Landes und Sperrung des Kredits geredet wird, entstammt der Hetze gegenrevolutionärer Landleute, Gutsherren und ihrer Helfershelfer, die Unruhe stiften wollen, um die Errungenschaften der Revolution, die von den Soldaten und Arbeitern errungene Freiheit wieder zu vernichten. ... An eurem Eigentum wird sich niemand vergreifen. Die Regierung der sozialistischen Republik schützt euch und ahndet jeden ungesetzlichen Übergriff. ... Die Gegenrevolutionäre verdächtigen die Regierung bolschewistischer Ideen. Davon kann keine Rede sein. Daran zu glauben, ist Torheit."

Das hatte der Vollzugsrat der Arbeiter- und Soldatenräte der sozialistischen Republik unterzeichnet und dadurch dem Bolschewismus den Laufpaß gegeben.

Um die Ideen dieses Flugblattes zu verbreiten, wurden für die agrarischen Gebiete Norddeutschlands 11 Obleute und 82 Helfer gesucht. Für die Verteilung in Ostpreußen sollten davon 20 polnisch reden können. Diese Agitatoren sollten pro Mann und Tag 25 Mark Gehalt und 25 Mark Spesen bekommen. Der preußische Ausschuß hatte 60 Mark vorgeschlagen, eingeschlossen die Kosten für zu beschaffendes Fuhrwerk. In der Denkschrift heißt es dazu:

„Wenn man die Sympathie der Landbevölkerung gewinnen will, so geht es keineswegs an, Pferd und Wagen zu requirieren."

Diese Landagitation sollte im Verlauf von 4—6 Wochen zum Ziele kommen. Die Kosten wurden pro Dekade auf 55 200 Mark berechnet. In Wirklichkeit kam es zu dieser Agitation auf dem flachen Lande nicht, weil das Geld fehlte.

Die Abteilung Landbevölkerung hat endlich auch noch Richtlinien für die Wahl von Bauernräten ausgearbeitet. Die selbständigen Landwirte, die Personal beschäftigten, sollten in der ersten Wahlgruppe wählen, die Landarbeiter, die landwirtschaftlichen Handwerker und die Bauern, die das Land allein mit ihrer Familie bearbeiteten in der zweiten. Praktische Bedeutung haben auch diese Richtlinien nicht erhalten. Von irgendwelcher großzügigen Agrarreform oder auch nur von der Förderung des Siedlungswesens war in diesen Vorschlägen nicht die Rede.

In einem Bericht über die Organisation der Büros hieß es einmal über die Aufgaben des Vollzugsrats wie folgt:

„Geht man davon aus, daß der Vollzugsrat das Gehirn, die treibende Kraft der Revolution darstellt, das die Ideen zu gebären hat, die die Revolution vorwärts treiben und deren Erfolg sichern . . . ." usw.

Der Vollzugsrat hat soviel Ideen geboren, daß die Volksbeauftragten nicht mehr mitkamen und die Vollzugsratsmitglieder warten ließen, wenn sie mit neuen Ideen kamen, weil die vorigen Ideen noch nicht verarbeitet waren. Daher sandte der Vollzugsrat den Volksbeauftragten am 4. Dezember folgenden Brief:

„Der Vollzugsrat protestiert energisch gegen die den Mitgliedern in der Reichskanzlei und in den übrigen Staatsministerien zuteil werdende Behandlung und ersucht Anweisung zu geben, daß die Mitglieder des Vollzugsrates sofort und ohne Anmeldeförmlichkeiten in höflichster Weise zu der gewünschten Stelle geführt werden."

Aus den folgenden Kapiteln wird zu ersehen sein, wie der Vollzugsrat seinen Kampf um die Macht mit den Volksbeauftragten bestand. Ich werde dabei in der Hauptsache die Tatsachen selber reden lassen. Wenn mancher mein Urteil über den Vollzugsrat für zu scharf halten sollte, ziehe er das Urteil von Rosa Luxemburg zum Vergleich heran, die schreibt:

„Der Vollzugsrat der vereinigten Räte Rußlands ist . . . Hirn einer gewaltigen revolutionären politischen Organisation, dieser (der deutsche Vollzugsrat) das fünfte Rad am Wagen einer kryptokapitalistischen Regierungsclique . . . Jener ist das lebendige Leben der Revolution, dieser ihr Sarkophag."

Das letzte traf nicht zu. Da im Vollzugsrat der Willen zur Zusammenarbeit mit den Volksbeauftragten fehlte, mußte es sicherlich zum Kampf mit den Volksbeauftragten kommen. Aber als die Linksradikalen mit Waffengewalt den Kampf eröffneten, um die Volksbeauftragten zu stürzen, war der Vollzugsrat bereits von der Bühne abgetreten.

In der gemeinsamen Bekanntmachung des Rats der Volksbeauftragten und des Vollzugsrats vom 9. Dezember 1918 wurden die Gegensätze nochmals verkleistert:

„Beide sind überzeugt, daß ihre Tätigkeit nur durch verständnisvolles Zusammenarbeiten ersprießlich ausgeübt werden kann."

An verständnisvoller Zusammenarbeit hat es vor und nach dem 9. Dezember gefehlt. In erster Linie deshalb, weil die linksradikalen Arbeiterratsmitglieder des Vollzugsrats sich einbildeten, die deutsche Revolution nach ihrem Geschmack weiter treiben zu können, obwohl sie selbst im Vollzugsrat bestenfalls über ein Viertel der Sitze verfügten. Sie sahen in der Regierung

Ebert-Haase die deutsche Ausgabe der Kerenski-Regierung. Sie glaubten, daß die deutsche Revolution sich in das russische Schema pressen ließe. Sie verkannten sich endlich selbst. In ihren Reihen war keine einzige starke Persönlichkeit, die das Zeug dazu hatte, einen neuen Staat aufzubauen.

VII. Der Kampf um die Macht

Die sieben linksradikalen Mitglieder des Vollzugsrats hatten bald begriffen, daß sie am Abend des 10. November in der Zirkus-Busch-Versammlung durch die Soldaten-Vertreter eine schwere Niederlage erlitten hatten. Sie waren nur mit dem Aufruf durchgedrungen, der nichts war als ein Stück Papier, bedeckt mit Grüßen an die russische Sowjetregierung. In Berlin gab es zu jener Zeit nur geringe militärische Verbände. Die Frage war: Wie würden sich die Soldaten des Frontheeres verhalten, wenn sie zurückkehrten?

Es war nicht anzunehmen, daß diese sich den Befehlen der „revolutionären Obleute" so ohne weiteres fügen würden. Alles das überlegte sich E r n s t D ä u m i g. Er war sich alsbald darüber klar, daß ein linksradikal orientierter Vollzugsrat sich zum Wohlfahrtsausschuß der deutschen Revolution nur entwickeln konnte, wenn hinter dem Papier seiner Entschlüsse eine tatsächliche Macht stand. Er versuchte deshalb eine solche zu schaffen.

Dazu gab es zwei Wege. Den einen empfahlen die Anhänger des Spartakusbundes: Entwaffnung der Bourgeoisie und Bewaffnung der arbeitenden Klasse. Nun hatte nicht die Bourgeoisie die Waffen, sondern die Armee, die zu Beginn der Revolutionszeit in dem schnellen Tempo, das Foch ihr auferlegt hatte, die Räumung der besetzten und der linksrheinischen Gebiete vornahm. Was hieß Bewaffnung der Arbeiterklasse? Anfang des Bürgerkriegs! Der Anfang des Bürgerkriegs bedeutete aber Ende des Reichs. Darauf warteten gerade die siegreichen französischen Marschälle, die ihre Rheinbundpläne nicht aufgegeben hatten. Die demobilisierten Soldaten hatten in ihrer großen Masse Sehnsucht nach Heim und Herd. Sie wollten in Frieden arbeiten, um leben zu können. Der einfache Mann von der Straße wollte nicht den Weltkrieg durch den Bürgerkrieg abgelöst wissen. Die Massen der Arbeiter und Angestellten gaben ihre Waffen gern ab. Manche warfen sie schon in den Rhein. Höchstens nahmen sie ihre schönen Armeerevolver zum Andenken mit.

Da D ä u m i g sah, daß die Bewaffnung der Arbeiterschaft nicht möglich war, ging er einen anderen Weg. Bereits am 12. November plädierte er im Vollzugsrat für die Schaffung einer R o t e n G a r d e. Für Däumig folgte nach dem allgemeinen Geschichtskalender auf die Revolution die Gegenrevolution. Er wollte letztere bei ihrem Erscheinen mit militärischer Macht empfangen und niederschlagen. Aber der Rätesozialist Däumig war auch Gegner der Nationalversammlung und der demokratischen Prinzipien, auf denen sie beruhen sollte. Für ihn war d i e D e m o k r a t i e d e r F e i n d und deshalb wollte er den Weg nicht gehen, der in Wien beschritten wurde und dort freilich leichter beschritten werden konnte, weil keine Spaltung der sozialistischen Parteien vorausgegangen war.

Gegen die Berliner Soldatenräte hatte Däumig das größte Mißtrauen. Er sah sie beeinflußt von den Volksbeauftragten und von dem Unterstaatssekretär Göhre im Kriegsministerium. Er sah in ihnen den Geist von Cohen-Reuß und Colin-Roß. Er wollte sie deshalb ausschalten und neben ihnen eine ganz zuverlässige Prätorianergarde schaffen. Dem starken Willen und der überzeugenden Redeweise Däumigs gelang es, in der zweiten Sitzung des Vollzugsrats einen Beschluß durchzudrücken, der die Aufstellung einer Roten Garde von 12 000 Mann aus sozialistisch geschulten und militärisch ausgebildeten Arbeitern forderte. Ich trat erst am 13. November in den Vollzugsrat ein und hörte, daß auch die Soldatenvertreter im Vollzugsrat dem Beschluß zugestimmt hatten. Zwar sahen nicht wenige darin ein Mißtrauen gegen ihre Mandatgeber, die Soldaten der Berliner Garnison, aber sie glaubten, für ihre eigene Tätigkeit im Vollzugsrat sich eine bessere Stütze zu schaffen. Der Aufruf zur Bildung einer Roten Garde sollte am Morgen des 13. November in den Zeitungen erscheinen. Am 13. November sollten sich die Arbeiter, die bereit waren, in die Rote Garde einzutreten, im Gewerkschaftshaus in Listen eintragen. Dieser Aufruf verfehlte seine Wirkung. Er machte a l l e S o l - d a t e n gegen den Vollzugsrat mobil. Er löste Gegenwirkungen bei den Volksbeauftragten aus. Diese waren die Regierung. Als solche mußten sie die Verfügung über die bewaffnete Macht haben. Sie konnten um ihrer Aufgaben willen nicht dulden, daß sich in Berlin eine bewaffnete Macht bildete, die jeden Tag bereit war, gegen die Regierung zu kämpfen. Die Berliner Garnison aber empfand es geradezu als eine Beleidigung, daß der Vollzugsrat sie nicht für revolutionär zuverlässig hielt.

Am 13. November versammelten sich die Vertreter der Berliner Garnison auf dem Hofe der Alexanderkaserne und warfen dem Vollzugsrat den schönen Plan Däumigs zerfetzt vor die Füße. Die

Soldaten verwahrten sich gegen die beabsichtigte Bewaffnung der Arbeiter. Sie lehnten es ab, sich für bolschewistische Pläne einspannen und sich für parteipolitische Manöver mißbrauchen zu lassen. Die Versammlung lief aus in dem s t ü r m i s c h e n R u f nach Einberufung einer Nationalversammlung. Die Versammelten erklärten sich bereit, die Ordnung aufrechtzuerhalten, bis die Nationalversammlung gewählt war. Sie wollten nicht nur gegen links, sondern auch gegen rechts die Gegenrevolution bekämpfen. Das Mißtrauen der Soldatenvertreter richtete sich sogar gegen die Volksbeauftragten. Es wurde folgende Resolution angenommen:

„Die durch ihre Soldatenräte vertretene Garnison von Groß-Berlin muß die Bewaffnung der Arbeiter solange mit Mißtrauen betrachten, als die Regierung, zu deren Schutz sie dienen soll, sich nicht ausdrücklich zu der Nationalversammlung als der alleinigen Grundlage der Verfassung erklärt."

Diese Resolution wurde unter stürmischen Zurufen ohne weitere Debatte angenommen. Aber die Soldatenräte wußten, daß mit der Annahme einer solchen Resolution noch nichts geschafft war. Sie verlangten ihre Durchführung. Sie setzten dem Vollzugsrat die Pistole auf die Brust und sandten eine Deputation in sein Hauptquartier. Diese forderte die Aufgabe der geplanten Bewaffnung der Arbeiter. Die Deputation hatte noch am gleichen Abend den Garnisonvertretern Bericht zu erstatten. Dem Vollzugsrat blieb in Anbetracht der drohenden Haltung der Berliner Soldatenvertreter nichts anderes übrig als klein beizugeben. Das fiel D ä u m i g und R i c h a r d M ü l l e r nicht leicht, denn es war eine furchtbare Blamage. Die Soldatenvertreter im Vollzugsrat unterwarfen sich ebenfalls dem Beschluß. Im Falle der Weigerung wären die Soldatenvertreter ihr Mandat bei der gereizten Stimmung der Soldaten schnell losgewesen. Der am 13. November gefaßte Beschluß lautete:

„In Erwägung, daß die Bildung einer besonderen roten Garde in Zivilkleidung außerhalb der bestehenden Truppenkörper der Soldaten der Berliner Garnison den Glauben erweckt hat, daß in dieser Neuformierung ein Mißtrauen in die revolutionäre Zuverlässigkeit der Truppen ausgedrückt sei, während andererseits die Truppen in einstimmigem Beschluß ihrer Vertreter im Arbeiter- und Soldatenrat sich bereit erklärt haben, jederzeit auf Anordnung des Vollzugsrats des Arbeiter- und Soldatenrats zur Verteidigung der revolutionären Errungenschaften und zur Befestigung der sozialistischen Republik Blut und Leben zu lassen, beschloß der Vollzugsrat: „Die Bildung einer Roten Garde ist vorläufig einzustellen."

Ueber die Bedeutung dieses Beschlusses war kein Streit möglich. Die vorläufige Inhibierung wurde zu einer dauernden. Die Importeure russischer Revolutionsmethoden hatten in drei Tagen ihre zweite schwere Niederlage erlitten.

Mit dem Antrag Däumigs auf Bildung einer Roten Garde hatte sich der Vollzugsrat aber den Weg zur Beeinflussung der Soldaten überhaupt verbaut. In den Zusammenkünften der Soldatenräte wurden die Mitglieder des Vollzugsrats seitdem mit Mißtrauen empfangen, während der Einfluß der den Mehrheitssozialdemokraten angehörenden Volksbeauftragten stieg.

Als E b e r t am 14. November in einer Versammlung der Berliner Soldatenräte im Reichstag die Bildung einer Roten Garde für durchaus überflüssig erklärte, fand er bei den Soldaten, die über das Wort „vorläufig" im Beschluß des Vollzugsrats gegen diesen noch geladen waren, stürmischen Beifall. Noch in der Versammlung der Soldatenräte vom 28. November mußte B r u t u s M o l k e n b u h r entschuldigend bekennen, daß die geplante Rote Garde nur bestimmt gewesen sei, um eventuellem Terror von rechts zu begegnen.

In derselben Sitzung sprach ein Soldatenvertreter dem Vollzugsrat offen sein Mißtrauen aus:

Er machte der Regierung zum Vorwurf, daß sie nicht alsbald einen Reichskongreß der Arbeiter- und Soldatenvertreter einberufen habe. Hiergegen sei nur der Berliner Vollzugsrat, der die oberste Gewalt im Reich in seine Hand bringen wolle. Die Regierung der Volksbeauftragten sei zu schwach und lasse sich das gefallen. Die Regierungsmitglieder sollten nach dem Willen des Vollzugsrats nur dessen Vollzugsbeamte sein. Eine Kontrolle der Regierung durch den Berliner Vollzugsrat sei aber überflüssig. Die Volksbeauftragten hätten ja das Vertrauen der Soldaten. Deshalb: Weg mit dem Vollzugsrat! Weg mit dieser Nebenregierung! Sobald als möglich eine Versammlung der Arbeiter- und Soldatenvertreter des ganzen Reichs.

In seiner geschickten Art redete in dieser Versammlung P h i l i p p S c h e i d e m a n n zu den Soldatenvertretern:

In Anerkennung der Verdienste der Soldaten um die Revolution dürften diese jetzt nicht die Arbeiterschaft im ganzen anklagen. Auch die Arbeiter hätten sich gleichermaßen um die Revolution verdient gemacht. Es dürfe kein Riß zwischen Arbeitern und Soldaten entstehen. Es gelte, die Errungenschaften der Revolution zu sichern. Deswegen müsse eine Verständigung mit dem Vollzugsrat möglich sein. Arbeiter- und Soldatenräte müßten in allen Städten gebildet werden. Sie seien notwendig, bis die Nationalversammlung gewählt sei. Notwendig sei aber vor allem Einigkeit.

R i c h a r d M ü l l e r behauptet in seinen Rechtfertigungsschriften, daß die Haltung der Soldatenvertreter in Deutschland der Gegenrevolution in den Sattel geholfen hätte. Wo waren aber damals gegenrevolutionäre Machtfaktoren? Die Bourgeoisie hatte beim Ausbruch eines Bürgerkrieges alles zu verlieren. Sie wollte die Nationalversammlung, damit überhaupt auf neuer gesetzlicher Grundlage die Produktion in Gang gebracht werden konnte. Die Monarchisten d a c h t e n damals nicht an Gegenrevolution. Sie waren froh, daß die Revolution ihnen das Leben ließ. Konnte damals im Ernst jemand daran glauben, daß irgendein Hohenzollernprinz den Versuch der monarchistischen Restauration machen würde, um mit Wilson und Clemenceau Frieden zu schließen? Prinz Friedrich Leopold von Preußen hatte auf Schloß Glienicke die rote Fahne aufgezogen. Die „Vossische Zeitung" meldete am 17. November, daß an den Potsdamer Anschlagsäulen folgendes zu lesen sei:

„Ich bitte die Kameraden der Garnison Potsdam, sich der neuen Regierung zur Verfügung zu stellen. Wir alle wollen n u r das Wohl unseres Vaterlandes und Volkes.   Prinz Eitel Friedrich."

Nach der offiziellen Abdankung Wilhelms II. erklärte Prinz Heinrich als Senior der im Reich befindlichen Mitglieder des früheren Königshauses, daß er, trotz der neuen Ordnung im Reiche und in Preußen, welche er unter dem Drucke der Verhältnisse anzuerkennen gezwungen sei, bestrebt sein werde, einer geordneten, gesetz- und verfassungsmäßigen Regierung zur Erlangung erträglicher Verhältnisse zu helfen. Das war gewiß verklausuliert genug. Aber auch das war einem anderen Hohenzollern noch nicht genug, der durch die Presse erklären ließ:

„Am 20. November habe ich mich durch ein Telegramm an den Volksbeauftragten Ebert zur Verfügung der jetzigen Regierung gestellt. Im Gegensatz zu der Auffassung des Prinzen Heinrich sehe ich allein in diesem die Obrigkeit, die mit allen meinen Kräften zu unterstützen ich für meine vornehmste Pflicht halte.
Kiel, Prinzenpalais, 4. Dezember 1918.   Prinz Adalbert von Preußen."

Jedenfalls hatten die Hohenzollern damals andere Sorgen als die gewaltsame Wiederaufrichtung des gestürzten Thrones. Von dieser Seite her war die Revolution im November und Dezember 1918 nicht bedroht. Wie überhaupt die Revolution den reaktionär eingestellten Kreisen die Sprache verschlagen hatte. G r a f R e v e n t - l o w schrieb am 15. November 1918 in der D e u t s c h e n T a g e s - z e i t u n g :

„Verschwunden ist die Monarchie, weil die Träger der Monarchie sich persönlich als schwach und unfähig erwiesen, und zwar nicht erst während des Krieges. Die Träger der Monarchie sind nicht das gewesen, wofür der nationale Geist sie gehalten hat. Sie waren nicht mehr die Führer, die sie hätten sein müssen. Nun ist mit den Personen auch das System verschwunden, welches in geschichtlich gewordener Form den monarchistischen Gedanken verkörperte."
und weiter:

„Das System ist endgültig verschwunden, darüber darf man sich nicht im Unklaren sein, gerade unter den Vertretern der in der „Deutschen Tageszeitung" vertretenen Anschauungen."
und dann:
„Die Aenderung des Losungswortes „Für Kaiser und Reich" am Kopf des Blattes in die Worte „Für das deutsche Volk" erschien deshalb nötig, weil nach dem Verschwinden des Kaisers und des Kronprinzen und der gleichzeitig einsetzenden Revolution klar war, daß das alte deutsche Kaisertum in seiner alten Bedeutung und Machtfülle erledigt war und nach menschlichem Ermessen auch nicht wieder auferstehen kann."

Herr W u l l e aber, der spätere völkische Parlamentskollege des Grafen Reventlow schrieb am 16. November in der „Deutschen Zeitung":

„Helfen kann uns nur die befreiende schwarzrotgoldene Tat zur Einheit, Ordnung und Freiheit . . ."

„Wenn heute das ganze deutsche Volk zusammengefaßt werden soll, unseretwegen auch im Zeichen der Demokratie, dann besinne man sich wieder auf die Farben schwarzrotgold. Sie sind das Kennzeichen des deutschen Idealismus. Sie sind das Sinnbild großer Gedanken, denen damals allerdings die großen Taten fehlten. . . . Die Einheit des deutschen Volkes ist in diesen Farben versinnbildlicht."

Das Bürgertum wollte nicht die Monarchie, sondern die Rückkehr zu einem neuen Zustand geordneter Gesetzlichkeit. In diesem Sinne rührte es sich auch bald. Bereits am 13. und 14. November erschien von R i e s s e r , dem Präsidenten des Hansa-Bundes, und anderen gezeichnet, ein Aufruf zur Bildung von Bürgerräten. Ohne „Rat" ging es nun einmal damals nicht.

Die gegen den Kommunismus Propaganda treibenden Stellen, insbesondere die Antibolschewisten-Liga, erhielten aus bürgerlichen Kreisen Geld. Diese Liga hatte eine bequeme Arbeit. Jeden Tag erhielt sie neue Anregungen durch die „Rote Fahne".

Die „Rote Fahne" war von den Spartakisten zunächst als Lokal-Anzeiger-Ersatz bei Scherl zwangsweise herausgegeben worden. Trotz des Protestes der Volksbeauftragten und eines Plenarbeschlusses des Vollzugsrats hatten Hauptmann von Beerfelde und Richard Müller von neuem Scherl den Auftrag gegeben, zum Druck der Roten Fahne die Einrichtung der Druckerei zur Verfügung zu stellen. Dieser Ukas wurde erst am 12. November praktisch außer Kraft gesetzt, nachdem sich die Arbeiter der Druckerei geweigert hatten, die „Rote Fahne" zu drucken. Hiergegen kam Spartakus nicht auf. Sieben Tage mußten die Berliner ohne „Rote Fahne" leben. Bis sie dann ab 18. November in Lehmanns Druckerei des „Kleinen Journals" herauskam. An der Spitze trug die „Rote Fahne" den Vermerk: „Schriftleitung Karl Liebknecht und Rosa Luxemburg." Die „Rote Fahne" war ein ewiger Aufruf zur Revolution. Normale Menschen mußten sich über diese in Druckerschwärze umgesetzten Schreikrämpfe entsetzen. Aber damals hatten nicht wenige Deutsche nach viereinhalbjähriger Kriegszeit politisches Fieber nach Hause gebracht. Wer durch die Brille der „Roten Fahne" sah, bemerkte in Deutschland nichts als Gegenrevolution. Aufgabe der „Roten Fahne" schien es zu sein, diese Gegenrevolution mit einem größtmöglichen Aufwand von Worten zu vernichten. In Wirklichkeit wurden die antirevolutionären Tendenzen durch diese tägliche blutrünstige Propaganda nur genährt. Gegenrevolutionär war nach der „Roten Fahne" alles, was rechts von Spartakus stand. Auch die Unabhängigen fanden keine Gnade. Haase wurde in einer Karikatur als Schwächling verhöhnt. Er wurde als Hase gezeichnet, der auf einem Sofa zwischen Ebert und Scheidemann zerdrückt wurde.

Die Bestrebungen der „Roten Fahne" fanden im Reiche draußen nur ein geringes Echo. Dort arbeiteten Mehrheitssozialisten und Unabhängige fast überall gut zusammen. Je kleiner der Ort, um so besser. In größeren Orten mit Unterschied.

Eine Ausnahme machte vor allem Leipzig. Bereits am 14. November erschien auf der ersten Seite der „Leipziger Volkszeitung" eine fettgedruckte Notiz über die angebliche Diskreditierung der Revolution durch Scheidemann mit der zweiten Ueberschrift: „Scheidemann redet." In ihr wurde versucht, Scheidemann klar zu machen, daß er jetzt besser täte, nicht gegen Llyod George zu polemisieren, da er zu kompromittiert sei. Gewiß hatten solche Mahnungen auf Scheidemann keinen Einfluß.

Am 15. November brachte die „Leipziger Volkszeitung" zur Abwechslung eine gehässige Notiz gegen E b e r t unter dem Titel: „Noch ein Schwätzer." Und warum? Ebert hatte sich für die baldige Einberufung der Nationalversammlung ausgesprochen. Sie bestritt Ebert das Recht, im Namen der revolutionären Proletarier zu sprechen:

„Es ist Pflicht unserer Genossen in der provisorischen Regierung, die Rechtssozialisten an die Bedingungen nachdrücklich zu erinnern, in denen ihre Kapitulation angenommen worden ist."

Ich weiß nicht, ob die „Leipziger Volkszeitung" damals in der Wilhelmstraße gelesen wurde. Jedenfalls lag kein Grund vor, solche Ergüsse ernst zu nehmen. Ebert und Scheidemann hatten die Zirkus-Busch-Versammlung erlebt. Als Kapitulation der Mehrheitssozialdemokratie war ihr Verlauf nicht einzuschätzen.

In einem Artikel: „Gegenrevolution?" suchte die „Leipziger Volkszeitung" die unabhängigen Volksbeauftragten bereits am 15. November gegen ihre Kollegen aufzuputschen:

„Warum schweigen unsere Genossen in der Reichsregierung dazu? Wissen Haase, Dittmann und Barth, welche Entrüstung der Verrat der Berliner Rechtssozialisten an der Revolution, ihr Bruch der von ihnen akzeptierten Bedingungen unserer Partei in den Zentren der Unabhängigen hervorgerufen haben? Sind sie einverstanden mit dem Drängen der Rechtssozialisten nach der Konstituante? Wenn die Berliner Regierung fortfährt, den Schwerpunkt der politischen Macht nach rechts zu verlegen, so nötigt sie das revolutionäre Proletariat, sie zur Feindin der Revolution zu erklären und den schärfsten Kampf gegen sie aufzunehmen. Noch ist es Zeit für die Regierung, einzuhalten auf dem Weg zur Konterrevolution."

Dieser Artikel lief aus in einer Hetze gegen die bürgerlichen Vertreter im Berliner Soldatenrat und verlangte die Reinigung desselben. Darüber ließ sich in Leipzig bequem schreiben. Däumig hatte zwei Tage vorher in Berlin erfahren, daß die Soldatenvertreter keinen Spaß verstanden.

Dabei stand die Regierung der Volksbeauftragten vor den schwierigsten Aufgaben. Die deutschen Ernährungsverhältnisse waren in den letzten Kriegsjahren sehr schwierig gewesen. Nach Abschluß des Waffenstillstandes waren sie es nicht minder. Dasselbe galt für die Rohstoffversorgung. Um die Ernährungswirtschaft der jungen Republik hat sich damals der unabhängige Reichstagsabgeordnete E m a n u e l W u r m die größten Verdienste erworben. Er warnte öffentlich, in den Fehler der kaiserlichen Regierung zu verfallen, die zur Förderung ihrer Durchhaltepolitik die Ernährungslage während des Krieges beschönigt hatte. Der wirtschaftliche Zusammenbruch sei ohnegleichen. Er wies auf den Ausfall der Ueberschußbezirke (Elsaß-Lothringen, Posen, Westpreußen und zunächst auch das linksrheinische Ufer) hin. Er tadelte freimütig das eigenmächtige Vorgehen mancher Arbeiter- und Soldatenräte, die den Verteilungsplan gestört hatten. Kartoffeln, Fett, Fleisch, Brotgetreide fehlten auch nur für eine mäßige Ernährung. Rettung könne nur die Aufhebung der Blockade und ein Vorfrieden bringen, für dessen Erzielung wieder konstitutionelle Verhältnisse nötig seien. Helfen könnten uns nur die Kriegsgegner, vor allem die Vereinigten Staaten von Amerika, mit Nahrungsmitteln und Krediten.

Die Erkenntnis der ungeheuren Ernährungsschwierigkeiten war es vor allem, die E b e r t bereits am 9. November in seinem Erlaß an Beamte und Behörden veranlaßt hatte, an die Liebe der Deutschen für das Vaterland zu appellieren. Ein Versagen der Organisation in diesen schweren Stunden hätte Deutschland der Anarchie und dem schwersten Elend ausgeliefert. „Helft also mit mir dem Vaterland durch furchtlose und unverdrossene Weiterarbeit, ein jeder auf seinem Posten, bis die Stunde der Ablösung gekommen ist!"

Die Beamten haben in jener Zeit, von Ausnahmen abgesehen, ihre Aufgabe begriffen. Sie in dem werdenden neuen Staat heranzuziehen, war keine besondere Idee Eberts, sondern ergab sich für jeden nicht ganz Verblendeten aus den Schwierigkeiten jener Zeit. K u r t E i s n e r verfuhr in München genau so. In seinem Aufruf des Münchener Arbeiter- und Soldatenrats vom 7. November hieß es:

„Alle Beamten bleiben in ihren Stellungen."

In einem besonderen Aufruf an die ländliche Bevölkerung Bayerns sagten E i s n e r und der demokratische bayerische Bauernführer L u d w i g G a n d o r f e r :

„Beamte, Bürgermeister und Landarmee! An euch ergeht die Aufforderung, für Ruhe, Ordnung und Sicherheit im Lande zu sorgen und die Amtsgeschäfte in der bisherigen Form auszuführen."

Am 8. November sagte K u r t E i s n e r in seiner Rede im Münchener Arbeiter- und Soldatenrat:

„Wir haben die nicht ganz glückliche Teilung der Ministerien beibehalten, weil wir den Beamten, auf deren freudige Beihilfe und Mitwirkung wir rechnen, deren Los in der Demokratie sicher ganz anders sein wird als bisher, nicht erschweren wollen, sich in die neuen Zustände hineinzufinden."

Er wies dabei besonders auf die Ernennung des dem bürgerlichen Lager angehörenden Herrn v. F r a u n d o r f e r zum Verkehrsminister und des Professors J a f f é zum Finanzminister mit der Bemerkung hin: „Wir haben bürgerliche Fachmänner nicht ausgeschlossen."

Am 15. November gaben die Volksbeauftragten in Berlin bekannt, daß die Gehalts-, Pensions- und sonstigen Rechtsansprüche der Beamten in Kraft bleiben. In das Reichsamt des Innern war inzwischen H u g o P r e u ß berufen worden, dem aus seiner Lehrtätigkeit und seiner Wirksamkeit in der Berliner Stadtverwaltung der Ruf eines wirklich aufrechten Demokraten vorausging. Dieser geistreiche Vertreter eines neuen sozialen Liberalismus hatte wegen seines sozialen Verständnisses sich im Kaiserreich nicht der Liebe des kommunalen Freisinns erfreut, der in der Hauptsache das politische Sprachrohr der Hausbesitzerinteressen gewesen war. Neben Preuß war im Rate der Volksbeauftragten der Heidelberger Professor M a x W e b e r als Kandidat für den Posten des Staatssekretärs des Innern genannt worden, der als Kampfgenosse Friedrich Naumanns für ein freies, deutsches Volk nach Formen suchte, in denen demokratisches Verfassungsleben den Bedürfnissen der deutschen Stämme angepaßt werden konnte. Die Verhandlungen, die Ebert im Auftrage der Volksbeauftragten zunächst unverbindlich mit Hugo Preuß hatte, führten zu dessen Ernennung. So wurde Preuß der Schöpfer des Entwurfs der neuen deutschen Verfassung. Hugo Preuß war Mitbegründer der Deutschen Demokratischen Partei. Ein Reichstagsmandat hatte diese Partei für den Schöpfer der Reichsverfassung aber nie zur Verfügung. Preuß hat sich über das mangelnde Verständnis in der eigenen Partei im intimen Kreise gelegentlich bitter geäußert. Sein gesunder Humor half ihm, diese Bitternis zu überwinden. Jedenfalls hat Preuß es einer rein sozialistischen Regierung zu verdanken, daß ihm Gelegenheit gegeben wurde, die Grundlage für das neue demokratische Deutschland schaffen zu helfen.

Freilich machte K o n s t a n t i n F e h r e n b a c h noch zwei schüchterne Versuche, den letzten Reichstag des Kaiserreichs neu zu beleben. Er fragte bei Ebert an, ob die Reichsleitung Einspruch zu erheben gedächte, wenn er für Montag, den 18., oder für Dienstag, den 19. November, den Reichstag einberufen würde. Ebert und Haase antworteten ihm am 15. November, daß der Reichstag durch die Umwälzung beseitigt sei und deshalb nicht mehr zusammentreten könne. Was hätten die Herren Abgeordneten übrigens beschließen sollen? Sollte die bürgerliche Mehrheit des Reichstags die Regierung der sozialistischen Volksbeauftragten anerkennen? Sollte der Reichstag sich selber auflösen und die Ausschreibung der Wahlen zur Nationalversammlung beschließen? Im übrigen, wenn der Vollzugsrat auch noch so wenig Macht hatte, soviel Macht hätte er doch gehabt, um die Auferstehung des Reichstags zu verhindern.

Am 12. Dezember ließ Fehrenbach den Herren Reichstagsabgeordneten nochmals mitteilen, daß er den Reichstag einberufen würde:

„Die Frist des Waffenstillstandes läuft in den nächsten Tagen ab. Auch wenn sie verlängert werden sollte, muß der Abschluß des Vorfriedens sofort angestrebt werden, wenn das Vaterland vor weiterem ungeheurem Schaden bewahrt werden soll. Die Nachrichten aus dem Lager unserer Feinde lauten nun aber mit immer größerer Bestimmtheit dahin, daß diese der jetzigen Reichsleitung die Verhandlungsfähigkeit absprechen, daß sie jedoch die gesetzgebenden Organe des alten Reichs, Bundesrat und Reichstag, als berechtigt anerkennen zur Schaffung einer legitimen Reichsregierung sowohl, wie auch zur Beschlußfassung über das Wahlgesetz für die Nationalversammlung.

Meine fortgesetzten Bemühungen, Herrn Ebert, im Interesse der Reichsleitung, von der Notwendigkeit der Berufung des Reichstages zu überzeugen, sind erfolglos geblieben. Die Not der Zeit verbietet weiteres Zuwarten und verpflichtet mich, auch ohne Zustimmung der Regierung, von der in der Sitzung vom 26. Oktober d. J. erhaltenen Ermächtigung zur Berufung des Reichstags Gebrauch zu machen.

Ich berufe deshalb hiermit den Reichstag, behalte mir aber die Bestimmung von Ort und Zeit der Tagung noch vor. Die Herren Kollegen bitte ich, sich zur Abreise bereit zu halten und zur demnächst anzuberaumenden Sitzung vollzählig zu erscheinen."

Weil der Waffenstillstand verlängert worden war und keine Verhandlungen über den Vorfrieden in Aussicht standen, teilte Fehrenbach dann den Reichstagsmitgliedern mit, daß nun kein Bedürfnis mehr für ein Zusammentreten des Reichstags bestehe.

Die beiden sozialistischen Parteien sahen zunächst im Vollzugsrat den „Reichstagsersatz". Die Tätigkeit des Vollzugsrats war nicht durch Richtlinien geregelt. Die Abgrenzung der Kompetenzen zwischen den Volksbeauftragten und dem Vollzugsrat war im kommunistischen Manifest nicht vorgeahnt worden. Auf revolutionärem Neuland war daher Anlaß genug zum Konflikt gegeben. Wie sollte das Stück Papier beschaffen sein, das die „Verfassung" der verfassungslosen Zeit sein sollte?

Der Vollzugsrat nahm bald zu diesem Problem Stellung. Däumig hatte ein Programm für die Durchsetzung der proletarischen Demokratie ausgearbeitet. Das Programm, das die Klassenherrschaft des Proletariats aufrichten und sichern sollte, sah so aus:

„Die Arbeiterschaft und die Soldaten sind am schwersten von dem alten Regierungssystem bedrückt worden. Die Arbeiter und die Soldaten hatten am meisten unter den Kriegswirkungen zu leiden. Die wirtschaftlichen und finanziellen Folgen des Krieges drohen der Arbeiterschaft schwere Lasten aufzubürden.

Arbeiter und Soldaten haben das alte Regierungssystem beseitigt. In der revolutionären Organisation der Arbeiter- und Soldatenräte hat sich die neue Staatsgewalt verkörpert. Diese Gewalt muß gesichert und ausgebaut werden, damit die Errungenschaften der Revolution der gesamten Arbeiterklasse zugute kommen.

Diese Sicherung kann nicht erfolgen durch Umwandlung des deutschen Staatswesens in eine bürgerlich-demokratische Regierung, sondern in eine proletarische Republik auf sozialistischer Wirtschaftsgrundlage, in der das arbeitende Volk, d. h. nur die Hand- und Kopfarbeiter, öffentliche Rechte ausüben.

Das Bestreben der bürgerlichen Kreise, so schnell als möglich eine Nationalversammlung einzuberufen, soll die Arbeiter um die Früchte der Revolution bringen.

Der Vollzugsrat der Arbeiter- und Soldatenräte Groß-Berlins erklärt sich daher gegen eine konstituierende Nationalversammlung, er verlangt vielmehr den Ausbau der Arbeiterräte und deren Ausdehnung auf alle Schichten des werktätigen Volkes.

Durch Zusammenfassung aller Arbeiterräte Deutschlands muß ein Zentralrat der deutschen Arbeiterräte gebildet werden, der eine neue, den Grundsätzen der proletarischen Demokratie entsprechende Verfassung zu beschließen hat."

Im Vollzugsrat kam dieses Programm am 16. November zur Verhandlung, drei Tage, nachdem es vorgelegt war. D ä u m i g bekannte sich in der Begründung schroff als Gegner der Nationalversammlung. Er wollte die Klassenherrschaft des Proletariats gegen die Mehrheit des Volkes.

Ich habe in der Debatte für die Mitglieder der Sozialdemokratie die von Däumig geforderte Klassenherrschaft des Proletariats abgelehnt. Dem Erfurter Programm getreu forderte ich für die bald zu bildende Nationalversammlung das gleiche Recht für alle Staatsbürger. Ich betonte, daß der undemokratische Ausnahmezustand nur für eine Uebergangszeit seine Berechtigung hätte. Je eher die Nationalversammlung gewählt würde, desto sicherer würde sie eine sozialistische Mehrheit haben. C o l i n - R o ß sprach für die Mehrheit der Soldaten in gleichem Sinne. Trotzdem wurde Däumigs Programm nur mit zwölf gegen zehn Stimmen abgelehnt und ein fauler Kompromiß geschlossen, da einige Mitglieder es trotz ihrer grundsätzlich demokratischen Einstellung für nützlich hielten, wenn der Vollzugsrat noch längere Zeit die Entwicklung ohne Nationalversammlung beeinflussen konnte.

Die ersten vier Absätze des Däumigschen Programms wurden angenommen, die Absätze 5 und 6 aber durch folgende Fassung ersetzt:

„Der Vollzugsrat der Arbeiter- und Soldatenräte verlangt daher die Einberufung einer Delegiertenversammlung der Arbeiter- und Soldatenräte Deutschlands.

Die Delegiertenversammlung der Arbeiter- und Soldatenräte Deutschlands hat auf Grund eines von ihr festzusetzenden Wahlsystems einen Zentralrat der deutschen Arbeiter- und Soldatenräte zu wählen, der eine neue den Grundsätzen der proletarischen Demokratie entsprechende Verfassung zu entwerfen hat. Sie ist einer von ihm zu berufenden konstituierenden Versammlung zur Beschlußfassung vorzulegen."

Das Ergebnis war also: Die Nationalversammlung soll einberufen werden, aber nicht schnell. Eine klare Entscheidung war hinausgeschoben.

Die Linksradikalen versuchten es nun mit dem Appell an die Massen. Auf Antrag R i c h a r d M ü l l e r s wurde für den 19. November nach dem Zirkus Busch eine Versammlung der Berliner Arbeiterräte einberufen, in der der Vollzugsrat über seine bisherige Tätigkeit Bericht erstatten sollte. Tätigkeit von neun Tagen!

R i c h a r d M ü l l e r s Rechenschaftsbericht war eine klägliche Entschuldigungsrede über die revolutionären Unterlassungen. Um von den Fehlern der Vergangenheit abzulenken, bekämpfte er in schärfsten Tönen die Befürworter der Einberufung einer Nationalversammlung, die er als Gegenrevolutionäre behandelte. Die Arbeiter forderte er auf, die revolutionären Errungenschaften nötigenfalls mit Gewalt zu behaupten. Richard Müller wurde ganz Räterepublikaner. Nur als sich, dem Geiste der Zeit folgend, Hausbesitzerräte bildeten, lehnte er diese entrüstet ab. Die Hausbesitzer seien Parasiten der Gesellschaft. Sie sollten deshalb überhaupt kein Wahlrecht haben. Schließlich sagte Richard Müller der Regierung der Volksbeauftragten wegen ihres Eintretens für die Einberufung der Nationalversammlung den schärfsten Kampf an:

„Wir, die Arbeiter- und Soldatenräte, müssen unsere Macht behaupten, wenn nicht anders dann mit Gewalt. Wer die Nationalversammlung will, zwingt uns den Kampf auf. Ich erkläre Ihnen offen: Ich habe für die Revolution mein Leben aufs Spiel gesetzt, ich werde es wieder tun. Die Nationalversammlung ist der Weg zur Herrschaft der Bourgeoisie, ist der Weg zum Kampf; der Weg zur Nationalversammlung g e h t ü b e r m e i n e L e i c h e.“

Das waren hohe Töne, die zu Richard Müllers Wesen nicht so ganz paßten. Er hatte sein Leben nicht mehr aufs Spiel gesetzt als so viele andere auch, Richard Müller hat sein Leben der Revolution nicht geopfert. Er lebt heute noch. Von jenem Tage ab trug er aber den Spitznamen der „Leichenmüller“.

Als ich am Abend des 19. November E r z b e r g e r in der Wilhelmstraße traf, fragte er mich, ob denn der Weg über meine Leiche zur Nationalversammlung gehen sollte. Ich erwiderte ihm, daß es nicht zu meinen Gewohnheiten gehöre, mit meiner Leiche zu jonglieren.

In der dreistündigen Diskussion im Zirkus Busch hatte auch ich das Wort genommen, um mich für eine auf dem Boden der Demokratie zu errichtende sozialistische Republik auszusprechen. Ich setzte mich für die Demokratisierung der Verwaltung ein, die jetzt die Hauptsache sei. Ich gab dem Vertrauen Ausdruck, daß das deutsche Volk unter einem freien Wahlrecht zur proletarischen Republik kommen würde.

Nach mir sprach u. a. H a a s e in demselben Sinne. Er erklärte es für unmöglich, daß die Errungenschaften der Revolution wieder verloren gehen könnten, denn das Proletariat habe in Deutschland die Mehrheit. Demokratie und Sozialismus gehörten in Deutschland zusammen. Wenn wir zusammenhielten, sei die sozialistische Republik gesichert.

Wie gering die Einigkeit in Wirklichkeit war, zeigten die stürmischen Unterbrechungen, die K a l i s k i erfuhr, als er gegen die Diktaturgelüste wetterte und temperamentvoll für die Einberufung einer Nationalversammlung eintrat. Andererseits wurde auch Georg Ledebour durch die Rufe: „Einigkeit! Einigkeit!" heftig und oft unterbrochen, als er „Demokratie" und „Einigkeit" als Schlagworte zur Betörung der Arbeiter in Mißkredit zu bringen suchte. Ledebour und Liebknecht fanden aber stürmischen Beifall, als sie sich gegen die Wiederkehr der kapitalistischen Herrschaft wandten. In Wirklichkeit war der Kapitalismus noch gar nicht abgeschafft worden. Nach Schluß der Debatte erhielt noch Ebert unter starkem Beifall das Wort, der im großen und ganzen Haases Ausführungen zustimmte.

Ein praktisches Ergebnis hatte die Zirkus-Busch-Versammlung nicht. Richard Müller hatte in seinem Referat erklärt, daß die Konflikte mit der gegenwärtigen Regierung erledigt wären: Der Vollzugsrat habe das Recht, die Regierungen des Reichs und Preußens zu ernennen, und wenn sie nicht in seinem Sinne arbeiten, habe er das Recht, sie davonzujagen. Doch er hoffe, daß diese Notwendigkeit nicht eintreten würde.

Bald nach der Zirkus-Busch-Versammlung mußte sich Richard Müller aber darüber beschweren, daß die Volksbeauftragten dem Wolffschen Telegraphenbüro die Weitergabe der nicht zur Abstimmung gekommenen Erklärung des Vollzugsrats verboten, die von diesem am 16. November mit zwölf Stimmen gegen zehn Stimmen angenommen worden war, und die ich oben wiedergegeben habe. Richard Müller hatte über diese Erklärung wohlweislich nicht abstimmen lassen, weil er nicht sicher war, daß sie angenommen würde. Sie wurde deshalb neben anderen Resolutionen demselben Vollzugsrat überwiesen, der sie beschlossen hatte!

Ueber die staatsrechtliche Stellung der Arbeiter- und Soldatenräte auf der einen und der Volksbeauftragten auf der anderen Seite war es zu folgender Einigung gekommen:

„In einem großen Teile der Presse steht man dem Institut der Arbeiter- und Soldatenräte ablehnend gegenüber. In vielen Fällen werden die Kundgebungen des Vollzugsrats der Arbeiter- und Soldatenräte totgeschwiegen. Systematisch wird das Mißtrauen gegen den Vollzugsrat geschürt.

Der Vollzugsrat der Groß-Berliner Arbeiter- und Soldatenräte betrachtet seine Aufgabe der Reichsregierung gegenüber als die einer provisorischen Kontrollinstanz. Er hält es aber für notwendig, seine Kundgebungen in größerem Maßstabe den Kameraden und Genossen des Reiches zur Kenntnis zu bringen.

1. Die politische Gewalt liegt in den Händen der Arbeiter- und Soldatenräte der deutschen sozialistischen Republik. Ihre Aufgabe ist, die Errungenschaften der Revolution zu behaupten und auszubauen, sowie die Gegenrevolution niederzuhalten.

2. Bis eine Delegiertenversammlung der Arbeiter- und Soldatenräte einen Vollzugsrat der deutschen Republik gewählt hat, übt der Berliner Vollzugsrat die Funktionen der Arbeiter- und Soldatenräte der deutschen Republik im Einverständnis mit dem Arbeiter- und Soldatenrat aus.

3. Die Bestellung des Kabinetts durch den Arbeiter- und Soldatenrat Groß-Berlins bedeutet die Uebertragung der Exekutive.

4. Die Berufung und Abberufung der Mitglieder des entscheidenden Kabinetts der Republik — und bis zur endgültigen Regelung der staatlichen Verhältnisse auch Preußens — erfolgt durch den zentralen Vollzugsrat, dem auch das Recht der Kontrolle zusteht.

5. Vor der Berufung der Fachminister durch das Kabinett ist der Vollzugsrat zu hören.

Berlin, den 23. November 1918.

Der Vollzugsrat der Arbeiter- und Soldatenräte.

Molkenbuhr.   Rich. Müller."

Diese Erklärung zeigt den Vollzugsrat schon im ersten Absatz in der Verteidigung. Im zweiten gab er zu, daß er nur eine provisorische Kontrollinstanz sei. Unter Punkt 3 kam endlich klar zum Ausdruck, daß die Volksbeauftragten die Exekutive hätten. So hatte der Vollzugsrat den Volksbeauftragten in vielem nachgegeben. Dagegen hatte der Vollzugsrat für sich aber das Recht der Berufung und Abberufung der Volksbeauftragten durchgesetzt. Hingegen war er vor Berufung von Fachministern nur zu hören. In der amtlichen Verordnung waren die Absätze 1 und 2 durch folgende ersetzt:

„Die Revolution hat ein neues Staatsrecht geschaffen. Für die erste Uebergangszeit findet der neue Rechtszustand seinen Ausdruck in nachstehender Vereinbarung zwischen dem Vollzugsrat der Arbeiter- und Soldatenräte von Groß-Berlin und dem Rat der Volksbeauftragten."

und folgender Schluß hinter Ziffer 5 hinzugefügt:

„Sobald als möglich wird eine Reichsversammlung von Delegierten der Arbeiter- und Soldatenräte zusammentreten. Der Termin wird noch bekanntgegeben.

Im Anschluß an diese Vereinbarung, die das grundsätzliche Verhältnis der Arbeiter- und Soldatenräte zur Reichsregierung feststellt. sollen alsbald Richtlinien für die Arbeiter- und Soldatenräte herausgegeben werden."

Die Volksbeauftragten waren vernünftiger als der Vollzugsrat. Sie setzten durch, daß an Stelle der für den Vollzugsrat so blamablen Einleitungssätze eine neue kurze Einleitung kam, die mit dem lapidaren Satz begann: „Die Revolution hat ein neues Staatsrecht geschaffen." So weit war es noch nicht, wie die folgende Zeit lehrte.

Ueber die Bedeutung der oben wiedergegebenen fünf Punkte der Vereinbarung riß der Streit nicht ab. Das war kein Wunder. Wenn nach Punkt 1 die politische Gewalt in den Händen der Arbeiter- und Soldatenräte lag, nach Punkt 3 die Exekutive bei den Volksbeauftragten, so war nicht nur in der Zentrale, sondern vor allem im Lande draußen für alle möglichen Konflikte Raum geschaffen. Noch mehr gab der zweite Absatz des Punktes 1 zu Differenzen Anlaß, nach welchem die Arbeiter- und Soldatenräte die Errungenschaften der Revolution behaupten und ausbauen und die Gegenrevolution niederhalten sollten.

In der Debatte im Vollzugsrat hatte ich die Frage aufgeworfen: „Was ist ein konterrevolutionärer Akt?" In jener erregten Zeit gingen darüber die Meinungen weit auseinander. Es kam schon vor, daß sich irgendwo im Reiche gegenrevolutionäre Tendenzen zeigten. Zum Beispiel beim Rück- und Durchmarsch der Fronttruppen gab es Vorfälle, die die Bezeichnung Gegenrevolution zweifellos verdienten. Eine eigentliche Vendée gab es während der deutschen Revolution aber nicht.

Freilich saß die revolutionäre Regierung der Volksbeauftragten, weil sie ständig von der linksradikalen Bewegung bedroht war, nicht fest im Sattel. Ihr fehlten die Machtmittel, um sich im Reiche durchzusetzen. Ich hatte in der gemeinsamen Besprechung zu Punkt 1 folgende Einleitung vorgeschlagen:

„Solange die durch die Erklärung der Reichsregierung vom 12. November 1918 angekündigte konstituierende Versammlung noch nicht zur grundsätzlichen Regelung der Verfassungsverhältnisse der deutschen sozialistischen Republik zusammengetreten ist, bilden die Arbeiter- und Soldatenräte Deutschlands die politische gesetzgebende Körperschaft.

Der vom alten Regime übernommene Verwaltungsapparat in Reich, Staat und Gemeinden hat so lange unter der Kontrolle der Arbeiter- und Soldatenräte weiterzuarbeiten."

Da ich hierfür bei der Mehrheit keine Gegenliebe fand, schlug ich zu Punkt 1 folgenden Zusatz vor:

„Erfordern konterrevolutionäre Akte sofortiges Eingreifen der Arbeiter- und Soldatenräte, so ist das Einverständnis der Regierung des Reiches bzw. der einzelnen Staaten nachträglich auf schnellstem Wege einzuholen."

Die Mehrheit hielt eine solche Deklaration für überflüssig. Im Vollzugsrat war auch der Entwurf einer Notverordnung zur Aburteilung konterrevolutionärer Sünder schnellstens ausgearbeitet worden. Der Entwurf hatte folgenden Wortlaut:

„Zum Schutze der Revolution wird bis zur anderweitigen endgültigen Regelung der Strafverfolgung gegenrevolutionärer Handlungen durch den Vollzugsrat unter Zustimmung des Rates der Volksbeauftragten mit Gesetzeskraft verordnet.

§ 1. Der Arbeiter- und Soldatenrat eines Kreises oder einer kreisfreien Stadt kann eine dreigliedrige Kommission berufen zur Untersuchung der Anschuldigungen gegen Zivil- und Militärpersonen, mit den in der Strafprozeßordnung vorgesehenen Befugnissen des Untersuchungsrichters.

§ 2. Ein Mitglied der Kommission muß die Befähigung zum Richteramt besitzen.

§ 3. Die Mitwirkung der Staatsanwaltschaft bei diesem Verfahren findet nicht statt.

§ 4. Die Zuständigkeit der bestellten Kommission geht der der Staatsanwaltschaft und der ordentlichen Gerichte vor.

§ 5. Nach Abschluß der Untersuchung ist das Ergebnis an Stelle der Anklageschrift dem ordentlichen Gericht zur Aburteilung zu unterbreiten.

§ 6. Soweit nicht durch die Landesjustizverwaltung die Materie vollständig geregelt ist, beschränkt sich das Recht der Arbeiter- und Soldatenräte, Maßnahmen zur Niederhaltung der Gegenrevolution zu treffen, auf die in dieser Verordnung gegebenen Bestimmungen.

Dieser Entwurf wurde meiner Erinnerung nach im Vollzugsrat gar nicht behandelt. Die Zustimmung der Volksbeauftragten zu einem solchen Entwurf wäre niemals zu haben gewesen. Haase hat sich bei allen Besprechungen über die Errichtung politischer Sondergerichte gegen die Einführung von Revolutionstribunalen gewendet. Nach Einsetzung solcher Tribunale sei nie gewiß, wer zuletzt aktiv und wer passiv mit ihnen zu tun bekomme. In revolutionären Zeiten wüßten auch die Linksradikalen nicht, ob sie übermorgen nicht von noch weiter links stehenden geköpft würden, wenn das Halsabschneiden einmal kraft revolutionären Rechtes Brauch geworden sei. Haase pflegte in solchem Falle seine Ausführungen durch eine Handbewegung nach dem Halse eindrucksvoller zu gestalten, wenn von der Einsetzung von Revolutionstribunalen die Rede war.

Auf dem Gebiete der Verwaltung wurden durch das Gegeneinanderregieren von Volksbeauftragten und Vollzugsrat geradezu Konflikte provoziert. Hiervon wurde besonders Preußen betroffen. In Süddeutschland kümmerte man sich um den Berliner Vollzugsrat überhaupt wenig. Der Vollzugsrat hatte am 16. November folgende schneidige Bekanntmachung erlassen:

„Nach eingegangenen Meldungen sind die reaktionären Regierungsgewalten vielerorts bestrebt, ihre Tätigkeit nach altem System fortzusetzen.

Durch einen Erlaß der preußischen Regierung sind alle Regierungspräsidenten und Landräte ermächtigt, ihr Amt weiterzuführen. Dies ist jedoch nur so zu verstehen. daß ihre Amtsführung unter schärfster Kontrolle durch die örtlichen Arbeiter- und Soldatenräte erfolgt.

Alle Landräte und sonstigen Beamten, die ihre Amtstätigkeit nach dem alten System fortsetzen, oder gegenrevolutionäre Bestrebungen bezeigen und unterstützen. sind durch den zuständigen Arbeiter- und Soldatenrat unverzüglich abzusetzen.

Unbedingt sind allen Landratsämtern Beauftragte der Arbeiter- und Soldatenräte beizuordnen, denen die ständige Ueberwachung aller Maßnahmen obliegt.

Offener Widerstand ist gegebenenfalls mit Waffengewalt zu brechen."

Das rein sozialistisch geleitete, preußische Innenministerium antwortete darauf:

„Durch den soeben veröffentlichten Runderlaß an alle Ober- und
Regierungspräsidenten ist bestimmt worden, daß die Vertreter des Arbeiter-
und Soldaten- bzw. Bauernrats als Kontrollinstanz den einzelnen Verwaltungsbehörden zur Seite zu treten haben, und vorbehaltlich der Vereinbarungen im einzelnen bei allen wichtigen Verhandlungen zuzuziehen sind.
Soweit die Verhandlungsbehörden sich der Durchführung dieser Anordnung nicht widersetzen, liegt kein Anlaß vor, sie in ihrer Amtstätigkeit
zu behindern oder gar ihrer Aemter zu entsetzen; gleichwohl laufen fortgesetzt Meldungen über eine derartige Behinderung oder Amtsentsetzung
hier ein und fordern gründliche und baldige Remedur. Wir können nur
wiederholen, daß durch solche Behinderung unabsehbarer Schaden für die
Gesamtheit, insbesondere für die Sicherstellung der Volksernährung entstehen kann. An alle örtlichen Arbeiter- und Soldatenräte ergeht hiernach
unsere dringende Mahnung, den von ihrem Amte entfernten Beamten, die
sich der angeordneten Kontrolle nicht widersetzen, sofort die Ausübung
ihrer Geschäfte wieder zu ermöglichen. Glaubt ein Arbeiter-, Soldaten-
bzw. Bauernrat dringende Gründe für eine Personalveränderung geltend
machen zu müssen, so muß er diese dem Ministerium des Innern vortragen. Nur dieses Ministerium kann die notwendige Entscheidung treffen,
oder von der preußischen Regierung erwirken, während solche Veränderungen von örtlichen Arbeiter-, Soldaten- bzw. Bauernräten selbständig
auf keinen Fall vorgenommen werden dürfen."

Durch sein Hineinregieren in die Verwaltung hat der Vollzugsrat die Demokratisierung der Verwaltung aufs schwerste gehemmt.
Zu allem Ueberfluß hat der Vollzugsrat am 16. November noch
eine weitere, zu Mißverständnissen Anlaß gebende Verordnung
erlassen:

„Der Vollzugsrat des Arbeiter- und Soldatenrates hat allen wichtigen
Dienst- und Amtsstellen Beauftragte beigegeben, über deren Befugnisse
folgendes bestimmt ist:

1. Die Beauftragten sind durch den Vollzugsrat eingesetzte Kontroll-
organe, sie sind bei allen wichtigen Verhandlungen der Amtsstellen, der
sie zugeteilt sind, hinzuzuziehen.

2. Der Verkehr der Amtsstellen mit den Beauftragten hat in einer Form
zu erfolgen, die die reibungslose Aufrechterhaltung des Betriebes und die
Fernhaltung jeder Störung gewährleistet.

3. Den Beauftragten steht das Recht vorläufigen Einspruchs zu. Erhebt
ein Beauftragter gegen eine Maßnahme der Amtsstelle Einspruch, so hat
er die Angelegenheit unverzüglich dem Vollzugsrat zur Entscheidung vor-
zutragen.

4. Der Beauftragte hat über seine Tätigkeit in angemessenen Zeit-
abschnitten Bericht zu erstatten."

Den Zentralbehörden waren schon Beigeordnete aus beiden
sozialistischen Parteien beigegeben. Was sollten da die Beauftragten des Vollzugsrats noch?

Nach einer neuen Verhandlung mit den Volksbeauftragten wurde
dann endlich am 23. November vom Vollzugsrat ein Aufruf an
die Arbeiter- und Soldatenräte Deutschlands veröffentlicht, in dem
klipp und klar gesagt wurde, daß die Arbeiter- und Soldatenräte

im Reiche sich im allgemeinen jedes direkten Eingriffs in die Verwaltung zu enthalten .hätten. Die wichtigsten Sätze dieses Aufrufs lauteten:

„1. Wo sich die Behörden in den Dienst des neuen Regimes gestellt haben. ist die Führung der Geschäfte im engeren Sinne ihnen möglichst zu überlassen. Nur die für den Geist des Ganzen entscheidenden Stellen sind, im Einverständnis mit der revolutionären Regierung neu zu besetzen, wenn eine scharfe Kontrolle nicht ausreichend erscheint. Im übrigen ist eine laufende, wachsame Kontrolle vollständig ausgeübt, einzurichten. Alle störenden Einflüsse in die Verwaltung selbst müssen unterbleiben.

2. Verhaftungen dürfen nur in dringenden Fällen unter Verständigung mit den dafür maßgebenden Stellen erfolgen, so weit es sich nicht um Festnahmen im gewöhnlichen Ordnungs- und Sicherheitsdienst handelt.

3. Beschlagnahmungen irgendwelcher Art (Lebensmittel, Rohstoffe, Kohlen, Gelder) dürfen nur im Einverständnis mit den maßgebenden Stellen erfolgen. Eine Beschlagnahme von Lebensmitteln oder lagernden Vorräten, die für Kommunalverbände und sonstige öffentliche Körperschaften anderer Orte, oder für das Heer bestimmt sind, darf unter keinen Umständen erfolgen.

4. Eine Beschlagnahme öffentlicher Kassen. die im Einverständnis mit der Regierung des Reiches oder der Einzelstaaten von den Gemeindeverwaltungen oder sonstigen öffentlichen Körperschaften verwaltet werden, ist absolut unzulässig, ebenso jeder willkürliche Eingriff in Bankdepots.

5. Alle Eingriffe in den Schiffahrts-, Eisenbahn- und Postverkehr müssen absolut unterbleiben."

Auch diesmal hatte der Vollzugsrat wieder vor den Volksbeauftragten kapituliert, weil die Praxis letzteren recht gab. Sollte das Wirtschaftsleben wieder in Gang kommen und das deutsche Volk, dessen Ernährungsdecke so schmal war, vor dem Hunger geschützt werden, so durfte der vorhandene Behördenapparat nicht von unten her desorganisiert werden.

In der Sitzung vom 2. Dezember sollte im Reichsausschuß des Vollzugsrats über die spezielle Kontrolle der Reichsbehörden verhandelt werden. Ich erbat sofort nähere Erklärungen darüber, wie die Durchführung dieser Kontrolle gedacht sei. D ä u m i g erwiderte, daß die Beauftragten des Vollzugsrats sich um alle Anregungen, Wünsche, Forderungen, die die betreffenden Ressorts angingen, zu kümmern, aber nicht in die technischen Arbeiten einzugreifen hätten. M a x C o h e n - R e u ß wollte erst dann ein Einschreiten als berechtigt anerkennen, wenn fertige Tatsachen vorlagen. Vor solcher Festlegung warnte Däumig. L e m k e wieder wollte den Aemtern politische Direktiven geben, wobei er besonders an das Auswärtige Amt dachte. Ich schlug vor, sich in direkten Verhandlungen mit der Regierung von Fall zu Fall zu verständigen.

Ich wurde schließlich für das Reichsschatzamt als Beauftragter vorgeschlagen und gewählt. Wegen der Finanzen gingen mir irgendwelche Wünsche, Anregungen oder Forderungen aus dem Reiche bis zum Ersten Rätekongreß nicht zu.

Zu einer Posse artete in der gleichen Sitzung die Debatte über die Ernennung eines Beauftragten für das Auswärtige Amt aus. Hierfür empfahl sich G e o r g L e d e b o u r , da er sich seit langen Jahren mit auswärtiger Politik beschäftigt habe. Er wandte sich gegen den gleichfalls vorgeschlagenen C o h e n - R e u ß , weil dieser früher Scheidemann-Politik getrieben hätte. Das vertrage sich nicht mit den Errungenschaften der Revolution. Als ich ihm erwiderte, daß es sich jetzt nicht um die Politik handele, die vor der Revolution getrieben worden sei, ging er gegen mich und Cohen-Reuß los, deren Politik dazu beigetragen habe, Deutschlands Ruin herbeizuführen. Cohen machte den Vermittlungsvorschlag, Ledebour und ihn vorzuschlagen, da er auf ein ersprießliches Zusammenarbeiten mit Ledebour hoffe. Däumig unterstützte diesen Vermittlungsvorschlag mit der Begründung, daß es sich um eine Kontrolle des Amts und nicht um Politiktreiben auf eigene Faust handeln könne. Aber der eigensinnige Ledebour blieb unerbittlich. B e r g m a n n schlug dann vor, daß die beiden Genannten und ein später zu ernennender Süddeutscher zusammen die Kontrolle des Auswärtigen Amts ausüben sollten. Wenn sich Ledebour der Mehrheit nicht fügen wolle, so habe er eben den Geist der Revolution nicht erfaßt. L e d e b o u r lehnte Bergmanns Theorie, daß man sich unbedingt der Mehrheit fügen müsse, ab. Er würde eine Politik, die er nicht billige, auch nicht vertreten. Darauf erwiderte D ä u m i g , daß bei der Kontrolle nur der Gesamtwillen des Arbeiter- und Soldatenrats zu berücksichtigen sei. (Der war aber nicht so leicht festzustellen! D. V.) Es handelte sich im übrigen nur um ein Provisorium von zwei Wochen. Nun schlug Ledebour Paasche vor. C o h e n - R e u ß erinnerte daran, daß die Entente die unkompromittierten Arbeiter- und Soldatenräte nicht empfange, sondern anscheinend lieber mit kompromittierten Bourgeoisvertretern verhandele. Er sei im übrigen nicht kompromittiert. Er habe zwar Kriegskredite bewilligt, aber im übrigen die Politik der Fraktion in auswärtigen Angelegenheiten dauernd bekämpft. (Das war, soweit die Ostpolitik während des Krieges in Betracht kam, ganz richtig. D. V.) Durch Parteistreit gehe die Revolution zugrunde. Nach längerer weiterer Debatte erhielten bei der Abstimmung Stimmen: Lemke 10, Paasche 16, Cohen-Reuß 7 und Ledebour 3. Aus Aerger über diese durch seinen Eigensinn und sein unkameradschaftliches Verhalten hervorgerufene wohlverdiente Niederlage lehnte Ledebour nun auch ab, als Beauftragter für das Innere zu fungieren, desgleichen Däumig. So wurde ich auch noch als Beauftragter für das Innere gewählt. Ich nahm an, damit nicht von neuem kostbare revolutionäre Zeit in langen Diskussionen vertrödelt wurde. Es wurden dann weiter bestellt für das Reichswirtschaftsministerium und Demobilmachungsamt B e r n h a g e n , für das Ernährungsamt H a e d r i c h , für das Reichsjustizamt B e r g m a n n , für das Kriegsministerium R u s c h , dem später noch ein Mitglied aus dem Reiche beigegeben werden sollte, für das Reichsmarineamt D r i e s e n , der vorher in der Debatte erklärt hatte, daß sämtliche Soldatenräte der Marine auf dem Boden der Unabhängigen stünden, desgleichen die gesamte Vertretung der Flotte. Die Kontrolle des Reichsarbeitsamts und des Reichspostamts blieb offen.

Nun schlug C o h e n - R e u ß für die Kontrolle der W a f f e n - s t i l l s t a n d s k o m m i s s i o n L e d e b o u r vor mit der Begründung, daß E r z b e r g e r auf die Finger gesehen werden müsse. D ä u m i g trat dem bei. Aber Ledebour reizte es nicht, Erzberger auf die Finger zu sehen. Er wollte mit der Waffenstillstandskommission nichts zu tun haben und behauptete, daß die Waffenstillstandskommission für die Friedensverhandlungen nicht maßgebend sei. Eine Einigung wurde nicht erzielt. L e m k e wurde ersucht, die Wako mit zu kontrollieren. In der Sitzung vom 4. Dezember teilte Lemke aber vor Eintritt in die Tagesordnung mit, daß Staatssekretär E r z b e r g e r den Empfang von Beauftragten des Vollzugsrats ablehne. Hingegen sei ihm ein schriftlicher Bericht erwünscht. Der Reichsausschuß des Vollzugsrats beschloß, Erzberger schriftlich zu ersuchen, den Beauftragten des Vollzugsrats zu empfangen. Der Empfang fand aber niemals statt.

Die meisten übrigen Aemter wurden übrigens praktisch auch nicht kontrolliert. 14 Tage später machte der Erste Rätekongreß der Tätigkeit des Vollzugsrats ein Ende.

In der Sitzung des Reichsausschusses vom 3. Dezember wurde über eine Beschwerde des R e i c h s e r n ä h r u n g s m i n i s t e - r i u m s verhandelt, weil entgegen allen Aufrufen Arbeiter- und Soldatenräte im Reich wieder selbstherrlich in die Kartoffelbestände eingegriffen hatten. Der Vollzugsrat wurde gebeten, schleunigst eine Anweisung herauszugeben, nach der sich die Arbeiter- und Soldatenräte aller Eingriffe in die Nahrungsmittelbestände zu enthalten hatten. Die Verteilung der Kartoffelbestände müsse Sache der Reichs- und Provinzialstellen bleiben.

In der Sitzung des Reichsausschusses vom 5. Dezember teilte C o h e n - R e u ß auf Grund einer privaten Unterredung mit E b e r t mit, daß die Regierung energisch gegen die vom Vollzugsrat vorgenommenen Ressortkontrollen Einspruch erhebe. E b e r t habe behauptet, daß von allen Seiten in die Regierungsgeschäfte hineingeredet würde. Man dürfe sich nicht wundern, daß unter diesen Umständen sich die dort beschäftigten Personen fragten, ob sie noch weiter arbeiten sollten. Der Vollzugsrat dürfe keine größeren Befugnisse haben als der Hauptausschuß des Reichstages während des Krieges. L a n d s b e r g machte darauf aufmerksam, daß selbst der Vergleich mit dem Hauptausschuß nicht ganz richtig gezogen sei. Im Hauptausschuß hätten im Kriege nur Parlamentarier gesessen, die doppelt ausgewählt gewesen seien: erstens von den Wählern und dann noch von der Fraktion. Solche Auslese hätten die Mitglieder des Vollzugsrats nicht passiert. Nach langer Debatte wurde beschlossen, das in Aussicht gestellte Schreiben der Volksbeauftragten abzuwarten. In der Sitzung des Reichsausschusses vom 12. Dezember teilte dann D ä u m i g mit, daß nicht nur von der Reichsregierung, sondern auch von der preußischen Regierung Schreiben eingegangen seien, in denen diese darauf bestünden, daß eine Kontrolle der Aemter n u r im Einvernehmen mit den Kabinetten stattfinden könne. In den Aemtern seien schon Beigeordnete. D ä u m i g bemerkte dazu, daß die Ernennung dieser Beigeordneten aber auf einem Abkommen mit den sozialistischen Parteien beruhe. Der Reichsausschuß würde die Verhandlungen hierüber wohl kaum zu Ende führen. Wollte er sich für das System der Beigeordneten erklären, so müßten diese wirklich in allen Reichs- und preußischen Aemtern eingesetzt werden, denn es müsse eine Instanz in den Aemtern geben, an welche die dem Vollzugsrat zugehenden vielen Wünsche und Beschwerden weiterzuleiten seien.

C o h e n - R e u ß und i c h schlossen uns im wesentlichen dem an. Das Wichtigste sei, daß es zu einer tatsächlichen Mitarbeit der Beigeordneten komme. Die Ernennung der Beigeordneten sollte nach wie vor im Einvernehmen mit den sozialistischen Parteien erfolgen. Die Kontrolltätigkeit des Reichsausschusses könne nur in einer gewissen Fühlungnahme bestehen. Gegen diese würden die Volksbeauftragten auch nichts einzuwenden haben.

Die Regierung der Volksbeauftragten hatte ihr Verlangen auf vertrauensvolles Zusammenarbeiten inzwischen erneut in einer gemeinsamen Sitzung mit dem Vollzugsrat geltend gemacht. Als Ergebnis wurde am 9. Dezember amtlich folgendes bekanntgegeben:

„In einer gemeinsamen Sitzung des Vollzugsrats der Arbeiter- und Soldatenräte Groß-Berlins und dem Rat der Volksbeauftragten wurde folgende Vereinbarung getroffen:
Beide, geschaffen durch die Revolution, streben demselben politischen Ziele zu, dem deutschen Volk die sozialistische Republik zu sichern. Der Rat der Volksbeauftragten hält unbedingt an der durch die Revolution gegebenen Verfassung fest, die ohne Zustimmung des Vollzugsrats der Arbeiter- und Soldatenräte nicht geändert werden kann. Aus der Stellung des Vollzugsrats ergibt sich das Recht der Kontrolle, dem Rat der Volksbeauftragten liegt die ihm übertragene Exekutive ob. Beide sind überzeugt, daß ihre Tätigkeit nur durch vertrauensvolles Zusammenarbeiten ersprießlich ausgeübt werden kann. Wir geben der Zuversicht Ausdruck, daß unser Volk, in Anerkennung der schwierigen inneren und äußeren Lage, uns dabei tatkräftig unterstützen wird."

Der Vollzugsrat war damit auf das ihm einzig mögliche Betätigungsfeld verwiesen. Aber selbst dieses Feld wurde ihm im Reiche immer mehr bestritten. Berlin wurde immer mehr in Verruf gebracht durch die Revolutionsspielerei des Klubs der Deserteure, die zu den Ereignissen des 6. Dezember führten, von denen noch die Rede sein wird.

Am wenigsten war man von dem Treiben der Berliner Radikalen im Westen Deutschlands erbaut. Am 10. Dezember 1918, vormittags 10 Uhr, erschienen vor dem Reichsausschuß des Vollzugsrats die Genossen S c h ä f e r, W i n n e n und K u h n e r t aus K ö l n a m R h e i n und baten, sie zu den Beratungen zuzuziehen. Sie seien gekommen, um die so notwendige Verbindung zwischen den Arbeiter- und Soldatenräten des Niederrheins und Berlins herzustellen. Dazu führte S c h ä f e r u. a. aus:

„Im Rheinlande bestehe die Auffassung, die Berliner Genossen, besonders der Vollzugsrat, können die Situationen nicht so überschauen, wie es notwendig wäre, sie betrachten die ganze Sachlage durchweg spezifisch berlinisch. Nach ihrer Ansicht wären die Parteivorstände hierzu besser in der Lage und daher auch die gegebene Kontrollinstanz gewesen. Weiter könne man ganz und gar nicht verstehen, warum in Berlin mit der Einberufung der Nationalversammlung gezögert würde. Die späte Einberufung gibt den Gegnern der Republik, besonders der im Rheinland stark vertretenen Zentrumspartei, Zeit, eine großzügige Agitation gegen Berlin in die Wege zu leiten. Gestärkt würde diese Agitation durch die Berufung A. Hoffmanns zum Kultusminister.
Weiterhin bestehe im Rheinland die Auffassung, daß es einer Einladung der russischen Regierung zu der Delegiertenkonferenz der Arbeiter- und Soldatenräte nicht bedurft hätte.
Die Stimmung für die rheinisch-westfälische Republik sei größer als man glaube, und es bestehe keine Gewähr, daß dieser Gedanke nicht auch unter Sozialisten Anhänger finde. Von Berlin aus sei noch keine Kundgebung erlassen, wie man sich die Aufteilung Preußens und das Verhältnis der Staaten untereinander denke."

Ueber die rheinischen Verhältnisse sagte W i n n e n u. a.:

„Nach seiner Meinung liegt der Hauptherd der Loslösungsbestrebungen in Köln. In anderen Gegenden wäre wenig davon zu merken Das Problem der Trennung von Kirche und Staat habe zwar die katholischen Arbeiter sehr verschnupft, aber er stehe keinesfalls auf dem Standpunkt Schäfers, daß dadurch eine weitere Zersplitterung gefördert würde. Auf keinen Fall dürfe man aus Furcht vor den Loslösungsbestrebungen notwendige Sozialisierungsmaßnahmen unterlassen."

K u h n e r t stimmte Winnen zu:

„Im Rheinland ist die Mitgliederzahl der christlichen Gewerkschaften ebenso groß wie die der freien Gewerkschaften. Das Durcheinander in Berlin zwischen Mehrheitssozialisten, den Anhängern der USPD. und der Spartakusgruppe sei für das Reich Sprengpulver."

Nachdem Ledebour und ich den Kölner Genossen einige Aufklärung gegeben hatten, gaben sie zu, daß nicht alle gegen Berlin erhobenen Vorwürfe berechtigt seien.

Die im Rheinland vorhandenen Befürchtungen wegen eines neuen Kulturkampfes waren gegenstandslos.

A d o l p h H o f f m a n n und H a e n i s c h hatten nur über die Aufhebung der geistlichen Ortsschulaufsicht in Preußen unter dem 28. November folgende Verordnung erlassen:

„1. Die geistliche Ortsschulaufsicht in Preußen ist von heute ab aufgehoben.

2. Die bisherigen Inhaber bleiben solange im Amt, bis ihre Befugnisse durch die Kreisschulinspektoren übernommen sein werden.

3. Die Uebernahme ist unverzüglich in die Wege zu leiten und muß am 31. Dezember abgeschlossen sein.

Der Erlaß brachte also nur die Durchführung einer alten liberalen, auch von den Sozialisten vertretenen Forderung der Aufhebung der geistlichen Ortsschulaufsicht. Damit konnte sich die Kirche zu Revolutionszeiten schon abfinden, um so mehr, als die Rechte der Kirche durch die Revolution nicht geschmälert, ihre Freiheiten aber erweitert wurden.

In Süddeutschland war die Stimmung ähnlich wie am Rhein. Zu Beginn der stürmischen Sitzung der Berliner Soldatenräte vom 28. November, in der der Vollzugsrat so scharf kritisiert worden war, hatte der vom Münchener „Matrosenrat" entsandte Genosse K ö h r e der Hoffnung Ausdruck gegeben, daß die Reichseinheit nicht gefährdet würde und bemerkt: „Das schönste Weihnachtsgeschenk, das ihr euren süddeutschen Brüdern geben könnt, ist das Versprechen, die Nationalversammlung schnellstens einzuberufen."

Reicher Konfliktstoff häufte sich auch in den Gemeinden an, besonders in Preußen. Die Gemeindevertreter waren noch auf Grund des Dreiklassenwahlrechts gewählt. Da in allen Orten

Arbeiter- und Soldatenräte bestanden, konnten reaktionäre Gemeindevertreter und Magistratsbeamte sich nicht gegen den revolutionären Geist vergehen. Spartakus dachte allerdings darin anders. Er versuchte mehrfach, Gemeindevertretungen lahmzulegen. Als z. B. der Bürgermeister von Mariendorf bei Berlin für den 5. Dezember eine Gemeindevertretersitzung einberief, putschte ein Spartakushandzettel die Bevölkerung gegen diese Sitzung auf. Der Handzettel lautete:

„Arbeiter, Soldaten Mariendorfs!
Euer Bürgermeister hat für Donnerstag, den 5. Dezember 1918, nachmittag 5 Uhr, nach dem Gymnasium, Kaiserstraße 21-23, eine
Gemeindevertretersitzung
einberufen. Das elendeste aller Dreiklassenparlamente soll auch weiter eure Geschicke bestimmen! Die Geldsäcke regieren weiter! Duldet ihr noch länger dieses Parlament?! Seid auf der Hut! Die alten Feinde der Revolution sind eifrig am Werke, euch wieder in die alten Fesseln zu schlagen! Nicht das Geldsackparlament, sondern der Arbeiter- und Soldatenrat muß unsere Gemeindeverwaltung führen. Nieder mit dem Hausbesitzerparlament! Es lebe der Arbeiter- und Soldatenrat!"

Was geschah aber, wenn die Gemeindevertretung nicht zusammentrat? Dann herrschte die Bürokratie, kontrolliert durch einen Arbeiter- und Soldatenrat, der sich selber hochleben ließ.

In ähnlicher Weise war der Spartakusbund in Neukölln vorgegangen. Die Vorsitzenden des Vollzugsrats hatten im Drange der Geschäfte wieder einmal Vollmachten unterschrieben, ohne sich um die Verhältnisse in Neukölln vorher zu kümmern. So bekam Spartakus in der „Republik" Neukölln Gelegenheit zu Experimenten. Der Arbeiter- und Soldatenrat ordnete in Neukölln das Mietsrecht neu. Am Schluß einer solchen Verfügung vom 29. November 1918 hieß es: „Zuwiderhandlungen werden nach den Revolutionsgesetzen betraft." Das war grober Unfug. Zur Bestrafung fehlten die Paragraphen. Auch dieser Fall gab Anlaß zu Debatten im Vollzugsrat. Kostbare Zeit wurde totgeschlagen. Noch am 6. Dezember 1918 wurde den Mitgliedern des Vollzugsrats ein Durchschlag der Verfassung des Arbeiter- und Soldatenrats Neukölln zugestellt. Dort hatte sich der linke Flügel der Unabhängigen über alles hinweggesetzt, was die eigene Partei vertrat. Das ulkige Dokument zur Errichtung einer Klassenherrschaft à la Sowjetrußland hatte folgenden Wortlaut:

„Verfassung des Arbeiter- und Soldatenrates.
1. Der Arbeiter- und Soldatenrat Neuköllns ist die höchste Instanz der Stadt.
2. Er besteht aus: 48 Mitgliedern der USPD., 24 Soldaten, davon 14 Mitglieder der hier stationierten Truppen und 10 Mitglieder der übrigen heimgekehrten Soldaten.

3. Der Arbeiter- und Soldatenrat ist über die Tätigkeit des Magistrats Neukölln verfügende und ihn kontrollierende Körperschaft. Er übt die Polizeigewalt unmittelbar aus und hat die Kontrolle über das Militär.

4. Die Arbeitervertreter des Arbeiter- und Soldatenrates wählen aus ihrer Mitte zwei, die Soldatenvertreter einen Vorsitzenden, welche die Sitzungen des Plenums mit gleichen Rechten leiten. Sie wählen ferner 20 bzw. 10 (zusammen 30) Delegierte, die den Vollzugsrat bilden. In diesem vollzieht sich die Wahl der Vorsitzenden in gleicher Weise. An Stelle dieser Delegierten treten im Arbeiter- und Soldatenrat Ersatzmänner.

5. Der Arbeiter- und Soldatenrat wählt die mit der Kontrolle beauftragten Personen, sowie sämtliches Personal, das zur Durchführung seiner Maßnahmen nötig ist.

6. Die Mitglieder des Vollzugsausschusses und Verwaltungskörpers der Stadt können nicht Mitglieder des Soldatenrates sein.

7. Die Mitglieder des Vollzugsausschusses sind verpflichtet, den Verhandlungen des Arbeiter- und Soldatenrates beratend beizuwohnen, sofern dieser nicht in besonderem Falle gegenteilig beschließt.

8. Den Verhandlungen des Vollzugsausschusses dürfen die drei Vorsitzenden des Arbeiter- und Soldatenrates beratend beiwohnen. Die Sitzungen sind ihnen bekanntzugeben.

9. Mitglieder des Arbeiter- und Soldatenrates und des Vollzugsausschusses sowie deren Vorsitzenden können jederzeit von ihren Wählern ihres Amtes enthoben werden.

10. Bekanntmachungen und Verordnungen des Vollzugsausschusses erhalten nur Gültigkeit durch gemeinsame Unterschrift seiner Vorsitzenden oder deren Bevollmächtigten. Zur Unterschriftleistung sind die Genannten verpflichtet.

11. Die Richtlinien für die Höhe der Entschädigung und Entlohnung für alle Angestellten, Arbeiten und Sitzungen werden vom Arbeiter- und Soldatenrat festgesetzt. Er entscheidet über Einstellung. Entlassung sowie Arbeitsverhältnisse in allen städtischen Verwaltungskörperschaften.

12. Die Verhandlungen der vorgenannten Körperschaften sind öffentlich."

Im Vollzugsrat fand dieses Vorgehen der Neuköllner Radikalen am 11. Dezember scharfe Verurteilung. H e l l e r meinte als Referent mit Recht, daß solche Verfügungen die Anarchie herbeiführen müßten. In der Debatte verteidigte der zugezogene Kommunist E b e r l e i n die Mariendorfer und Neuköllner damit:

„Die Parlamente sind aufgelöst und die Rechte auf die Arbeiter- und Soldatenräte übertragen. Warten wir deshalb nicht, jagen wir alles zum Teufel."

Durften sich aber die Berliner Linksradikalen wundern, daß unter solchen Umständen die Abneigung gegen Berlin im Reiche ständig wuchs?

Nach seinen fortgesetzten Niederlagen wurde der Vollzugsrat gegen die Volksbeauftragten vorsichtiger. Als am 13. Dezember Vertreter des Arbeiter- und Soldatenrats Brüssel vor dem Reichsausschuß des Vollzugsrats erschienen, um über die Liquidation in

Brüssel Bericht zu geben, werden sie vom Vollzugsrat an die Volksbeauftragten verwiesen, denen die Exekutive übertragen sei.

Ebert und Haase waren Mitte Dezember darin ganz einig, unter Zurückstellung sachlicher Differenzen die bisherige gemeinsame Arbeit und die gemeinsame Auffassung über die Exekutivgewalt der Regierung und die Kontrollbefugnis des Vollzugsrats vor dem ersten Rätekongreß zu vertreten. Dieser Plan scheiterte an der Uneinigkeit der sozialistischen Arbeiter, die damals so stark war, daß sie nicht einmal vor der Majestät des Todes schwieg.

Die Beerdigung der Opfer des 9. November fand erst am 20. November — dem Bußtage — statt. Von den 15 Toten waren allerdings vorher schon sieben durch ihre Angehörigen auf verschiedenen Gemeindefriedhöfen zur letzten Ruhe geleitet worden. Die übrigen sollten vom Tempelhofer Felde aus bestattet werden, wo unter B r u n o T a u t s Leitung für die acht Särge das Baugerüst errichtet war, von dessen Redekanzel aus R i c h a r d M ü l l e r , B r u t u s M o l k e n b u h r , H u g o H a a s e und P a u l H i r s c h sprachen. Ihre Worte gingen auf dem von grauen Nebelschleiern überspannten weiten Feld verloren. Dann ging der schier unendliche Zug in der zwölften Stunde durch die Belle-Alliance-Straße über das Hallesche Tor, die Budapester Straße, durch das Brandenburger Tor, die Linden entlang zum Schloßplatz, wo kein Hohenzoller mehr den Opfern dieser Revolution huldigen konnte, durch die Königstraße und die Landsberger Straße zum Friedhof der Märzgefallenen. Dort waren in der Nähe der Gräber der Märzgefallenen die Gräber für die Opfer der Novemberrevolution hergerichtet, um die Leiber derer aufzunehmen, die am Eingangstor zur deutschen Republik gefallen waren. Der Zug nahm erst nachmittags 4 Uhr ein Ende. Ihn führten Matrosen und Dragoner zu Pferd. Das Alexanderregiment marschierte unter der roten Fahne. Ueber tausend Kränze wurden auf Wagen mitgefahren. Rote Schleifen und rote Blumen gaben an jenem dunklen Tage dem düsteren Bilde Farbe und Leben. Der Vollzugsrat und die Volksbeauftragten gingen geschlossen im Zuge mit. Militärkapellen spielten Trauerweisen. Die acht Särge standen auf drei schwarz ausgeschlagenen Lastwagen, zweimal je drei und einmal zwei. Auf allen öffentlichen Gebäuden wehten die roten Fahnen auf Halbmast. Die Glocken läuteten. Die Belegschaften der Groß-Berliner Fabrikbetriebe gingen zu Hunderttausenden im Zuge mit. So waren, seit die Welt besteht, Proletarier noch nicht zu Grabe geleitet worden.

Auf dem kleinen Friedhof der Märzgefallenen erhielten nur die nächsten Anverwandten, die Vertreter der Behörden, der Vollzugsrat der Arbeiter- und Soldatenräte, die Berliner Abgeordneten und die Stadtverordneten Zutritt. Den Magistrat vertraten Oberbürgermeister W e r m u t h und Bürgermeister R e i c k e. 450 Sänger des Arbeitersängerbundes sangen den toten Freiheitskämpfern das Lied der Unsterblichkeit. Der Berliner Bläserchor spielte Trauermärsche. Dann ein paar kurze Reden und die Matrosen feuerten eine Ehrensalve über die frischen Gräber. Bis in die Dunkelheit defilierten die Massen an den Gräbern der Novembergefallenen vorbei.

Leider brachte der Parteistreit zum Schlusse in die Feier, die bis dahin ohne jede Störung verlaufen war, einen häßlichen Mißton. Es war verabredet worden, daß an den Gräbern nur B a r t h reden sollte. Die Auswahl des Redners war schon eine Konzession an die Radikalen. An den Gräbern der Novembergefallenen sollte wenigstens der Streit der sozialistischen Parteien ruhen. Da drängte sich L u i s e Z i e t z vor und redete für die Unabhängigen. Nun durfte natürlich auch K a r l L i e b k n e c h t nicht fehlen. Er schmetterte sein „Die Revolution ist in Gefahr" über die Gräber. C o n r a d H a e n i s c h, der neben mir stand, war über das taktlose Benehmen der beiden außer sich, die nicht das Recht hätten, die Opfer der Revolution für eine Partei in Anspruch zu nehmen. Ich beruhigte ihn allmählich und sagte ihm schließlich: „Wir werden uns dafür um so mehr an die Lebenden halten, die wir zum Aufbau des neuen Deutschland brauchen."

VIII. Der 6. Dezember 1918

Der 6. Dezember 1918, ein Freitag, gehört zu den blutigen Tagen der deutschen Revolution. Aber nicht nur Tragik, auch Komik regierten die Nachmittagsstunden dieses Tages. Die Verhaftung des Vollzugsrats im Abgeordnetenhaus war ein Stückchen im Stile des Hauptmanns von Köpenick.

Ausgangspunkt aller Aktionen dieses Tages war das Treiben Berliner radikaler Kreise, teils von links, teils von rechts.

Den Anstoß dazu gaben Organisationen, die linksradikal orientiert waren, sich aber irgendwelchen Ansehens nicht erfreuten. Es waren dies die „R ä t e d e r U r l a u b e r u n d D e s e r t e u r e".

Am Freitag nachmittags ¾4 Uhr war der Berliner Kommandantur gemeldet worden, daß um 4 Uhr im Norden und Osten Berlins, in den Germaniasälen, Sophiensälen und Andreassälen drei Deserteurversammlungen stattfänden. Die Teilnehmer beabsichtigten nach den Versammlungen Straßendemonstrationen zu machen, um ihre Forderungen evtl. mit Waffengewalt durchzubringen. Kurz darauf lief die Nachricht von der im Abgeordnetenhaus auf Veranlassung von rechtsradikaler Seite versuchten Verhaftung des Vollzugsrats in der Kommandantur ein. Es schien also, als ob von rechts und von links gleichzeitig gegen die bestehende Gewalt operiert würde. Von W e l s wurde der Befehl gegeben, die Chausseestraße direkt vor der Maikäferkaserne von der Invalidenstraße aus abzuriegeln. Das Regierungsviertel sollte von blutigen Zusammenstößen freigehalten werden. Während der Zug aus den Germaniasälen mit Erfolg abgedrängt wurde, rückte der Zug aus den Sophiensälen gegen die Invalidenstraße vor und weigerte sich, auseinanderzugehen. Es kam zu einer Schießerei, bei der das Blut von 16 Toten und 12 Schwerverwundeten das Berliner Pflaster rötete. Wer zuerst geschossen hatte, war, wie gewöhnlich in solchen Fällen, nicht aufzuklären. Der Führer der Gardefüsiliere war ausdrücklich darauf hingewiesen worden, daß nur aus Notwehr geschossen werden dürfe. Jeder Teil schob dem anderen die Schuld zu. Ein Teil der Demonstranten trug Waffen. Der Polizeipräsident hatte den Demonstranten die Umzüge unter der Voraussetzung gestattet, daß die Teilnehmer unbewaffnet seien. Der radikale Polizeipräsident versäumte es, die Kommandantur von seiner Abmachung zu benachrichtigen. In diesem Falle wäre die Abriegelung der Straßen durch die Kommandantur unterblieben.

Während sich diese blutigen Vorgänge im Norden der Stadt abspielten, rüsteten wir uns im Ministerzimmer des Abgeordnetenhauses zu der üblichen Nachmittagsplenarsitzung um 4 Uhr. Da stürmten in der fünften Stunde Soldaten des Franzer-Regiments ins Abgeordnetenhaus. Sie hatten angeblich von der Reichsregierung den Befehl, den Vollzugsrat zu verhaften und abzuführen. Wenigstens behauptete das ein Feldwebel namens Fischer, von Beruf Zivilingenieur. Irgendeinen Ausweis besaß Fischer nicht. Seinen Soldaten kam die Sache anscheinend überhaupt nicht geheuer vor. Sie hatten bald mit uns die lebhafteste Diskussion. Es zeigte sich dabei, wie zweckmäßig es war, daß Cohen-Reuß die Uniform der Franzer trug. Er hatte sich mit seinen neuen Regimentskameraden bald angefreundet. Die Soldaten begriffen schließlich, daß man alte erfahrene Politiker auch während einer Revolution nicht ohne Haftbefehl verhaften und abführen kann. Zum Ueberfluß kam noch B a r t h und erklärte den Soldaten, daß e r die Regierung sei, und daß die Regierung von einem Haftbefehl nichts wisse.

Selbstverständlich hatte die Reichsregierung diese Komödie nicht vorbereitet. Barth hat selbst argwöhnischen Radikalen ausdrücklich versichert, daß weder Ebert noch Landsberg, noch Scheidemann irgendwie mit den Vorgängen des 6. Dezember in Verbindung gestanden hätten. Sonst würde er, Barth, keine Minute länger in der Regierung verblieben sein.

Die wahren Schuldigen sind nie festgestellt worden. Das ganze war eine lächerliche Farce. Das Gerücht von der Verhaftung des Vollzugsrats verbreitete sich wie ein Lauffeuer in Berlin und schuf neue Erregung. Ledebour hat später tief bedauert, daß er wegen einer Sitzung des Vorstandes der Unabhängigen in jener historischen Stunde des Vollzugsrats nicht anwesend war.

Zu gleicher Zeit demonstrierten bewaffnete Soldaten vor der Reichskanzlei unter Leitung des Kommandanten des Franzerregiments, des Feldwebels Spiro. Diese Demonstration war von ihren Leitern als Unterstützung der Regierung Ebert—Haase gedacht gegen die Hetze, die Spartakus gegen die Regierung trieb. Spiro war einige Tage vorher mit einigen anderen Leuten vom Franzerregiment bei Ebert erschienen, hatte die Demonstration angekündigt und gebeten, daß sich Ebert mit ihr einverstanden erklären möge. Ebert erklärte die Demonstration für überflüssig und machte besonders darauf aufmerksam, daß Demonstrationen zweckmäßigerweise von den Soldaten und Arbeitern gemeinsam veranstaltet werden sollten. Spiro ließ trotzdem von seinem Plane nicht ab. Er setzte sich im Gegenteil mit anderen Truppenteilen in Verbindung. So zogen ein Teil der Franzer und ein Teil der von dem Grafen M e t t e r n i c h geführten Marinetruppen aus dem Marstall zusammen mit Teilen einer Studentenwehr, die sich mit geldlicher Unterstützung bürgerlicher Kreise gebildet hatte, nach dem Reichskanzlerpalais, um Ebert eine Ovation zu bringen, die Regierung des Schutzes der Truppen zu versichern, sich gegen die Mißwirtschaft im Vollzugsrat zu wenden und die baldige Einberufung der Nationalversammlung zu verlangen. Am Schluß seiner Ansprache behauptete S p i r o, im Namen der ganzen Nation zu sprechen, w e n n e r E b e r t z u m P r ä s i d e n t e n d e r R e p u b l i k ausriefe. Als Ebert darauf nicht einging, legte ihm ein Matrosenführer die direkte Frage vor, ob er das Amt eines Präsidenten der deutschen Republik annehme: Ja oder Nein Ebert wehrte diese Frage mit der Bemerkung ab, daß er einen solchen Ruf nicht annehmen könne, ohne mit seinen Freunden in der Regierung gesprochen zu haben. „Das sei eine hochwichtige Frage, deren Entscheidung allein in den Händen der Reichsregierung liege." Diese Bemerkung mag nach dem ungeschriebenen Kodex des revolutionären Rechts nicht ganz korrekt gewesen sein, aber schließlich mußten die Berliner Soldaten doch wieder auf den Weg gebracht werden. Auf Spiros Befehl rückten sie dann auch geordnet wieder ab.

Blutvergießen in der Chausseestraße, versuchte Verhaftung des Vollzugsrats, versuchte Ausrufung Eberts zum Präsidenten: waren das nicht drei Anzeichen eines Putsches zur Einleitung der Gegenrevolution? Spartakus behauptete es. Erwiesen ist nur, daß Beamte des Auswärtigen Amtes, denen damals nicht genug Ordnung in Deutschland herrschte, die vielleicht sogar ehrlich fürchteten, daß bei solchen Zuständen Deutschland überhaupt zu keinem Frieden käme, sich anschickten, einer werdenden neuen gesetzlichen Ordnung vorzugreifen. Zwei Beamte des auswärtigen Dienstes, Graf M a t u s c h k a und F r e i h e r r R. v. R h e i n - b a b e n und ein Herr Marten, der sich um die Organisation der Studentenwehr bemüht hatte, sollen den Befehl zur Verhaftung des Vollzugsrats gegeben haben, wozu ihnen übrigens jede amtliche Legitimation fehlte. Michael Marten hatte schon Ende 1917 Aufsehen erregt, als er Flugschriften versendete: „Dem Abgeordneten Cohn-Nordhausen gewidmet", die Bilder aus der Zeit des Russeneinfalls in Ostpreußen enthielten. Er hat später als antisemitischer Hetzapostel den „Wahrheitsbund" gegründet.

Mitwisser sollten Freiherr v. Stumm vom Auswärtigen Amt, Graf Metternich von der Matrosendivision und Hauptmann Cohler gewesen sein. Graf Matuschka und Freiherr v. Rheinbaben waren flüchtig. Die Untersuchung gegen die Studentenwehr ergab, daß die betreffenden Studentengruppen unbedingte Unterstützung der Regierung zwecks Aufrechterhaltung von Ruhe, Ordnung und Sicherheit auf ihr Programm geschrieben hatten, und im übrigen die baldige Ausschreibung der Wahlen zur Nationalversammlung verlangten. Das Geld für die Wehren, etwa 10 000 bis 11 000 Mark, sollte der früher im Auswärtigen Amt tätig gewesene Freiherr v. S t u m m beschafft haben. Es war jedenfalls keinerlei Nachweis dafür zu erbringen, daß die Wehren Umsturzbestrebungen huldigten. Der linksradikale Polizeipräsident E i c h h o r n, der zunächst die leitenden Personen der Studentenwehren hatte verhaften lassen, schrieb in seinem Bericht vom 9. Dezember 1918:

„Ich bitte aber den Vollzugsratsausschuß bzw. die Reichsregierung sofort zu der Frage der politischen Schutzhaft Stellung zu nehmen, denn unmittelbare strafbare Handlungen sind den Genannten vorläufig noch nicht nachzuweisen. Und würden sie dem Richter vorgeführt, wie es die Vorschrift bei einer sich auf die Strafprozeßordnung stützenden Festnahme erfordert, dann würden sie wahrscheinlich sofort aus der Haft entlassen werden."

Ueber die Aufrechterhaltung der Verhaftung kam es zu einem Konflikt zwischen Volksbeauftragten und Vollzugsrat. Die Volksbeauftragten beriefen sich mit Recht darauf, daß ihnen nach der Vereinbarung die Exekutive gehöre. Der Vollzugsrat trat darauf wieder einmal den Rückzug an.

Allerdings wurde durch eine besondere Verfügung eine Voruntersuchung über die Vorgänge des 6. Dezember angeordnet. Die Verfügung hatte folgenden Wortlaut:

„Der Rat der Volksbeauftragten beauftragt hiermit
1. den Rechtsanwalt Dr. Hugo Heinemann,
2. den Rechtsanwalt Dr. Siegfried Weinberg,
3. den Dr. Walter Bergmann,
behufs Vorbereitung eines evtl. ordentlichen gerichtlichen Verfahrens die Vorgänge am vergangenen Freitag und die damit zusammenhängenden Vorgänge zu untersuchen.

Den drei genannten Personen werden hiermit Vollmachten sowohl hinsichtlich von Zivil- als auch Militärpersonen verliehen, die nach der Reichsstrafprozeßordnung der Untersuchungsrichter hat. So weit die Strafprozeßordnung eine Mitwirkung der Staatsanwaltschaft vorsieht, wird vorliegend davon Abstand genommen. Vielmehr haben die drei genannten Herren insoweit selbst zu entscheiden.

Der Rat der Volksbeauftragten.
gez. Ebert.   gez. Haase.

Die Richtigkeit der Abschrift bescheinigt
Der Chef der Reichskanzlei.
I. A.: Walter Oehme.
Einverstanden laut Beschluß des Vollzugsrats vom 11. Dezember 1918.
Vollzugsrat des A.- und S.-Rats Groß-Berlin
Deutsche Sozialistische Republik.
Molkenbuhr.   Rich. Müller.

Ein Ergebnis zeitigte diese Untersuchung meiner Erinnerung nach nicht.

Die Vorgänge des 6. Dezember waren für Spartakus wie gefunden. Obwohl nicht das geringste über eine Beteiligung der Volksbeauftragten und der Mehrheitssozialdemokratie nachgewiesen war, forderte die „Rote Fahne" in dem üblichen schwülstigen Stile zum Massenstreik auf:

„Arbeiter! Soldaten! Genossen! Die Revolution ist in höchster Gefahr! Rettet, rettet, rettet euer Werk des 9. November usw. usw." „Diese Verbrecher sind die Wels und Genossen, die Scheidemann, Ebert und Compagnie!" „Fegt hinweg von der Regierung die wahren Schuldigen ..." „Das blutige Verbrechen muß geahndet, die Verschwörung der Wels, Ebert, Scheidemann muß mit eiserner Faust niedergemacht, die Revolution gerettet werden." „Nieder mit den blutbesudelten, feigen Veranstaltern des Putsches." „Ans Werk! Auf die Schanzen! Zum Kampf!"

Als die unabhängige „F r e i h e i t" feststellte, daß Ebert und Scheidemann von dem Putschversuch nichts gewußt hätten und durch ihn überrascht worden seien, heulte die „Rote Fahne" u. a.:

„Die Haase, Ebert reichen sich jetzt die Hand über den 14 Leichen der Chausseestraße.

Wir wiederholen: Was vor dem 6. Dezember politische Prinzipienlosigkeit war, ist nach dem 6. Dezember politische Ehrlosigkeit."

So ähnlich delirierte die „Rote Fahne" täglich.

Am folgenden Sonntag, dem 8. Dezember, demonstrierte Spartakus in Treptow, die Unabhängigen im Friedrichshain, die Mehrheitssozialdemokraten in 14 Versammlungen, darunter einer Riesenversammlung im Lustgarten, in der E b e r t sprach. Er schloß unter brausendem Beifall seine Rede mit den Worten: „Es lebe die Freiheit, die Demokratie, die Nationalversammlung und die alte deutsche Sozialdemokratie."

Spartakus-Trupps zogen unter Karl Liebknechts Führung in der sechsten Nachmittagsstunde jenes Tages vom Alexanderplatz über die Linden nach der Wilhelmstraße, wo das Reichskanzlerpalais still im Dunkel lag. Nur ein nach der Wilhelmstraße gelegenes Fenster war erleuchtet. Aus ihm sah der Volksbeauftragte B a r t h. Die Menge begrüßte ihn und forderte ihn zum Reden auf. Da er heiser war, lehnte er zunächst ab. Auf wiederholtes Drängen sagte er dann:

„Ich wünschte nur einmal mit Karl Liebknecht in einem der großen Säle Berlins, sagen wir im Zirkus Busch, zusammenzutreffen und ihm zu sagen, was ich ihm zu sagen habe. Und ich bürge dafür, daß nicht ein Arbeiter auf seiner Seite bleibt. (Stürmische Unterbrechung.) Daß ich in der Regierung sitze, und daß ich zugegeben habe, daß die Regierung und der Vollzugsrat paritätisch zusammengesetzt sind, das ist geschehen, weil im Zirkus Busch am 10. November nicht Scheidemann, sondern Karl Liebknecht auf mich eindrang und sagte: ‚Es muß geschehen, wenn die Revolution nicht gefährdet werden soll'."

Das war den Spartakusleuten zu viel Wahrheit auf einmal. Es regnete auf Barth Schimpfworte wie: Lügner, Schweinehund, Strolch, Schuft, Rowdy, haut ihn runter. Einige Besonnene verhüteten den Sturm auf die Reichskanzlei und Barth konnte seine Zigarre weiter rauchen, während K a r l L i e b k n e c h t mit erhobenen Fäusten drohend zu seinen Getreuen redete:

„Wir haben gezeigt, daß wir die Macht haben, dieses ganze Nest auszunehmen, aber ich fordere euch auf, euren Willen und eure Entschlossenheit nur in dem Ruf zu dokumentieren: Es lebe die soziale Revolution, es lebe die Weltrevolution."

Dann zog die Menge wieder ab zu den marmornen Hohenzollernbildern in der Siegesallee, wo sie sich aufzulösen pflegte, wenn es dunkel wurde.

Ueber die Vorgänge am 6. Dezember fand am 7. Dezember im Pfeilersaal der Reichskanzlei eine gemeinsame Sitzung der Volksbeauftragten und des Vollzugsrats statt. Als E b e r t sie eröffnen wollte, sagte der L e i c h e n m ü l l e r : „Sie irren sich, das ist eine Sitzung des Vollzugsrats, zu der wir Kabinettsmitglieder zugezogen haben, daher werde ich die Leitung übernehmen." Ebert fand sich damit ab. Später zeigte sich, wie töricht Richard Müllers Verlangen gewesen war. Da Ebert nicht die Leitung hatte, konnte er später einfach weggehen, als ihm die Debatte zu dumm geworden war. Das tat er auch. Richard Müller erklärte Eberts Verhalten am 6. Dezember im Vorhof der Reichskanzlei für ganz unverständlich. Er fragte, warum die Kommandantur den verhafteten Marten wieder freigelassen habe. Die Regierung, die die Exekutive hätte, habe für die Festnahme der Täter nicht gesorgt.

E b e r t erwiderte, daß er im Vorhof der Reichskanzlei ganz unvorbereitet geredet habe. Die Volksbeauftragten hätten zur Aufhellung des Tatbestandes alle nötigen Maßnahmen angeordnet.

L e d e b o u r : Die Dinge haben ihren Zusammenhang. Der Vollzugsrat wird verdächtigt, die Berliner Diktatur anzustreben. Ebert hätte die Soldaten energisch in ihre Schranken weisen müssen. Der Plan zur Verhaftung des Vollzugsrats sei durch zwei Marinesoldaten dem Regierungsrat B r e c h t und Herrn M o s e r in der Reichskanzlei mitgeteilt worden. Brecht und Moser müssen sich hier verantworten, ob sie die Mitteilung an Haase und Ebert weitergegeben haben. Haben sie einem der Volksbeauftragten Mitteilung gemacht, dann gehört dieser Fall vor ein Kriegsgericht, wenn nicht, dann diese beiden Beamten. Er beantrage, Brecht und Moser dingfest zu machen und hier vorzuführen.

E b e r t erhob Einspruch gegen ein solches Verfahren und verlangte weiter Trennung der Untersuchung von der politischen Verhandlung.

Nach längerer Geschäftsordnungsdebatte wurde L e d e b o u r s Antrag mit 18 gegen 13 Stimmen angenommen. H a a s e übernahm die Verantwortung dafür, daß die beiden zur Stelle wären.

L a n d s b e r g führte aus, daß kein Kabinettsmitglied an eine Aenderung der staatsrechtlichen Verhältnisse denke. Die Volksbeauftragten hatten sich für sofortige Enthaftung des Vollzugsrats eingesetzt, als sie von der Verhaftung Kenntnis erhielten.

S c h e i d e m a n n : Alle Kabinettsmitglieder mißbilligen die Vorgänge des 6. Dezember auf das Entschiedenste. Warum spielt sich Ledebour in dieser Köpenickiade als Staatsanwalt auf? Jeder Volksbeauftragte bringe ein großes persönliches Opfer, sonst wäre er längst zurückgetreten. „Wenn Sie für meinen Posten einen Besseren haben, dann trete ich mit Kußhand zurück."

W e g m a n n erklärte W e l s für unfähig, seinen Posten zu bekleiden, weil er Marten habe entwischen lassen.

Die Vernehmung von B r e c h t und M o s e r ergab, daß diese mit den Matrosen gesprochen und auch Aufzeichnungen gemacht hatten, die sie weitergaben.

D ä u m i g : Niemand glaubt, daß das Kabinett bewußt gegenrevolutionäre Strömungen unterstützt. Aber das Kabinett ist zu sehr von den Maximen der alten Regierung beeinflußt. Es fühlt sich nicht als Revolutionsregierung, deshalb ist ihm der Vollzugsrat unbequem. Aber beides sind Kinder der Revolution. Das Kabinett tut nichts, um die Diskreditierung des Vollzugsrats zu hindern. In der Kommandantur sitzen Herren der Gegenrevolution. Der gute Glaube von Wels ist nicht zu bezweifeln. Das Ansehen des Vollzugsrats ist jetzt schwer erschüttert. Eine gemeinsame Erklärung für die Oeffentlichkeit sei deshalb notwendig.

H a a s e : Von den Angaben der beiden Matrosen hat niemand Mitteilung erhalten. Aber ich bitte eines im Auge zu behalten. Jeden Tag wird ein Putsch gemeldet (Dittmann: heute liegen fünf Mitteilungen vor). Der Putsch wurde im Auswärtigen Amt ausgeheckt. Dort sind neben Beamten, die auf dem Boden der Republik stehen, auch noch solche, die Mißtrauen verdienen. Wels und Eichhorn sind darauf hinzuweisen, daß Soldaten nicht zur Absperrung verwendet werden dürfen. Die alten Generäle wollen vielfach nicht abdanken. Eventuell muß da mit fester Hand zugegriffen werden. Zu der Diskreditierung des Vollzugsrats haben wir nicht beigetragen. Wir stehen und fallen mit dem Vollzugsrat. Der Vollzugsrat aber hat wichtige Beschlüsse gefaßt, ohne sich mit uns vorher zu verständigen.

C o h e n - R e u ß : Wenn es zum Bruch zwischen Vollzugsrat und Volksbeauftragten käme, führe das zur Katastrophe. Der Vollzugsrat muß bald zur Konstituante Stellung nehmen. Für diese ist eine Mehrheit sicher. Kommt es zu blutigen Konflikten zwischen Arbeitern und Soldaten, so haben wir in vier Wochen in Berlin einen englischen Gouverneur.

R i c h. M ü l l e r : Die Regierung hat Schuld. Sie ist der Pressehetze gegen den Vollzugsrat nicht entgegengetreten. (S c h e i d e m a n n : Wir haben Pressefreiheit.) Die Freiheit hört auf, wo es heißt: „Tötet Liebknecht.“ Die Hetze gegen Spartakus muß selbstverständlich die Gegenrevolution auslösen. morgen werden große Massen gut bewaffneter Arbeiter auf den Straßen sein. Wenn nicht alles Erforderliche geschieht, kommt es zu einem Blutbad.

Auf den Einwurf von Ledebour, ob man zu der Hetze gegen den Vollzugsrat etwa schweigen solle, erwidert

S c h e i d e m a n n : In welcher Rolle befinden Sie sich eigentlich hier. Sie behandeln uns, als ob wir Schulbuben wären. (Scheidemann verläßt die Sitzung.)

O b u c h : Die Gefahr von links besteht in Wirklichkeit nicht. Ebert hätte uns eine andere Antwort geben müssen. Die Massen werden es nicht verstehen, wenn Ebert noch länger im Amt bleibt. (Lebhafte Zurufe.) Ebert muß ausscheiden. Moser und Brecht haben uns frech belogen. Die beiden Matrosen sind empört darüber, wie uns die beiden Lügen ins Gesicht gesagt haben.

H e r m a n n   M ü l l e r : Das ist die Gossenausdrucksweise eines Rechtsanwalts.

H a a s e bemerkt, daß sich die beiden Aussagen durchaus vereinigen lassen.

O b u c h beantragt schriftlich, daß Ebert aufzufordern sei, das Amt als Kabinettsmitglied niederzulegen und aus der Regierung auszuscheiden.

P ö r s c h m a n n : Wenn Sie heute beschließen, Ebert abzusetzen, so haben Sie sämtliche Fronttruppen sofort gegen sich. Streiten Sie sich doch nicht um Kleinigkeiten. Sie haben doch vor allem die Aufgabe, die Errungenschaften der Revolution aufrechtzuerhalten.

H e r m a n n   M ü l l e r : Durch nichts wird der Vollzugsrat mehr diskreditiert als durch Verhandlungen, wie wir sie heute erlebten, und wie sie auch sonst bei uns üblich sind. Wird der Antrag auf Absetzung Eberts angenommen, so lösen Sie in Deutschland keinen Zorn aus, sondern nur Gelächter.

Der Antrag O b u c h wurde schließlich gegen wenige Stimmen a b - g e l e h n t .

Wieder war ein langer Abend nutzlos vertan. Als Resultat ergab sich nur, daß die beiden Matrosen von Ebert nicht empfangen worden waren, weil Kabinettssitzung war. Ihre Aussagen waren protokolliert, ihnen aber nicht solche Wichtigkeit beigemessen worden, da täglich falsche Putschnachrichten einliefen. Also wieder: Das große Mißverständnis.

IX. Die Konferenz der Ministerpräsidenten und die deutsche Außenpolitik

Die deutsche Revolution setzte sich zwar in allen deutschen Bundesstaaten gleichmäßig durch, aber sie räumte nicht mit den Landesgrenzen auf, sondern knüpfte überall an das Gegebene an und führte deshalb auch nicht zum deutschen Einheitsstaat. So entstand eine Reihe partikularistischer Revolutionen, deren partikularistische Einstellung noch durch die Art gefördert wurde, wie der Berliner Vollzugsrat seine Aufgabe auffaßte. Es darf auch nicht außer acht gelassen werden, daß insbesondere die französischen Militaristen in Süddeutschland und im Westen sich alle Mühe gaben, partikularistische Strömungen zu stärken. In jeder Lockerung des Reichsgefüges sahen sie eine verstärkte Sicherung für Frankreich. Die Volksbeauftragten sahen sich deshalb veranlaßt, die Ministerpräsidenten der Länder zum 25. November 1918 zu einer Sitzung nach Berlin zu laden, nachdem die Ministerpräsidenten der süddeutschen Freistaaten unter sich schon Rat gehalten hatten. Die Sitzung fand im großen Kongreßsaal im Reichskanzlerpalais statt, in dem 1878 Bismarck in Anwesenheit von Benjamin Disraeli, Gortschakow, Schuwalow, Andrassy, Waddington u. a. dem Berliner Kongreß präsidiert hatte. Das hatte sich Otto von Bismarck auch nicht träumen lassen, daß zwei Jahrzehnte nach seinem Tode im Berliner Kongreßsaal Ministerpräsidenten tagten, die zum Teil noch von den Wunden reden konnten, die ihnen Bismarcks Sozialistengesetz geschlagen hatte, und die nun die geschichtliche Aufgabe hatten, von Bismarcks Werk zu retten, was noch zu retten war. W i l h e l m B l o s aus Stuttgart und K a r l U l l r i c h aus Hessen konnten in diesem Saal darüber nachdenken, wie vor mehr als vier Jahrzehnten ihre politische Tätigkeit so ganz anders begonnen hatte. Polizei und Staatsanwalt hatten sie damals verfolgt.

Die Volksbeauftragten hatten die Zusammenkunft als Konferenz der deutschen Regierungen einberufen. Sie wollten deshalb dem Vollzugsrat eine Vertretung nicht einräumen. Ich hatte zunächst vergeblich Ebert klar zu machen versucht, daß die Anwesenheit von zwei Vertretern des Vollzugsrats unter keinen Umständen Schaden bringen könnte. Die amtlichen Beratungen über unsere Zulassung zogen sich bis in die Zeit der Verhandlungen des Kongresses hin. Schließlich gab Ebert nach. Der Vollzugsrat delegierte L e d e b o u r und mich zu dieser Konferenz. Als ich den Kongreßsaal betrat, hielt gerade der Schneider M e r g e s aus Braunschweig eine fürchterliche Brandrede. Er verglich die Regierung mit der Kerenskiregierung Rußlands, und da er sich die Sache russisch zu Ende dachte, kam er zu dem Schluß, daß die Regierung vom Volkszorn hinweggefegt werden müsse. In Begleitung des braunschweigischen Ministerpräsidenten Merges befand sich Exzellenz B o d e n , durch den sich der radikale Revolutionär Merges, genau wie sein konservativer Vorgänger, in Berlin vertreten ließ. E m a n u e l W u r m fragte mich: „Was machen Sie denn hier?" Ich antwortete ihm, daß ich Delegierter des „Wohlfahrtsausschusses" sei. Da ich erst gegen Mittag nach dem Kongreßsaal kam, habe ich den zu Beginn der Sitzung erfolgten Vorstoß E i s n e r s gegen S o l f und E r z b e r g e r nicht miterlebt. Eisner hatte verlangt, daß zuerst über die Waffenstillstands- und Friedensbedingungen und zugleich über die Frage der Aktionsfähigkeit der Regierung verhandelt würde und dann erst über den politischen und nationalen Zusammenhang Deutschlands und die wirtschaftlichen Beziehungen der Gliedstaaten zum Reich.

E b e r t drang aber damit durch, daß zuerst Solf und Erzberger ihre Referate hielten.

Solf trat für eine entschieden pazifistische Politik ein. Unter Hinweis auf Amerikas Haltung verlangte er Garantien für die Aufrechterhaltung der Ruhe und Ordnung. Sonst drohe nach Taft's Wort Amerika mit dem Einmarsch, sonst würde Amerika Deutschland nicht mit Lebensmitteln versorgen. England lebe im Siegestaumel und sei für eine Unterdrückung von jeglichem Bolschewismus. Frankreich denke nicht an baldigen Frieden, es setze seine Hoffnungen auf den Separatismus. Das Ende der Sowjetregierung scheine bevorzustehen. (Darin täuschte sich nicht Solf allein. D. V.) Solf beschwerte sich dann über Eingriffe Außenstehender in die Regierungsgeschäfte. So sei z. B. ein Kurier des Auswärtigen Amtes auf der Reise nach Wien verhaftet worden. Er beteuerte, daß er mit seinen Beamten unter der neuen Regierung loyal gearbeitet habe. Aber die heute herrschenden Verhältnisse zerstörten alle Friedenshoffnungen. Die heutige Konferenz müsse unbedingt dreierlei beschließen: die Zentralgewalt darf keiner Kontrolle unterstellt sein, die die Einzelstaaten nicht anerkennnen. Die auswärtige Politik darf nur der Reichsregierung obliegen. Der heutige Zustand könnte nur als Provisorium gelten. Die Nationalversammlung müsse bald einberufen und in einem zentral gelegenen Orte außerhalb Berlins tagen. Nur so könne er an eine glückliche Zukunft der Republik glauben, die er nicht um die Früchte der Revolution bringen wolle.

Sodann gab E r z b e r g e r den Bericht über die Verhandlungen der Waffenstillstandskommission. An Milderungen wäre nur wenig zu erreichen. Wegen der Versorgung Deutschlands mit Lebensmitteln sei am Tag zuvor zum ersten Male eine entgegenkommende Depesche Clemenceaus eingetroffen. Ob die militärischen Räumungstermine innegehalten werden könnten, sei zweifelhaft. Die Entente suche nach einem Rechtstitel, um in Deutschland einzurücken, daraus ergebe sich die dringende Notwendigkeit, einen Vorfrieden abzuschließen.

Dann kam die Sensation dieser Konferenz, E i s n e r s Angriff auf die Verantwortlichen für Deutschlands Außenpolitik. Eisner führte aus:

Aus den Referaten von Solf und Erzberger wäre nicht zu merken, daß die Revolution inzwischen Arbeit getan habe. Man fasse sich an den Kopf, wenn man unter den Männern der Wako den Namen Erzberger lese, der für Deutschland die Weltvergiftung der öffentlichen Meinung organisiert habe. Solf setze seine Karte auf Wilson und vergesse dabei, daß er die Vertreter der alliierten Regierungen vor den Kopf stoße. Erzberger und Solf seien Männer der Konterrevolution. Nach seinen persönlichen Berichten forderten die Ententestaatsmänner für die Verhandlungen Männer, die nicht durch Tätigkeit für das alte System kompromittiert seien. Clemenceau habe erst neulich erklärt, daß die ursprünglichen Waffenstillstandsbedingungen nicht dem deutschen Volke, sondern Wilhelm II. gegolten hätten. Der Kaiser sei gegangen. Ihm müßten alle kompromittierten Männer folgen. An die Spitze des Reiches müßten Männer kommen, die getragen von dem Vertrauen der Massen demokratische und soziale Politik trieben. Schließlich schlug Eisner an Stelle des Bundesrats die Einsetzung eines provisorischen Präsidiums vor, das allein Verhandlungen mit der Entente zu führen hätte. Nur so könne der Separatismus unterbunden werden, den er in Bayern bekämpfe, der aber stärker als je sein Haupt erhebe.

In der Debatte trat W o l f g a n g H e i n e für Erzberger ein, während K a r l K a u t s k y, damals Beigeordneter im Auswärtigen Amt, Eisners Auffassung beipflichtete.

U l l r i c h - Hessen stimmte zwar grundsätzlich ebenfalls Eisner und Kautsky zu, glaubte aber, daß selbst unter den Unabhängigen unkompromittierte Männer schwer zu finden wären. Das Reich müsse bleiben, aber ohne Berliner Diktatur. Man wolle gemeinsam mit Berlin arbeiten und nicht die Parole ausgeben: Los von Berlin. Dringend notwendig sei die baldige Einberufung der Nationalversammlung.

Von den Linksradikalen warf G e i t h n e r aus Gotha die Frage auf: Ist uns der Frieden lieber als der Sozialismus? Wir müssen für Sozialisierung sein, selbst dann, wenn wir uns dadurch eine feindliche Besatzung zuziehen! Uns steht das Volk über dem sogenannten Vaterland, und dem Volk kann nur der Sozialismus helfen.

Auch L i p i n s k i - Sachsen legte gegen Solfs Auffassung, im Interesse des Friedens alle Sozialisierungsbestrebungen zurückzustellen, schärfste Verwahrung ein.

Der Volksbeauftragte H a a s e wies darauf hin, daß zwischen Solf und den Volksbeauftragten Meinungsverschiedenheiten herrschten, die durch Eisners Rede noch vertieft worden seien. Dagegen trat E b e r t für Solf ein, der während des ganzen Krieges ein Vertreter der Idee des Verständigungsfriedens gewesen sei. Erzberger habe seinen Auftrag noch von der kaiserlichen Regierung erhalten. Da er die Vorverhandlungen geführt habe, sei er nicht zu ersetzen gewesen.

Endlich warnte damals E r z b e r g e r mit Recht vor der Annahme, daß Clemenceau anderen Unterhändlern als den bisherigen bessere Bedingungen gewähren würde.

Das Ergebnis gipfelte in dem Ersuchen an die Reichsleitung, auf die schleunigste Herbeiführung eines Vorfriedens hinzuarbeiten.

Eisners Vorstoß war nicht überraschend gekommen. Er war ein alter Gegner Erzbergers und hatte schon 1912 für die bayerische Sozialdemokratie eine Broschüre mit dem Titel: „Erzlügenberger" geschrieben. Seine Ansichten wurden auch von einigen Mitgliedern des Vollzugsrats geteilt. Eisner stützte sich auf Berichte aus der Schweiz, wo der bayerische Pazifist Friedrich Wilhelm Foerster sein bayerischer Geschäftsträger war. Eisner schätzte nicht nur die französischen Marschälle, sondern auch französische Staatsmänner, wie Clemenceau, Tardieu, Poincaré, ganz falsch ein.

Ich habe immer zu denen gehört, die die Alleinschuld Deutschlands am Kriege energisch bestritten haben, aber betonten, daß die Politik Wilhelms II. am Ausbruch des Krieges mitschuldig war. Eisner dagegen suchte in einem unerklärlichen Fanatismus Deutschland so stark wie möglich zu belasten, weil er den Irrwahn hatte, daß solche Selbstbezichtigungen gegen die frühere Regierung, ausgesprochen von Politikern neuen Geistes, Deutschland nützlich sein könnten.

Gewiß, Eisner selbst war unbelastet. Als er zu Beginn des Weltkrieges für das Pressebüro des Sozialdemokraten C u r t B a a k e als Kriegsberichterstatter zur VI. Armee des Kronprinzen Rupprecht von Bayern gehen wollte, verhinderte das der Parteivorstand unter Haases Einfluß, weil damals umgekehrt befürchtet wurde, daß Eisners Phantasie und Begabung uns herrliche Hymnen auf Deutschlands Mission in der Welt schenken könnten.

Und E r z b e r g e r ? Gewiß war er kompromittiert. Er hatte im September 1914 eine Annexionsdenkschrift an Bethmann-Hollweg gesandt, über die dieser mit verbindlichem Dank quittiert hatte. Aber Erzberger hatte seit 1914 viel dazugelernt. Wegen seiner Bemühungen um einen Verständigungsfrieden gehörte er seit 1917 zu den bestgehaßten Männern. Er war einer der ersten, die noch während des Krieges mit Dernburg, Prof. Franke, Giesberts, Gothein, mir und anderen für die Völkerbundsidee wirkten. Schließlich war er einer der Führer der Zentrumspartei. Wir Sozialisten brauchten doch wirklich nicht den Ehrgeiz zu haben, für die Liquidation des imperialistischen Krieges durch einen Frieden, der unserem Volke unerhörte Lasten aufzwang, die alleinige Verantwortung zu tragen.

Angriffe auf Solf und das Auswärtige Amt waren den Volksbeauftragten nicht neu. Schon vor der Konferenz der Ministerpräsidenten hatte B a r t h verlangt, daß im auswärtigen Dienst aufgeräumt würde. Die Gesandtschaften in Bern, im Haag und in Kopenhagen müßten durch Sozialisten besetzt werden, damit von dort objektive Berichterstattung gesichert wäre. Diesem Wunsche wurde zunächst keine Folge geleistet. Auf den Berner Posten kam ab Januar 1919 Adolf Müller, der frühere Chefredakteur der „Münchener Post". Er hatte schon zuvor in der Schweiz nichtamtlich diplomatische Arbeit geleistet, war bei vielen Schweizer Politikern persona grata und wußte vor allem die für die Entente in jener Zeit dort wirkenden offiziellen und nicht-offiziellen Persönlichkeiten richtig zu beurteilen.

Noch vor der Konferenz der Ministerpräsidenten war die Entlassung des Staatssekretärs Freiherrn von Stumm in die Wege geleitet worden. Den Freiherrn von dem Busche wollte Solf noch behalten bis die Geheimregistratur in Ordnung gebracht war. Zu jener Zeit war Paasche im Arbeiter- und Soldatenrat auf die Idee gekommen, die Archive des Auswärtigen Amtes zu beschlagnahmen. Haase, der als Volksbeauftragter das Auswärtige Amt zu betreuen hatte, schickte seine Abgesandten aber nach Hause. Er erklärte ihnen, daß er dafür sorgen würde, daß nichts abhanden käme.

Die Veröffentlichung der Akten des Auswärtigen Amtes aus der Zeit des Krieges wurde später Karl Kautsky übertragen. Die veröffentlichten Kautsky-Akten liefern den Beweis, daß nichts verheimlicht wurde. Die Nachwelt kann alle blöden Randbemerkungen Wilhelms II. nachlesen. Die Veröffentlichung der deutschen Akten war als Ergänzung zu der Veröffentlichung der österreichischen Akten geboten, die bereits in starkem Maße die deutsche Politik entlasteten.

Anfang Dezember hatten die Volksbeauftragten die Legationsräte Simons und Nadolny beauftragt, Denkschriften über die Reorganisation des Auswärtigen Amtes vorzulegen. Zu einer Reform des Auswärtigen Amtes kam es aber erst in den Jahren 1919/1920.

Im Reichsausschuß des Vollzugsrats verlangte ein Antrag des Bayern Haedrich im Einverständnis mit den Arbeiter- und Soldatenräten Bayerns und in Konsequenz des Vorstoßes Eisners in der Konferenz der Ministerpräsidenten am 2. Dezember den sofortigen Rücktritt von Solf und seine Ersetzung durch einen Gegner des alten Systems und weiter die Zusicherung, daß Erzberger an den Friedensverhandlungen nicht teilnehmen dürfe. Ueber den Antrag wurde erst am 4. Dezember verhandelt. Auf Grund einer Unterredung, die Haase mit Lemke und Paasche vom Vollzugsrat hatte, wurde mitgeteilt, daß nach Auffassung der Volksbeauftragten Solf abgehen solle, sobald ein Nachfolger gefunden sei. Man denke an den Grafen Brockdorff-Rantzau, damals Gesandter in Kopenhagen. Ueber diesen hatte sich Haase gelegentlich sehr lobend ausgesprochen. Neben ihm wurde noch Rosen, der damals Gesandter im Haag war, genannt.

In der Diskussion erklärte Paasche auf Däumigs Anfrage, daß alle Kundgebungen Solfs ohne Karl Kautskys Kenntnis hinausgegangen wären. Haase hätte hierfür sorgen müssen.

In der Debatte verteidigte ich Solf. Mir sei nicht bekannt, daß Solf sich geweigert habe, Kautsky gegenzeichnen zu lassen. Die Gegenzeichnung sei doch überhaupt nur bei wichtigen Noten nötig. Von Brockdorff-Rantzau wisse ich nur, daß Haase und Scheidemann ihn genauer kennen und viel von ihm hielten. Persönlich könne ich für ihn nicht bürgen. Im Kriege sei er für eine selbständige Politik des Reichskanzlers eingetreten. Er war bereits einmal Anwärter, als Kühlmann ins Auswärtige Amt kam. Er habe damals die Bedingung gestellt, daß er das Amt unbeeinflußt von der Obersten Heeresleitung führen könne. Seine Ernennung sei daran gescheitert.

D ä u m i g verlangte schleunige Entfernung von Solf. Es sei nicht notwendig, daß ein Diplomat alter Schule sein Nachfolger würde. Alle Vertreter der früheren Regierung seien aus der Kriegszeit kompromittiert.

D r i e s e n von der Marine unterstützte Däumig, während ich darauf hinwies, daß der Mann, der nun käme, mit den Männern der kapitalistisch orientierten Ententeregierungen verhandeln und deshalb Gewandtheit im internationalen diplomatischen Verkehr haben müsse.

Auch C o h e n - R e u ß hatte von Haase und anderen nur Gutes über Brockdorff-Rantzau gehört.

P a a s c h e aber sah jeden als kompromittiert an, der in der Kaiserzeit im Auswärtigen Amt gearbeitet hatte, und behauptete, daß jeder kluge Mann sich in die Geschäfte bald hineinfände. Wir müßten Männer suchen und finden, die den Standpunkt der Menschlichkeit verträten.

Endlich verlangte L e m k e die Schaffung eines Beirats, dessen Leitung Haase oder Kautsky übernehmen sollten.

L e d e b o u r pries das englische System, nach dem der Minister immer aus dem Parlament genommen würde, und dem ein permanenter Unterstaatssekretär zur Seite stünde. Er schlug Kautsky als Staatssekretär und Brockdorff-Rantzau als Beirat vor.

Schließlich wurden Cohen-Reuß, Lemke und Paasche beauftragt, das Resultat der Debatte den Volksbeauftragten mitzuteilen. Dabei sollte auch der Standpunkt vertreten werden, daß die Ernennung des Nachfolgers von Solf nur nach Anhörung des Vollzugsrats erfolgen dürfe.

Däumig bemerkte dazu: der Vollzugsrat habe schon viel zu viel von seinem Erstgeburtsrecht preisgegeben. Gehe die Verständigung mit der Regierung nicht glatt vonstatten, so komme es eben zum Konflikt.

Da zunächst nichts geschah, befaßte sich der Reichsausschuß des Vollzugsrats am 12. Dezember nochmals mit den Personalveränderungen im Auswärtigen Amte. P a a s c h e drängte wiederum auf Säuberung des Amtes von belasteten Personen. An der Sitzung konnte er selbst nicht teilnehmen. Sein Antrag wurde zurückgestellt, bis Material mit spezieller Begründung vorgelegt sei. In Sachen Solf sollte eine neue Aussprache angesetzt werden. Es blieb aber praktisch alles bis zum ersten Rätekongreß unentschieden.

Inzwischen hatte sich der Konflikt zwischen H a a s e und S o l f dermaßen persönlich zugespitzt, daß eine Zusammenarbeit beider nicht mehr möglich war. Solf weigerte sich nach dem Bekanntwerden von Joffes Funkspruch über die Unterstützung der Unabhängigen durch russisches Geld, Haase die Hand zu geben. Haase beteuerte, daß er niemals russisches Geld genommen hätte. Er habe keine Ahnung gehabt, daß Barth Geldmittel bekommen hätte. Auch Schriften habe nur der Spartakusbund von Rußland bezogen, der allerdings vor der Revolution im Parteirahmen der Unabhängigen gearbeitet habe. Daraus sei der falsche Eindruck entstanden, daß die Unabhängigen von Rußland unterstützt worden seien. Die Leitung der Partei habe aber solche Unterstützung ausdrücklich abgelehnt. Barth hat damals zugegeben, daß er ohne Quittung Geld zur Waffenbeschaffung angenommen habe, das von Pazifisten des Auslandes stammen sollte. Von der russischen Botschaft habe er kein Geld bekommen. Er sei dort überhaupt nur einmal gewesen, als in der Botschaft zu Ehren des entlassenen Karl Liebknecht ein Empfang stattfand. Trotz aller Feststellungen blieb Solf dabei, daß er Haase nicht grüßen würde, solange er unter einer so schweren Anschuldigung stehe. Das war eine Woche vor dem ersten Rätekongreß.

Am 13. Dezember genehmigte das Kabinett Solfs Abschiedsgesuch, nachdem es vorher den von Solf vorgetragenen fünf Forderungen B r o c k d o r f f - R a n t z a u s zugestimmt hatte. Diese Bedingungen waren in einem Briefe enthalten, den Brockdorff-Rantzau am 9. Dezember an Scheidemann geschrieben hatte, der sich auf Beschluß der Volksbeauftragten wegen Uebernahme des Amtes des Staatssekretärs des Auswärtigen an ihn gewandt hatte. Dem Schreiben war ein Promemoria beigefügt. Aus beiden sei folgendes mitgeteilt:

„Im einzelnen möchte ich hier hinzufügen, daß ich bezüglich der Schaffung einer republikanischen Armee ein scharfes Vorgehen gegen die bolschewistischen Umtriebe und ihre Leiter bis zu den letzten Konsequenzen für unumgänglich erforderlich erachte. Anders sehe ich nicht die Möglichkeit, das größte Unglück abzuwenden. Es ist sicher die heilige Pflicht jeder gewissenhaften Regierung, keinen Tropfen Blutes unnütz zu vergießen; die Entwicklung scheint mir aber dahin zu treiben, daß, wenn um jeden Preis dieser Grundsatz jetzt durchgeführt wird, schließlich die Regierung selbst und mit ihr das ganze Land in einem Blutbad ersticken wird."

Weiter hieß es in dem Briefe an Scheidemann:

„Ich muß wissen, ob ich unter Umständen, d. h. wenn die Friedensbedingungen, die uns die Feinde diktieren werden, so ausfallen, daß sie eine auch nur annähernd menschenwürdige Existenzmöglichkeit für das Volk ausschließen, ermächtigt wäre, meine Unterschrift zu verweigern; oder ob nur beabsichtigt wird, den Vertrag unter Protest zu vollziehen."

In dem Promemoria hieß es:

„Was meines Erachtens heute in erster Linie nottut, ist eine absolute Stützung der Autorität der jetzigen Regierung. Die Autorität muß sichtbar für ganz Deutschland und für das Ausland gestützt werden, und zwar so schnell und so gründlich, wie die gefährliche Zusammenhanglosigkeit der deutschen Verhältnisse es gebieterisch erheischt. Dafür ist die beschleunigte Einberufung der Nationalversammlung die unerläßliche Voraussetzung. . . . Die Spannung bis zu ihrem Zusammentritt ist kaum noch zu ertragen. Die ganze innere Unruhe, die bisher fruchtlosen Versuche der Spartakusgruppe und ihrer namenlosen Mitläufer, ebenso das gefährliche Mißtrauen werden aus dieser Spannung und dieser Unruhe genährt. . . ."

„Darum müßte man mit aller Vorsicht die Kompetenzen der Arbeiter- und Soldatenräte einschränken. Man müßte sie durch Vorträge von Berufenen über die großen Linien der politischen Maßnahmen unterrichten, aber jedem Versuch, mit- und durcheinander zu regieren, mit äußerster Energie entgegentreten. Es wird sich kein politisch bauender Mensch dazu hergeben, auf unklare und auf mangelnder Beherrschung des Stoffes beruhende Vorschriften oder Ratschläge dieser ungezählten Arbeiter- und Soldatenräte einzugehen.

Das etwa sind die Hauptgesichtspunkte, unter denen für mich eine positive Arbeit in der heutigen Lage des Reiches auf dem Gebiete der auswärtigen Politik möglich wäre."

Brockdorff-Rantzaus Bedingungen ließen an Deutlichkeit nichts zu wünschen übrig. Er schätzte die Last der Verantwortung, die er übernehmen sollte, im ganzen richtig ein. Allerdings ahnte er noch nicht, daß die Entente gar nicht verhandeln, sondern nur diktieren wollte. Brockdorff-Rantzau wäre am liebsten Mitglied des Kabinetts geworden. Das ging aber nicht. Er wünschte Zutritt zu den Kabinettssitzungen, weil die Erledigung der Innenpolitik stark die Außenpolitik beeinflussen würde. Den Streit zwischen Haase und Solf sah Brockdorff-Rantzau durch Haases klare Darlegung geklärt. Haase wurde nach eingehender Auseinandersetzung im Kabinett am 18. Dezember beauftragt, Brockdorffs Schreiben zu beantworten. In Anbetracht der ungeheuren Schwierigkeiten, die Deutschland bedrohten, waren die Volksbeauftragten froh, daß sich ihnen Brockdorff-Rantzau zur Verfügung stellte. Nur Barth war anderer Meinung. Er schlug Breitscheid als Solfs Nachfolger vor.

Nun war Eisners Willen erfüllt. Er hatte vorher noch einen lächerlichen Schritt unternommen. Er übermittelte durch seinen Gesandten Dr. M u c k l e den Volksbeauftragten eine Note folgenden Inhalts:

„Es hat sich gezeigt, daß die führenden Persönlichkeiten des Auswärtigen Amtes immer noch vom Geiste des alten Systems beherrscht sind, und so, getreu den Methoden dieses Systems, im höchsten Maße die Interessen Deutschlands schädigen. Unsere Lage ist augenblicklich so, daß wir, versagt uns die Entente ihre Beihilfe, in kürzester Zeit in den Abgrund einer fürchterlichen Hungersnot versinken. So ist es dringend geboten, daß die Entente mit Männern verhandelt, die nicht mit dem Makel des alten Systems behaftet sind, und denen sie volles Vertrauen entgegenbringen kann. Daß die Entente nicht an eine Vernichtung des deutschen Volkes denkt, zeigt die Tatsache, daß die Vereinigten Staaten bereit sind, uns mit Nahrungsmitteln zu versehen. Um so reichlicher wird aber sicherlich diese Beihilfe fließen, je mehr die führenden Männer Deutschlands Vertreter eines neuen, vertrauenerweckenden Geistes sind, und auch von diesem Gesichtspunkt aus betrachtet wird der Rücktritt der Vertreter einer Zeit verlangt, über die ein furchtbarer Richterspruch schon gefällt ist. Sollte diesen Vorstellungen kein Gehör geschenkt werden, so wird die bayerische Regierung die Beziehungen zum Auswärtigen Amt abbrechen."

Selbstverständlich hatte dieses Dokument auf die Berliner Entscheidung keinen Einfluß.

Während der Konferenz der Ministerpräsidenten stattete E i s n e r übrigens auch dem Vollzugsrat einen Besuch ab. Aus der Rede, die er vor diesem hielt und die dann in Maschinenschrift den Mitgliedern übermittelt wurde, sei noch folgendes mitgeteilt:

„Wir haben dafür gesorgt, daß diese je 50 Mann, die an dem ersten Revolutionstage gewählt wurden, bis zur Herbeiführung einer künftigen Nationalversammlung dauernd in dem A.-S.- und B.-Rat sitzen bleiben. . . . Ich bin der Meinung, und die Debatten, die wir im A.-S.- und B.-Rat geführt haben, haben mich darin bestärkt, wenn wir gar keine weiteren Wünsche hätten als möglichst schnell wieder zu dem Parlamentarismus zurückzukehren, den wir noch gestern hatten, dann brauchten wir nicht die Revolution. Ich habe heute gesagt, die Revolution ist keine Demokratie, sie will sie erst schaffen. . . . Wir hören ja jetzt sehr viel von den Bolschewisten. Ich bin keiner. Ich wünschte, daß ich es wäre. Meine Ueberzeugung ist dagegen. Erstens liebe ich die Methode des Bolschewismus nicht. Ich glaube an den Geist und die Macht der Ideen. . . . Solange wie der Zusammenbruch der kapitalistischen Wirtschaft bevorsteht, hat es keinen Zweck, die Sozialisierung vorzunehmen. Wenn es uns nicht gelingt, den Frieden zu bekommen, und zwar in ganz kurzer Zeit, dann brauchen wir uns nicht mehr den Kopf über das Kommende zu zerbrechen, dann kommt alles von selbst . . . Wir müssen versuchen, über die nächsten Monate hinwegzukommen. Wir müssen den Frieden erzwingen, und wir müssen die Revolution sichern. Die Sicherung der Revolution geschieht nur durch Festigung und Demokratisierung der Arbeiter- und Bauernräte."

Eisners Absicht, die Wahlen zur Nationalversammlung hinauszuschieben, fand in Deutschland keine Gegenliebe. Die badische Revolutionsregierung setzte die Wahlen zur badischen Landesversammlung sogar schon auf den 5. Januar 1919 fest. Eisners Abkehr von der Demokratie fand die Abweisung seines Geschäftsträgers in Bern, F r i e d r i c h   W i l h e l m   F o e r s t e r , der im „Vorwärts" und in der „Münchener Post" gegen ihn polemisierte.

Eisner hatte Foerster nach Bern gesandt, damit er von dort aus den Abschluß des Friedens fördere. F o e r s t e r sagte ihm jetzt vor aller Welt, daß er den Posten nur angenommen hätte, weil er geglaubt habe, daß Eisners Regierung auf demokratischer Grundlage arbeiten werde. Jetzt aber wolle Eisner über die Gestaltung des Verfassungswesens nur eine bestimmte Klasse autokratisch entscheiden lassen. Den Arbeiter- und Soldatenräten müsse gesagt werden: Die Idee der Nationalversammlung ist das Symbol für die unentbehrliche Versöhnung aller Klassen zum Zwecke der Rettung unseres Vaterlandes vor Auflösung und schmählicher Bevormundung von außen her. Das alles habe er Eisner, den er seines selbstlosen Charakters willen hoch achte, wissen lassen. Die Verlängerung des Waffenstillstandes und der Präliminarfrieden würden zweifellos nur einer Regierung bewilligt werden, die alles ins Werk setze, im beschleunigten Tempo die Nationalversammlung einzuberufen, wobei gegenüber der dringenden weltpolitischen Bedeutung dieser schleunigen Einberufung alle technischen Bedenken zurücktreten müßten.

F o e r s t e r hat sich nicht auf die Polemik im „Vorwärts" und der „Münchener Post" beschränkt, sondern auch in einem Schreiben an den ersten Rätekongreß gegen die Diktaturabsichten der Linksradikalen entschieden Stellung genommen. In dem Schreiben kam folgender Satz vor:

„Den Ententevölkern gilt allein die auf geordnetem parlamentarischen Wege entstehende Mehrheit als die gesetzliche Trägerin des Volkswillens. Jede Diktatur einer bestimmten Klasse, käme sie von oben oder von unten, gilt im Westen als Sünde gegen den Geist der Demokratie, der keine Ausschaltung irgendeiner Gruppe von der Mitbestimmung der nationalen Geschicke duldet."

Das war ganz richtig.

R o b e r t   L a n s i n g , der Staatssekretär für auswärtige Angelegenheiten in den Vereinigten Staaten von Amerika, hat auf ein Telegramm Eberts über die drohende Lebensmittelnot in Deutschland am 13. November durch Funkspruch u. a. geantwortet:

„Deshalb hat der Präsident mich beauftragt, zu erklären, daß er gewillt ist, die Sendung von Lebensmitteln nach Deutschland in günstigem Sinne zu erwägen und diese Angelegenheit sofort den alliierten Regierungen unter der Bedingung anheimzustellen, daß in Deutschland nachweislich die öffentliche Ordnung besteht und fortbestehen wird und daß eine gerechte Verteilung der Lebensmittel nachweislich garantiert werden kann."

Uebrigens hatten wir es auch von sozialistischer Seite her schriftlich, daß man von uns die Etablierung des neuen dritten Reiches auf dem Boden demokratischer Grundsätze erwartete. Die Vorstände der beiden sozialistischen Parteien hatten am 11. November 1918 in einem Telegramm an Hjalmar Branting über Deutschlands Lage nach dem Waffenstillstand berichtet, das von Molkenbuhr, Pfannkuch und mir, von Bernstein, Kautsky und Oskar Cohn gezeichnet war. E d u a r d B e r n s t e i n erhielt darauf folgende Antwort:

„Werter Genosse! Das Telegramm der sechs Genossen ist sofort an Henderson, Cachin und Vandervelde befördert worden mit besten Empfehlungen. Ich bin sicher, daß eine Reaktion nicht nur unserer Genossen, sondern der ganzen öffentlichen Meinung in den Ententeländern gegen eine erdrückende Vergewaltigung des revolutionären Deutschlands einsetzen wird. Heute melden Zeitungstelegramme, daß Wilson und sogar Clemenceau sich gegen jede unhumane Maßregel ausgesprochen haben. Ihre Aktion wird diese versöhnliche Strömung noch mehr stärken. Besten Dank für Ihr Telegramm und beste Wünsche, daß die deutschen Genossen ihre gewaltige Revolution im Rahmen der Demokratie auch gegen die verkleidete Tyrannei von unten klar und fest steuern werden!   Branting."

Branting hat sich später oft mit Genugtuung darüber geäußert, daß es in Deutschland der sozialistischen Bewegung gelungen sei, die Propheten des Moskauer Evangeliums schachmatt zu setzen. Auch die Berichte der Gesandten aus dem neutralen Ausland betonten immer wieder, daß bei größerer Ausbreitung des Bolschewismus in Deutschland kein Entgegenkommen in der Lebensmittelbelieferung erwartet werden dürfe.

Uebrigens hatte W i l s o n bereits am 11. November 1918 in seiner Ansprache an den amerikanischen Kongreß unzweideutig gesagt:

„Mit welchen Regierungen werden wir es bei der Aufrichtung des Friedens zu tun haben? Mit welcher Autorität werden sie uns gegenübertreten und mit welcher Bürgschaft, daß ihre Autorität von Dauer sein wird? Hier liegt ein Grund für nicht geringe Sorgen und Befürchtungen."

In einem Aufruf, den K a r l L i e b k n e c h t , R o s a L u x e m b u r g , F r a n z M e h r i n g und C l a r a Z e t k i n unterzeichnet hatten, und der sich an die Proletarier aller Länder richtete, wurde Hilfe von den Kommunisten im Auslande gefordert:

„Die Zeit der leeren Manifeste, platonischen Resolutionen und tönenden Worte ist vorbei: die Stunde der Tat hat für die Internationale geschlagen. Wir fordern euch auf: Wählt überall Arbeiter- und Soldatenräte, die die politische Macht ergreifen, und die zusammen mit uns den Frieden herstellen werden. Nicht Lloyd George und Poincaré, nicht Sonnino, Wilson, Erzberger und Scheidemann dürfen den Frieden schließen. Unter dem wehenden Banner der sozialistischen Weltrevolution soll der Frieden geschlossen werden."

Dieser Aufruf fand in den Siegerländern kein Echo. Dagegen haben die Sowjetrussen ihre Bemühungen, in Deutschland Einfluß zu gewinnen, nicht aufgegeben. Immer wieder versuchten sie, Zwietracht zwischen den Volksbeauftragten und den Unabhängigen zu säen. Dazu war auch Joffes Funkspruch bestimmt gewesen.

Ueber die Beziehungen zu Sowjetrußland hatte das Kabinett der Volksbeauftragten am 18. November 1918, in Anwesenheit von Solf und Karl Kautsky, eine eingehende Aussprache. Als Ergebnis wurde ein langes Telegramm nach Rußland gesandt, in dem es u. a. hieß, daß von der Räteregierung ein Funkspruch an alle Arbeiter-, Soldaten- und Matrosenräte Deutschlands gerichtet worden sei, dessen Inhalt lautete:

„Soldaten und Matrosen, gebt die Waffen nicht aus der Hand, dann treiben euch die vereinigten Kapitalisten zu Paaren. Es gilt, mit den Waffen in der Hand wirklich die Macht überall zu übernehmen, eine Arbeiter-, Soldaten- und Matrosenregierung mit Liebknecht an der Spitze zu bilden. Laßt euch keine Nationalversammlung aufschwatzen. Ihr wißt, wohin euch der Reichstag gebracht hat."

Darauf antworteten die Volksbeauftragten:

„Die deutsche Volksregierung kann nicht umhin, in dieser Aufforderung an die Bevölkerung, eine bestimmte Regierung zu bilden, den Versuch einer Einwirkung auf die inneren Verhältnisse Deutschlands zu erblicken, der unter den gegebenen Umständen eine schwere Schädigung des deutschen Volkes zur Folge haben kann. Die deutsche Regierung ist bereit, mit allen Staaten und auch mit dem russischen in Frieden und guten Beziehungen zu leben. Sie muß aber verlangen, daß das Recht des deutschen Volkes auf eigene Bestimmung seiner inneren Angelegenheiten geachtet wird, und daß Einwirkungen hierauf von außen unterbleiben. Die vorstehende Aufforderung zur Bildung einer Regierung auf anderer Grundlage und mit anderen Zielen als die der deutschen Volksregierung läßt außerdem nicht erkennen, welche Stellung die russische Sowjetregierung der gegenwärtigen deutschen Regierung gegenüber einnimmt. Wenn die Sowjetregierung normale Beziehungen mit ihr unterhalten will, muß die deutsche Regierung darüber im klaren sein, daß die russische Regierung sie anerkennt und nicht die Bildung einer anderen Regierung in Deutschland fördert.

Mit Rücksicht darauf hat die deutsche Volksregierung im Einverständnis mit dem Vollzugsrat des deutschen Arbeiter- und Soldatenrats beschlossen, die russische Regierung vor Wiedererrichtung der beiderseitigen diplomatischen Vertretungen um folgendes zu ersuchen:

1. Um eine klare Anerkennung der gegenwärtigen deutschen Volksregierung und der Verpflichtung, sich aller Einwirkung auf die deutsche Bevölkerung zur Bildung einer anderen Regierung zu enthalten.

2. Um eine Klarstellung der bei der Absetzung der deutschen Generalkonsulate stattgehabten Vorgänge.

Hinsichtlich des Punktes 1 darf die deutsche Regierung einer entsprechenden Aeußerung entgegensehen. Als Ausführung des Ersuchens in Punkt 2 erwartet sie, daß die deutschen Generalkonsulate nunmehr endlich ungehindert aus Rußland abreisen und sich nach Deutschland begeben können, und bittet ferner, je ein Mitglied des deutschen Arbeiter- und Soldatenrats aus Moskau und Petersburg nach Deutschland ausreisen zu lassen, damit sie über die Einzelheiten des Zustandekommens ihrer Organisation Auskunft geben und alle sonstigen, ihre Stellung und Befugnisse betreffenden Fragen erörtern können."

Die Generalkonsuln waren einfach in Moskau und Petersburg ihres Amtes enthoben worden, weil die deutschen Arbeiter- und Soldatenräte dort ihre Absetzung beschlossen hatten, übrigens unter Beteiligung russischer amtlicher Stellen. Auf die Sowjetregierung, die sich immer noch einbildete, die Weltrevolution auf Deutschland übertragen zu können, machte dieses Telegramm keinen Eindruck. Sie unterstützte Spartakus nach wie vor. Am 17. Januar 1919 bekam sie dafür ein Telegramm, in dem erklärt wurde, daß gegen Russen, die in Deutschland aufrührerische Bewegungen unterstützten, auf das schärfste vorgegangen würde.

In Anbetracht der feindseligen Haltung der russischen Regierung gegen die deutsche Regierung verzichtete die Mehrheit des Vollzugsrats auf die Aufrechterhaltung der Einladung der Russen zum Ersten Rätekongreß. Dabei war die Einladung durch Funkspruch schon herausgegangen. Die russischen Arbeiter- und Soldatenräte hatten in einem Begrüßungstelegramm formell den Wunsch ausgesprochen, russische Delegierte zur Information über die deutsche Revolution an dem Ersten Rätekongreß zuzulassen. Für Cohen-Reuß, mich und andere war es ganz selbstverständlich, daß sich diese Delegation in die inneren Verhältnisse Deutschlands nicht einzumischen hatte. Die russischen Sozialisten waren eingeladen und nicht die russische Regierung, mit der ja seit der Zeit vor der Revolution die diplomatischen Beziehungen unterbrochen waren. An eine Rückkehr Joffes war nur gedacht, falls sich die Russen verpflichten würden, jegliche bolschewistische Propaganda unter den Angehörigen der Ententestaaten zu unterlassen. R a d e k hatte Haase eines Tages mitgeteilt, daß die Russen geeignete Personen nach Deutschland schicken wollten, um unter den Angehörigen der Ententestaaten Stimmung für Rußland zu machen. H a a s e lehnte dieses Ansinnen ab, weil er mit Recht fürchtete, dann mit der Entente in Konflikt zu kommen. Uebrigens war die sogenannte grüne Grenze damals im Osten so weit auf, die Paßkontrolle daher so unzulänglich, daß auch uneingeladen sich immer eine große Anzahl russischer Emissäre zum Studium der deutschen Revolution in Berlin und in den deutschen Industriezentren aufhielten. Aus diesen Erfahrungen war H a a s e für äußerste Vorsicht in der Behandlung der Russen, lehnte aber ab, Deutschland in eine allgemeine antisowjetistische Front einzuspannen. Grundsatz blieb für ihn, daß für die Bekämpfung der russischen Bolschewisten kein Tropfen deutschen Blutes fließen dürfe.

In der Reichskonferenz der Ministerpräsidenten stellte Ebert den versammelten Führern der deutschen Stämme den erschienenen Gesandten der „Republik Deutschösterreich", Professor L u d o H a r t m a n n , vor, der als Gast den Verhandlungen beiwohnen wollte. Genosse Hartmann dankte für die freundliche Begrüßung und wollte seine Anwesenheit als Gast nicht als Präjudiz aufgefaßt wissen. Er betrachte sich schon völlig als zu Deutschland gehörig. Ludo Hartmann, der über Oesterreichs Grenze hinaus sich einen Ruf als Historiker erworben hatte, war ein begeisterter Anhänger des Anschlusses Oesterreichs an das deutsche Mutterland. Aber bei der Anschlußfrage waren Hemmnisse vorhanden, die die Volksbeauftragten veranlaßten, bei allem Gleichklang der Gesinnung sich zunächst zurückzuhalten. Noch wußte niemand, was die Sieger im Weltkrieg planten. Optimisten hofften immer noch auf einen Abschluß des Weltkrieges wie die napoleonischen Kriege hundert Jahre vorher mit einer Art „Wiener Kongreß". Pessimisten sahen aber damals schon, daß das von den Siegerstaaten im Kriege proklamierte Selbstbestimmungsrecht der Völker für den Frieden nur praktische Bedeutung bekommen würde, soweit das zu den machtpolitischen Plänen der siegreichen Entente paßte. Man fürchtete in deutschen Kreisen, daß ein sofortiger Anschluß Oesterreichs an die deutsche Republik nachteilige Konsequenzen am Rhein zur Folge haben könnte. Das Wichtigste war aber zunächst, das Rheinland für Deutschland zu erhalten. Dieses von nationalen Ueberlegungen bestimmte Zögern der Volksbeauftragten fand nicht in allen Kreisen Oesterreichs gebührendes Verständnis. Genosse O t t o B a u e r , der Staatssekretär des Auswärtigen in der „Republik Deutschösterreich", sandte an den Volksbeauftragten H a a s e bei Uebernahme des Amtes am 13. November ein Telegramm, in dem es u. a. hieß:

„Wir bitten Sie und die deutsche Regierung, diese Bestrebungen des deutschen Volkes in Oesterreich zu unterstützen und in direkte Verhandlungen mit uns über die Vereinigung Deutsch-Oesterreichs mit der deutschen Republik und über die Teilnahme an der Gesetzgebung und Verwaltung des Deutschen Reichs einzutreten. Wir bitten Sie, uns Gelegenheit zu geben, uns mit Ihnen über alle Fragen der Friedensverhandlungen ins Einvernehmen zu setzen und diese Verhandlungen in engster Freundschaft miteinander zu führen. Wir bitten Sie schließlich, auch unserer schweren augenblicklichen Not Ihre Aufmerksamkeit zu schenken. Da sich die neuen slawischen nationalen Staaten, die aus dem Zusammenbruch Oesterreichs hervorgegangen sind, gegen uns vollständig absperren, leiden wir bittere Not an Kohle und Lebensmitteln. Das deutsche Volk in Oesterreich und insbesondere die deutschen Arbeiterklassen sind überzeugt, daß die neue Regierung der deutschen Republik uns in diesen Stunden der Not beistehen wird.

Was wir brauchen, ist an zuständiger Stelle bekannt. Wir bitten Sie, Ihren Einfluß dafür einzusetzen, daß wir die unentbehrliche Aushilfe an Kohle und Lebensmitteln rasch und schnell bekommen. Ich hoffe, daß die alten freundschaftlichen und parteigenössischen Beziehungen, die uns verbinden, es uns erleichtern werden, die engste und dauernde Verbindung zwischen Deutschland und Deutsch-Oesterreich herzustellen.

Mit herzlichen Grüßen

Otto Bauer."

Wenn auch Verhandlungen über die unmittelbare Vereinigung wegen der bei den Volksbeauftragten vorhandenen Bedenken damals nicht in Fluß kamen, so wurde L u d o H a r t m a n n doch Gelegenheit gegeben, das Werden der deutschen Republik aus nächster Nähe mit zu erleben. An den Arbeiten des Verfassungsausschusses in Weimar nahm Hartmann später lebhaften Anteil. Zur gemeinsamen Behandlung der den Friedensschluß betreffenden Fragen waren die Volksbeauftragten bereit.

Die verarmte deutsche Republik suchte den österreichischen Brüdern auch in schwerster Zeit zu helfen, indem sie von den geringen Vorräten an Lebensmitteln und Kohlen nach Oesterreich beträchtliche Mengen abgab. Die Kohlen und Lebensmittel mußten über Salzburg gehen, weil bei der Durchfuhr durch die tschechoslowakische Republik die Gefahr der Beschlagnahme vorhanden war. So etwas kam übrigens auch in Bayern vor. H a a s e mußte sich als Volksbeauftragter für die auswärtigen Angelegenheiten tatsächlich zehn Tage nach der Revolution telegraphisch an Eisner nach München wenden, damit in Zukunft für unsere österreichischen Brüder bestimmte Kohlensendungen nicht mehr von bayerischen Arbeiter- und Soldatenräten beschlagnahmt wurden, wie das von Wien aus beschwerdeführend gemeldet worden war.

Die Konferenz der Ministerpräsidenten hatte im übrigen ergeben, daß, von den Regierungen in Gotha und Braunschweig abgesehen, keine grundsätzlichen Gegner der Nationalversammlung vorhanden waren. E i s n e r nahm eine abwartende Stellung ein. Für ihn war die Nationalversammlung nicht die Grundlage, sondern die Krönung des Gebäudes. Baden, Hessen und Württemberg waren für baldige Einberufung. Baden war übrigens der Zusammensetzung seiner Regierung entsprechend auf der Konferenz durch den Sozialdemokraten Anton Geis und durch den Demokraten Ludwig Haas vertreten. Gegen eine „überstürzte" Einberufung sprachen sich auch die Volksbeauftragten H a a s e und B a r t h aus. Im übrigen sollte zunächst der erste Rätekongreß stattfinden. H a a s e gab den Mißstand zu, daß der Berliner Vollzugsrat für alle Arbeiter- und Soldatenräte sprechen könne. Leider habe der Vollzugsrat das Datum des ersten Rätekongresses erst auf den 16. Dezember festgesetzt.

Am Schlusse der Konferenz erstatteten die Staatssekretäre der wichtigsten Reichsämter Bericht über die innere Lage Deutschlands. Das Bild, das die Fachminister am Schlusse der Konferenz von Deutschlands Lage gaben, war trostlos:

Emanuel W u r m vom Reichsernährungsamt wies nochmals auf den Kohlenmangel, auf den Ausfall der Kriegsgefangenen bei der Ernteeinbringung und auf das eigenmächtige Vorgehen mancher Arbeiterräte hin, die den Verteilungsplan gestört hatten. In Westpreußen sei eine Kartoffelmißernte gewesen. In den Posener Ueberschußgebieten sei die Gefahr vorhanden, daß polnische Chauvinisten die Belieferung Deutschlands unterbinden würden. Der Schleichhandel sei in Blüte. Nur das Aufhören der Blockade und ein annehmbarer Vorfrieden könnten Rettung bringen, was beides wieder die Konsolidierung Deutschlands zur Voraussetzung haben müßte.

K o e t h , der Demobilmachungskommissar, der kein Sozialist war, war in dieses schwierige Amt berufen worden, weil ihm der Ruf eines guten Organisators vorausging. Er schilderte die Schwierigkeiten der Umstellung der Kriegs- auf die Friedensindustrie. Die Versorgung der Kraftwerke und Gasanstalten mit Kohlen sei gefährdet. Wenn die Industrie auf neuer Grundlage in Gang gebracht werden sollte, so erfordere das Arbeit und nochmals Arbeit. Mit einer starken Resignation sagte dieser ethisch eingestellte Mann in seiner Schlußrede, daß er gerade in dieser Versammlung von Sozialisten erwartet hätte, daß mehr von brüderlicher Nächstenliebe gesprochen würde.

S c h i f f e r (Schatzamt) wies darauf hin, daß zurzeit die Finanzgebarung der rechtlichen und gesetzlichen Grundlage entbehre und kündigte ein Finanzprogramm an, daß sich gegen alle unsittliche Bereicherung wenden, aber schon aus praktischen Gründen erst von der Nationalversammlung beschlossen werden müsse.

A u g u s t M ü l l e r vom Reichswirtschaftsamt wies auf die Depotwanderungen von Norddeutschland nach Süddeutschland hin und warnte vor Eingriffen in die Kreditwirtschaft.

Die Darlegungen von Wurm, Koeth, Schiffer und August Müller verfehlten ihren Eindruck nicht. Eine Resolution, die im Interesse der Aufrechterhaltung des Wirtschaftslebens und der ungestörten Versorgung Deutschlands mit Lebensmitteln das Fortarbeiten aller Banken, Sparkassen und sonstigen Kreditinstitute auf der bisherigen Grundlage und in der bisherigen Form als unbedingt erforderlich erachtete, wurde einstimmig angenommen:

„In Uebereinstimmung mit den Vertretern der deutschen Einzelstaaten erklärt daher die Reichsregierung, daß jeder Eingriff in die geschäftliche Tätigkeit der Kreditanstalten zu unterbleiben hat."

Die Gefahr des Zusammenbruchs der deutschen Finanzen und der deutschen Wirtschaft war damals ungeheuer groß. Es war ein Glück, daß damals ein Kenner der Finanzwissenschaft wie Eduard Bernstein sozialistischer Beigeordneter im Reichsschatzamt war. So wurden Reibungen verhindert, die leicht hätten eintreten können, wenn nach den Ratschlägen unreifer Leute der Versuch gemacht worden wäre, mit der Sozialisierung der Banken zu beginnen. Ein Land, das auf die Hilfe seiner siegreichen kapitalistisch orientierten Nachbarn unbedingt angewiesen war, wenn es für eine nicht zu kurz bemessene Uebergangszeit überhaupt existieren wollte, wäre dem Zusammenbruch nicht entgangen, wenn es sich, ohne Besitz der notwendigen Existenzmittel für seine 65-Millionen-Bevölkerung, nach kommunistischem Muster selbständig machen wollte. Deutschland fehlten damals Rohstoffe und Lebensmittel. Es hatte nur seine Arbeitskraft.

E b e r t sagte damals in seinem Schlußwort auf der Konferenz der Ministerpräsidenten, daß Sozialismus Arbeit sei. Arbeit und Disziplin, darauf komme es an, wenn für die deutsche staatliche Neuordnung das ökonomische Fundament geschaffen werden sollte.

Das Ergebnis faßte er in die Sätze zusammen:

1. Die Aufrechterhaltung der Einheit Deutschlands ist ein dringendes Gebot. Alle deutschen Stämme stehen geschlossen zur deutschen Republik. Sie verpflichten sich, entschieden im Sinne der Reichseinheit zu wirken und separatistische Bestrebungen zu bekämpfen.

2. Der Berufung einer konstituierenden Nationalversammlung wird allgemein zugestimmt, ebenso der Absicht der Reichsleitung, die Vorbereitungen zur Nationalversammlung möglichst bald durchzuführen.

3. Bis zum Zusammentritt der Nationalversammlung sind die Arbeiter- und Soldatenräte die Repräsentanten des Volkswillens.

4. Die Reichsleitung wird ersucht, auf die schleunige Herbeiführung eines Präliminarfriedens hinzuarbeiten.

X. Um das Heer der Republik

Welche Rolle die Soldaten bei der Bildung der Regierung der Volksbeauftragten am 10. November im Zirkus Busch gespielt haben, ist im Kapitel 4 geschildert. Die Revolution war in keiner Weise durch militärische Verbände vorbereitet worden. Am 9. November bildete sich im Kriegsministerium aus Sozialdemokraten und Demokraten ein „Soldatenrat", der von Ebert anerkannt wurde. Sein Abzeichen war die großdeutsche schwarz-rot-goldene Binde. Das war also zu einer Zeit, wo noch kein „Arbeiterrat" existierte. Zum Beigeordneten im Kriegsministerium war Paul Göhre bestellt worden, der sich einst mit seinem Buch „Drei Monate Fabrikarbeiter" die Sympathien der Arbeiterklasse erworben hatte und seit Jahren sächsischer Reichstagsabgeordneter war. Bereits am 9. November erschien ein Aufruf der Regierung an das Heimatheer, der zur Aufrechterhaltung von Ruhe und Ordnung mahnte, weil nur so die ordnungsgemäße Zurückführung des Feldheeres, die Entlassung der Mannschaften, die Ernährung von Volk und Heer durchgeführt werden könnte. Der Bürgerkrieg müsse vermieden werden, „alle militärischen Dienststellen haben ihre Dienstpflicht unverändert weiterzuführen".

„Die Bildung von Soldatenräten und die Beteiligung dieser Soldatenräte an der Abwicklung des Dienstes ist bei allen Formationen durchzuführen."

„Ihre Hauptaufgabe ist, bei Einrichtung des Ordnungs- und Sicherheitsdienstes mitzuwirken und das engste Einvernehmen zwischen Mannschaften und ihren Führern herzustellen."

„Von der Waffe gegen Angehörige des eigenen Volkes ist nur in der Notwehr oder bei gemeinen Verbrechen oder zur Verhinderung von Plünderungen Gebrauch zu machen."

Der Aufruf war gezeichnet: E b e r t , Reichskanzler, S c h e u c h , Kriegsminister, G ö h r e , Mitglied des Reichstags.

An der Spitze der ausführenden Militärgewalt für Berlin sollte der Aktionsausschuß der Groß-Berliner Truppen stehen. Der betreffende Befehl lautete:

„Die gewählten Vertreter aller Groß-Berliner Truppen haben einen Aktionsausschuß gebildet. Der Aktionsausschuß ist die Spitze der ausführenden Militärgewalt, die er, unabhängig von irgend welchen Meinungsverschiedenheiten der Arbeiterräte und irgendwelchen Parteizwistigkeiten, solange ausübt, bis die einzuberufende Nationalversammlung andere Bestimmungen getroffen hat.

Der Aktionsausschuß hat sich der sozialistischen Regierung zur Aufrechterhaltung der öffentlichen Sicherheit, Ruhe und Ordnung zur Verfügung gestellt; den Anordnungen desselben ist unbedingt Folge zu leisten. Der ständige Sitz des Ausschusses ist das Kriegsministerium, Leipziger Straße.

Erste Befehlsausgabe für alle Truppen, Formationen und militärischen Behörden: Montag vormittag 11 Uhr im Hofe des Kriegsministeriums. Der Aktionsausschuß der Groß-Berliner Truppen: Hans Coler, August Dibbern, Christ. K. Finzel, Richard Hebner, Curt Sugelt. Fritz Kretschmer, Brutus Molkenbuhr, Oskar Schäfer, Erich Schulz, Friedrich Trippe, Hugo Wels, Gerhard Wilken, Hans Wolf.

Berlin, den 10. November 1918.   Der Reichskanzler Ebert.

Im Laufe des 9. November hatte sich dann ein zweiter „wilder" Soldatenrat gebildet, der sich an das Militär wandte und sagte:
„Wir arbeiten Hand in Hand mit den Arbeitern und ihrer Regierung. Ihr erhaltet in kurzer Zeit regelmäßige Befehle."

Unter den Unterzeichnern dieses Aufrufs finden wir die Namen von Beerfelde, Hans Paasche, Cohen, Gelberg, Bernhagen, Bergmann, Strobel, die dann in den Vollzugsrat kamen.

Nach Bildung der Regierung der Volksbeauftragten im Zirkus Busch erließen die Volksbeauftragten folgende Bekanntmachung:

„Die Volksregierung ist von dem Wunsche beseelt, daß jeder unserer Soldaten nach den unsäglichen Leiden und den unerhörten Entbehrungen in kürzester Zeit nach der Heimat zurückkehrt. Dieses Ziel ist aber nur zu erreichen, wenn die Demobilisierung nach einem geordneten Plan vor sich geht. Falls einzelne Trupps willkürlich zurückfluten, so gefährden sie sich selbst, ihre Kameraden und die Heimat auf das Schwerste. Ein Chaos mit Hunger und Not muß die Folge sein.

Die Volksregierung erwartet von euch strenge Selbstzucht, um unermeßlichen Schaden zu verhüten. — Wir ersuchen die Oberste Heeresleitung, das Feldheer von vorstehender Erklärung der Volksregierung in Kenntnis zu setzen und folgendes anzuordnen:

1. Das Verhältnis zwischen Offizier und Mann hat sich auf gegenseitiges Verständnis aufzubauen. Willige Unterordnung des Mannes unter den Offizier und kameradschaftliche Behandlung des Mannes durch den Vorgesetzten sind hierzu Bedingung.

2. Das Vorgesetztenverhältnis des Offiziers bleibt bestehen. Unbedingter Gehorsam im Dienst ist von entscheidender Bedeutung für das Gelingen der Zurückführung in die deutsche Heimat. Militärische Disziplin und Ordnung im Heere müssen deshalb unter allen Umständen aufrecht erhalten werden.

3. Die Soldatenräte haben zur Aufrechterhaltung des Vertrauens zwischen Offizier und Mann beratende Stimmen in Fragen der Verpflegung, des Urlaubs und der Verhängung von Disziplinarstrafen. Ihre oberste Pflicht ist es, auf die Verhinderung von Unordnung und Meuterei hinzuwirken.

4. Gleiche Ernährung für Offiziere, Beamte und Mannschaften.

5. Gleiche Zuschüsse zu den Löhnungen. Gleiche Feldzulagen für Offiziere und Mannschaften.

6. Von der Waffe gegen Angehörige des eigenen Volkes ist nur in der Notwehr und zur Verhinderung von Plünderungen Gebrauch zu machen.

Berlin, den 12. November 1918.   Ebert, Haase, Scheidemann,
                                                    Dittmann, Landsberg, Barth."

B a r t h hat später behauptet, daß der Erlaß gegen seine Stimme im Kabinett beschlossen worden sei. Wegen des Punktes 2 sind die Volksbeauftragten des öfteren stark angegriffen worden. Sie konnten aber diese Formulierung, durch die bedeutsame Vorschriften des alten Heerwesens aufrechterhalten blieben, durch die damals waltenden Umstände begründen. Die Räumungsfristen waren vom Marschall Foch so kurz bemessen worden, daß viele Militärs daran zweifelten, ob in dieser Zeit die Räumung durchgeführt werden könnte. Jede Störung des Kommandos gefährdete den gesamten Rückmarsch und setzte deutsche Truppen der Gefangennahme aus.

Die Aufsicht über das Militärwesen hatte sich E b e r t in der Regierung vorbehalten. Er blieb vom 9. November ab in ständiger Verbindung mit dem General G r o e n e r, der als Ludendorffs Nachfolger Generalquartiermeister geworden war. Ebert hielt auf diesen Schwaben, der 1914 als Chef des Militäreisenbahnwesens die Mobilmachung durchgeführt hatte, große Stücke. In der Literatur über die Novembertage ist des öfteren von einem Pakt die Rede, den Ebert und Groener am 9. November geschlossen hätten. Der Entwurf eines solchen Paktes existiert nicht. Er war auch gar nicht notwendig, da Ebert und Groener in dem Hauptpunkte, daß Deutschland bald zu einem gesetzmäßigen Zustand kommen müsse, wenn es Frieden haben wolle, einer Meinung waren. Die Fühlung zwischen dem Hauptquartier und den Volksbeauftragten war leicht aufrechtzuerhalten. Aus der Kriegszeit her bestand ein direkter Draht von der Obersten Heeresleitung zur Reichskanzlei, was freilich die Mitglieder des Vollzugsrats nicht wußten. Groener und Ebert konnten sich also verständigen, ohne daß ein spartakistischer Spitzel die Gespräche abhören konnte.

Die bereits eingehend geschilderten Differenzen zwischen Linksradikalen und Volksbeauftragten führten zur Gründung der republikanischen Soldatenwehr, wozu die Kommandantur am 17. November einen Aufruf erließ. Am 5. Dezember versammelte sich der „Bund aktiver Unteroffiziere und Kapitulanten" im Zirkus Busch, der dann eine Art freiwillige Regierungstruppe bildete und Ebert eine Huldigung darbrachte. Führer waren die Feldwebel S u p p e und M a c h h o l z. Während des Huldigungszuges hatte Spartakus Handzettel verteilen lassen. Ohne Erfolg. Zweck der Bildung dieser Wehr war, die in den Kasernen vorhandenen besseren Elemente zu sammeln. Ihr Kommandeur wurde der Major M e y n, die Intendantur hatte Dr. Bongert. Diese Truppen sollten auf 10 000 Mann gebracht werden.

Gleichzeitig hatte der Legationsrat Walter Simon aus Mitteln der Reichskanzlei an Colin Roß im Dezember 1918 3000 Mark gegeben, damit der Wachdienst in den Kasernen verschärft würde. Diese Wachtruppen kamen vor allem für den Schutz der öffentlichen Gebäude in Betracht.

Die Volksbeauftragten mißbilligten diese Eigenmächtigkeit Simons einmütig und Simon hat sich dadurch bei den Linksradikalen in den Verdacht konterrevolutionärer Gesinnung gebracht. Dabei hat gerade er dem werdenden neuen Staat leidenschaftlich gedient.

In der Vollversammlung der Soldatenräte Groß-Berlins vom 11. Dezember hatte sich die Fünfzehnerkommission gegen die Bildung einer freiwilligen Regierungstruppe von aktiven Unteroffizieren ausgesprochen. Das war fünf Tage vor dem ersten Rätekongreß, also zu einer Zeit, in der die Soldatenräte der Berliner Garnison fürchteten, daß ihr angenehmes Leben nicht ewig dauern würde. Sie beschwerten sich über mangelhafte Vertretung ihrer Interessen im Vollzugsrat und konnten nur mit Mühe und Not daran gehindert werden, B r u t u s M o l k e n b u h r abzusägen, dem sie vorwarfen, die soldatischen Mitglieder des Vollzugsrats nicht genügend einexerziert zu haben. Die Fünfzehnerkommission war der Ansicht, daß an Stelle Molkenbuhrs ein anderer Obmann gesetzt werden müsse, der über ein reifes Alter, reiche Lebenserfahrung, Tatkraft und hinreichenden Schwung verfüge, wenn — die Kameraden einen solchen Mann zur Verfügung hätten. Damit war der Fall allerdings zugunsten Molkenbuhrs entschieden.

Ab Anfang Dezember befaßten sich die Volksbeauftragten mit der Schaffung einer Volkswehr, die zum Schutze der Regierung auf demokratischer Grundlage organisiert werden sollte. Sie gingen dabei von dem Erfahrungssatze aus, daß eine Regierung, die sich nicht auf Macht stützt, keine Regierung sei. Auf die Garnisontruppen war verflucht wenig Verlaß, wenn es sich um ernste Entscheidungen handelte. Bei drohenden Straßenkämpfen zeigten Polizei und Militär die bedrohliche Neigung, sich neutral zu erklären, um abzuwarten, wer oben bliebe. Trotzdem geht A n t o n F i s c h e r in seiner Broschüre „Die Revolutionskommandantur in Berlin" sicher zu weit, wenn er sagt,

„daß die Kasernen zum Brechen voll waren, wenn es zum Essen und Löhnungsempfang ging, aber leer, wenn von der Kommandantur einige Soldaten verlangt wurden. Männlein und Weiblein seien Tag und Nacht dort zu Hause gewesen usw. usw."

Richtig ist, daß die besten Elemente unter den Soldaten so schnell als möglich nach Hause wollten, um im frisch anzukurbelnden Produktionsprozeß Arbeit zu finden. Sie wollten so kurz wie möglich in den Kasernen verbleiben.

Nach E b e r t s Idee sollte diese Volkswehr auf Grund freiwilliger Meldungen gebildet werden. Die Mannschaften sollten ihre Führer selbst wählen und für den Erlaß von Disziplinarvorschriften, für Urlaubserteilung, für Absetzung der Führer selbst zuständig sein. Sie sollten durch Handschlag zum Gehorsam gegen die selbstgewählten Führer, gegen die deutsche Republik und ihre Regierung verpflichtet werden. Ebert glaubte, daß sich eine genügend große Anzahl von gesunden und unbescholtenen Leuten nicht unter 25 Jahren zur Erfüllung dieser Aufgabe finden würde. Diese Truppe sollte auf die Korpsbezirke verteilt werden und insbesondere die Aufgabe haben, die großen Lagerbestände aus der Kriegszeit zu sichern. Als Sold waren 200 bis 300 Mark monatlich gedacht und für die Führer Zuschläge von 25 bis 100 Mark. Die Volksbeauftragten stimmten diesem Plan Eberts zu. Der Kriegsminister sollte einen geeigneten Offizier bestimmen und dieser einen Plan für die Aufstellung solcher Freiwilligenformationen entwerfen. Es sollten vorläufig 11 000 Mann gesucht werden. Der Kriegsminister S c h e u c h äußerte gegen die Wahl der Offiziere durch die Truppen schwere Bedenken. Solche Wahl sei nur bei Freischärlern üblich. Ferner trat der Kriegsminister für die Aufrechterhaltung der Grußpflicht im Interesse der Disziplin ein. Der Kriegsminister S c h e u c h hatte übrigens schon vor dem Ersten Rätekongreß am 15. Dezember sein Entlassungsgesuch eingereicht. E b e r t bat ihn zu bleiben, bis ein Nachfolger gefunden sei. Er dachte dabei an den Obersten Reinhard. H a a s e befürwortete die Ernennung des 33jährigen Hauptmanns B ö l c k e, eines Bruders des bekannten Kampffliegers, der schon vor dem militärischen Zusammenbruch innerlich auf dem Boden der neuen Ordnung gestanden habe. Haase gab für Bölcke die Erklärung ab, daß er im Falle der Ernennung annehmen würde und daß mit ihm die sieben Hamburger Punkte, die der erste Rätekongreß beschlossen hatte, durchzuführen seien. Außer Haase trat auch Dittmann für Bölcke ein. B a r t h verlangte, daß nicht nur das Auswärtige Amt, sondern auch das Kriegsministerium von einem Sozialisten geführt würde, weil die sozialistische Regierung sonst in der Luft schwebe. Da ein Teil der Volksbeauftragten Bölcke gar nicht kannte, sollte Gelegenheit gegeben werden, ihn kennenzulernen.

Der Kriegsminister S c h e u c h hat sein am 15. Dezember 1918 eingereichtes Entlassungsgesuch u. a. mit den fortgesetzten Angriffen auf das Offizierskorps begründet. Er schrieb dazu u. a.:

„Dagegen sind meine unablässigen Bemühungen, das Mißtrauen gegen das Kriegsministerium, das Mißtrauen und den Haß gegen das ganze dienstbereite Offizierkorps zu mindern, erfolglos geblieben. Dies Mißtrauen und dieser seit den ersten Tagen der Revolution durch Verbreitung unwahrer Tatsachen geweckte und genährte Haß werden unablässig und in einem unerhörten Uebermaß weitergeschürt. Dieser Haß richtet sich gegen einen Berufsstand, der mit einem Verlust an Toten von 39,2 Proz. heimkehrt gegenüber einem Mannschaftsverlust von 19 Proz. Ich führe das nicht an, um zu vergleichen, sondern um zu zeigen, mit welch glänzendem Beispiel diese Männer ihrer Mannschaft vorangegangen sind. Ereignisse der allerletzten Zeit, die ich der Reichsregierung unterbreitet habe: der die Offiziere in dem neuen Staat entrechtende, des passiven Wahlrechts zu den Soldatenräten beraubende Beschluß des Berliner Arbeiter- und Soldatenrats, die widerrechtliche Festnahme und fünf Tage lang unter entwürdigender Behandlung aufrechterhaltene Haft eines mir unmittelbar unterstellten, völlig schuldlosen Offiziers, die gegen die Offiziere der in Berlin einziehenden Truppen gerichtete Flugblatthetze des Vollzugsrates, die bei den in ihre Kasernen zurückgekehrten Truppen durch Soldatenräte betriebene Beseitigung der Offiziere, die Unmöglichkeit der von mir verfügten Ernennung des Kommandanten von Potsdam beim dortigen Vorsitzenden des Soldatenrats Geltung zu verschaffen, und noch viele Geschehnisse gleicher Prägung lassen mich erkennen, daß mein ganzes Mühen fruchtlos bleibt, und daß mein Bestreben, Ordnung im Heere wieder herzustellen, bei den mir geleisteten Widerständen zu dem in Uebereinstimmung mit d·r Regierung verfolgten Ziel nicht führen kann. Man stößt die ehrlich und in nicht wankender Vaterlandsliebe angebotene Hilfe zurück, ohne zu bedenken, daß nur die Mitwirkung der im Kampf gestählten und mit ihrer Mannschaft in vier Kriegsjahren zusammengeschweißten Offiziere der Truppe jenes Gefüge erhalten kann, ohne welche an die dem Land von der Regierung verheißene Ruhe, Freiheit und Ordnung nicht zu denken ist. Ich halte es für meine Pflicht, diese der Vernichtung entgegenführenden Schäden in tiefstem Ernst zum Ausdruck zu bringen."

Persönliche Differenzen hatte der Kriegsminister weder mit den Volksbeauftragten noch mit dem Unterstaatssekretär Göhre gehabt. Aber er wollte auf ein Amt verzichten, in dem es ihm auch trotz der Gegenzeichnung der Befehle durch G ö h r e nicht möglich war, bis zu den unteren Stellen durchzudringen.

Den Beschwerden von Scheuch lag folgender Tatbestand zugrunde: In der Tagung der Groß-Berliner Soldatenräte vom 5. Dezember war nach einer Debatte, in der einige Soldatenräte die Offiziere schlechthin als eine Gefahr für die Revolution bezeichnet hatten, in der Abstimmung den Offizieren das aktive Wahlrecht einstimmig zugebilligt, das passive aber mit großer Mehrheit versagt worden. Darauf legte ein Offizier sein Amt nieder, ein anderer Redner erklärte: „Wie kann man Offizieren, die mit euch im Dreck gekämpft haben, die Rechte verweigern?" Trotzdem blieb es bei der Aberkennung der Wählbarkeit.

Das Mißtrauen richtete sich übrigens nicht nur gegen Offiziere, sondern auch gegen Außenseiter, die durch die Revolution auf militärische Posten gekommen waren. Am 15. November hatte O t t o   W e l s den aus dem Lazarett entlassenen A n t o n F i s c h e r, der im Heimatdienst bei der Landwehrinspektion Berlin Adjutant war, in die Kommandantur genommen. Dieser war früher Franziskanermönch gewesen, dann Gymnasiallehrer geworden und im Kriege zur Front gekommen. Er gehörte zu den Leuten, die sich nicht leicht verblüffen ließen. B a r t h verlangte am 11. Dezember von den Volksbeauftragten die Absetzung Fischers, weil auch er in Putschaffären verwickelt sein sollte. Ebert weigerte sich, auf vage Verdachtsmomente hin, dem stattzugeben. Und was stellte sich heraus? Am 9. Dezember abends waren E i c h h o r n und ein Matrosenführer um 10 Uhr auf der Kommandantur erschienen und hatten behauptet, daß die Gegenrevolution im Anmarsch wäre. Im Grunewald sei ein Jägerbataillon aufgestellt, das einen Angriff auf Berlin plane. Der Angriff erfolgte nicht. Ferner sollten die Mariendorfer Husaren unruhig sein. Es wurde ermittelt, daß die Unruhe der Husaren auf die mangelhafte Versorgung mit Lebensmitteln zurückzuführen gewesen war. Außerhalb Charlottenburgs sollte bereits ein Artilleriegefecht im Gange sein. Davon war nichts richtig. Gespenster trieben wieder einmal ihr Unwesen. Eichhorn aber ließ den Telephon- und den Telegraphenverkehr sperren, drohte mit dem Aufmarsch der Matrosen und legte Pläne darüber vor, wie er mit Dorrenbach und Spiro die Zugänge von Berlin gegen die anmarschierende Gegenrevolution verteidigen wollte. Fischer protestierte gegen diese Maßnahmen, zu denen der Polizeipräsident nicht berechtigt war. Als sich beim Morgengrauen ergab, daß alles auf haltlosen Berichten beruhte, wurde um 7 Uhr morgens der Telephon- und Telegraphenverkehr wieder freigegeben.

An den Vorbereitungen der Zwischenfälle des 5. Dezember sollte u. a. auch der Graf M e t t e r n i c h beteiligt gewesen sein, ein Neffe des vormaligen ausgezeichneten Botschafters in London. Der 31jährige Kürassieroberleutnant war eine faszinierende Persönlichkeit. Er hatte nach der Revolution zunächst den Auftrag übernommen, eine Sicherheitstruppe zum Schutze der öffentlichen Gebäude zu bilden. Er fand dann Anschluß an die Volksmarinedivision. Im Kampf um Schloß und Marstall lehnte er es aber ab, Matrosenkommandant zu werden, da er als Graf befürchtete, Mißtrauen zu wecken. Die Matrosen, die nach Zuzug von 700 Mann aus Cuxhaven zeitweilig auf 3000 Mann angewachsen waren, sollten die öffentlichen Gebäude sichern. Am 14. November wählte die Matrosendivision Tost, den Führer der Cuxhavener, zum Kommandanten und übertrug dem Grafen Metternich den Verkehr mit den Behörden. Dieser hatte vor Beginn der Revolution in der Nachrichtenabteilung des Auswärtigen Amtes gearbeitet. Als Tost am 23. November in den 53er Ausschuß der Marine gewählt worden war, wurde Metternich doch zum Kommandanten der Matrosen gewählt. Als solcher gab er sich Mühe, Ordnung in die Truppe zu bringen und vor allem zu verhindern, daß im Schlosse weiter gestohlen wurde. Das gelang ihm nicht ganz.

Graf M e t t e r n i c h wohnte in dieser Zeit nicht im Schlosse, sondern im Hotel Adlon. Die Echtheit seiner Gesinnung kam von neuem in Verdacht, als bekannt geworden war, daß der vormalige preußische Kronprinz, ehe er nach Wieringen ging, als Gast in Metternichs holländischem Schloß gewohnt hatte. Metternich sollte darauf seinen Abschied nehmen. Aber die Matrosen, die nun einmal zu ihm Vertrauen hatten, baten ihn, zu bleiben, trotzdem Richard Müller vom Vollzugsrat ihn im Verhör gehabt hatte. Jedenfalls war Metternich Mitwisser jenes Planes gewesen, nach dem am 6. Dezember die Soldatenzüge Ebert gehuldigt hatten und dessen Anreger wohl der Hauptmann Coler gewesen ist. Metternich beteuerte, daß bei dieser Unternehmung an irgendwelche gegenrevolutionären Ziele nicht gedacht worden sei. Aber um nicht immer wieder von neuem Mißtrauen ausgesetzt zu sein, legte der Graf am 7. Dezember das Kommando nieder und verließ Berlin. Sein Nachfolger wurde R a d t k e.

Die Nervosität der Berliner linksradikalen Kreise wurde um so größer, je mehr Truppen des Feldheeres in Berlin einrückten, um hier entlassen zu werden. Als Ebert am 9. November diese Truppen auf die junge deutsche Republik und auf ihre provisorische Regierung vereidigte, erhoben die Linksradikalen Vorwürfe, weil die Vereidigung nicht auf die Verfassung der sozialistischen Republik erfolgt war. Eine solche Verfassung bestand aber noch gar nicht. Uebrigens mußte damals schon gegen einen Hauptmann vorgegangen werden, der nur bereit war, der gegenwärtigen Regierung die Treue zu halten, nicht aber der Republik.

Die Vereidigung der Truppen sollte möglichst in den Vororten, also vor dem Einzug in Berlin erfolgen. Ihren Einzug wollten die Truppen haben. E b e r t begrüßte am Steglitzer Rathaus das Korps Lequis mit einer Rede, deren Leitsatz war: „Friede, Freiheit, Ordnung! Das werden die Sterne sein, denen wir folgen werden." Am 10. Dezember erinnerte Ebert die Truppen daran, daß sie erhobenen Hauptes zurückkehren könnten: Nie hätten Menschen Größeres geleistet. Die neue Freiheit sei erstanden. Die alte Herrschaft habe wie ein Fluch auf unseren Taten gelegen. Arbeit sei die Religion des Sozialismus.

Am 11. Dezember erklärte H a a s e in einer Rede den einziehenden Truppen, daß die rote Fahne das Symbol der Menschenverbrüderung sei, zu der sich die sozialistische Republik bekenne. Auch S c h e i d e m a n n und W e l s hielten Ansprachen an die nun täglich einziehenden Truppenkörper, die der Aufmunterung bedurften, weil sie vielfach eine gedrückte Stimmung zeigten. Der Vollzugsrat war bei dem Einzug der Truppen durch seine soldatischen Mitglieder vertreten. Ferner ließ er Flugblätter unter die ankommenden Soldaten verteilen, in denen besonders der Gegensatz zwischen Offizieren und Mannschaften aufgezeigt wurde. So hieß es in dem Flugblatt an die Kameraden, auf das der Kriegsminister Scheuch hinwies, u. a.:

„Ihr habt draußen in Trommelfeuer und Schlachtenlärm den Gang der politischen Ereignisse nicht verfolgen können. Ihr standet bis zum letzten Tage unter dem Einfluß Eurer Offiziere. Mag auch mancher menschlich fühlende Mann unter den Offizieren sein, so gehören sie doch alle einer Gesellschaftsschicht an, der das Fühlen und Denken der einfachen Arbeiter und Soldaten fremd ist. Die Offiziere sind in ihrer überwiegenden Mehrheit ihrer Herkunft, ihrer Weltanschauung nach keine begeisterten Anhänger der sozialistischen Revolution. Man hat versucht, Euch mit allerlei Schauermären über Anarchie und Diktatur zu verhetzen und gegen die revolutionären Kräfte in Deutschland und besonders in Berlin aufzubringen.

Sorgt für den Ausbau der Soldatenräte in Euren Reihen und macht Euch frei von dem moralischen Einfluß der Offizierskaste."

Den Soldaten wurde gesagt, daß sie nun nicht mehr „Sklaven des Militarismus" seien, und daß sie die Revolution vor dem fünften Kriegswinter bewahrt hätte, den unerbittliche Eroberungslust ihnen aufzuerlegen bereit war.

Diese Flugblätter verfehlten ihre Wirkung nicht. Für alle, die im Kriege ungerecht behandelt worden waren, war diese Sprache ein Labsal.

Im Reichsausschuß des Vollzugsrats ritt der Bayer H a e d r i c h am 3. Dezember eine Attacke gegen die Offiziere; das Tragen der Achselstücke müsse durch Vollzugsratsbeschluß verboten werden.

L e m k e bemerkte dazu, daß auch die freigewählten Offiziere irgendein Abzeichen tragen müßten. B e r g m a n n betonte, daß die Ostfront nicht so arbeiten könne wie der 53er Marinerat. Der Abtransport der Truppen sei schwierig. Soeben komme die Nachricht vom Zusammenbruch der 8. Armee. Wer da helfen wolle, müsse ein genialer Mensch sein. Hindenburg habe seine Fähigkeiten bewiesen.

I c h erinnerte in der Debatte daran, daß es auch Soldaten gegeben habe, die empört waren, als man den Offizieren die Abzeichen abriß. So lange die Demobilisierung im Gang sei, wäre ein Beschluß über die Abzeichen schwerlich einheitlich durchzuführen. Was die von Däumig in einem Antrag verlangte Absetzung von Hindenburg, Sixt von Armin und Mackensen angehe, so sollten wir uns hüten, den allgemeinen Wirrwarr dadurch noch zu steigern. Beide Teile des Heeres würden dadurch nur aufgeputscht. Ich glaubte nicht, daß ein Appell an die Mannschaften zurzeit mehr wirken könnte als die Kommandogewalt der Führer. Wir sollten beides anwenden: Appell an die Mannschaften und Beibehaltung der

Führer, trotzdem Hindenburg sicher immer konservativ und voll Gott-
vertrauen gewesen sei. Die Tage der Führer seien doch so wie so gezählt.
R u s c h verlangte, daß die Oberste Heeresleitung nach Berlin verlegt
würde. Füge sie sich dem nicht, so sei das ein Beweis dafür, daß sie
konterrevolutionär wäre. In der Abzeichenfrage müßte eine Vorlage
gemacht werden.

P a a s c h e meinte, daß die Generalsfrage aus der Stimmung der
Revolution heraus verstanden werden müsse. Mit der Unersetzlichkeit und
Gottähnlichkeit der Herren Hindenburg usw. sei es so wie so vorbei. Der
Apparat, dem Hindenburg vorstehe, funktioniere, und Hindenburg könne
aus seiner Stellung ruhig verschwinden, ohne den Abtransport ins Stocken
zu bringen. Wie eines Tages Ludendorff gegangen worden wäre, so könne
auch Hindenburg gehen, damit diese Leute fühlen, daß die Zeit des
Militarismus vorüber sei. Hindenburg erließe Kundgebungen, die den
reaktionären Offizieren den Rücken stärkten.

Die Debatte wurde am 4. Dezember fortgesetzt.

B e r g m a n n verteidigte die Schaffung der Eisernen Division im
Osten, deren Gründung vom Soldatenrat angeordnet, und die keineswegs
gegenrevolutionär sei. Ihr Zweck sei, u. a. bei Auseinanderfallen von
Truppenteilen die Bahnlinien zu sichern. Was den Einzug der Truppen
angehe, so wisse jeder, der an der Front war, daß es die Jahre hindurch
die Sehnsucht der Truppen war, in die Hauptstadt einzuziehen. Zögen sie
auch nicht als Sieger ein, so sei doch die Zumutung, vorher die Waffen
abzugeben, eine derartige, daß der Versuch der Durchführung zu schweren
Konflikten führen müsse. Freiwillig würden die Truppen die Waffen
nicht abgeben. Würden die Soldaten mißtrauisch, so würden sie um so
leichter eine Beute der uns feindlichen Agitation werden.

I c h stimmte diesen Ausführungen Bergmanns zu: Die Truppen
würden die erzwungene Ablieferung der Waffen mit Mißtrauen betrachten. Der Versuch, sie vor dem Einzug wegzunehmen, würde das
Gegenteil der beabsichtigten Wirkung haben. Wer solle übrigens den
Truppen die Waffen abnehmen?

H a e d r i c h - Bayern bestritt, daß die Truppen eine solche Sehnsucht
nach dem Einzug hätten. Man solle beim nächsten Transport den Versuch
machen, die Truppen schon vor Berlin zu entwaffnen. Gelinge das nicht,
dann könne man es bei den folgenden Truppen in der Garnison versuchen.

L e d e b o u r : Experimente können wir jetzt nicht machen. Mißlingt
der Versuch, so wird er bekannt, und wir sind blamiert.

L e m k e machte den Vorschlag, die Abgabe der Waffen zu einer Feierlichkeit zu gestalten. Den Soldaten könne zuvor durch Flugblätter gesagt
werden, daß das neue Regime keine Waffen brauche, sondern friedliche
Arbeit: „Ihr werdet deshalb nach Eurem Einzug in die Heimat die
Waffen abgeben."

Es wurde beschlossen, ein solches Flugblatt zu schreiben. Die
Ausgestaltung der Feierlichkeit sollte dem Berliner Arbeiter- und
Soldatenrat übertragen werden

Dadurch, daß der Vollzugsrat nach dem Ersten Rätekongreß verschwand, wurde weder das Flugblatt geschrieben, noch eine feier-
liche Waffenabgabe veranstaltet.

Am Schluß der Sitzung des Reichsausschusses vom 5. Dezember wurde dann über die Absetzung der Generale weiter verhandelt. Der der Debatte zugrunde liegende Antrag D ä u m i g hatte in seinem ersten Teile im Auswärtigen Amt die Absetzung von S o l f und Dr. D a v i d verlangt.

In seinem zweiten Teil sagte der Antrag:

„Mit Rücksicht darauf, daß verschiedene Heerführer in feindseliger Weise gegen die Arbeiter- und Soldatenräte vorgegangen sind und bewußt oder unbewußt gegenrevolutionären Machenschaften Vorschub leisten, mit Rücksicht ferner darauf, daß die Beibehaltung von Heerführern, die fortgesetzt für die Verlängerung des Krieges bis zum endgültigen Siege eingetreten sind, die Friedensbestrebungen nur erschweren und hinausschieben kann, ersucht der Vollzugsrat der Groß-Berliner Arbeiter- und Soldatenräte den Rat der Volksbeauftragten, daß die Generäle Hindenburg, Mackensen, Sixt von Armin, von Böhm, von Ehrhardt u. a. ihres Kommandos enthoben werden.

Durch einen systematischen Abbau des Systems der Soldatenräte und durch einen Appell an die Selbstdisziplin der heimkehrenden Truppen ist der ordnungsmäßige Demobilisierungsprozeß des Heeres besser gewährleistet als durch die Beibehaltung von Generälen des alten Systems, die der revolutionären Neuordnung Abneigung, passive Resistenz oder sogar offenen Widerstand entgegensetzen."

In der Debatte forderte C o h e n - R e u ß zunächst, daß so wichtige Beschlüsse nicht gefaßt werden dürften, ohne die Regierung zu hören. Uebrigens sei der Volksbeauftragte Barth nach Ems gefahren. Man solle seine Rückkehr abwarten. Die Beratung des Antrages wurde darauf zurückgestellt.

Tatsächlich hatten Uebergriffe von Offizieren der zurückgeführten Feldtruppen zu Konflikten geführt. Es waren u. a. Befehle gegen das Tragen roter Fähnchen und roter Abzeichen erlassen worden. Rote Fahnen hatten gelegentlich Offiziere herunterholen lassen, weil sie aus der Friedenszeit her noch den Rotkoller hatten. Diese Offiziere waren über die Vorgänge in der Heimat nicht genügend orientiert. Wenn sie gewußt hätten, daß auf dem Schloß Glienicke, das dem Sohne des Prinzen Friedrich Karl gehörte, am 9. November schon die rote Fahne aufgezogen gewesen war, hätten sie vor der roten Fahne mehr Achtung gehabt.

Zum Schutz der roten Fahnen wurde im Kabinett am 2. Dezember folgender Beschluß gefaßt:

„Rote Fahnen und Abzeichen sind das Symbol der deutschen Republik, wie das aus dem Beflaggen der Amtsgebäude hervorgeht. Jedes Vorgehen gegen die roten Fahnen und Abzeichen ist deshalb verboten."

Dieser Beschluß hatte nur moralische Bedeutung. Mit Gesetzeskraft wurde er nicht erlassen. Dem Verbot fehlten die Strafbestimmungen. Das führte gelegentlich zur Selbsthilfe.

Aus Potsdam, Aachen, Detmold, Lennep, Kreuznach, Krefeld usw. lagen Meldungen über das Herunterholen roter Fahnen durch Offiziere oder auf Befehl von Offizieren vor. Aus Kassel wurde mitgeteilt, daß ein Offizier, der eine rote Fahne entfernen wollte, von einer Wache, die keinen Spaß verstand, erschossen wurde. Aus Paderborn, daß General v. Mudra der 17. Armee das Tragen roter Fahnen strengstens untersagt habe. In Essen entstand eine Schießerei, weil ein Offizier vom Hauptpostamt und vom Bahnempfangsgebäude rote Fahnen entfernen wollte. In Brandenburg an der Havel hatten einrückende Truppen eine rote Fahne heruntergeholt. Sie wurde aber mit militärischen Ehren wieder gehißt. In Wilhelmshaven wurde ein Leutnant, der eine rote Fahne heruntergerissen hatte, von den Mannschaften mit der Waffe bedroht. Er wurde wegen Vergehens gegen die §§ 110, 113, 141 und 142 des Strafgesetzbuches mit 7 Monaten 2 Wochen Gefängnis bestraft.

Als General G r o e n e r wegen einiger solcher Fälle interpelliert wurde, erklärte er, daß sie an Zahl gering seien, wenn man bedenke, daß Millionen deutscher Soldaten jetzt demobilisiert würden. Er wundere sich, daß sich nicht noch mehr Fälle ähnlicher Art ereigneten. Jedenfalls bemühte sich General Groener, Reibungen beim Transport zu vermeiden. Die Oberste Heeresleitung hatte aber nicht jeden Offizier ganz in der Hand.

Auf der Konferenz der Ministerpräsidenten der Länder hatte E b e r t festgestellt, daß sich die Oberste Heeresleitung loyal auf den Boden der Republik gestellt und diese anerkannt habe. Um eine bessere Verbindung herzustellen, wurde am 20. November der Reichstagsabgeordnete G i e b e l als Vertreter der Reichsregierung bei der Obersten Heeresleitung bestellt. Er sollte in Wilhelmshöhe bei Kassel, wohin die Oberste Heeresleitung am 14. November übergesiedelt war, darauf achten, daß die Oberste Heeresleitung keine politischen Angelegenheiten ohne Zustimmung des Kabinetts erledigte.

G i e b e l sprach auch am 1. Dezember auf dem Emser Frontsoldatentag, auf dem 326 Delegierte 220 Divisionen vertraten und auf dem auch Brutus Molkenbuhr und Emil Barth anwesend waren. Der Emser Tag zeigte, daß die Frontsoldaten für die Republik und die Regierung der Volksbeauftragten waren. Nur gegen die Forderung der Sozialisierung der dafür reifen Betriebe machten sich einzelne Stimmen geltend.

Feldmarschall v o n H i n d e n b u r g war nach Verlegung der Obersten Heeresleitung nach Kassel vom Soldatenrat durch folgende Bekanntmachung begrüßt worden:

„Mitbürger und Soldaten! Heute trifft der Generalfeldmarschall v. Hindenburg mit Offizieren und Mannschaften des Großen Hauptquartiers in Kassel ein, um von Wilhelmshöhe aus die Demobilisation unserer Truppen zu leiten. Hindenburg gehört dem deutschen Volke und dem deutschen Heere. Er hat sein Heer zu glänzenden Siegen geführt und sein Volk in schwerer Stunde nicht verlassen. Nie hat Hindenburg in der Größe seiner Pflichterfullung uns näher gestanden als heute. Seine Person steht unter unserem Schutz. Wir wissen, daß die bürgerliche und soldatische Bevölkerung Kassels ihm nur Gefühle der Verehrung und Hochachtung entgegenbringen wird, und daß er vor jeder Belästigung sicher ist. Der Generalfeldmarschall trägt Waffen, ebenso die Offiziere und Soldaten des Großen Hauptquartiers, wenn sie ihn begleiten.

Für den Arbeiter- und Soldatenrat: G r z e s i n s k i.“

Im Kabinett stellte Barth die Absetzung Hindenburgs erneut zur Debatte. Zur Begründung wurde angeführt, daß die Entfernung Hindenburgs die beste Widerlegung der ententistischen Legende vom Fortbestehen des preußischen Militarismus wäre.

E b e r t wehrte sich dagegen: Hindenburg und Groener hätten auf Ehrenwort versichert, hinter der neuen Regierung zu stehen. Es bestünde kein Grund, an ihrem Wort zu zweifeln und an ihren Stellungen zu rütteln. Gerade wegen der Schwierigkeiten der Demobilmachung sei es erforderlich, alle Erschütterungen vom Heere fernzuhalten.

Eine starke Spannung erhielt das Verhältnis zwischen Volksbeauftragten und Oberster Heeresleitung erst durch die Beschlüsse des Ersten Rätekongresses über das Heerwesen. Um die militärischen Angelegenheiten im Zusammenhang behandeln zu können, will ich auf diese jetzt schon eingehen. Auf dem Ersten Rätekongreß hatte der Hamburger Delegierte L a m p l sieben Punkte über das Heerwesen aufgestellt, die auch die Zustimmung der Berliner Soldatenvertreter gefunden hatten. Sie lauteten, nachdem sie durch die Kommissionsberatung geringfügige Abänderungen erfahren hatten, in ihrer auf dem Kongreß nahezu einstimmig angenommenen Fassung wie folgt:

„1. Die Kommandogewalt über Heer und Marine üben die Volksbeauftragten unter Kontrolle des Vollzugsrats aus. In den Garnisonen wird die militärische Kommandogewalt im ständigen Einvernehmen mit der obersten Kommandogewalt von den örtlichen Arbeiter- und Soldatenräten ausgeübt. Militärische Angelegenheiten, die allen Garnisonen gemeinsam sind, werden von den Trägern der obersten Kommandogewalt im Verein mit einem Delegiertenrat der Garnison erledigt.

2. Als Symbol der Zertrümmerung des Militarismus und der Abschaffung des Kadavergehorsams wird die Entfernung aller Rangabzeichen und das Verbot des außerdienstlichen Waffentragens angeordnet.

3. Für die Zuverlässigkeit der Truppenteile und für die Aufrechterhaltung der Disziplin sind die Soldatenräte verantwortlich. Der Kongreß der Arbeiter- und Soldatenräte ist der Ueberzeugung, daß die unterstellten Truppen den selbstgewählten Soldatenräten und Führern im

Dienste den zur Durchführung der Ziele der sozialistischen Revolution unbedingt erforderlichen Gehorsam erweisen. Vorgesetzte außer Dienst gibt es nicht mehr.

4. Entfernung der bisherigen Achselstücke, Unteroffizierstressen usw. Kokarden, Achselklappen und Seitengewehre ist ausschließlich Angelegenheit der Soldatenräte und nicht einzelner Personen. Ausschreitungen schädigen das Ansehen der Revolution und sind zur Zeit der Heimkehr unserer Truppen unangebracht. Der Kongreß verlangt Abschaffung aller Orden und Ehrenzeichen und des Adels.

5. Die Soldaten wählen ihre Führer selbst. Frühere Offiziere, die das Vertrauen der Mehrheit ihres Truppenteils genießen, dürfen wiedergewählt werden.

6. Offiziere der militärischen Verwaltungsbehörden und Beamte im Offiziersrange können im Interesse der Demobilisation in ihren Stellungen belassen werden, wenn sie erklären, nichts gegen die Revolution zu unternehmen.

7. Die Abschaffung des stehenden Heeres und die Errichtung der Volkswehr sind zu beschleunigen."

Ueber L a m p l s achten Punkt:

„Vorstehende Sätze sind Richtlinien. Die endgültigen Ausführungsbestimmungen werden von den sechs Volksbeauftragten unter Kontrolle des Vollzugsrats und im Einvernehmen mit den Soldatenräten von Heer und Marine festgesetzt."

wurde auf dem Kongreß nicht abgestimmt. Die ursprüngliche Formulierung Lampls in Punkt 1 hatte nur den ersten Satz enthalten, das weitere, die Kommandogewalt in den Garnisonen betreffend, war auf Antrag der Unabhängigen in der Kommissionsberatung beschlossen worden.

H i n d e n b u r g sandte darauf an die Armeeoberkommandos ein Telegramm, das die Hamburger Punkte für das Feldheer nicht anerkannte. Das Telegramm lautete:

„Ich erkenne die von dem Zentralrat der Arbeiter- und Soldatenräte gefaßte Resolution, betreffend Verordnung über das Heerwesen, insbesondere in der Stellung der Offiziere und Unteroffiziere, nicht an. Ich bin der Auffassung, daß eine solche tief in das Leben der Nation und des Heeres einschneidende Veränderung, nicht von einer einseitigen Ständevertretung, sondern nur von der durch das ganze Volk berufenen Nationalversammlung getroffen werden kann. Das Heer steht nach wie vor zu der Regierung Ebert und erwartet von dieser Regierung, daß sie die von ihr gegebene Zusage über den Bestand des Heeres und die Richtlinien über die Befugnisse der Vertrauensmänner des Heeres weiter als maßgebend anerkennt, und daß es dadurch dem Offizier- und Unteroffizierkorps ermöglicht wird, weiter Dienst zu tun. Ich bin in diesem Sinne bei der Regierung vorstellig geworden. Es bleibt deshalb bei den bisher gegebenen Befehlen."

In einem zweiten Telegramm war gesagt worden, daß das Telegramm nicht zur Veröffentlichung bestimmt sei.

Mit dem Ersten Rätekongreß hatte der Vollzugsrat abgedankt. Der auf dem Kongreß gewählte Zentralrat, der nur aus Mehrheitssozialisten bestand, war zum 20. Dezember zu einer gemeinsamen Sitzung mit den Volksbeauftragten einberufen worden. Ebert teilte zur Begründung mit, daß über die sieben Punkte sofort eine Aussprache nötig sei, denn Heeres- und Marineleitung behaupteten, im Rahmen der sieben Punkte die Demobilmachung nicht ordnungsgemäß zu Ende führen zu können. Die Offiziere des Feldbahnwesens vertraten besonders diesen Standpunkt. Die der Waffenstillstandskommission zugeteilten Offiziere drohten mit dem Rücktritt.

In dieser Sitzung schilderte General G r o e n e r die Schwierigkeiten der Demobilmachung:

Im Osten sei eine Armee völlig aufgelöst. Nur wenn im Osten die Mannschaften ihren Führern folgten, käme der letzte Mann auch aus der Ukraine nach Hause. Man möge das Band zwischen Offizieren und Mannschaften nicht zerreißen. Führer ließen sich gegenwärtig nicht wählen. Durch solche Maßnahmen würde eine allgemeine Desorganisation eintreten, jeder Mann würde sich auf die Bahn stürzen, um so schnell wie möglich nach Hause zu kommen. Wenn der Beschluß auf Abschaffung der Abzeichen auch menschlich verständlich sei, so würde er doch im Offizierskorps des Feldheeres einen Sturm der Entrüstung auslösen. Das sei begreiflich. Auf Wunsch des Feldmarschalls v. Hindenburg hätten sich die Offiziere bisher der Regierung zur Verfügung gestellt. „Wenn wir gehen — denn ich lasse mir die Achselstücke nicht wegnehmen —, dann kommt der völlige Zusammenbruch. Ich kann diejenigen verstehen, die den Beschluß gefaßt haben, aber seine Ausführung würde wie eine Katastrophe wirken. Auch Sowjetrußland hat in seinem Heer Drill eingeführt und sein Heer hat keine selbstgewählten Offiziere. Die Art, wie die deutsche Armee im Westen die schwierigen Räumungsbedingungen erfüllt hat, erregt die Bewunderung amerikanischer Offiziere. Ich bin durchaus der Ueberzeugung, daß mit unserem alten Heeressystem gebrochen und ein neues aufgebaut werden muß. Besonders die Offiziere müssen aus den Massen hervorgehen. Zu all dem können wir aber erst kommen, wenn wieder mehr Ruhe und Ordnung herrscht. Noch weiß niemand, ob und welche Vorschriften uns die Entente über unser Heeressystem machen wird. Ueber Orden und Ehrenzeichen denke ich selbst sehr freimütig. Ich habe nie großen Wert auf sie gelegt. Wenn Sie aber den Frontkämpfern das Anlegen der Kriegsorden verbieten wollen, bringen Sie nur unnötige Unruhe ins Volk."

Die freimütigen Ausführungen des Generals G r o e n e r, die von E d l e r v. M a n n für die Marine und von E b e r t warm unterstützt wurden, machten auf den Zentralrat einen starken Eindruck.

G r z e s i n s k i wies darauf hin, daß der Kongreßbeschluß auf Grund der vielen Beschwerden der Soldaten über ihre Offiziere zustande gekommen sei. Wie sollten diese Beschwerden abgestellt werden? Es habe niemand daran gedacht, die Oberste Heeresleitung neu wählen zu lassen.

S c h e i d e m a n n erkannte die Undurchführbarkeit der Beschlüsse für das Feldheer an. Alle Offiziere hätten darunter zu leiden, daß ein Prozentsatz der Offiziere sich gegen die Soldaten ungehörig benommen habe. Gegen die Abschaffung der Rangabzeichen hätten auch schon die republikanischen Unteroffiziere Protest erhoben. Aufrecht zu erhalten sei der Beschluß über das Verbot des Waffentragens außerhalb des Dienstes. Das sei in anderen Ländern auch durchgeführt. Daß die Offiziere die Achselstücke ablegen sollen, empfänden sie als Degradation.

L a m p l verteidigte die Beschlüsse. In Hamburg, Lübeck und Bremen seien sie bei allen Chargen durchgeführt und deshalb kein Ausnahmegesetz gegen die Offiziere. Die Rangunterschiede sollten ja nicht abgeschafft werden. Ohne sie könnte auf die Dauer kein Heer existieren. Die Beschlüsse sollten symbolisch zeigen, daß die Zeit des Militarismus vorüber sei. Was die Orden angehe, so könnte nach den Hamburger Beschlüssen eine Ausnahme für die wegen Tapferkeit vor dem Feinde verliehenen Orden gemacht werden. Die Soldaten lehnten das aber ab, weil ein Drittel aller Eisernen Kreuze ungerecht verteilt worden sei. Lampl schlug schließlich praktisch vor, zu sagen:

„Die Bestimmungen gelten nur für das Heimatheer, für die Fronttruppen erst, nachdem sie ihre Waffen in den Kasernen niedergelegt haben."

Ein Vertreter der Ostfront schloß sich dem an. Für das Frontheer kämen die Beschlüsse nicht in Betracht.

C o h e n - Reuß riet dazu, mit dem Berliner Soldatenrat ganz offen zu reden. Dieser würde dann einsehen, daß es sich nur um Forderungen für das Heimatheer handeln könne. Es sei bedauerlich, daß die Anträge vom Kongreß nicht in Form von Richtlinien gefaßt worden seien.

L e i n e r t - Hannover bemerkte, daß er nie an eine Durchführung dieser Bestimmung beim Frontheer gedacht habe. Niemand wolle die Offiziere in den Aemtern, insbesondere im Kriegsamt und in der Waffenstillstandskommission zur Wahl stellen.

H a a s e : Zu Beginn der Revolution wurde das Ablegen der Achselstücke nicht als Degradation empfunden. Auf dem Rätekongreß haben auch Offiziere für die sieben Punkte gestimmt. Die Oberste Heeresleitung habe keinen Erlaß über die roten Abzeichen herausgegeben, wie das die Volksbeauftragten wünschten.

V o g t - Breslau: In Schlesien ist beim Grenzschutz das Tragen von Achselstücken erlaubt. Auch bei den Heimattruppen braucht nicht alles über einen Kamm geschoren zu werden.

B a r t h war für strikte Durchführung der Kongreßbeschlüsse. Sonst würde es im Volke heißen: Die Militärkamarilla ist stärker als alles andere.

General G r o e n e r : Die Oberste Heeresleitung hat sich lediglich bemüht, konterrevolutionäre Gedanken aus sachlichen und aus moralischen Gründen im Heere zu unterdrücken. Solange der Feldmarschall und ich an der Spitze der Obersten Heeresleitung stehen, kann ich Ihnen die bündige Versicherung abgeben: „Wir denken nicht daran, Konterrevolution zu machen." Ebenso soll alles geschehen, um berechtigten Beschwerden abzuhelfen. Wir haben angeordnet, daß Offiziere, die das Vertrauen ihrer Truppe nicht besitzen, so schnell wie möglich entfernt werden sollen. Auf viele Offiziere wirkt nun einmal die rote Farbe aufreizend. Aber ich bitte dringend, nicht zu generalisieren. Ueber das Waffentragen außerhalb des

Dienstes ist eine Verständigung möglich, wenn auf dem Wege von und zum Dienst die Waffe getragen werden kann. Wenn wir den Offizieren die Abzeichen wegnehmen, machen wir uns vor der Welt lächerlich. Offizierswahl durch Soldatenräte gibt es nirgends. Ich erhebe auch dagegen Einspruch, daß die Bestimmungen nur für das Heimatheer gelten sollen. Heimatheer und Fronttruppen lassen sich nicht immer trennen. Denken Sie an den Grenzschutz im Osten. Bei Differenzierung gleitet uns das Offizierskorps aus der Hand. Meine Aufgabe ist nicht leicht. Sie ist die schwerste meines Lebens. Erschweren Sie mir aber dieselbe so, dann sage ich: „Nun ist die Sache für mich zu Ende." Auf Grund der sieben Punkte wird nie ein Heer aufgebaut werden können. Die Russen haben ihres ganz anders aufgezogen. Ich nehme die Beschlüsse nicht so tragisch. Auch in diesen Wein wird Wasser geschüttet werden. Was wir brauchen, ist Ruhe und Vermeidung des Bürgerkriegs. Ich mache den Vorschlag, die Volksbeauftragten mögen bekannt geben, daß der sofortigen Durchführung der sieben Punkte Schwierigkeiten entgegenstünden. Bis zum Erlaß von Ausführungsbestimmungen sollte es bei dem jetzigen Zustand verbleiben. Die Ausführungsbestimmungen könnten demnächst mit dem Kriegsministerium beraten werden, das würde Beruhigung schaffen.

D i t t m a n n sah beim Eingehen auf Groeners Vorschläge ganz schwarz. Für den Zentralrat und die Volksbeauftragten sei das Selbstmord. Wenn der wichtigste Beschluß des ganzen Kongresses für Null erklärt würde, könnte das zur Anarchie führen.

E b e r t : Der Kongreß hat überstürzt gehandelt. Von ruhiger Beratung war keine Rede. Die Kommission hat zunächst nur an Richtlinien gedacht, deren Durchführung der Regierung übertragen werden sollte. Wenn darin Uebereinstimmung herrscht, daß die Bestimmungen nicht für das Feldheer gelten sollen, sind Ausführungsbestimmungen nötig. Darüber muß mit dem Kriegsministerium gesprochen werden. Die Bestimmungen sollen in Gesetzesform gebracht werden. Sie können nicht vor Erlaß der Ausführungsbestimmungen in Kraft treten. Ueber das Ergebnis der gemeinsamen Beratungen von Volksbeauftragten und Zentralrat soll eine Verordnung erfolgen.

In der gemeinsamen Sitzung, die am 28. Dezember mit dem Zentralrat stattfand, protestierte H a a s e nochmals gegen die Kapitulation der Regierung vor Hindenburg und Groener in der Ausführung der sieben Punkte. Die Regierung sei schwach, weil sie sich nicht auf die Massen stützen wolle.

E b e r t erwiderte, daß die Oberste Heeresleitung die Demission eingereicht hätte. General Groener habe die Gründe für seine Haltung offen dargelegt. Von Soldatenräten seien hunderte von Telegrammen gegen die Beschlüsse des Kongresses eingelaufen. (Zuruf: „Von Groener bestellte Arbeit.") So sehen Sie die Soldatenräte an?! Wenn Groener auf den Knopf drückt, tanzen sie?

In der Debatte war auch darauf hingewiesen worden, daß über die künftige Organisation des Heeres noch keine Klarheit vorhanden sei.

Am 10. Dezember hatte L l o y d G e o r g e in einer großen Wahlrede in Bristol die Aufhebung des englischen Gesetzes über die Dienstpflicht in Aussicht gestellt. Als Voraussetzung für einen dauernden Frieden in Europa hatte er gleichzeitig verlangt, daß auf dem Kontinent die Dienstpflichtarmeen ein Ende finden müßten. Dies war die erste Rede, aus der man schließen konnte, daß wahrscheinlich von Deutschland zuerst die Abschaffung der allgemeinen Wehrpflicht verlangt werden würde.

Für die Arbeiter- und Soldatenräte empfanden die alliierten Generale im besetzten Gebiete keine Sympathien. Die oft verbreitete Nachricht, daß die Arbeiter- und Soldatenräte überall aufgelöst würden, war aber falsch. Daß sie andererseits nicht anerkannt würden, hat Marschall F o c h dem Arbeiter- und Soldatenrat Kreuznach in einem den Besuch des ersten Rätekongresses betreffenden Schriftwechsel ausdrücklich bestätigt. In Köln hatte am 19. Dezember der englische Gouverneur bekanntgegeben, daß in den von den britischen Truppen besetzten Gebieten sich die Arbeiter- und Soldatenräte jeglicher Einwirkung auf Staats- und Kommunalbehörden sowie der Einmischung in Verwaltungsangelegenheiten zu enthalten hätten.

Der angekündigte Rücktritt des Kriegsministers Scheuch hatte sich verzögert, weil das Kabinett wegen der innerpolitischen Wirren der zweiten Dezemberhälfte nicht zur ruhigen Arbeit gekommen war. So war es auch nicht zur Ausarbeitung des Planes für das 11 000-Mann-Heer gekommen. Der Kriegsminister wollte diese Arbeit wegen ihrer grundsätzlichen Bedeutung seinem Nachfolger überlassen. Die Ersetzung Scheuchs durch Oberst R e i n h a r d t erfolgte dann erst nach Rücktritt der Unabhängigen aus dem Rate der Volksbeauftragten. Reinhardt war bereit, das Amt anzunehmen, wobei er eine Verständigung mit der Obersten Heeresleitung voraussetzte. Reinhardt war von Hause aus Monarchist. Er erklärte jedoch, wie damals die meisten Offiziere, daß er die ihm anvertrauten Truppen niemals gegen die Regierung verwenden würde. Der vom Rätekongreß gewählte Zentralrat stimmte der Ernennung Reinhardts am 31. Dezember zu.

Reinhardt wurde in einer gemeinsamen Sitzung von Volksbeauftragten und Zentralrat durch N o s k e eingeführt, der inzwischen in der neuen, rein mehrheitssozialistischen Regierung das Heerwesen übernommen hatte.

N o s k e erklärte in dieser Sitzung, daß die Bildung einer Volkswehr äußerst rasch nötig sei. Wenn die Regierung über den Frieden verhandeln wolle, müsse sie einen Machtfaktor zur Verfügung haben, der ihren

Bestand garantiere, solange die zu wählende Nationalversammlung nicht ihren Rücktritt fordere. Ueber die Art der Durchführung der sieben Punkte des Rätekongresses könne und werde eine Einigung zu erzielen sein.

Oberst R e i n h a r d t erinnerte daran, daß er dreißig Jahre in Krieg und Frieden dem Heere gedient habe. Deutschland sei in einer solchen Krise, daß wir an Aeußerlichkeiten nicht kleben dürften. Zeit sei nicht zu verlieren, wenn wir wieder vorwärtskommen wollten. Dazu müsse aber auch das Mißtrauen verschwinden, das so große Risse durch unser Volk gehen ließe.

E b e r t trat warm für Reinhardt ein, der den komplizierten Betrieb des Heeres kenne, was wegen der Demobilmachung dringend nötig sei. Auf Anfrage von P f a f f sagte er, daß mit Bölcke und Feldmann auch verhandelt worden sei. Die Volksbeauftragten würden aber die Ernennung Reinhardts empfehlen.

P f a f f fragte Reinhardt, ob alle Anordnungen wieder von den Offizieren ausgehen sollten und die Soldatenräte nur als Beschwerdeinstanz gedacht wären.

Oberst R e i n h a r d t erwiderte, daß eine mehrköpfige Kommandoführung nicht praktisch sei. Der Soldatenrat solle das Recht zur Klage gegen einen Führer haben und bis zur Enthebung vom Dienst durchführen oder auch den Wunsch nach einem anderen Führer ausdrücken können.

Als L a m p l die Hamburger Resolution über die Kommandogewalt rühmte, erwiderte N o s k e, daß sich die Hamburger Vorschläge nur auf einen Uebergangszustand beziehen dürften. Was von den Generalkommandos übrig bliebe, sei noch ganz unklar. Jetzt gehe es um das Wichtigere, die Schaffung des Volksheeres. Wenn Scheuch ginge, müßten im Amte übrigens auch noch andere Herren ersetzt werden, z. B. General v. Wriesberg usw.

Oberst R e i n h a r d t erklärte, für jeden Vorschlag dankbar zu sein. Es gehe aber weniger darum, Räte an Stelle von Kommandeuren zu setzen, als das Vertrauen zwischen Führern und Leuten wiederherzustellen. Dazu sei der Soldatenrat das richtige Bindeglied. Wir wollen der Soldatenräte nicht entbehren, sondern sie an die richtige Stelle setzen. Auf Anfrage erklärte Oberst Reinhardt, daß er, weil er unterwegs gewesen sei, Hindenburgs Erlaß an Ober-Ost gegen die sieben Punkte nicht gekannt habe.

N o s k e bemerkte hierzu, daß nach Bekanntwerden dieses Erlasses die Volksbeauftragten der Obersten Heeresleitung mit Nachdruck gesagt hätten, daß alle politischen Kundgebungen der Obersten Heeresleitung der Regierung vor Erlaß vorzulegen seien. Selbstverständlich wäre der Rätekongreß zurzeit als Ausdruck des Volkswillens anzusehen.

L a m p l sprach sich für Reinhardts Ernennung aus. Der Posten müsse bald besetzt werden. Der Berliner Soldatenrat verlange die Veröffentlichung der sieben Punkte des Rätekongresses im Armeeverordnungsblatt. Eine sozialistische Volkswehr lasse sich nicht in einigen Wochen aufbauen.

Nachdem noch mitgeteilt worden war, daß die Oberste Heeresleitung am 3. Januar von Kassel nach dem Osten verlegt würde, bestätigte der Zentralrat gegen drei Stimmen Reinhardts Ernennung zum Kriegsminister.

Der Zentralrat der Sozialistischen Deutschen Republik führte nach Beendigung des Januarputsches langwierige Verhandlungen mit dem Kriegsminister Reinhardt über die vorläufige Regelung der Kommandogewalt und die Stellung der Soldatenräte im Friedensheer. (Die mobilen Verbände blieben besonderer Regelung vorbehalten.) Es würde zu weit führen, diese Verhandlungen im einzelnen zu schildern. Ich selbst war an den Verhandlungen persönlich stark beteiligt. Das Ergebnis wurde am 19. Januar 1919, dem Tage der Wahl zur Nationalversammlung, im Armeeverordnungsblatt 53. Jahrgang Nr. 8 veröffentlicht. Es war gezeichnet: Die Reichsregierung: Ebert, Noske, der Kriegsminister: Reinhardt, der Unterstaatssekretär: Göhre, der Zentralrat der Arbeiter- und Soldatenräte der Deutschen Sozialistischen Republik: Max Cohen, Hermann Müller.

Eingeleitet wurde die Veröffentlichung durch einen Aufruf des Kriegsministers Reinhardt: „An die Offiziere, die Unteroffiziere und alle ihnen gleichgestellten Angehörigen des Heeres", in dem es u. a. hieß:

„Dem Ruf ihrer Führer folgend, stellten sich die Offiziere und Unteroffiziere den neuen Staatsgewalten zur Verfügung. Der große Riß wurde vermieden. Es blieben aber viele Hemmungen auf dem Wege zum Aufbau eines neuen Vertrauens zwischen Führern und Soldaten zu beseitigen. Natürliche große Schwierigkeiten in der Uebergangszeit sind zu überwinden. Dazu läßt uns der denkbar härteste Druck von außen keine ruhige Entwicklungsfrist. Wir müssen uns vielmehr schrittweise mit Behelfsmaßnahmen vorwärtsarbeiten.

„Die Verordnungen vom heutigen Tag über Kommandogewalt, Stellenbesetzung, Anzug und Grußpflicht sind solche Maßnahmen."...

...„Der Tag der Bekanntgabe der Verordnungen läßt die Armee erkennen, daß der Zentralrat der deutschen sozialistischen Republik und der Rat der Volksbeauftragten im Zusammenarbeiten mit dem Kriegsministerium hierbei jeden Nebenzweck ausschloß. Die Verordnungen konnten weder die Wahl beeinflussen, noch durch ihr Ergebnis beeinflußt werden."

Aus der Verordnung über die vorläufige Regelung der Kommandogewalt und Stellung der Soldatenräte im Friedensheer, die zwölf lange Absätze enthielt und die ganz abzudrucken zu weit führen würde, ist folgendes wichtig:

„1. Die oberste Kommandogewalt hält der vom Zentralrat der deutschen sozialistischen Republik gewählte Rat der Volkbeauftragten inne.

2. Die Ausübung der Kommandogewalt überträgt der Rat der Volksbeauftragten, soweit er nicht unmittelbare Befehle erteilt, dem preußischen Kriegsminister. Die Festsetzungen der Reichsverfassung finden auf ihn sinngemäße Anwendung. Dem Kriegsminister ist ein Unterstaatssekretär beigeordnet.

4. Bei den höheren Verbänden wie bei Truppen und sonstigen Formationen üben die Führer die Befehlsgewalt aus. Sie sind der Reichsregierung und ihren unmittelbaren Vorgesetzten für ihre Tätigkeit verantwortlich.

5. Bei den Regimentern, selbständigen Bataillonen und gleichgestellten Formationen sind Soldatenräte zu wählen. Sie überwachen die Tätigkeit der Führer in der Richtung, daß die letzteren ihre Dienstgewalt nicht zu Handlungen gegen die bestehende Regierung mißbrauchen. Beim Erlaß allgemeiner, für die Dauer gültiger Anordnungen, die sich auf die Fürsorge für die Truppe, auf soziale und wirtschaftliche Fragen, auf Urlaub und Disziplinarsachen beziehen, wirken die Soldatenräte mit und zeichnen mitverantwortlich. Die rein militärischen Befehle, die sich auf Ausbildung, Führung und Verwendung der Truppen beziehen, gehen von den Führern allein aus; sie bedürfen keiner Gegenzeichnung eines Soldatenrats.

Bei den kleineren Einheiten (Kompagnien, nichtselbständigen Bataillonen usw.) wirken Vertrauensleute nach näherer Anordnung des Führers und des Soldatenrats des Regiments usw. bei der Fürsorge für die Truppe und Aufrechterhaltung der Manneszucht und Ordnung und des gegenseitigen Vertrauens mit.

6. Jedem Generalkommando steht ein Korps-Soldatenrat für den Korpsbezirk zur Seite. Die Korps-Soldatenräte stehen für die Truppenangelegenheiten des ganzen Korpsbezirkes zu den Generalkommandos in gleichem Verhältnis wie die Regimentssoldatenräte zu den Regimentsführern. Dem Korpssoldatenrate müssen alle Klagen der Truppensoldatenräte des Korpsbezirks zur Mitprüfung zugestellt werden. Die Entscheidung über Beschwerden trifft das Generalkommando nach Anhören des Korpssoldatenrats. Wird die Entscheidung von letzterem für schädlich gehalten, so kann er unmittelbar an den Unterstaatssekretär im Kriegsministerium berichten, der die Entscheidung des Kriegsministeriums herbeiführt. Gegen die Entscheidung kann Berufung bei der Regierung eingelegt werden. Korpssoldatenräte dürfen sich auch jederzeit an den Zentralrat wenden.

9. Die Stellenbesetzung ist Sache des Kriegsministeriums. Sobald die Soldaten ihre Führer kennen, frühestens nach 14 Tagen, spätestens nach vier Wochen tatsächlich gemeinsam geleisteten Dienstes, melden die Soldatenräte schriftlich dem Führer, ob die Unterführer, oder der nächsthöheren Dienststelle, ob die eigenen Führer das Vertrauen der Angehörigen der Formation besitzen, oder aus welchem Grunde der einzelne dies nicht hat. Die Gehorsamspflicht wird vor einer von höherer Stelle getroffenen Entscheidung nicht unterbrochen. Die Soldatenräte sind nicht befugt, Führer selbst abzusetzen oder auszuschalten, sie können aber die Absetzung beantragen. Die Entscheidung trifft innerhalb des Regiments der Führer, soweit dies möglich, weiterhin das Generalkommando oder das Kriegsministerium. Bei jeder dieser Dienststellen werden die Einsprüche geprüft und danach entschieden. Gegen die Entscheidung steht dem Soldatenrat und dem Betroffenen die Berufung an die nächsthöhere Dienststelle bis zum Zentralrat der Deutschen Republik zu; im gleichen Sinne wie bei Beschwerden (vgl. Ziffer 6).

12. ... Jeder Soldat, Führer, Unterführer, mag er Offizier, Unteroffizier oder Mann sein, ist während seiner Dienstzeit der Regierung der Republik zu unbedingtem Gehorsam verpflichtet. Jeder Heeresangehörige, der die von der Regierung unmittelbar oder durch das Kriegsministerium oder durch die Kommandostellen ergehenden Befehle nicht befolgt. macht sich strafbar, ebenso derjenige, der seine Dienstgewalt zu Handlungen gegen die Regierung mißbraucht. Unberührt hiervon bleibt jedem Heeresangehörigen das Recht und die Freiheit der eigenen Ueberzeugung und damit Wahlrecht und Wählbarkeit. Die damit zusammenhängenden Handlungen müssen vom militärischen Dienst auf das strengste geschieden werden."

In langwieriger Arbeit war es so gelungen, die Soldatenräte in die Heeresorganisation einzubauen, ohne die Befehlsgewalt der Offiziere illusorisch zu machen. Die Beschwerde war den Soldaten bis zur Reichsregierung hinauf gesichert. Die Korpssoldatenräte konnten sich auch an den Zentralrat wenden. Die Absetzung ungeeigneter Führer konnte beantragt werden. Die letzte Entscheidung hatte der Zentralrat. Unbedingter Gehorsam gegen die Regierung der Republik war festgelegt. Ebenso war den Heeresangehörigen Wahlrecht und Wählbarkeit zugestanden.

Gleichzeitig traten die vorläufigen Bestimmungen über Bekleidung und Anzug im Friedensheer in Kraft. Sie können im einzelnen in der gleichen Nummer des Armeeverordnungsblattes nachgelesen werden.

Die Kennzeichnung der Unteroffiziere und Offiziere geschah durch das Tragen verschieden breiter Streifen am linken Ober- oder Unterarm.

Endlich traten gleichzeitig vorläufige Bestimmungen über den militärischen Gruß im Friedensheer in Kraft:

„1. Der militärische Gruß soll kein Zeichen des Zwanges und der Unterwürfigkeit sein. sondern der Ausdruck der Kameradschaft....

2. Einen einseitigen Grußzwang des Untergebenen gegenüber dem Vorgesetzten gibt es nicht mehr. Dagegen besteht für beide die Pflicht, sich gegenseitig zu grüßen, wobei der Jüngere und im Dienstgrad Niedere dem Aelteren zuvorkommen muß. Die Grußpflicht ruht im Weichbild größerer Städte. in belebten öffentlichen Räumlichkeiten, wie innerhalb aller Menschenansammlungen. Näheres ist von den örtlichen Dienststellen zu regeln."... usw.

Durch diese Verordnungen waren nicht alle Soldatenräte zufriedengestellt. Am 1. April 1919 traten vor dem zweiten Rätekongreß die Soldatenräte des Gardekorps im früheren Herrenhaus zu einer Vollversammlung zusammen und stellten Anträge zum Rätekongreß, in denen es u. a. hieß:

„Der Erlaß über die Neuregelung der Kommandogewalt vom 19. Januar 1919 kann von der Versammlung nicht als Erfüllung der Wünsche der Soldaten anerkannt werden und muß wieder verschwinden."

„Die Versammelten sind der Ansicht. daß die militärischen Mitglieder des Zentralrats durch ihre Zustimmung zu dieser Verfügung die Interessen der deutschen Soldaten und Soldatenräte verraten haben.

Sollten die militärischen Mitglieder des Zentralrates jedoch mit ihrer ablehnenden Meinung überstimmt gewesen sein, so wäre es ihre Pflicht gewesen, korporativ zurückzutreten."

Praktische Bedeutung konnten diese Beschlüsse nicht haben. Längst tagte die Nationalversammlung in Weimar. Sie hatte seit Februar 1919 über die Wehrfragen zu entscheiden, nicht ein neuer Kongreß der Arbeiter- und Soldatenräte.

Die Nationalversammlung hat dann am 25. Februar Ebert als vorläufigen Reichspräsidenten ermächtigt, das bestehende Heer aufzulösen und auf demokratischer Grundlage unter Zusammenfassung bereits bestehender Freiwilligenverbände durch Anwerben von Freiwilligen und Eingliederung bereits bestehender Volkswehren eine vorläufige Reichswehr zu bilden, die bis zur Schaffung der neuen reichsgesetzlich zu ordnenden Wehrmacht die Reichsgrenzen zu schützen, den Anordnungen der Reichsregierung Geltung zu verschaffen und Ruhe und Ordnung im Innern aufrechtzuerhalten hätte.

Nach Ausbruch des Januarputsches, der angezettelt worden war, um die Regierung zu stürzen, waren F r e i w i l l i g e n v e r - b ä n d e gebildet worden, die der Regierung die Handlungsfreiheit geben und die Durchführung der Wahlen zur Nationalversammlung garantieren sollten. Gegen diese Verbände wehrten sich die Soldatenräte vergebens. Wären die in den Berliner Kasernen liegenden Truppen in den Revolutionsmonaten November 1918 bis Februar 1919 zuverlässige Stützen der Regierung gewesen, hätte es zur Bildung der Freiwilligenkorps gar nicht zu kommen brauchen. Für die Freiwilligen Verbände und die republikanischen Wehren galten die Bestimmungen vom 19. Januar 1919 nicht. Beide sollten verschwinden mit dem Gesetz über die Bildung der vorläufigen Reichswehr.

Das Vorhandensein der Freiwilligenkorps benutzten die Linksradikalen immer wieder, um auf die noch nicht demobilisierten Soldaten des Feldheeres Einfluß zu gewinnen. Die Sozialdemokratische Partei hat sich damals alle Mühe gegeben, diese Einflußnahme zu verhindern. In einem Flugblatt mit dem Titel „Soldaten! Brüder im grauen Rock!" wurden die Soldaten auf die soziale Befreiung durch die Revolution hingewiesen, wurden die Errungenschaften der Revolution aufgezählt, und die Soldaten aufgefordert, mit Begeisterung in die Kampfreihen der Sozialdemokratie zu treten.

Gegen spartakistische Wühlereien wurde zur Wahlzeit ein vom Parteivorstand der Sozialdemokratie gezeichnetes Flugblatt in den Kasernen verbreitet, in dem es u. a. hieß:

„Soldaten! Es werden in den Kasernen Aufrufe verbreitet, welche die so notwendige Einigkeit unter den Soldaten und Arbeitern zu zerstören suchen. Insbesondere wird darin unsere Partei, zu der sich viele Tausende von Kameraden bekennen, angegriffen, weil sie die Kriegskredite bewilligt hat.

Wir haben die Kriegskredite bewilligt, weil wir Euch, die Ihr draußen standet, die Treue halten wollten, und weil wir den Sieg der Gegner, die genau so imperialistisch sind wie unsere früheren Machthaber, soweit es an uns lag, verhindern wollten.

Das war unsere Auffassung, und wenn andere anders dachten, so rechten wir mit ihnen nicht, denn es gibt ja jetzt keine Kriegskredite mehr zu bewilligen. Heute gilt es, alle Streitigkeiten unter Sozialisten zu begraben und einig für den demokratischen und sozialistischen Wiederaufbau Deutschlands zu wirken."

*   *   *

Besonders geartet lagen die Verhältnisse im Osten, wo im Gegensatz zum Westen der Oberste Kriegsrat der Entente keine scharfen Räumungsvorschriften erlassen hatte, weil er das sofortige Nachrücken der Bolschewisten fürchtete. In einem Brieftelegramm des Auswärtigen Amtes an das Kriegsministerium und die Armeeabteilungen vom 21. November 1918 hieß es:

„Auswärtiges Amt faßt Artikel 12 des Waffenstillstandsvertrages dahin auf, daß eine völlige Räumung der Ober-Ost-Gebiete durch unsere Truppen erst zu erfolgen hat, wenn seitens der Entente der Augenblick dafür als gekommen bezeichnet wird."

Ganz abgesehen davon hielt E r z b e r g e r wegen der Sicherung der Lebensmittelzufuhr nach den deutschen Zuschußgebieten einen besonderen Grenzschutz im Osten für notwendig und wollte die Garantie dafür übernehmen, daß dort keine gegenrevolutionäre Gefahr entstünde.

Trotzdem der Grenzschutz in den östlichen Provinzen im Einvernehmen mit den sozialistischen Parteien und unter Beteiligung der Arbeiter- und Soldatenräte eingerichtet wurde, war er dauernd eine Quelle des Mißtrauens.

*   *   *

Auf dem ersten Rätekongreß war auch der 53er R a t d e r M a r i n e umkämpft. Er hatte sich eine ganz eigenartige Stellung erobert. Er war zu Beginn der Revolution als „Zentralrat der Marine" von einer Konferenz der Soldatenräte der Marine eingesetzt worden. Er hatte sich mit einer genügenden Zahl von Mannschaften umgeben und beherrschte so tatsächlich in Berlin das Reichsmarineamt. Dort war von der Kaiserzeit her für alles Vorsorge getroffen. Infolgedessen hatte der 53er Rat sogar eine eigene Druckerei zur Verfügung. Der Staatssekretär der Marine, Edler von Mann, war ganz von dem 53er Rat abhängig, der tatsächlich verfügte, was zu geschehen hatte, und inhibierte, was ihm an den Verfügungen des Staatssekretärs nicht paßte.

Auf dem Rätekongreß beschwerte sich Noske darüber, daß wegen der persönlichen Auseinandersetzungen die praktische Arbeit im Reichsmarineamt zu kurz komme. Wichtige Angelegenheiten, die u. a. die Waffenstillstandsverhandlungen betroffen hätten, seien tagelang verschleppt worden, weil ein Matrose abwesend war, dessen Unterschrift gebraucht wurde. Der Ausschuß sei überhaupt zu groß. Dazu erklärten in patziger Art Vertreter des 53er Rates, daß über die Verminderung des Ausschusses die Marine zu entscheiden hätte und nicht der Kongreß. So wurde die höchste Instanz der Arbeiter- und Soldatenräte mit einer Handbewegung beiseite geschoben, wenn die zu erwartenden Beschlüsse den Linksradikalen nicht paßten. Nachdem N o s k e in die Regierung der Volksbeauftragten eingetreten war, beließ er es nicht bei der ursprünglich geplanten Reduktion des Rats auf 25 Mann, sondern erklärte, daß nur noch sechs Mann herabgesetzte Diäten bekämen.

Das Parlament der Marine war damit erledigt. Der Zentralrat der Marine hatte übrigens auch versucht, durch Verhetzung der Sozialisten „die Einigkeit der Massen" zu fördern. Er hatte in einem Flugblatt u. a. gesagt:

„Mit tiefstem Wehgefühl sahen wir die Führer der Mehrheitssozialdemokratie das Bürgertum zum Kampfe gegen das klassenbewußte Proletariat aufbieten. Täglich, stündlich dringt zu uns die Kunde von neuen opferschweren Bruderkämpfen. Ein Meer ungeheurer Lüge hat sich über die Hauptstadt des Reiches ergossen.

Die Bourgeoisie triumphiert, und das Proletariat blutet, blutet wie nur je!

Sozialisten! Nun ist's genug!

Erkennt die Schande, seht die Schmach! Reißt Euch empor aus Fesseln, die die Lüge um Euch schloß!...

Wer reinen Herzens ist und Liebe hat zum Volk, kann nimmer sich auf Rohgewalten stützen.

Genosse Scheidemann, Genosse Ebert, Noske, Landsberg, Eichhorn!

Habt Ihr das Volk noch lieb? Hab Ihr es je geliebt?"...

Wenn der Satz des Flugblattes: „Wer reinen Herzens ist und Liebe hat zum Volk, kann nimmer sich auf Rohgewalten stützen" vom 9. November ab allgemein beherzigt worden wäre, so hätte es auch in Deutschland ähnlich wie in Oesterreich möglich sein müssen, ein republikanisches Heer auf demokratischer Grundlage aufzubauen.

XI. Um die Sozialisierung

Wer die Arbeit der Volksbeauftragten objektiv betrachtet, muß zugeben, daß es ihnen von Anfang an nicht an Initiative fehlte. Als Wirtschaftsfragen von besonderer Bedeutung drängten sich den leitenden Männern alsbald die S i e d l u n g s f r a g e und die S o z i a l i s i e r u n g s f r a g e auf.

G u s t a v B a u e r , der Staatssekretär des Reichsarbeitsamts, berichtete den Volksbeauftragten bereits in der Kabinettssitzung vom 15. November über Vorschläge zur Landsiedlung. Er war deswegen mit den Professoren S e r i n g und O p p e n h e i m e r in Verbindung getreten. Er erhielt vom Kabinett Vollmachten für die zunächst zu treffenden Vorbereitungen. Wenn gelegentlich der Vorwurf gemacht wurde, daß in Deutschland nach der Revolution nicht mit der Aufteilung des Bodens der Großgrundbesitzer „kraft revolutionären Rechts" begonnen worden sei, so vergessen diese Kritiker, wie schwierig die Ernährungsverhältnisse damals lagen. Wer Einblick hatte, dem graute damals vor Winter und Frühjahr, der sah nur die Rettung in einer kommenden guten Ernte. Es drohte die Wiederholung des Kohlrübenwinters von 1916/17. Nach Angaben Barths in einer Versammlung vom 21. November würden wir nach zwei Monaten kein Fett, nach drei Monaten kein Mehl und nach fünf Monaten keine Kartoffeln mehr haben. Wenn durch die Vorgänge in Polen die Zufuhr abgeschnitten würde, würde die Lage noch schwieriger werden.

Die Lage wurde bald noch schlimmer, weil die Spartakisten im Ruhrgebiet Einfluß auf eine Minderheit der Bergarbeiter erhalten hatten, die die Kohlenförderung hemmten und dadurch die Herstellung künstlichen Düngers verzögerten. Bei der damaligen trostlosen Wirtschaftslage hätte kein noch so Radikaler es gewagt, durch revolutionäre Dekrete die Agrarverhältnisse grundlegend zu ändern. Die Folge wäre stärkster Widerstand der landwirtschaftlichen Besitzer gewesen. Aufgabe war vielmehr, möglichst ohne Reibungen alle Nahrungsmittel zu erfassen und zu verteilen.

Der Schleichhandel blühte. In der gemeinsamen Sitzung des Parteiausschusses, der Fraktion der Nationalversammlung und der Kontrollkommission vom 22. März 1919 habe i c h als Referent über die politische Situation und die Lage der Partei im Rückblick auf jene Zeit ausgeführt:

„Der Schleichhandel blüht mehr denn je. Die Moral ist vollständig zum Teufel gegangen. Was ist aus unserem polizeifrommen Lande geworden? Herr Hugenberg hat vielleicht nicht das Recht zu der Mahnung: das deutsche Volk solle bald wieder ehrlich werden. Aber in der Sache hat er das Richtige getroffen. Die Wenigen, die sich vorher noch an die Ordnung gekehrt haben, wollen jetzt nicht mehr länger die einzigen Dummen sein."

Mehr als die Siedlungsfrage beschäftigte die S o z i a l i s i e - r u n g s f r a g e damals die Gemüter. Die deutsche Republik war am 10. November im Zirkus Busch als sozialistische Republik aus-gerufen worden. Die Massen glaubten nun vielfach, daß es eine einfache Sache wäre, die Schlüsselindustrien durch revolutionäre Dekrete zu sozialisieren. Spartakus verlangte dies selbstverständ-lich täglich. Aber auch die „Freiheit", das Organ der Unabhängigen, nährte zu Beginn ihres Bestehens den Glauben an die Wunderkraft der Volksbeauftragten und der Arbeiter- und Soldatenräte. Die „Freiheit" verlangte am 16. November, daß die Regierung unver-züglich Hand an die großen, und gerade in diesen Tagen so lebens-wichtigen Betriebe lege und sie sofort als Nationaleigentum erkläre. Die Bergwerke, die Betriebe der Schwereisen- und der verwandten Betriebe, desgleichen die Textilwerke, die der chemischen, der elektrischen, der großen Lederindustrie:

„Unser größter Feind ist die Angst vor der eigenen Courage.... Die Regierung muß eine sofortige Beschlagnahme aller wichtigen Werke ver-fügen. Die finanzielle Auseinandersetzung kann später erfolgen."

Zum Beweise, daß das alles gut gehen würde, wurde Ludendorff zitiert, der in den besetzten Gebieten Frankreichs und Belgiens die Industrie unter militärischer Zwangsverwaltung habe arbeiten lassen. Die „Freiheit" stand mit ihrer Auffassung nicht allein. So hat auch der Kieler Arbeiter- und Soldatenrat, der paritätisch zu-sammengesetzt war, am 22. November 1918 einstimmig eine Reso-lution angenommen, in der es hieß:

„Die Werke und die Großbetriebe der Industrie sowie der Grundbesitz sind s o f o r t als Nationaleigentum zu erklären."

Der Rat der Volksbeauftragten hatte am 12. November in seinem Aufruf an das deutsche Volk gesagt:

„Die aus der Revolution hervorgegangene Regierung, deren politische Leitung rein sozialistisch ist, setzt sich die Aufgabe, das sozialistische Programm zu verwirklichen."

In demselben Aufruf hieß es aber auch:

„Die Regierung wird die geordnete Produktion aufrechterhalten, das Eigentum gegen Eingriffe Privater, sowie die Freiheit und Sicherheit der Person schützen."

Damit war sicherlich nichts über die Sozialisierung gesagt. Barth behauptet allerdings, daß er in diesem Aufruf auch einen Passus über die kommende Sozialisierung aufgenommen wissen wollte. Es sei aber mit fünf gegen eine Stimme beschlossen worden, bei diesem Aufruf die Frage der Sozialisierung offen zu lassen.

Am 18. November beschloß dann das Kabinett, die Industrie-zweige, die nach ihrer Entwicklung dazu reif seien, zu sozialisieren. Es sollte zunächst zur Vorbereitung eine Kommission eingesetzt werden.

In diese Kommission wurden von bekannten Sozialisten berufen: Heinrich Cunow, Rudolf Hilferding, Otto Hue, der Führer der Bergarbeiter, und Karl Kautsky, außerdem der Berliner Universitätsprofessor Karl Ballod, der unter dem Pseudonym „Atlantikus" im Dietz-Verlag bereits 1898 eine Broschüre über den Zukunfts-staat: „Produktion und Konsum im sozialistischen Volksstaat" herausgegeben hatte, von dem aber unter dem Kaiserreich niemand wissen durfte, daß er Sozialist war. Ferner wurden die Professoren E. Franke, der bekannte Berliner Sozialreformer, E. Lederer aus Heidelberg, Robert Wilbrand aus Tübingen und Dr. Theodor Vogelstein aus Berlin in die Kommission berufen. Später kamen noch Karl Umbreit, der Vorsitzende der Generalkommission der Gewerkschaften Deutschlands und Professor Schumpeter, Graz, hinzu.

Für die Sozialisierungskommission war ursprünglich auch Walter Rathenau vorgesehen. Aber das Mißtrauen, das aus den Reihen der Unabhängigen ihm unverhohlen entgegen-gebracht wurde, hatte zur Folge, daß auf seine Mitarbeit verzichtet wurde. In einem Briefe an Genossen Rudolf Breitscheid vom 22. November 1918 sagte Rathenau:

„Ich glaube nicht, daß ein anderer bürgerlicher Schriftsteller sich so entschieden gegen das alte System und für eine neue soziale Ordnung eingesetzt hat wie ich. Meine Schriften sind in hunderttausenden von Exemplaren durch das Land gegangen und haben, wie ich glaube, dem Umschwung gute Dienste geleistet. Die Vertreter der kapitalistischen Ordnung rechnen mich zu ihren entschiedenen Gegnern, und ich hatte daher nicht erwartet, von der Revolution als Gegner begrüßt zu werden."

Am 16. Dezember wandte sich Rathenau an E b e r t unmittelbar und wollte wissen, warum er, nachdem seine Name bereits öffent-lich genannt worden war, nachträglich aus der Sozialisierungs-kommission ausgeschlossen worden sei. Er könne nicht glauben, daß sich das lediglich auf das Veto der Unabhängigen gründe. Er könne nicht glauben, daß Ebert aus der Erörterung über den künftigen Wirtschaftsaufbau alle Kräfte ausschließen werde, die mit der Praxis vertraut seien. Verbittert bemerkte er, daß er sich in den ersten Tagen, seinem Gewissen folgend, der Volksregierung zur Verfügung gestellt habe. Aber diese habe keinen Gebrauch von seinen Diensten gemacht und ihm könne nichts lieber sein, als zu wissen, daß es ihr an geeigneten Kräften nicht fehle. Ebert gab Rathenau später als Grund an, daß man von seiner Mitwirkung in der Sozialisierungskommission habe absehen wollen bis zu einem späteren Zeitpunkt, in dem Männer der Praxis berufen werden sollten. Rathenau ließ das unter Berufung auf seine wissenschaftlichen Schriften nicht gelten. Er sei nicht nur Industrieller, wenn er auch kein Professor sei. Wenn damals gegen Rathenau Mißtrauen vorhanden war, so nicht zuletzt deshalb, weil seine Propaganda für die unmögliche Massenerhebung in dem Artikel der „Vossischen Zeitung" vom 7. Oktober 1918 noch in frischer Erinnerung war.

Walter Rathenau bekannte sich stets als Gegner des orthodoxen Marxismus und glaubte in seinen Schriften ein System aufgestellt zu haben, daß das Marxistische abzulösen berufen wäre und außerdem seiner Meinung nach leichter zu verwirklichen sei. Er hat die Wirkung seiner Schriften sicherlich stark überschätzt. Gelegentlich wies er freilich selbst darauf hin, daß seine Schriften in Skandinavien mehr beachtet würden als in Deutschland.

Die Sozialisierungskommission trat am 5. Dezember 1918 im Reichswirtschaftsrat zu ihrer ersten Sitzung zusammen. Inzwischen hatte sich ergeben, daß die Inangriffnahme der Sozialisierung von schwerwiegender Bedeutung für die Ankurbelung des Wirtschaftslebens werden würde. Konnte der Sprung von der Kriegszwangswirtschaft zur Sozialisierung in jener Zeit des Ungewissen überhaupt gewagt werden? Bezeichnenderweise sah ein Mann, dessen starke Seite theoretische und praktische Volkswirtschaft nicht war, klarer als die anderen: Kurt Eisner. Er sprach das bereits in dem Aufruf der Regierung des bayerischen Volksstaats vom 15. November 1918 aus. Es hieß in diesem Aufruf:

„Wir halten es für notwendig, hinsichtlich unserer unveränderten sozialistischen Ziele keinen Zweifel zu lassen. Wir sprechen aber in vollkommener Offenheit aus, daß es uns unmöglich erscheint, in einer Zeit, da die Produktivkräfte des Landes nahezu erschöpft sind, die Industrie in den Besitz der Gesellschaft sofort zu überführen. Man kann nicht sozialisieren, wenn kaum etwas da ist, was zu sozialisieren ist. Es ist die Auffassung von Karl Marx, daß die Wirtschaft dann in den Besitz der Gesellschaft übergeführt werden muß, wenn die Produktivkräfte sich so gewaltig entwickelt haben, daß sie die zu enge Hülle der kapitalistischen Ordnung sprengen."

Die gleiche Auffassung vertrat Eisner auf der Konferenz der Ministerpräsidenten und vor dem Berliner Vollzugsrat.

In seinem Schlußwort sagte Eisner vor dem Vollzugsrat:

„Man muß sich darüber klar sein, daß man nicht sozialisieren kann bei dem Zusammenbruch der Produktion. Zu unserem Finanzminister haben wir in Bayern einen bürgerlichen Mann gemacht (Jaffé). Es ist einer der hervorragendsten Männer Deutschlands. Unser Finanzminister Jaffé ist wohl einer der Radikalsten in der Sozialisierung des Wirtschaftslebens. Und seine Aufgabe erblickte er drei Tage nach der Revolution in der Sozialisierung der Banken. Es ist nun interessant zu sehen, auf wie ungeheuere Schwierigkeiten dieser Mann bei der praktischen Ausführung dieses Planes gestoßen ist. Er hat zuerst mit den Hypothekenbanken angefangen, die ihm besonders am Herzen lagen. Es ergaben sich aber so große Schwierigkeiten, daß er dieses Problem vorläufig fallengelassen hat."

Auch die Regierung der Volksbeauftragten hatte inzwischen eingesehen, daß mit dem grundsätzlichen Beschluß vom 18. November für die Sozialisierung noch nichts getan war. Die Staatssekretäre des Reichswirtschaftsamts, des Schatzamts und des Demobilmachungsamts hatten den Volksbeauftragten ihre Bedenken vorgetragen. Das letztere hatte die ungeheure Aufgabe, den Uebergang der Kriegs- zur Friedenswirtschaft zu vollziehen. Man bedenke dabei, daß der Export, der im Frieden Millionen Arbeiter und Angestellte ernährt hatte, nach den meisten Teilen der Welt noch völlig unterbunden war. Wo die Kriegsindustrie zunächst weiterarbeitete, wurde sowieso verlangt, daß sie das ohne Gewinn tat.

Die Industriellen, die sich auf Friedensarbeit umzustellen hatten und das in ihrem eigenen Interesse tun wollten, zögerten mit der Hergabe von Aufträgen, weil die Erörterungen über die Sozialisierung sie fürchten ließen, daß ihre Betriebe vergesellschaftet werden könnten. Sie waren damals überhaupt nicht sicher, ob Deutschland nicht den russischen Leidensgang gehen würde. Diese Unsicherheit erschwerte die Unterbringung der entlassenen Soldaten im Wirtschaftsleben, ja, Arbeiterentlassungen waren zu befürchten. Besonders die älteren Arbeiter und Angestellten hatten Sorgen, nicht mehr unterzukommen. Die Volksbeauftragten wollten nach Kräften helfen. Staatsaufträge sollten vergeben werden. Der Weiterbau des Mittellandkanals wurde alsbald angeregt. Reich, Land und Gemeinden sollten zusammen 1½ Milliarden Mark für Wohnungsbauten zur Verfügung stellen. Aber diese Nachhilfe durch Vergebung von Staatsaufträgen erfolgte schließlich auf Kosten der Währung. Die Mark stand, wie der Staatssekretär des Schatzamts, S c h i f f e r , am 12. Dezember mitteilte, schon auf 40 Pfennige. Hinzu kam, daß in Berlin gelegentlich Belegschaften in besonders radikal besetzten Stadtvierteln einfach auf russische Art versuchten, die Betriebe in Regie zu übernehmen. Dann mußte der Vollzugsrat sich mit dieser Art gewaltsamer Sozialisierung befassen. In einem Falle hatte in der Seestraße in Berlin ein 21jähriger Vorsitzender des Arbeiterrats den Betrieb, in dem er beschäftigt war, „sozialisiert", den Inhaber hinausgewiesen, das

Material beschlagnahmt. Er berief sich auf eine Ermächtigung durch den Vollzugsrat. Er stellte sich heraus, daß Richard Müller, die lebendige Stempelmaschine, neben Dutzenden von anderen Schreiben, an jenem Tage auch dieses Schreiben hatte mitstempeln lassen, ohne daß jemand gemerkt hatte, worum es sich eigentlich handelte. Der Mehrheitssozialist Büschel vom Vollzugsrat mußte in diesem Falle intervenieren. In den Einigungsverhandlungen wurden die Lohndifferenzen geregelt, im übrigen aber der Chef wieder eingesetzt. Dem Arbeiterrat sollte von den Betriebsvorgängen nach Möglichkeit „Kenntnis gegeben werden".

Nachdem einige solche Fälle sich ereignet hatten, erschienen Deputationen der Großbetriebe bei den Volksbeauftragten und erklärten, ihre Betriebe stillegen zu müssen, wenn ihnen keine Sicherheit gegen solche Eingriffe gegeben werde. Dabei wehrten sich die Unternehmer damals nicht gegen Eingriffe der Reichsregierung in das Wirtschaftsleben, wünschten auch die materielle Unterstützung durch Reichsmittel, um Arbeitsgelegenheit zu schaffen und die Arbeiter zufriedenzustellen. Das Arbeitsamt, das Reichswirtschaftsamt und das Demobilmachungsamt befürworteten, daß zur Ankurbelung des Wirtschaftslebens Reichsmittel gegeben würden. Der Staatssekretär Schiffer vom Reichsschatzamt und sein Beigeordneter Eduard Bernstein hatten dagegen die stärksten Bedenken. Sie sahen in dieser Subventionswirtschaft vom volkswirtschaftlichen Standpunkt aus ein große Gefahr.

Die Schaffung von Arbeitsgelegenheit unter Beibehaltung des kapitalistischen Systems befriedigte die Arbeiterschaft keineswegs. Sie verlangte gefühlsmäßig als Frucht der Revolution die Sozialisierung.

Von den Unabhängigen war es besonders K a r l K a u t s k y , der sich bemühte, die Arbeiterklasse über den Umfang des Zusammenbruchs aufzuklären, der die Erfüllung ihres Wunsches verhinderte. Er schrieb in der „Freiheit":

„In Bausch und Bogen alles für nationalisiert erklären und dann hinterdrein drangehen, die Bedingungen dafür zu schaffen, heißt das Pferd beim Schwanz aufzäumen. heißt ein Uebergangsstadium schaffen, in dem kapitalistische Produktion nicht mehr und sozialistische noch nicht möglich ist, ein Stadium, in dem eine rationelle Produktion überhaupt nicht möglich ist. Es heißt, vorübergehend die Produktion zum Stocken bringen. Eine solche Art Sozialismus gerade jetzt im Moment der Demobilisierung durchführen oder auch nur fordern, hieße Deutschland in ein Tollhaus verwandeln."

Von der russischen und der deutschen Sowjetpresse wurde Kautsky dafür als Renegat beschimpft.

Daß Sozialismus Aufbau bedeutete, und daß Aufbau ohne Arbeit unmöglich war, sahen die einfachsten Arbeiter ein. Wenn an die Arbeiter lebenswichtiger Betriebe der Appell auf Mehrarbeit erging, blieb das nicht fruchtlos, trotz der Versuche der Spartakisten, immer wieder Zwietracht zu säen. Als die unabhängige „Freiheit" die Errungenschaft des Achtstundenarbeitstages als Erfolg der Revolutionsperiode bezeichnet hatte, erklärte die „Rote Fahne" selbstverständlich den Achtstundentag als eine überholte bürgerliche Reform und forderte den Sechsstundentag. Wäre die „Freiheit" für den Sechsstundentag eingetreten, so hätte die „Rote Fahne" den Vierstundentag als nächstes Ziel proklamiert.

Die Kommunisten suchten die Arbeiter einzufangen mit der Parole: „Verkürzung der Arbeitszeit und mehr Lohn." Das war sicher populär. Wer damals Wirklichkeitssinn hatte, mußte trotzdem vor dieser Parole warnen. Große Verdienste hat sich damals der linksradikale Volksbeauftragte B a r t h erworben. Er ermahnte die Berliner Arbeiterräte am 25. November in den „Germaniasälen", Verständnis für die Schwierigkeiten zu haben, unter denen die Volksbeauftragten arbeiten müßten.

Für Experimente sei die Zeit nicht geeignet. Was geschehe, müsse planmäßig, großzügig, einheitlich, organisch im Interesse der Allgemeinheit angepackt und durchgeführt werden. Eine Sozialisierung könne es nur nach einem einheitlichen Plan geben. Er warne die Arbeiter, d i e R e v o - l u t i o n n u r a l s e i n e g r o ß e L o h n b e w e g u n g a u f z u f a s s e n. Wenn sie nur das wäre, würde sie bald zu Ende sein.

Das waren wertvolle Worte, ausgesprochen in einer Versammlung, die von Fanatikern nicht frei war. Einer der Delegierten hatte empfohlen, einen General zu erschießen, und einen Kapitalisten zu enteignen. Solche abschreckenden Beispiele würden helfen. Selbstverständlich sollten nur Leute erschossen werden, die etwas verbrochen hätten, wie er begütigend hinzufügte.

Die Linksradikalen hatten für B a r t h s Aeußerungen kein Verständnis. Sie kannten ihren Barth vom Metallarbeiterstreik nicht mehr wieder. In der zweiten Versammlung der Groß-Berliner Arbeiterräte vom 29. November mußte sich Barth dagegen verteidigen, daß er ein Renegat sei, wie ihm das in Neukölln vorgeworfen war:

Er sei geblieben, was er war, aber den Tatsachen könne er sich nicht verschließen. Das deutsche Volk könne sich keine Rohstoffe aus den Aermeln schütteln, und „s o z i a l i s i e r e n k a n n m a n n u r, w e n n e t w a s z u m S o z i a l i s i e r e n d a i s t". S t r e i k e n s e i h e u t e k e i n e K u n s t, d a z u g e h ö r e k e i n M u t. Man müsse heute von den Arbeitern erwarten, daß sie die Leute zur Vernunft brächten."

In derselben Versammlung rief K a l i s k i den verhimmelten Arbeiterräten zu:

„V e r w e c h s e l n S i e n i c h t M a s s e n b e w u ß t s e i n m i t G r ö ß e n w a h n." Mit wirtschaftlichen Angelegenheiten dürfe man nicht spielen. Es stehe das Schicksal von Millionen auf dem Spiel. Politische Dummheiten könnten repariert werden, wirtschaftliche Dummheiten hätten Millionen auszubaden. Kaliski fragte die Arbeiterräte, ob sie die wirtschaftliche und technische Leitung von Großbetrieben übernehmen könnten, und antwortete auf vereinzelte Zurufe „Jawohl, Jawohl", er freue sich, daß nur ein paar junge Elemente den Mut zu diesem „Jawohl" aufgebracht hätten.

Nachdem sich dann ein paar Schreier gegen Ebert und Scheidemann und deren sozialpatriotischen Gehirnkleister ausgelassen hatten, nahm i c h das Wort, um Barths Auffassung zu unterstreichen.

Ich käme eben aus dem Reiche, wo die Massenstimmung gegen Berlin ungeheuer sei. Durch turbulente Szenen in den Versammlungen der Berliner Soldaten- und Arbeiterräte würde diese Mißstimmung gestärkt, durch die unfruchtbare Arbeit genährt. Unser Wirtschaftsleben würde nur in Gang kommen, die Erwerbslosen würden nur Arbeit erhalten, wenn eine gewisse Sicherheit erzeugt würde, die das Disponieren erlaube. Wenn wir nicht zu einheitlichen Richtlinien kommen und die Autorität erlangen würden, die Beschlüsse auch durchzusetzen, segelten wir bald unrettbar in völlige Anarchie. Wenn die Arbeiterräte sich nicht auf den Boden der Tatsachen stellten, würden wir bald nur noch einen Rahmen einer sozialen Republik haben, aber keinen Inhalt. Als ich die Volksbeauftragten in Schutz nahm, die doch von den Arbeiter- und Soldatenräten als Regierung eingesetzt worden seien, wurde mir zugerufen: „Nein, nur von Soldaten." Ich erwiderte: „W e n n E u c h d i e R e g i e r u n g n i c h t p a ß t, so j a g t s i e d o c h f o r t." Ihr werdet euch aber täuschen, wenn ihr glaubt, daß hinter Ebert und Scheidemann nur ein kleines Häuflein steht. Der Zank in den sozialistischen Reihen gefährdet die Republik aufs Aeußerste. Wenn der Zank unter den Arbeitern nicht aufhört, wird der Bestand einer sozialistischen Revolution nur noch Monate oder Wochen währen.

Mein Schlußappell, den Streit unter den sozialistischen Reihen zu begraben, löste langanhaltenden Beifall aus. Das war ein Beweis dafür, daß die Mehrheit der Arbeiterräte zu der erlangten Freiheit sichere Arbeit und ausreichendes Brot haben wollten, für jene Zeit aber bereit waren, unmögliche Experimente zu unterlassen. Nur der Führer der revolutionären Obleute, W e g m a n n, sagte in der gleichen Versammlung der Berliner Arbeiterräte:

„Solange die politische Unreife der großen Massen so klar hervortrete, sei es nicht angängig, eine Nationalversammlung zustande zu bringen! Auf dem Lande hätten die Landräte und Pfaffen noch den großen Einfluß! Da ist die Stimmung noch nicht reif für die Nationalversammlung!

Mit ähnlichen Aeußerungen über die Unreife der Massen hatten die Konservativen bis zur Revolution die Notwendigkeit des Dreiklassenwahlrechts verteidigt. Zu viel Reaktion und zu viel Revolution führen zu ähnlichen Schlüssen. Mit Wegmanns Entgleisungen arbeitete damals die Mehrheitssozialdemokratie unter den Arbeitern sehr erfolgreich gegen die Linksradikalen.

B a r t h ' s Auftreten gegen die Unvernunft der Linksradikalen war nicht der Ausbruch einer momentanen Laune gewesen. In der Generalversammlung der Berliner Metallarbeiter sprach er sich Anfang Dezember nochmals scharf gegen Arbeitsniederlegungen aus, die auf alle Fälle unterbleiben müßten:

Es bedürfe des größten Idealismus, der Solidarität und Entsagung, wenn wir überhaupt durch diese Schwierigkeit hindurchkommen sollten. Die deutsche Industrie habe keinen nennenswerten Kredit mehr im Auslande. Der unentbehrliche Kredit für die Rohstoffversorgung sei aber nur durch Erzeugung von Exportgütern zu schaffen. Früher war der Streik eine Tat, heute sei er eine Dummheit!"

Gegen übertriebene Lohnforderungen nahmen damals nicht nur die Volksbeauftragten Stellung. Sie wurden dabei unterstützt von der preußischen Regierung, die als Besitzerin von Eisenbahnen und Bergwerken gleichzeitig der größte Arbeitgeber der Welt war. Noch am 2. Januar 1919, einen Tag vor dem Ausscheiden der Unabhängigen aus der preußischen Regierung, hat diese eine Verfügung gegen übertriebene Lohnforderungen der Arbeiter herausgegeben, in der es hieß:

„Die Lohnbewegung unter der Arbeiterschaft hat in letzter Zeit nach Art und Umfang eine Entwicklung angenommen, die die schwersten Befürchtungen erwecken und weite Gebiete der Gütererzeugung zum Erliegen bringen muß. Die beklagenswerte, aber unvermeidliche Folge kann nur Arbeitslosigkeit, Hunger und Elend sein. Die Betriebe des Staates unterliegen in dieser Beziehung den gleichen wirtschaftlichen Bedingungen wie die privaten. Weder Bergbau und Eisenbahn, noch alle übrigen Staatsbetriebe können es längere Zeit ertragen, daß ihre Ausgaben die Einnahmen übersteigen. Diese Gefahr ist aber bereits in bedrohlichem Maße eingetreten. Es wird deshalb zur gebieterischen Pflicht der Staatsregierung, dem Anwachsen der Lohnausgaben über das Maß des Erträglichen hinaus mit Festigkeit entgegenzutreten. Die Herren Fachminister werden daher ersucht, an sie herantretende Lohnforderungen zwar mit aller Würdigung der jetzigen Bedürfnisse der Arbeiterschaft, aber auch sorgfältig dahin zu prüfen, ob nicht durch die Bewilligung den in Frage kommenden Betrieben Lasten auferlegt werden, die sie nicht ertragen können, ohne zu erliegen, und die somit die gesamte Finanzgebarung des Staates gefährden. In diesem Falle sind die Forderungen zurückzuweisen."

Diese Verfügung war gezeichnet: Hirsch, Ströbel, Braun, Ernst, Adolph Hoffmann, Rosenfeld.

Der Geschäftsführer des V e r e i n s D e u t s c h e r E i s e n - und S t a h l i n d u s t r i e l l e r , Dr. J. R e i c h a r t , hielt am

30. Dezember 1918 vor der Vereinigung der Handelskammern des rheinisch-westfälischen Industriebezirks einen Vortrag, in dem er u. a. ausführte:

„Tatsächlich war die Lage schon in den ersten Oktobertagen klar. Es kam darauf an: Wie kann man die Industrie retten? Wie kann man auch das Unternehmertum vor der drohenden, über alle Wirtschaftszweige hinwegfegenden Sozialisierung, der Verstaatlichung und der nahenden Revolution bewahren?"

„Am 9. Oktober 1918 saß im Stahlhof zu Düsseldorf eine Anzahl von Eisenindustriellen, die sich über diese Dinge unterhielten. Die Versammelten waren sich einig darüber, daß unter den bestehenden Verhältnissen die Regierung des Prinzen Max von Baden und des Herrn von Payer unhaltbar sei, und daß sie bald gestürzt werden würde. Man hat die Lebensdauer dieser Regierung auf nicht mehr als 4—5 Wochen veranschlagt, die leider auf den Tag zugetroffen ist. Jedenfalls haben sich die Eisenindustriellen von einer schwachen Regierung keine Hilfe versprechen können. Blickte man weiter und fragte man: kann vielleicht das Bürgertum künftig eine starke Stütze und Hilfe für die deutsche Wirtschaftspolitik werden, so mußte man angesichts der vielen bedauerlichen Erscheinungen und der häufigen Enttäuschungen, die man in all den Jahrzehnten erlebt hat, sich sagen: Auf das Bürgertum, wie es einmal in Deutschland ist, ist in wirtschaftspolitischen Dingen leider kein Verlaß. Einen überragenden Einfluß schien nur die organisierte Arbeiterschaft zu haben. Daraus zog man den Schluß: inmitten der allgemeinen großen Unsicherheit, angesichts der wankenden Macht des Staates und der Regierung gibt es für die Industrie nur auf seiten der Arbeiterschaft starke Bundesgenossen, das sind die Gewerkschaften."

Aus ureigensten Interessen fanden die Industriellen so den Anschluß an die Gewerkschaften. Um einen Preis. Sie mußten das Prinzip aufgeben, das gerade die Scharfmacher der Schwerindustrie am heftigsten verteidigt hatten: Den Standpunkt „des Herrn im Hause", die Erbschaft der Stumm und Kirdorff. Trotzdem war die Arbeitsgemeinschaft der Sieg eines Prinzips, für das die Gewerkschaften gerade gegen die Schwerindustrie solange gekämpft hatten. Die gelben Gewerkvereine wurden auf Verlangen der Gewerkschaften von der Arbeitsgemeinschaft ausgeschaltet. Der Achtstundentag, seit dem Pariser Kongreß von 1889 die Maiforderung der Arbeiterklasse, konnte ohne Verdienstausfall durchgeführt werden. Mit diesem Zugeständnis kamen die Arbeitgeber, als sie die Arbeitsgemeinschaft eingingen, allerdings nur den Volksbeauftragten zuvor.

Die Gewerkschaften waren bei den revolutionären Räteführern nicht beliebt. Im Kampf gegen die „Gewerkschaftsbonzen" hatten sie sich ihre Popularität zu erringen versucht. Aber sie sahen ein, daß sie ohne Gewerkschaften trotzdem nicht auskommen konnten.

Die Berliner Gewerkschaftskommission gab bekannt, daß in den Betrieben ohne Zustimmung der zuständigen Gewerkschaftsorganisation nichts unternommen werden dürfe, und daß die Arbeiterräte als politische Körperschaften sich nicht in die wirtschaftlichen Angelegenheiten der Betriebe einzumischen hätten. Der Vollzugsrat hatte die Gewerkschaften ausdrücklich als die maßgebenden Faktoren bei Differenzen zwischen Arbeitgebern und Arbeitern bestätigt. Unternehmer nahmen das gelegentlich zum Anlaß, Arbeiterräte abzuweisen, wenn diese für die Betriebsbelegschaften vorstellig wurden. Dann sollte der Vollzugsrat wieder den Arbeiterräten helfen. Er tat das durch folgende Verordnung:

„Die verschiedenen Bekanntmachungen der Reichsregierung und anderer Behörden, auch die Bekanntmachung der Gewerkschaftskommission von Berlin sind geeignet, Mißverständnisse über die Rechte der Arbeiterräte bzw. Arbeiterausschüsse aufkommen zu lassen. Die Unternehmer betrachten die Arbeiterausschüsse bereits als aufgelöst und weigern sich, diesen die Kontrolle über den Betrieb einzuräumen. Demgegenüber erklärt der Vollzugsrat des Arbeiter- und Soldatenrats folgendes:

Bis zur endgültigen Neuwahl der Fabrikarbeiterräte, die unter Aufsicht der Gewerkschaften vorgenommen wird, bleiben die bestehenden Arbeiterausschüsse in Kraft. Diesen Ausschüssen steht das Kontroll- und Mitbestimmungsrecht über alle aus dem Produktionsprozeß entstehenden Fragen zu."

Der Beschluß war, wie Richard Müller in seinem Buche „Vom Kaiserreich zur Republik" zugibt, in später Stunde im Vollzugsrat gefaßt worden, ohne daß seine Tragweite erkannt wurde. Durch Abfassung von Richtlinien wurde er praktisch außer Kraft gesetzt, bevor er in Kraft getreten war. Die Betriebsräte hatten nach den neuen Richtlinien alle die Arbeiter und Angestellten betreffenden Fragen gemeinsam mit den Betriebsleitungen zu regeln. Bei dieser Gelegenheit wurde dann gleichzeitig den Versuchen wilder Sozialisierung einzelner Betriebe ein Riegel vorgeschoben, indem der Vollzugsrat erklärte:

„Die Sozialisierung der Betriebe darf nur von der sozialistischen Regierung systematisch und organisch in Berücksichtigung der gesamten inner- und außenpolitischen Verhältnisse vorgenommen werden."

Das paßte Richard Müller nicht. Er verlangte die Kontrolle des gesamten Geschäftsbetriebes durch die Arbeiterräte. Sollten die Unternehmer wagen, dagegen Widerstand zu leisten, so mußte dieser eben gebrochen werden. Eventuell mußte zur Enteignung obstruierender Unternehmer geschritten werden! Durch wen? Durch die Arbeiter des betreffenden Betriebes?

Als aber Arbeiterräte kamen und an den alten Satz erinnerten: „Akkordarbeit ist Mordarbeit", wußte R i c h a r d   M ü l l e r sie damit zu trösten, daß die grundsätzliche Regelung der Frage der

Akkordarbeit nicht jetzt, sondern erst beim Wiederaufbau einer geordneten Wirtschaft geregelt werden könne:

„Wir können nicht einfach dekretieren: von morgen ab gibt es keine Akkordarbeit mehr. Damit würden wir den ganzen kapitalistischen Großbetrieb, der auf dem Akkordsystem beruht, lahmlegen."

In den Richtlinien für die Betriebsräte, die der Vollzugsrat am 23. November veröffentlichte, wurde u. a. verlangt:

„Zur Eindämmung der Arbeitslosigkeit dürfen Entlassungen nicht erfolgen, bevor nicht die Arbeitszeit bis zu vier Stunden herabgesetzt ist. Der Lohnausfall wird durch die Arbeitslosenfürsorge geregelt."

Kurz vor dem Ersten Rätekongreß wurden die deutschen Unternehmerkreise durch das eigenmächtige Vorgehen eines rheinischwestfälischen Arbeiterrates in Erregung versetzt.

Am 8. Dezember 1918 wurden A u g u s t T h y s s e n , F r i t z T h y s s e n , E d m u n d S t i n n e s (der Sohn) und die Direktoren H e r l e , B e c k e r , W i r t z u. a. in Mülheim a. d. Ruhr vom Arbeiter- und Soldatenrat verhaftet und stundenlang verhört. Ihnen wurde zur Last gelegt, daß sie in einer Konferenz in einem Hotel in Dortmund der Besetzung des Ruhrgebiets durch die Entente das Wort geredet und damit Landesverrat begangen hätten. Sie wurden nach Berlin gebracht. Die Firma Thyssen telegraphierte an den Volksbeauftragten E b e r t , daß keiner der Genannten an der angeblichen Sitzung in Dortmund teilgenommen hätte, also widerrechtliche Freiheitsberaubung vorläge. Der Inhaber des betreffenden Hotels sagte aus, daß eine derartige Konferenz bei ihm überhaupt nicht stattgefunden habe. Der Kellner, der als Belastungszeuge fungierte, sei nicht unbedingt glaubwürdig. Es mußte selbstverständlich alsbald die Enthaftung der gefangenen Industriekapitäne angeordnet werden, gegen die keinerlei konkretes Beweismaterial vorlag.

Auf dem Ersten Rätekongreß sprach R u d o l f H i l f e r d i n g über die Sozialisierung. Er war wie die Volksbeauftragten für die Ueberführung der für die Sozialisierung reifen Betriebe in den Besitz der Gemeinschaft.

Reif seien Kohlenbergbau, Erzbergbau, Eisenverarbeitung auf allen Stufen, Kalibergbau. Notwendig sei auch die Verstaatlichung des Großgrundbesitzes, besonders der Forsten.

Hilferding war selbst Mitglied der Sozialisierungskommission und war sich der Schwierigkeiten der Durchführung dieser Forderungen im einzelnen natürlich bewußt:

„Eine politische Revolution sei verhältnismäßig leicht durchzuführen. Die Durchführung der Sozialisierung bedeutet die Ersetzung einer Wirtschaftsform durch eine andere. Das sei nicht auf dem Wege eines Dekretes zu machen, sondern das sei ein langwieriger Prozeß. Die Sozialisierung bedeute die Verwirklichung eines höchsten sozialen Ideals, das nur durch die Zusammenarbeit aller sozialen Kräfte zu erreichen sei."

Der Kongreß nahm nach längerer Debatte eine Kompromißresolution an, die die Regierung beauftragte, unverzüglich mit der Sozialisierung des Bergbaus und der zur Sozialisierung reifen Industrien zu beginnen.

Hilferding hatte in seinem Referat mit Recht darauf hingewiesen, daß zur Durchführung der Sozialisierung die Nationalversammlung eine sozialistische Mehrheit haben müsse. Da aber die Wahlen zur Nationalversammlung infolge der Treibereien der Linksradikalen so lange hinausgezögert wurden und der gehässige Kampf unter Sozialisten und Kommunisten auf Arbeiter- und Angestelltenkreise vielfach abstoßend wirkte, erhielt die Nationalversammlung keine sozialistische Mehrheit. Damit war für den Fortgang der Sozialisierungsbestrebungen das stärkste Hemmnis eingetreten.

Die Frage der Sozialisierung war auch Gegenstand der Debatten zwischen Volksbeauftragten und Zentralrat, bevor es zum Austritt der unabhängigen Volksbeauftragten aus der Regierung kam. E b e r t war damals, trotzdem der Bericht der Sozialisierungskommission noch nicht vorlag, zum Entgegenkommen bereit. Er machte den Vorschlag, daß die Sozialisierungskommission aufgefordert werde, zunächst einen Plan für die Sozialisierung der Bergwerke auszuarbeiten.

Die Sozialisierungskommission legte dem Zentralrat zum 7. Januar 1919 über ihre Tätigkeit einen vorläufigen Bericht vor. Sie stellte allgemeine Grundsätze für die Sozialisierungsarbeit und im Zusammenhang damit einen eigenen Arbeitsplan auf. In ihrem Bericht wurde u. a. ausgeführt:

„Dabei ging sie (die Kommission) davon aus, daß nichts gefährlicher sein würde, als das wirtschaftliche Leben schematisch nach einem allgemeinen Rezept umwandeln zu wollen, daß es vielmehr von dem Entwicklungsstande und der technischen Eigenart der einzelnen Wirtschaftszweige abhänge, ob und in welcher Form sie einer Vergesellschaftung zugänglich wären. Darin liegt schon der weitere Grundsatz beschlossen, daß unter Vergesellschaftung keineswegs durchgängig Verstaatlichung verstanden wird, vielmehr kommen, je nach dem besonderen Falle, auch das Eigentum der Gemeinde oder sonstiger Selbstverwaltungskörper oder die Eigenproduktion der Konsumgenossenschaften und schließlich verschiedene Formen der Beteiligung und Kontrolle durch die Allgemeinheit in Betracht.

Maßgebend für alle diese Fragen ist in erster Linie, und zwar nicht nur wegen der allgemeinen Grundsätze des Sozialismus, sondern, insbesondere in der gegenwärtigen Lage, die Rücksicht auf die Erhaltung und womöglich Steigerung der Produktivität der Volkswirtschaft. Diese Rücksicht veranlaßte auch von vornherein die Festlegung des Grundsatzes, daß im Falle der Vergesellschaftung von Produktionsmitteln die bisherigen

Besitzer entschädigt werden sollen, damit eine Beunruhigung oder gar Unterbrechung der Produktion in der gegenwärtigen kritischen Lage verhindert werden."

„So begreiflich die Ungeduld der Oeffentlichkeit ist, auf eine konkrete Verwirklichung des sozialistischen Programms zu sehen, so würde die Kommission doch ihrer großen Verantwortlichkeit nicht gerecht werden, wenn sie ohne gründliche Prüfung aller Einzelfragen Vorschläge ausarbeiten würde, die in jedem Falle von einschneidendster Wirkung auf das ganze Leben des deutschen Volkes sein müßten. Die Einsicht in die Größe ihrer Aufgabe verbietet der Kommission, dem populären Verlangen nachzugeben; die Kommission hat sich von Anfang an auf den Standpunkt gestellt und hält an ihm fest, daß nur gründliches methodisches Durcharbeiten der einzelnen Probleme zum Ziel führen kann."

Vom Reichsschatzamt erwartete die Kommission aus fiskalischen Gründen weitgehende Monopolpläne. Das vornehmste Mittel der Einwirkung des Staates auf die Industrie war im Kriege die Beschlagnahme und die Zuweisung der Rohstoffe gewesen. Die Knappheit der Rohstoffe, der Mangel an Kohle und an Arbeitern hatte im Kriege vielfach zu Stillegungen und Zusammenlegung verwandter Betriebe geführt. Das hatte sich aber nach Tagesbedürfnissen ganz unorganisch vollzogen, während jetzt eine rationelle Zusammenarbeit erfolgen sollte. Da die Unternehmer auf völlige und baldige Aufhebung der gesamten Zwangswirtschaft drängten, empfahl die Sozialisierungskommission den Volksbeauftragten, die Zwangsorganisation im einzelnen Falle nur in Uebereinstimmung mit der Kommission abzuändern oder aufzuheben. Damit sollte eine Einwirkung auf rationelle Umorganisation bei der Umstellung auf Friedenswirtschaft gewährleistet werden. Das Reichsschatzamt hat sich damals nur mit Projekten für ein Branntweinmonopol und ein Versicherungsmonopol beschäftigt, über die aber noch keine Entscheidung gefallen war.

Die Sozialisierungskommission hat damals auch eingehend über den S t e i n k o h l e n b e r g b a u verhandelt. Dabei wurde auch die Frage der Rentabilität des Staatsbetriebes erörtert. Bevor die Arbeiten der Kommission beendet waren, hat die Sozialisierungskommission den Volksbeauftragten folgende grundsätzliche Erklärung zugestellt:

„Die mineralischen Bodenschätze des deutschen Reichs sind Eigentum der Nation. Die Regierung ist gewillt, dieses Eigentumsrecht geltend zu machen, indem sie die an Private verliehenen Bergwerksgerechtsame, soweit es sich um noch nicht in Abbau genommene Felder handelt, für das Reich zurücknimmt, und indem sie die Uebertragung des Eigentums an den in Betrieb befindlichen Werken auf das Reich grundsätzlich ausspricht. Die Fragen der Betriebsorganisation und die Form der Entschädigung bleiben den näheren Ausführungsbestimmungen vorbehalten.

Auf alle Fälle aber muß die gesamte Absatzorganisation, die Preisbildung und die Entscheidung über die Errichtung neuer Schächte und den Aufschluß neuer Bergwerke der staatlichen Regelung und Aufsicht unterliegen. Die Bergwerksregale der Privaten werden unverzüglich aufgehoben werden. Die entsprechenden Gesetze werden mit größter Beschleunigung ausgearbeitet.

In den Betrieben sollen die Grundsätze der sozialen Demokratie gesetzlich durchgeführt werden. Die gewählten Vertreter der Arbeiter und Angestellten werden insbesondere weitgehenden Einfluß auf die Bestimmung von Arbeitslöhnen, Arbeitszeit und Sicherheitsmaßnahmen erhalten. Zu diesem Zwecke wird ihnen vor allem der nötige Einblick in die Geschäftsführung gesichert werden müssen. Dadurch werden sie auch Gelegenheit haben, dafür zu sorgen, daß technische Anregungen der im Betriebe Tätigen berücksichtigt werden. Leitender Gesichtspunkt für den gesamten Betrieb wird nicht mehr das kapitalistische Gewinninteresse sein, sondern Verbesserung der Lage der Arbeiter und Angestellten und das Gesamtinteresse der Gesellschaft."

Soweit war die Sozialisierungskommission Anfang Januar 1919, als der kommunistische Aufstand das Gefüge der Republik so schwer erschütterte, daß die Weiterexistenz der Regierung der Volksbeauftragten in Frage stand und als uns noch zwölf Tage von der Wahl zur Nationalversammlung trennten, deren Ausgang für das Schicksal aller Sozialisierungsbestrebungen von entscheidender Bedeutung sein mußte.

Die Nationalversammlung erhielt eine bürgerliche Mehrheit. Die Sozialdemokratische Partei hat deshalb den Kampf um die Herbeiführung der Sozialisierung nicht aufgegeben. Auf ihre Notwendigkeit wies der Aufruf von Parteivorstand und Fraktion der Nationalversammlung vom 1. März 1919 hin. In der Nationalversammlung stellte die sozialdemokratische Fraktion am 1. März folgenden Antrag:

„Die Nationalversammlung wolle beschließen:

1. Das Eigentum an allen zur Erhaltung der Volkswirtschaft notwendigen Bodenschätzen steht allein der Nation zu.

2. Die Reichsregierung wird aufgefordert, die Bergwerke und die Erzeugung von Energie mit möglichster Beschleunigung der öffentlichen Bewirtschaftung (Sozialisierung) zuzuführen und dabei die Arbeiter und Angestellten durch geeignete Vertretungen (Betriebsräte) an der Kontrolle und Verwaltung zu beteiligen."

Die Reichsregierung versprach, einen diesen Wünschen entgegenkommenden Gesetzentwurf in kürzester Frist ausarbeiten zu lassen. Am 3. März 1919 gingen nach vorheriger Beratung im Staatenausschuß der Nationalversammlung ein S o z i a l i s i e r u n g s g e s e t z und ein Gesetz über die Regelung der Kohlenwirtschaft zu. Das erste war ein Rahmengesetz, das dem Reiche ganz allgemein die Befugnis zur Sozialisierung von Betrieben gab, während das zweite die künftige Leitung der deutschen Kohlenwirtschaft einem Reichskohlenrat übertrug, in dem Arbeitgeber, Arbeitnehmer und Verbraucher unter Staatsaufsicht miteinander zu beraten hatten. Dem Gesetz über die Regelung der Kohlenwirtschaft folgte dann noch ein solches über die Kaliwirtschaft, für die ein Reichskalirat geschaffen wurde. Die Gesetzentwürfe lösten bei der eingehenden Beratung in den Ausschüssen lebhaften Widerstand der bürgerlichen Parteien aus.

Der entscheidende § 2 des Gesetzes über die Sozialisierung lautet:

„Das Reich ist befugt, im Wege der Gesetzgebung gegen angemessene Entschädigung

1. für eine Vergesellschaftung geeignete wirtschaftliche Unternehmungen, insbesondere solche zur Gewinnung von Bodenschätzen und zur Ausnutzung von Naturkräften in Gemeinwirtschaft zu überführen, im Falle dringenden Bedürfnisses die Herstellung und Verteilung wirtschaftlicher Güter gemeinwirtschaftlich zu regeln.

Ein Antrag auf Streichung der Worte: „Gegen angemessene Entschädigung" scheiterte am Widerspruch aller bürgerlichen Parteien.

So war die Möglichkeit der Sozialisierung da, aber die Sozialisierung „marschierte" trotzdem nicht. Die Sozialisierung des „Kohlensyndikats" war nicht die Sozialisierung, die die Arbeiter gefordert hatten. Die schrankenlose Privatwirtschaft war allerdings eingeschränkt durch ein gewisses Oberaufsichtsrecht des Reiches. Gemeinwirtschaft war das aber noch lange nicht. Nach Auflösung der Nationalversammlung war die sozialisierungsfeindliche bürgerliche Mehrheit im ersten Reichstag stärker geworden. Gleichzeitig war die außerparlamentarische Kampfkraft der Arbeiterklasse schwächer geworden.

Nach der Niederlage der Spartakisten im Berliner Januarputsch versuchten die Kommunisten immer wieder, im Ruhrgebiet, im Halleschen Braunkohlengebiet, in Ober- und Niederschlesien Generalstreiks zu entfesseln mit der Parole: „Sozialisierung der Schlüsselindustrien". Waren die Kommunisten politisch unterlegen, so wollten sie doch versuchen, mit ökonomischen Machtmitteln die neue deutsche Republik aus den Angeln zu heben. Die Bewegungen, die diese kommunistische Kampfparole auslöste, haben nicht nur die beteiligten Arbeiter schwer geschädigt, sondern wegen des durch sie verursachten Kohlenmangels auch unbeteiligte Arbeiter zur Arbeitslosigkeit verurteilt. Dabei fehlte diesen Streiks jede klare Linie und jede zentrale Kampfleitung. Abwechselnd wurde heute in diesem, morgen in jenem Bezirk ein Feuer angezündet. Erreicht wurde dadurch nichts. Auch dort nicht, wo wie im Ruhrgebiet in der ersten Januarhälfte 1919 vorübergehend eine gemeinsame Front von Sozialdemokraten, Unabhängigen und Spartakisten gebildet worden war, „um die sofortige Sozialisierung des Kohlenbergbaus selbst in die Hand zu nehmen". Auch das dauerte nur kurze Zeit. Jedes Bündnis mit den Linksradikalen trug den Keim des Zerfalls in sich.

Auf dem Boden demokratischer Grundsätze erfolgte unter tatkräftiger Unterstützung der einsichtigen deutschen Arbeiter die Konsolidierung der deutschen Wirtschaft.

XII. Der Erste Rätekongreß

Es kann nicht meine Absicht sein, im Rahmen dieses Buches den Verlauf des Ersten Allgemeinen Kongresses der Arbeiter- und Soldatenräte zu schildern, der vom 16. bis 21. Dezember 1918 im Abgeordnetenhause zu Berlin tagte. Die Verhandlungen dieses Kongresses wurden stenographisch aufgenommen. Sie sind in der „Druckerei des Admiralstabes der Marine" gedruckt und von Robert Leinert-Hannover, einem der Vorsitzenden des Kongresses, Ende Januar 1919 herausgegeben worden.

Die Volksbeauftragten forderten die Einberufung des Kongresses, weil sie glaubten, mit einem aus Vertretern des ganzen Reiches zusammengesetzten, auf diesem Kongreß zu wählenden Zentralrat besser zusammenarbeiten zu können, als mit dem Berliner Vollzugsrat. Dieser mischte sich immer wieder in die Exekutive ein. H a a s e und D i t t m a n n hatten zu freundschaftlicher Aussprache über die vorhandenen Differenzen geraten, E b e r t behauptete aber, daß der Vollzugsrat die Volksbeauftragten als Puppen behandeln wolle. Das sei nicht mehr zu ertragen. Die Mißstimmung Eberts war begründet. Ende November war z. B. ein gewisser Ettisch auf dem Haupttelegraphenamt, auf dem Luise Kautsky amtierte, erschienen und hatte behauptet, vom Vollzugsrat Auftrag zu haben, die zu befördernden Telegramme durchzulesen und abschreiben zu dürfen. Der Vollzugsrat wollte damit der Gegenrevolution bis in die Telegraphendrähte hinein nachspüren. Ebenso verlangte der Vollzugsrat, daß das Wolffsche Telegraphenbüro seine Bekanntmachungen gratis brächte, wie die der Regierung, und verlangte hierzu die Unterstützung der Volksbeauftragten, die aber ein Eingreifen ablehnten und dem Vollzugsrat rieten, sich mit dem Wolffschen Telegraphenbüro zu einigen oder zu zahlen. Landsberg drohte Ende November mit dem Ausscheiden der Mehrheitssozialdemokratie aus der Regierung. Er wollte es Haase, Dittmann und Barth überlassen, die Politik Deutschlands allein weiterzuführen, wenn nicht endlich wirkliche Garantien gegen die fortgesetzten Uebergriffe des Vollzugsrats geschaffen würden.

In einer Sitzung des P a r t e i a u s s c h u s s e s der Sozialdemokratie, die am 28. November in Berlin stattgefunden hatte, und in der ich als Referent für die baldige Einberufung der Nationalversammlung eingetreten war, hatte E b e r t in der Diskussion mitgeteilt,

daß Bestrebungen im Gange wären, eine Regierung Haase-Dittmann-Liebknecht zu bilden. Der Münchner Arbeiter- und Soldatenrat habe den Rücktritt aller angeblich durch die Kriegspolitik kompromittierten Persönlichkeiten verlangt. Die Partei sei bereit, die mit den Unabhängigen am 9. November getroffenen Abmachungen zu halten. Sie könne aber nicht dulden, daß ihr in der Auswahl der Vertrauensleute Vorschriften gemacht würden. In diesem Sinne habe er im Kabinett eine Entschließung herbeizuführen gesucht. Für diese Entschließung sei keiner der unabhängigen Volksbeauftragten eingetreten. Er würde sich mit den Kollegen solidarisch erklären, deren Ausscheiden verlangt würde.

Der P a r t e i a u s s c h u ß hatte darauf e i n s t i m m i g folgende Entschließung angenommen:

„Der Vollzugsrat des Arbeiter-, Soldaten- und Bauernrats München hat in einer Entschließung den Vollzugsrat Berlin aufgefordert, den Sturz der Reichsregierung herbeizuführen, wenn sie weiterhin einer Reihe von Personen eine einsprechende Stellung einräume, unter denen auch Scheidemann und David genannt werden. Der Vollzugsausschuß München scheint ganz übersehen zu haben, daß die Bildung der bestehenden Regierung auf einer Verabredung der beiden sozialdemokratischen Parteien beruht, die von den Arbeiter- und Soldatenräten Groß-Berlins mit einer an Einstimmigkeit grenzenden Mehrheit bestätigt worden ist. Es liegt auf der Hand, daß keine der beiden sozialdemokratischen Parteien es dulden kann, daß ihr das Recht, ihre Vertrauensmänner selbst zu bestimmen, entwunden wird. Der Versuch, den einen oder anderen von ihnen aus der Regierung zu entfernen, muß daher die Abmachung der beiden Parteien erschüttern."

Die Zusammenarbeit mit den unabhängigen Volksbeauftragten war besonders in außenpolitischen Fragen durchaus gut gewesen. Dagegen waren noch Gegensätze wegen des Termins der Einberufung der Nationalversammlung vorhanden. Für deren baldige Einberufung fanden immer wieder Kundgebungen statt. In Berlin hatten sich am 30. November 1918 die Soldatenvertreter mit 300 gegen 2 Stimmen dafür ausgesprochen, daß die Nationalversammlung zu dem technisch am ehesten möglichen Termine einberufen werden möge. (In dieser Versammlung war übrigens fast einstimmig die Anerkennung von Delegierten des Rates der Deserteure und Urlauber abgelehnt worden.)

Im Saale des „Rheingold" hatte am 1. Dezember unter dem Vorsitz von E u g e n E r n s t eine Versammlung der Mehrheitssozialdemokratie stattgefunden, in der E b e r t über Demokratie und Sozialismus sprach.

Unter Berufung auf das Erfurter Programm von 1891 erklärte er, daß die Sozialdemokratie nicht für neue Klassenprivilegien und Vorrechte kämpfe, sondern gegen jede Unterdrückung sei. In diesem Sinne habe die Sozialdemokratische Partei, ihrer Tradition getreu, den kommenden Wahlkampf zu führen. So werde sie siegen. Sozialismus sei uns nicht Selbstzweck, sondern nur das Mittel, Freiheit, Glück und Wohlstand des Volkes zu vermehren Ebert sprach sich scharf gegen alle Gewaltpolitik aus, von wem sie auch komme. Sozialismus bedeute planmäßige Ordnung. Nur wenn die sozialistische Wirtschaftsweise höhere Erträge bringe und dem Volke weniger Lasten auferlege und mehr Verbrauchsmöglichkeiten und Freude bringe, werde sie sich dauernd behaupten können.

Eberts Ausführungen wurden durch O t t o B r a u n noch ergänzt. Unter lebhaftem Beifall gelobten die Versammelten, die Regierung in ihrem Kampf allen Widerständen und Hindernissen zum Trotz zu unterstützen.

Sonntag für Sonntag fanden in allen Teilen Berlins solche Versammlungen der Mehrheitssozialdemokratie statt, die gegen den notwendig zur Anarchie führenden Terror von links Stellung nahmen und eine klare Entscheidung gegen alle Gewaltpolitik forderten.

Starke Erregung rief damals eine angebliche Aeußerung des preußischen Volksbeauftragten „für Volksbildung und schöne Künste", A d o l p h H o f f m a n n, hervor, der dem Sinne nach geäußert haben sollte: ergäben die Wahlen zur Nationalversammlung keine sozialistische Mehrheit, so werde die Nationalversammlung gesprengt und die Diktatur des Proletariats eingeführt werden. Die preußische Regierung konnte, wie sie am 14. Dezember erklärte, sich hierzu zunächst nicht äußern, da infolge Erkrankung Hoffmanns der Inhalt seiner Aeußerung nicht genau festgestellt werden konnte. H a a s e sah sich bei einem Empfang auswärtiger Journalisten gezwungen, nachdrücklichst zu erklären, daß ein gewaltsames Auseinandertreiben der Nationalversammlung, wenn sie etwa eine bürgerliche Mehrheit erhalten sollte, ausgeschlossen wäre.

Inzwischen versuchte Hoffmanns Kollege im Unterrichtsministerium, C o n r a d H a e n i s c h, weil im Rheinland und in den katholischen Teilen Schlesiens eine starke Erregung über Adolph Hoffmanns Unterrichtserlaß vorhanden war, Beruhigung zu schaffen.

H a e n i s c h beteuerte, daß dieser Erlaß nur den Gewissenszwang für Lehrer und Schüler beseitigen sollte. Andere Länder wären darin schon weitergegangen als Preußen. Der Erlaß entspräche einer Entschließung des preußischen Lehrervereins. Die Demokratie verlange Gewissensfreiheit. In den Ausführungsbestimmungen solle jede nur denkbare Rücksicht auf konfessionelle Eigenart und örtlich bedingte kirchliche Sitten genommen werden. Im vaterländischen Interesse sollten alle Reibungen vermieden werden. Ein neuer Kulturkampf dürfte in einer Zeit nicht aufkommen, in der die Reichseinheit aufs Aeußerste bedroht sei. Auf kirchlich kulturellem Gebiete gäbe es nichts Abstoßenderes als öde Pfaffenfresserei, Aufkläricht und Bilderstürmerei. Im übrigen habe die Nationalversammlung selbstverständlich auch auf diesem Gebiete die endgültige Regelung zu treffen.

Nach seiner Gesundung erklärte A d o l p h   H o f f m a n n, er habe nur darauf hingewiesen, daß bei übereilter Wahl nicht Zeit zur Aufklärung der Massen des Volkes gegeben sei. Infolgedessen sei es möglich, daß die Wahl zur Nationalversammlung keine sozialistische Mehrheit ergebe. Alsdann könnte es schon so kommen, daß die enttäuschten Massen die Nationalversammlung sprengen würden. — Dieses Dementi nützte freilich nichts. Vorsichtshalber untersagte Haenisch Herrn H a r n d t, dem Pressechef Adolph Hoffmanns, jede weitere selbständige Tätigkeit, nachdem dieser sich in einer durch WTB verbreiteten Kundgebung über „die gradlinige Ausbreitung der kulturellen Interessen durch Adolph Hoffmann" ausgelassen hatte.

Ende November drohte der schlesische Volksrat der Reichsregierung mit einem Ultimatum von 48 Stunden Frist für den Fall, daß sie die Nationalversammlung nicht einberufe.

Zu gleicher Zeit ging Genosse A d o l f   B r a u n, der Chefredakteur der „Fränkischen Tagespost" gegen Eisner vor, der von München aus mit seinen Leuten ganz Bayern terrorisieren wolle: Das Wahlrecht zu den bayerischen Arbeiter- und Soldatenräten, das Eisner durchgeführt hatte, bezeichnete er als schlechter als das preußische Dreiklassenwahlrecht. Adolf Braun sagte Eisner nach, daß er sich von Beratern beeinflussen lasse, die eine schwere Gefahr für die ganze weitere Entwicklung Deutschlands bedeuteten.

In Köln a. Rh. hatten am 4. Dezember zwei Riesenversammlungen stattgefunden, in denen W i l h e l m   M a r x und K a r l   T r i m b o r n, die Führer des rheinischen Zentrums, gegen die Berliner Treibereien Stellung nahmen. Sie wollten von Rheinland-Westfalen aus zur Erhaltung der Einheit des Reiches den Wiederaufbau des neuen Staatswesens aufnehmen, da es in Berlin unmöglich zu sein scheine, eine geordnete Regierung zu bilden. Dabei war auch schon von Vorberatungen für die Bildung einer selbständigen rheinisch-westfälischen Republik im Rahmen des

Reiches die Rede. Eine solche Sprache war um so weniger gerechtfertigt, als die Zentrumsherren am Rhein keine Ursache hatten, sich aufs hohe Roß zu setzen. In Düsseldorf und Essen war Spartakus zeitweise ebenso mächtig wie in Berlin.

Am 11. Dezember erließen die Volksbeauftragten einen Aufruf an das deutsche Volk, in dem sie sich gegen die Bildung einer rheinisch-westfälischen Republik im Rahmen des Reiches aussprachen. Auch über das künftige Schicksal des preußischen Staates habe die Nationalversammlung endgültig zu entscheiden:

„Eine Neuregelung seines Staatsgebiets dürfte durchaus im Gange der wirtschaftlichen Entwicklung liegen."

Bereits 48 Stunden nach der Kundgebung des Kölner Zentrums hatte eine große Arbeiterversammlung im Kölner Gürzenich unter Leitung des sozialistisch geführten Kölner Arbeiterrats sich scharf gegen die Zentrumsbestrebungen auf Gründung einer rheinischwestfälischen Republik erklärt. Immerhin war die Bewegung am Rhein ein Beweis dafür, daß die Parole: Los von Berlin im Reiche zog. Diese Strömungen drängten geradezu zur Ausschreibung der Wahlen zur Nationalversammlung. Aber die unabhängigen Volksbeauftragten wollten diese immer noch verzögern. Die unabhängigen Volksbeauftragten begründeten ihre Haltung damit, daß ein großer Teil der im Osten stehenden Truppen und die Kriegsgefangenen noch nicht mitwählen könnten. E b e r t berief sich dagegen mit Recht darauf, daß die überwiegende Mehrheit des deutschen Volkes und besonders die Soldaten die baldige Wahl der Konstituante verlangten. Ebert hatte ursprünglich in der Regierung als Wahltermin den 19. Januar 1919 vorgeschlagen. Aus Entgegenkommen schlug er dann den 2. Februar vor mit dem Vorbehalt, daß der Rätekongreß über den Termin endgültig zu enscheiden hätte. Schließlich einigte sich das Kabinett gar auf den 16. Februar, wobei sich Ebert der Stimme enthielt. Mit diesem Vorschlag gingen die Volksbeauftragten an den Rätekongreß.

Zum Ersten Rätekongreß waren über 500 Vertreter der Arbeiter- und Soldatenräte erschienen. Die Prüfung der Mandate war äußerst schwierig. Nicht weniger als 63 Mandate wurden für ungültig erklärt. Die Parteizugehörigkeit verteilte sich ungefähr wie folgt: 300 Mehrheitssozialdemokraten, 100 Unabhängige, 35 Bürgerliche und 65 unbekannter Parteirichtung. Die Mehrheitssozialdemokratie hatte also die absolute Mehrheit auf dem Kongreß.

Zu Vorsitzenden wurden gewählt R o b e r t L e i n e r t - Hannover, der sich im preußischen Dreiklassenhause als Landtagsabgeordneter der Sozialdemokratie seine Sporen verdient hatte, F r i t z S e g e r , der Führer der Unabhängigen auf dem Leipziger Rathaus und G o m o l k a als Soldatenvertreter.

Gleich zu Beginn des Kongresses kam es zu einer Kraftprobe, weil die Linksradikalen verlangten, daß Karl Liebknecht und Rosa Luxemburg, die keine Mandate hatten, als Gäste mit beratender Stimme zugelassen würden. Dagegen empörte sich der gesunde demokratische Sinn der Mehrheit der Kongreßteilnehmer. Wie kamen die Linksradikalen dazu, für zwei der ihrigen solche Sonderrechte zu verlangen? Das Organ Rosa Luxemburgs und Karl Liebknechts forderte gleichzeitig die Arbeiter Berlins auf, die Betriebe zu verlassen und durch Massendemonstrationen den Kongreß der Arbeiter- und Soldatenräte „würdig zu begrüßen". Die Delegierten aus dem ganzen Reiche sollten in Berlin unter den Druck der Straße gesetzt werden. Wenn es noch eines Beweises bedurft hätte, daß die Mißstimmung im Reiche gegen den Berliner Terror berechtigt war, so wurde er mit diesem Aufruf und den ihm folgenden Demonstrationen geliefert. Die Kongreßteilnehmer waren zumeist alte geschulte Parteigenossen, die nicht das geringste Verständnis für diesen Zauber hatten. Diese Veteranen der Arbeiterbewegung ließen sich nicht einschüchtern. Im Gegenteil. Damals wurde schon manchem klar, daß die Nationalversammlung ihre Arbeiten in Berlin kaum ruhig zu Ende führen könnte. Tatsächlich folgten Zehntausende dem Rufe der „Roten Fahne". Die damals angegebene Zahl 50 000 ist weit übertrieben. Die Zahl 250 000, von der die „Rote Fahne" schrieb, ist glatt erschwindelt. Wobei nicht vergessen werden darf, daß auch bei dieser Demonstration sich zahlreiche Neugierige eingefunden hatten.

Vor dem Abgeordnetenhause hielt K a r l L i e b k n e c h t an die in der Prinz-Albrecht-Straße Versammelten eine seiner beliebten feurigen Ansprachen gegen die „Scheidemänner" und die Nationalversammlung, für die soziale Revolution usw. Die Kongreßdelegierten ließen sich zunächst durch das „Hoch!" und „Nieder!" nicht einmal beim Mittagessen stören. Aber es sollte noch anders kommen. Im Vertrauen auf den ungenügenden Schutz des Kongresses wurden gut einstudierte Demonstranten zwecks Einschüchterung in den Kongreßsaal entsandt.

Am 16. Dezember erschien im Kongreßsaale eine Arbeiterdeputation und verlangte für 250 000 Arbeiter gehört zu werden. Sie trug die bekannten Spartakusforderungen vor, in sechs Punkten zusammengefaßt. Das unverfrorene Auftreten der Deputation löste stürmische Proteste der Kongreßmehrheit aus. Besonders groß war die Erregung über Punkt 4: Beseitigung des Ebert-Haaseschen Rats der Volksbeauftragten, und über Punkt 5: Bildung einer Roten Garde. Der Vorsitzende L e i n e r t machte dem Spektakelstück ein Ende, indem er erklärte, daß der Kongreß die Forderungen zur Kenntnis genommen hätte und im Laufe seiner Beratungen über sie entscheiden würde.

Der Kongreß entschied sodann über das Verhältnis der Volksbeauftragten zum künftigen Zentralrat, ohne jede Rücksichtnahme auf die Forderungen der Spartakisten. Die Folge war, daß am 18. Dezember sich der Auftritt wiederholte. Obwohl der Kongreß einen neuen Empfang der Deputation mit 400 gegen 10 Stimmen mit der Begründung, daß er sich von einer Berliner Deputation nicht terrorisieren lasse, abgelehnt hatte, drängten die Demonstranten einfach in den nicht geschützten Sitzungssaal und ihr Sprecher redete, ohne daß ihm der Präsident das Wort erteilt hatte, stürmisch auf den Kongreß ein. Die Kongreßdelegierten redeten nun auch. Da sie in der Mehrzahl waren, verstand man den Sprecher der Deputation gar nicht. Aber schließlich gab Leinert, um die Szene zu beenden, nach und ließ den Sprecher doch noch sein Anliegen vortragen. Dabei kam nichts heraus als der erneute Vortrag der bereits mitgeteilten und durch den ablehnenden Kongreßbeschluß erledigten Forderungen.

Der Führer der Deputation berief sich darauf, daß auch während der französischen Revolution das Volk von der Tribüne aus dem Konvent seine Forderungen vorgetragen hätte. Das hätte er lieber nicht sagen sollen. Diese arrangierten Auftritte durften mit den spontanen Kundgebungen aus der Zeit der großen französischen Revolution nicht verglichen werden.

Als L e i n e r t schließlich dem Sprecher ins Wort fiel und für ein ungestörtes Weiterarbeiten des Kongresses Ruhe verlangte, zog die Demonstration endlich schimpfend ab mit der Behauptung, daß auf dem Kongreß die Reaktion herrsche.

Aber nicht nur Arbeiterdeputationen, sondern auch solche der Soldaten wurden in den Kongreß entsendet. Am 17. Dezember erschienen in der Nachmittagsitzung des Kongresses etwa 30 Soldatenvertreter, die Pappdeckelschilder trugen, auf denen Regimentsnamen standen. An den folgenden Tagen hagelte es dann Proteste der Soldatenräte einer Anzahl Regimenter über den Mißbrauch ihrer Regimentsnamen. Auch diese spartakistischen Soldatenvertreter drangen in den Kongreßsaal ein und stellten sich vor dem Präsidententisch hinter der Rednertribüne auf. Im Gesicht hatten sie zum Teil etwas Grau aufgelegt, um gefährlicher auszusehen. Ihr Sprecher trug eine Entschließung vor, die in die Forderung auslief: „Alle Kommandogewalt dem obersten Soldatenrat." Wie Hohn wirkte Absatz 3 der Entschließung:

„Für die Zuverlässigkeit der Truppenteile und die Aufrechterhaltung der Disziplin sind die Soldatenräte verantwortlich."

Als die Soldatendeputation wegen der Dringlichkeit der Forderungen deren sofortige Abstimmung verlangte, entstand auf dem Kongreß ein minutenlanger Tumult. Der Vorsitzende lehnte die Abstimmung mit der Begründung ab, daß einige der Forderungen reiflicher Beratungen bedürften. H e c k e r t aus Chemnitz und L e d e b o u r traten aber für alsbaldige Beratung ein. Der Lärm wurde immer größer. Die Vertreter der Mehrheitssozialdemokratie verließen den Saal, um eine gesonderte Beratung abzuhalten. Darauf randalierten die Soldaten erst recht. Schließlich fand ein Vermittlungsvorschlag H a a s e s , die Beratung auf den 18. Dezember zu vertagen, Geltung, weil S e g e r nach diesem Vorschlag einfach die Sitzung schloß. Die Soldatenvertreter heulten vor Wut, ballten die Fäuste und fuchtelten mit ihren Stöcken in der Luft herum. Schließlich zogen sie ab.

Am nächsten Tage wurden die Soldatenforderungen in einer Kommission durchberaten. Das Ergebnis waren die sieben Hamburger Punkte, über deren Entstehung und Schicksal ich in dem Kapitel 10: „Um das Heer der Republik" bereits berichtet habe.

Aber hatte L i m b e r t z nicht recht, wenn er auf dem Kongreß diese Sorte Berliner Arbeiter- und Soldatenräte als „wildgewordene rote Spießbürger" charakterisierte?

Im ganzen zeigte der Erste Rätekongreß, daß im Reiche die Arbeiter und Soldaten die Politik der Mehrheitssozialdemokratie billigten. Der Parteivorstand hatte die auf dem Boden der Partei stehenden Delegierten vor dem Kongreß zu einer Fraktionssitzung zusammenberufen. Die Aussprache ergab, daß sich bei Differenzen im einzelnen die sozialdemokratischen Delegierten in der Hauptfrage einig waren: Ausschreibung der Wahlen zur Nationalversammlung noch im Januar.

Die Entscheidung über die Abgrenzung der Kompetenzen zwischen Volksbeauftragten und Zentralrat und über die Wahl zur Nationalversammlung fiel eigentlich schon bei dem ersten Punkt der Tagesordnung, dem Bericht über die Tätigkeit der Volksbeauftragten und des Vollzugsrats. Es wurde bei diesem Punkte ein Antrag L ü d e m a n n - K a h m a n n - S e v e r i n g mit großer Mehrheit angenommen, der folgenden Wortlaut hatte:

„Die Reichskonferenz der Arbeiter- und Soldatenräte Deutschlands, die die gesamte politische Macht in Deutschland repräsentiert, überträgt bis zur anderweitigen Regelung durch die Nationalversammlung die gesetzgebende und die vollziehende Gewalt dem Rat der Volksbeauftragten. Der Kongreß bestellt ferner einen Zentralrat der Arbeiter- und Soldatenräte, der die Ueberwachung des deutschen und des preußischen Kabinetts ausübt. Ihm steht das Recht der Berufung und Abberufung der Volksbeauftragten des Reiches und, bis zur endgültigen Regelung der staatlichen Verhältnisse, auch der Volksbeauftragten Preußens zu. Zur Ueberwachung der Geschäftsführung in den Reichsämtern werden von dem Rat der Volksbeauftragten Beigeordnete der Staatssekretäre bestellt. In jedes Reichsamt werden zwei Beigeordnete entsandt, die aus den beiden sozialdemokratischen Parteien zu entnehmen sind. Vor Berufung der Fachminister und der Beigeordneten ist der Zentralrat zu hören."

Diese Resolution entsprach der staatlichen Auffassung, die die Volksbeauftragten stets gegen den Vollzugsrat vertreten hatten.

Beim zweiten Punkt referierte C o h e n - Reuß über die Wahlen zur Nationalversammlung mit dem Ziel einer baldigen Herbeiführung der Wahlen. Er ging davon aus, daß die Wahlen für die Nationalversammlung um so günstiger für die Sozialisten ausfallen müßten, je früher sie stattfänden. Cohen-Reuß beantragte, die Wahlen schon am 19. Januar stattfinden zu lassen, also vier Wochen vor dem unter den Volksbeauftragten vereinbarten Termin. Cohens Referat fand zum Schluß stürmischen Beifall.

Der Korreferent D ä u m i g sprach gedrückt und ohne Schwung. Er wußte, daß er für eine verlorene Sache kämpfte. Er rief den versammelten Arbeiter- und Soldatenräten zu, daß der lebhafte Beifall, den sie Cohen-Reuß gespendet hätten, das Todesurteil für die Arbeiter- und Soldatenräte bedeute. Seiner Auffassung nach mußte das Rätesystem die allein mögliche staatsrechtliche Grundlage der sozialistischen Republik sein. Aber alles das machte auf den „politischen Selbstmörderklub", wie die Linke ironisch den Ersten Rätekongreß nannte, keinen Eindruck. Die „Philister" siegten. Mit 344 gegen 98 Stimmen fiel Däumigs Antrag, der die Einberufung eines neuen Rätekongresses forderte, der die Entscheidung über die künftige Verfassung treffen sollte. Bis dahin sollte den Räten die höchste gesetzgebende und vollziehende Gewalt zustehen. Der Rätekongreß nahm Cohens Antrag mit 400 gegen 50 Stimmen an und setzte die Wahlen zur Nationalversammlung bereits auf den 19. Januar fest.

Während der Tagung des Kongresses machte die preußische Regierung am 16. Dezember der „Republik Neukölln" ein Ende. Das war ein Beweis dafür, wie wenig Macht eigentlich hinter dem Spartakusgeschrei stand. Die „Republik Neukölln" fiel, während die Spartakisten im Innern Berlins gegen den Rätekongreß demonstrierten.

Nachdem R i c h a r d M ü l l e r den Rechenschaftsbericht des Vollzugsrat gegeben hatte, antwortete ihm W i l h e l m D i t t - m a n n , der Punkt für Punkt seine Anklagen widerlegte. Richard Müllers Angriffe wurden von B r a ß - Remscheid, W e g m a n n , H e c k e r t - Chemnitz und vor allem von L e d e b o u r unterstützt. Ledebour tobte sich nochmals gegen die „Scheidemänner" aus, die sich der Revolution bemächtigt hätten, die er doch so gern geleitet hätte. Ihm konnte D i t t m a n n erwidern, daß selbst der Vollzugsrat gegen 5 Stimmen von 45 den Antrag auf Amtsenthebung Eberts abgelehnt hätte. Dittmanns Referat fand bei den Vertretern der Mehrheitssozialdemokratie und der Soldaten starken Beifall. Bei den Unabhängigen weniger. Das lag daran, daß die Unabhängigen damals noch die Spartakisten in ihren Reihen hatten. Barth, ihr Volksbeauftragter, behauptete, daß sie in vier Richtungen gespalten wären: Die stärkste Gruppe um Heckert, Braß, Richard Müller war im Bewußtsein ihrer Ohnmacht für Abstinenzpolitik auf alle Fälle, die Gruppe Geyer-Koenen für Abstinenz wenn irgend möglich, die Gruppe Lauffenberg-Barth gegen Abstinenzpolitik wenn irgend möglich, die Gruppe Hilferding-Dittmann gegen Abstinenzpolitik unter allen Umständen. Bei solcher Zerfahrenheit war es kein Wunder, daß von unabhängiger Seite die Delegierten nicht einmal zu einer Vorbesprechung eingeladen worden waren.

Als B a r t h auf dem Kongreß gegen die Volksbeauftragten auftrat und sich als der „wahre Jakob" der Revolution vorstellte, der allein immer den richtigen Weg gewußt hätte, den die anderen fünf aber nicht betreten wollten, rief er E b e r t auf die Tribüne, der ihm schließlich sagte, daß er . und seine Freunde es sich überlegen müßten, ob sie mit Barth noch weiter zusammenarbeiten könnten, wenn gegen die Wiederholung eines solchen Auftritts keine Garantien gegeben würden.

S c h e i d e m a n n hat sich auf dem Kongreß sehr deutlich gegen die Absicht ausgesprochen, die Arbeiter- und Soldatenräte zu verewigen. Deutschland sei in einer so verzweifelten Lage, daß eine Klasse gar nicht allein die Verantwortung für die Zukunft übernehmen könne.

I c h habe mich an den Debatten des Kongresses nur einmal beteiligt. Ich habe dabei Richard Müller gegen Angriffe der Presse in Schutz genommen, nach denen er sich um 80 000 Mark bereichert haben sollte. Ich stellte fest, daß ich Richard Müller seit Jahren als einen selbstlosen, opferbereiten Parteigenossen kennengelernt hätte. Ich schilderte dann, wie aus dem ganzen Reiche täglich Berge von Telegrammen an den Vollzugsrat gekommen wären. Man hätte manchmal glauben können, daß man im Reiche den Vollzugsrat für allweise und allmächtig hielte. Der Vollzugsrat sei aber nicht allweise und auch nicht allmächtig gewesen. Vor lauter Reden sei er zu keinen klaren Beschlüssen über wichtige politische Fragen gekommen. Ich wies im einzelnen nach, wie die Tätigkeit des Vollzugsrats die Mißstimmung gegen Berlin genährt habe. Ich schloß unter lebhaftem Beifall mit dem Ersuchen, den Streit von der Arbeiterschaft fernzuhalten. Dann würde es ein Leichtes sein, durch eine Regierung, die im Vertrauen des Volkes wurzelt, jeden gegenrevolutionären Versuch mit eiserner Faust niederzuschlagen.

Der Vollzugsrat beschwerte sich auf dem Kongreß auch darüber, daß ihn die Volksbeauftragten in Geldsachen knapp hielten. Anfang Dezember war dem Vollzugsrat das Geld ausgegangen. Er verlangte von den Volksbeauftragten 2½ Millionen Mark zur Bestreitung seiner laufenden Ausgaben bis zum 28. Februar 1919. Die Volksbeauftragten sahen in dem vorgelegten summarischen Voranschlag keine Unterlage für ernsthafte Beratungen und gaben ihn dem Vollzugsrat zurück. Besonders H a a s e wandte sich scharf gegen diese Art, Geld auszugeben und verlangte vom Vollzugsrat das Wirtschaften nach den Grundsätzen eines guten Hausvorstehers. H a a s e wollte sich im Kabinett für die Bewilligung der unbedingt notwendigen Mittel einsetzen, nachdem ein spezifizierter Etat eingereicht sei. Der Vollzugsrat legte dann einen neuen Etat vor. Die Volksbeauftragten lehnten ihn wieder ab. Sie beschlossen jedoch am 14. Dezember, dem Vollzugsrat 100 000 Mark zu überweisen, von denen das Reich und Preußen je die Hälfte zahlen sollten. Hiervon waren für den Kongreß 90 000 Mark bestimmt, wobei für die Kongreßteilnehmer sechs Tage Diäten in Rechnung gestellt waren, aber in Höhe von 30 Mark statt der beantragten 50 Mark. 5000 Mark sollten für einen Theaterabend in der Staatsoper (es wurde zu Ehren des Kongresses „Carmen" gespielt) und 5000 Mark für sonstige Ausgaben ausgeworfen werden.

Unter den Einnahmen des Vollzugsrats befanden sich nach dem dem Kongreß vorgelegten Rechnungsbericht u. a.: „vom Genossen Ettisch im November gegeben 28,272,45 Mk. und von der Nationalbank aus beschlagnahmten Geldern abgehoben im November 360 000, Dezember 250 000, zusammen 610 000 Mk.". Damit hatte es folgende Bewandtnis:

Es handelte sich um 450 000 Schweizer Franken, die in 640 000 Mark umgewechselt worden waren. Dieses Geld war ohne Rechtstitel beim Soldatenrat des stellvertretenden Generalstabs in Berlin am 9. November 1918 beschlagnahmt worden. Nach einem Ende November eingegangenen Schreiben der „Siebenerkommission des Soldatenrats Groß-Berlin" hatte ein gewisser Kurt Dette, der durch eine Vollmacht von Ledebour und Barth legitimiert gewesen sei, sich des Geldes bemächtigt. Das Geld oder ein Teil davon wurde am 10. November Ettisch übergeben, der damals im sogenannten Sicherheitsausschuß saß. Ettisch hat es dann für den Vollzugsrat deponiert. Die Siebenerkommission stellte folgende Fragen und Forderungen:

1. Wir fragen: Mit welchem Recht hat der Vollzugsausschuß über das Geld verfügt?
2. Für welche Zwecke ist das Geld verwandt?
3. Wir verlangen unter allen Umständen die Zurückerstattung des gesamten Betrages für das Auswärtige Amt.

Als der Fall untersucht wurde, gab Ledebour am 2. Dezember 1918 zu Protokoll:

„Ich erinnere mich nicht, mit Barth zusammen einem mir völlig unbekannten Kurt Dette eine Vollmacht ausgestellt zu haben. Ich bitte, mir die Vollmacht vorzulegen, um feststellen zu können, ob es sich da nicht um eine Fälschung handelt."

Von diesen beschlagnahmten Geldern hatte der Vollzugsrat seit Anfang November seine Ausgaben bestritten.

Ueber die Verwendung der Gelder teilte er der Presse u. a. folgendes mit:

„Der Vollzugsrat ist am 12. November gegründet worden. Von diesem Tage ab bis zum 1. Dezember hat der Vollzugsrat auf Grund buchmäßiger Belege 339 204.05 Mark verausgabt; dazu kommen für die Zeit vom 1. bis 5. Dezember 46 646,88 Mark. Der Vollzugsrat hat also bis zum 5. Dezember insgesamt 385 859.93 Mark ausgegeben. In dieser Summe befinden sich auch die nicht unerheblichen Ausgaben für 40 Kuriere, die von Berlin aus von Mitte November ab nach allen Eisenbahnknotenpunkten entsandt worden sind, um zu verhindern, daß wilde Truppen, die nicht nach Berlin gehören, hierher kommen. Jeder Kurier hat 20 Mark Tagegelder erhalten. In die Summe sind außerdem 27 000 Mark, die unterschlagen worden sind, und 3000 Mark, die für das Personal der Funkstation verausgabt worden sind, einbezogen worden. Ein Teil des Geldes ist für den inzwischen eingestellten umfangreichen Propagandadienst verwendet worden. Die Mitglieder des Vollzugsrats — zuerst 28, jetzt 40 — erhalten ein Tagegeld von 50 Mark. Spesen werden nicht bewilligt. Die Schreibmaschinendamen bekommen 10 bis 15 Mark täglich, mehrere, die sich in bevorzugten Stellen befinden, werden mit 20 Mark und in Einzelfällen mit mehr bezahlt. Der Botenlohn beträgt täglich 20 Mark. Kuriere, die besondere Vertrauensstellungen innehaben, erhalten 30 Mark. Weitere Büroangestellte bekommen täglich 25 Mark, geistige Arbeiter 30 Mark und einige wenige Abteilungsleiter 40 Mark. Man muß berücksichtigen, daß das gesamte Personal auf tägliche Kündigung angestellt, und daß die Arbeitszeit fast uneingeschränkt ist."

Am Schlusse des Kongresses machten die Soldatenvertreter noch einen Versuch zur Einigung. Ihr Antrag forderte den Zusammenschluß der beiden sozialistischen Parteien im kommenden Wahlkampf. Der Vorsitzende S e g e r von den Unabhängigen wollte den Antrag nicht zur Abstimmung bringen, weil der Kongreß nicht zuständig sei. S e v e r i n g erklärte sich damit einverstanden. Aber die Soldaten setzten durch, daß H e i t m a n n - Königsberg den Antrag begründete:

„Millionen von Soldaten würden, ganz gleich, wie sie während des Krieges zur Politik der Sozialdemokratie gestanden hätten, jetzt keinen Grund zur Aufrechterhaltung der Spaltung finden können. Im Kampfe gegen den Kapitalismus könne sich die Arbeiterklasse den Luxus des Bruderkampfes nicht mehr leisten. Die Parteien könnten einheitlich in den Wahlkampf ziehen, denn der Gegensatz Haase-Liebknecht sei größer als der Haase-Ebert."

Das gab L e d e b o u r erneuten Anlaß gegen die „Scheidemänner" zu toben. Der Antrag bezwecke eine Vergewaltigung durch diese „unaufgeklärten" Räte, wobei er mit den Fingern auf die Soldatenvertreter zeigte. Als S c h e i d e m a n n ihm antwortete, machten die Linksradikalen einen Höllenspektakel. Ihr Pfeifen und Schreien wurde von den sozialdemokratischen Vertretern mit anhaltenden Ovationen für Scheidemann beantwortet.

„S c h e i d e m a n n lobte die guten Absichten der Soldaten, erklärte es aber für unmöglich, auf dem Kongreß parteipolitische Entscheidungen zu fällen. Die Aufnahme, die der Antrag gefunden habe, zeige, daß es Sozialisten gäbe, die statt den Kapitalismus zu bekämpfen, für die Zerreißung der Arbeiterschaft wirkten. Als darauf erneut ein Riesenlärm losging, antwortete Scheidemann, daß die deutschen Arbeiter diesen Leuten am 19. Januar die verdiente Antwort geben würden."

Das haben die deutschen Arbeiter dann auch am 19. Januar getan.

L a m p l - Hamburg zog alsdann den Antrag der Soldatenfraktion zurück und bat seine Freunde von der Ost- und Westfront nach der Rückkehr in die Heimat zu sagen, was sie in Berlin gesehen und gehört hätten, damit die Kameraden auf dieses Treiben die notwendige Antwort geben könnten.

Die haben auch die Soldaten am 19. Januar gegeben.

Das wichtigste Ereignis des Kongresses bereitete sich aber in aller Stille vor. Gegen Haases Rat beschloß die Fraktion der Unabhängigen, sich an der Wahl für den zu bildenden Zentralrat n i c h t zu beteiligen. Als Grund wurde angegeben, daß der Zentralrat nur noch Kontrollinstanz sein sollte und nur das Recht habe, die Gesetzentwürfe und Verordnungen der Volksbeauftragten anzunehmen oder abzulehnen. Bei der Fassung dieses Beschlusses waren Ledebour und die späteren Kommunistenführer die treibenden Kräfte. Richard Müller hatte es satt, weiter eine Rolle zu spielen, der er auf keine Weise gewachsen war. Fünf Wochen Revolutionstätigkeit hatten ihn ganz mürbe gemacht.

So kam es, daß der aus 27 Mitgliedern gewählte Zentralrat nur aus Mitgliedern der Mehrheitssozialdemokraten bestand, deren Namen ich in dem Kapitel anführe, das von der Arbeit des Zentralrats handelt.

Der Zentralrat wählte zu seinen drei Vorsitzenden Leinert-Hannover, Cohen-Reuß und mich. Kassierer wurde Schäfer-Köln, Schriftführer Wäger von der Ostfront.

Der Zentralrat bestätigte sofort die sechs bisherigen Volksbeauftragten. Haase und seine Freunde, die von ihrer eigenen Kongreßfraktion so schmählich im Stich gelassen worden waren, blieben in ihren Aemtern, obwohl sie wußten, daß ihre Stellung nun viel schwieriger sein würde.

Die „Rote Fahne" erkannte die Kongreßbeschlüsse nicht an: Der Kongreß habe seine Mandanten verraten und seine Vollmachten überschritten. Die Arbeiter- und Soldatenräte könnten nicht aufgelöst werden. Sie seien geboren aus der revolutionären Tat der Massen am 9. November. Sie existierten nicht von irgendeines Kongresses Gnaden. Die gesamte Macht sei nun ausschließlich in den Händen der Scheidemänner:

„Und doch, auch diese Schmach nicht ohne Feigenblättchen. Denn Haase bleibt im Rat der Volksbeauftragten, an die Lende Eberts als Schamgürtel geheftet. Jawohl, er bleibt! Und der Dittmann, der Barth bleiben sicher auch. Die Linke der USP. zieht sich zur Rettung ihrer Ehre aus dem Vollzugsrat zurück, die Rechte bleibt standhaft als „prinzipienfester" Deckmantel der politischen Prostitution.

Der Haase-Konventikel kneift vor dem Parteitag, um der Verantwortung, um der klaren Entscheidung zu entgehen —, die innere Logik der Dinge bringt Entscheidung und Klarheit hervor. Die Parteimassen werden direkt herausgefordert und gezwungen, ihren Richterspruch zu fällen."

Diese Sprache mußte auf die Unabhängigen wirken, deren linker Flügel damals mit den Kommunisten den Rätegedanken vertrat. So wurde die Stellung der unabhängigen Volksbeauftragten auf die Dauer unhaltbar.

Das große Verdienst des Ersten Rätekongresses war, daß er dem deutschen Volke den Weg zur Nationalversammlung freimachte.

XIII. Der Kampf um Schloß und Marstall

Wer geglaubt hatte, daß nach der Ersetzung des Vollzugsrats durch den Zentralrat eine Zeit ungestörter Arbeit für die Volksbeauftragten kommen würde, wurde bitter enttäuscht. Vielmehr wurde die Republik Weihnachten 1918 durch neue Unruhen erschüttert. Persönlich habe ich diese Unruhen in Berlin nicht miterlebt, da ich am 23. Dezember 1918 zur Beerdigung einer nahen Verwandten nach Schlesien gefahren war. Als ich die Fahrt nach Görlitz antrat, legte der Bahnschaffner auf die Karte, die mich als Mitglied des Vollzugsrates legitimierte und mir das Recht auf freie Eisenbahnfahrt sicherte, keinen besonderen Wert. Vor meiner Reichstagsfahrkarte hatte er aber immer noch die größte Hochachtung.

Anschließend fuhr ich nach den Weihnachtsfeiertagen über Schweidnitz nach Oberlangenbielau, dem Hauptort meines damaligen Wahlkreises Reichenbach-Neurode. Ich führte im Reichstag des Kaiserreichs den Namen M ü l l e r - Reichenbach. Ich hatte im Trubel der Revolutionszeit noch keine Zeit gefunden, die Fühlung mit meinen Wählern aufzunehmen. Der Reichenbach-Neuroder Wahlkreis war für die Wahlen zur Nationalversammlung ein Teil des großen Wahlkreises Breslau geworden. In der Nationalversammlung führte ich deshalb den Namen M ü l l e r - Breslau, den ich 1920 mit meinem dritten parlamentarischen Namen M ü l l e r - Franken tauschte.

Die Nachkommen der armen aufständischen Weber aus den 40er Jahren hatten trotz der schweren Not, die gerade dieser Teil Schlesiens im Kriege erlebt hatte, volles Verständnis für die Notwendigkeit des Aufbaus unserer Wirtschaft. Die Einwohner des Reichenbacher Teils meines Wahlkreises waren in der Hauptsache evangelisch. Der Neuroder Teil, der vor allem von Bergarbeitern bewohnt wurde, war katholisch. Diese Bergarbeiter waren zum großen Teil für die sozialistische Bewegung gewonnen, weil das Bergkapital ihnen unter katholischer Führung entgegentrat. Vom 27. Dezember 1918 bis 2. Januar 1919 hielt ich täglich eine, an Sonntagen und am Neujahrstag zwei Versammlungen ab. In dem ganzen Gebiet war die Staatsumwälzung mit großer Genugtuung begrüßt worden. Am 3. Januar 1919 fuhr ich zur Erledigung von Familienangelegenheiten nach Görlitz und von dort am 4. Januar nach Berlin zurück.

Ueber die blutigen Weihnachtsvorgänge in Berlin hörte ich zuerst in Agnetendorf nur Halbwahres. Satte Bürger unterhielten sich darüber, daß endlich in Berlin die bolschewistischen Matrosen, die man in bürgerlichen Kreisen fälschlich als die alleinigen Urheber der Revolution ansah, ordentlich eins abbekommen hätten.

In Wirklichkeit war das Ergebnis der Berliner Weihnachtskämpfe ein anderes. Die Unruhen hatten keineswegs mit einer Niederlage der Radikalen geendet. Im Gegenteil schöpften diese gerade aus dem Verlauf der Weihnachtsunruhen den Mut, im

Januar den Sturz der Regierung zu versuchen. Der General L e q u i s hat nach Abschluß der Unruhen ausdrücklich festgestellt, daß es zwar gelungen war, Ebert die Handlungsfreiheit wiederzugeben, daß es aber dem Militär nicht gelungen war, die Matrosen zur Uebergabe zu zwingen.

In den Tagen des Rätekongresses war eine enge Verbindung zwischen den in den Kasernen liegenden Truppenteilen der Garde (Alexander, Franzer, Augusta, Kürassiere, Dragoner) hergestellt worden. Ihre Soldatenräte hatten angeblich einstimmig am 16. Dezember folgende Entschließung angenommen:

„Wir stehen nach wie vor der Regierung Ebert-Haase zur Aufrechterhaltung von Ruhe und Ordnung zur Verfügung, protestieren aber auf das Energischste gegen die von reaktionärer Seite geplante Entfernung der Volksmarinedivision aus Berlin. Die Kameraden der Marine sind die ersten Träger und Schützer der Revolution gewesen. Ihre Anwesenheit in Berlin ist deshalb unbedingt erforderlich. Die Soldatenräte beantragen deshalb, daß die augenblicklich bestehende Volksmarinedivision noch vergrößert wird. Die Leitung der Versammlung wird beauftragt, diese Entschließung der nächsten Plenarsitzung der Groß-Berliner Soldatenräte als Dringlichkeitsantrag vorzulegen. Ferner sollen die Volksbeauftragten, der Vollzugsausschuß, die Stadtkommandantur, der 53er Ausschuß davon in Kenntnis gesetzt werden."

Diese Entschließung richtete sich gegen die Absichten der Volksbeauftragten, die bereits Schritte zur Verminderung der Volksmarinedivision von 1000 auf 600 Mann unternommen hatten. Die Soldatenräte verlangten im Gegenteil ihre Vergrößerung! Nur aus Angst vor dem eigenen Abbau ist dieser Zusammenhalt von Garnison und Volksmarinedivision zu erklären. Der leitende Geist der Volksmarinedivision bei diesen Manövern war D o r r e n - b a c h, der engste Fühlung mit dem Polizeipräsidenten E i c h - h o r n und dessen Schutzwehren unterhielt. Dorrenbach war damals 30 Jahre alt, hatte aber bereits eine bewegte Vergangenheit. Ursprünglich zum Geistlichen bestimmt, fiel er auf der Schule durch ungenügende Kirchenfrömmigkeit auf und bewies damit, daß er für den Beruf des Geistlichen keine Anlagen hatte. Dorrenbach schlug sich dann als Arbeiter und Angestellter durchs Leben, bis er 1914 ins Feld kam, wo er zum Offizier befördert wurde. Nachdem er mehrfach verwundet worden war, soll er in Frankreich einen erfolglosen Versuch gemacht haben, überzulaufen. Wenigstens wurde er wegen Fahnenflucht zu zwei Monaten Gefängnis und Dienstentlassung verurteilt. Als die Revolution ausbrach, verdiente er sich gerade in Berlin mit Adressenschreiben kümmerlich sein Brot. Sofort trieb ihn sein Instinkt zu den Matrosen, in denen er die Träger der deutschen Revolution sah.

Auf sie übte dieser wurzellose Abenteurer bald einen starken Einfluß aus, den er sich, während Radtke, Tost und Graf Wolf Metternich Kommandanten der Volksmarinedivision waren, erhielt. Der Kampf Dorrenbachs und seiner Anhänger richtete sich vor allem gegen die Kommandantur. Die „Rote Fahne" hetzte täglich gegen Otto Wels, den Berliner Stadtkommandanten, den sie für das am 6. Dezember in der Chausseestraße vergossene Blut verantwortlich machte. Als am 21. Dezember die Toten des 6. Dezember begraben wurden, kam es vor der Kommandantur zu Demonstrationen, bei denen Wels als „Mörder" und „Bluthund" verflucht wurde.

Den eigentlichen Anlaß zu den Weihnachtsunruhen hatte aber eine von dem Unabhängigen Bankier Hugo Simon, der zusammen mit Albert Südekum das preußische Finanzministerium leitete, am 12. Dezember 1918 dem preußischen Staatsministerium unterbreitete Denkschrift gegeben, die die rasche und vollständige Entfernung der Matrosendivision aus Schloß und Marstall verlangte. Hugo Simon war in großer Sorge um die im Schloß aufgespeicherten Kunstschätze. Im Schloß wurde dauernd von Matrosen und von Besuchern der Matrosen gestohlen. In der Denkschrift war nicht nur die unverzügliche Entfernung der Matrosen verlangt worden, sondern es hieß, daß die Entfernung unvermutet und plötzlich geschehen müsse, damit keine Gelegenheit mehr bliebe, geraubte Gegenstände, die sich noch in den Quartieren befänden, wegzuschaffen. Der Wert des geraubten Gutes wurde auf eine Million Mark geschätzt. Ein Attentat auf die Silberkammer und auf den gut assortierten Weinkeller Wilhelm II. sei geplant gewesen, aber vereitelt worden. Der Inhalt der Weißzeugkammer wurde als gefährdet bezeichnet. Ein Teil der gestohlenen Sachen war von der Kriminalpolizei bei Matrosen beschlagnahmt worden.

Während die Volksbeauftragten die Stärke der Volksmarinedivision auf 600 Mann vermindert haben wollten, verlangte die Volksmarinedivision, daß sie als Teil der unter Wels' Kommando zu bildenden Republikanischen Soldatenwehr erhalten bliebe. Es war aber zwischen der Kommandantur und der Volksmarinedivision bereits am 13. Dezember vereinbart worden, daß vom 1. Januar 1919 ab die Löhnung nur noch für 600 Mann gezahlt würde. In einem Zahlungsbefehl der Regierung vom 21. Dezember 1918, den auch Haase, Dittmann und Barth unterzeichnet hatten, war die Kommandantur angewiesen worden, 80 000 Mark an die Volksmarinedivision zu zahlen, indessen erst „nach Räumung des Schlosses und Herausgabe aller Schlüssel an die Kommandantur".

W e l s hatte Vertreter der Volksmarinedivision am 22. Dezember zu Verhandlungen hierüber nach der Kommandantur bestellt. Sie erschienen nicht. T o s t versuchte vielmehr mit zwei Matrosen erneut mit den Volksbeauftragten zu verhandeln. Ebert suchte die Differenzen beizulegen. Tost erklärte sich bereit, für Räumung des Schlosses zu sorgen. Nach Abgabe der Schlüssel auf der Kommandantur hätte alsdann die Löhnung ausgezahlt werden können. Die Schlüssel wurden aber nicht auf die Kommandantur gebracht. D o r r e n b a c h brachte sie vielmehr zu B a r t h in die Reichskanzlei, den die Militärangelegenheiten gar nichts angingen. Wollte er damit der Kommandantur einen Streich spielen?

Wels war gemäß der Verfügung der Volksbeauftragten bereit, die Löhnung auszuzahlen. Barth konnte Wels die Verantwortung nicht abnehmen. Sein Auftreten auf dem Rätekongreß ließ ihn nicht als den zuverlässigen Interpreten des Willens der Volksbeauftragten erscheinen. Barth hatte einfach die Pflicht, Dorrenbach klarzumachen, daß er die Schlüssel umgehend auf der Kommandantur abzugeben hatte. Daß er dies unterließ, war unverantwortlich. Für die folgenden blutigen Vorgänge lud er damit eine schwere Schuld auf sich.

Die durch eine telephonische Unterhaltung Barths mit Wels aufgeputschten Matrosen suchten hernach in der Reichskanzlei Ebert auf. Wie sie behaupteten, vergeblich. Als sie ihn nicht gleich fanden, — er aß mit Landsberg gerade in einem Zimmer der Reichskanzlei zu Mittag — gab D o r r e n b a c h in einem Anfall von Größenwahn der die Reichskanzlei bewachenden Matrosenabteilung den Befehl, die Tore zu schließen, das Haus abzusperren und die Telephonzentrale solange zu besetzen, bis die Kommandantur die Forderung der Matrosen bewilligt hätte.

Als Ebert davon Nachricht bekam, machte er zunächst den Versuch, die Reichskanzlei auf gütlichem Wege durch Schlichtung der Differenzen mit den Matrosen zu befreien. Dorrenbach verhinderte aber die Einigung. Auf dem Umweg über einen unkontrollierten direkten Telephondraht zu einem anderen Amt wurde die Kommandantur durch General Groener und Ebert von der Absperrung der Reichskanzlei unterrichtet.

Wels traf darauf von der Kommandantur aus die Vorbereitungen zur Entsetzung der Reichskanzlei. Er wurde in diesen Bemühungen durch Dorrenbach gehindert, der sich inzwischen zur Kommandantur begeben und die Herausgabe des Geldes für die Löhnung verlangt hatte.

Während die Matrosen in der Kommandantur lärmten, wurden sie durch Schüsse aufgeschreckt, die vor der Universität gefallen waren. Wels befahl vom Balkon aus, sofort das Schießen einzustellen. Aber der Zwischenfall war da. Die Matrosen umzingelten die Kommandantur. Sie schossen auf einen besetzten Lastwagen, weil dieser die Sperre durchbrochen hatte, ohne übrigens jemand zu treffen. Dagegen schoß nun die Besatzung eines Panzerwagens, der von der Charlottenstraße nach den Linden fuhr, auf die Matrosen. Ergebnis: ein Toter und drei Schwerverletzte. Nun erfaßte die Matrosen eine maßlose Wut. Sie machten W e l s , der an der Schießerei ganz unschuldig war und sofort die Einstellung des Feuers befohlen hatte, trotzdem für alles verantwortlich. Sie stürmten in die Kommandantur und hätten Wels am liebsten gelyncht. Sie erpreßten von ihm die Herausgabe der 80 000 Mark. Sie wollten außerdem noch die schriftliche Bestätigung, daß sie dauernd in Berlin bleiben konnten, die Wels verweigerte. Die Freigabe der Löhnung trug nicht zur Beruhigung bei. Wels, Anton Fischer und Dr. Bongartz wurden als Geißeln im Marstall gefangen gesetzt. Während die beiden letzteren wieder freigelassen wurden, setzten die Matrosen Wels, den sie auf dem Wege mißhandelt und beschimpft hatten, erst im Schloß und dann im Marstall gefangen. Der Kommandant der Volksmarinedivision, Radtke, bemühte sich vergeblich, die Matrosen von Gewalttätigkeiten abzuhalten. Der Vorgang bewies, daß unter den Soldaten rohe, gewalttätige Menschen vorhanden waren, die die Anordnungen des eigenen Kommandanten mißachteten.

Inzwischen hatten die Berliner Truppenteile von diesen beklagenswerten Vorgängen erfahren. Die Republikanische Soldatenwehr hatte Soldaten nach der Wilhelmstraße beordert. Brutus Molkenbuhr ging zu Ebert, mißbilligte das Vorgehen der Volksmarinedivision aufs schärfste und war bereit, alle Anordnungen zur Befreiung der Volksbeauftragten und für Wels zu treffen. E b e r t mahnte von der Anwendung der Gewalt ab und wollte, wie er in einer Ansprache an die Truppen sagte, u n t e r a l l e n U m s t ä n d e n B l u t v e r g i e ß e n v e r m i e d e n h a b e n , denn im Kriege sei Blut genug vergossen worden! Es kam zu einer Verständigung, derzufolge die Matrosen und die Truppen der Garnison abends nach 10 Uhr nach verschiedenen Seiten abzogen.

M o l k e n b u h r war inzwischen mit seinen Begleitern zum Marstall gefahren, wo trotz stündlicher Mahnungen aus der Reichskanzlei Wels weiter gefangen gehalten wurde. Als R a d t k e nach 1 Uhr nachts mitteilte, daß zwar für Wels augenblicklich keine

Gefahr vorhanden sei, daß aber wegen der Haltung der Matrosen für sein Leben nicht gebürgt werden könne, rief E b e r t den Kriegsminister S c h e u c h an und ersuchte ihn, zur Befreiung von Wels das Nötige zu veranlassen. Ebert hatte die Anordnung nachts getroffen, während keiner der unabhängigen Volksbeauftragten anwesend war. Das sollte für später Bedeutung bekommen. Der Kriegsminister Scheuch übertrug dem General Lequis die Ausführung. Berliner und Potsdamer Truppen wurden in Marsch gesetzt. Militärischerseits wurde am 24. Dezember, 7,50 Uhr früh, durch einen Leutnant die unbewaffnete Uebergabe aller im Schlosse und Marstall befindlichen Matrosen gefordert. Für den Fall, daß bis dahin nicht die weiße Fahne gezogen würde, sollte Marstall und Schloß mit Artillerie beschossen werden.

Die Matrosen, die u. a. im Besitz von 5 Maschinengewehren und einem Geschütz waren, hißten die weiße Flagge aber nicht. Ab morgens 8 Uhr wurde sodann der „Heilige Abend" durch Eröffnung des Feuers auf Schloß und Marstall „eingeläutet". Das Feuer dauerte bis gegen 10 Uhr. Das Schloß wurde dabei stark beschädigt. Aber seine Besatzung bekam Hilfe. Spartakus hatte inzwischen seine Mannen aufgeboten. Das verursachte neue Zusammenstöße.

Der Rat der Volksbeauftragten trat in der zehnten Morgenstunde zu einer Sitzung zusammen. Ebert gab auf Beschluß der Regierung den Befehl zur Einstellung des Feuers. C o h e n - R e u ß für den Zentralrat, R i c h a r d M ü l l e r für den Berliner Vollzugsrat, L e d e b o u r, den Radtke noch in der Nacht zur Begütigung der Matrosen herangezogen hatte, T o s t, R a d t k e, D o r r e n b a c h und D ä u m i g verhandelten inzwischen mit dem aus den Brest-Litowsker Verhandlungen bekannten Generalleutnant H o f f m a n n in der Universität.

Inzwischen hatte E i c h h o r n seine Sicherheitsmannschaften aufgeboten. Angeblich um das Uebergreifen des Kampfes auf andere Stadtteile zu verhindern. Ein Teil seiner Leute nahm aber in Wirklichkeit für die Matrosen Partei. Dieses Durcheinander führte zur Demoralisierung der Truppen des Generals Lequis. Der Kampf wurde schließlich auf Grund einer Abmachung abgebrochen, die die Volksmarinedivision verpflichtete, das Schloß zu räumen. Büroräume sollten sie im Marstall behalten. Die Matrosen sollten unter dem Befehl der Kommandantur in die „Republikanische Soldatenwehr" eingegliedert werden. Sie verpflichteten sich, in Zukunft nicht mehr an Aktionen gegen die Regierung teilzunehmen. Differenzen sollten fürder auf dem Verhandlungswege geschlichtet werden. Die Division des Generals Lequis sollte sofort zurückgezogen werden. Matrosen und Soldaten hatten in ihre Quartiere zu gehen. Wels war sofort freizulassen.

Die Kämpfe hatten den Matrosen 7 Tote und ihren Helfern etwa ein Dutzend Tote neben zahlreichen Verletzten gekostet. Das Militär hatte zwei Tote.

Die Volksbeauftragten der Mehrheitssozialdemokratie sagten in ihrer am 27. Dezember veröffentlichten Darstellung der Vorgänge vom 23. und 24. Dezember ihren Parteigenossen u. a.:

„Genossen! Hier habt ihr den Bericht über die Handlungen eurer Vertrauensmänner in der Regierung. Ihr müßt das Urteil sprechen, denn durch euer Vertrauen heißen wir Volksbeauftragte! Wenn ihr uns Entlastung erteilt, müßt ihr aber noch ein weiteres tun!

Ihr müßt uns Macht schaffen! Es gibt keine Regierung ohne Macht! Ohne Macht können wir euren Auftrag nicht ausführen, ohne Macht sind wir jedem preisgegeben, der verbrecherisch genug ist, für den eigenen jämmerlichen Ehrgeiz seine Kameraden und ihre Waffen zu mißbrauchen!"...

„Noch ein solcher Tag, und wir verlieren den Rang eines Staates, mit dem man verhandelt und Frieden schließt."

Im Rate der Volksbeauftragten verlangte damals vor allem Otto Landsberg, daß die Regierung von Berlin weg verlegt würde:

„So weiter zu regieren, sei unmöglich. Die Regierung sei in rüder Weise überfallen und dann erpresserischen Drohungen ausgeliefert gewesen. Das könne sich alle Tage wiederholen. Eine Regierung werde ohne Not nicht zur bewaffneten Abwehr schreiten, aber sie müsse imstande sein, einen Angriff abzuwehren. Die Weihnachtsvorgänge seien ein Gewaltakt gegen die Regierung gewesen, dem diese machtlos gegenüberstand. Eine Regierung, die von ihrer eigenen Wache verhaftet werde, sei dem Auslande gegenüber nicht verhandlungsfähig."

H a a s e blieb diesen Ausführungen Landsbergs gegenüber dabei, daß die Regierung in Berlin bleiben müsse, wo die Aemter arbeiteten, und das nun einmal die Zentrale des politischen und wirtschaftlichen Lebens Deutschlands sei.

Die Regierung blieb auch in Berlin und überstand dort noch den Januarputsch. Dagegen reichte W e l s sein Abschiedsgesuch als Kommandant von Berlin ein. Er war in jener Nacht von den Matrosen grausam gequält worden. Vier Matrosenleichen wurden zu ihm ins Zimmer getragen. Ihm wurde angedroht, daß ein über ihn ausgesprochenes Todesurteil durch Erhängen vollstreckt würde. Er hatte mit dem Leben bereits abgeschlossen. Stark mitgenommen, kehrte er in die Freiheit zurück.

Bei den Verhandlungen mit den Matrosen hatte C o h e n - R e u ß am 24. Dezember unter der Hand eine Uebereinstimmung dahin festgestellt, daß W e l s nicht länger mehr Kommandant bleiben, während andererseits auch der leitende Einfluß D o r r e n - b a c h s auf die Matrosen ausgeschaltet werden sollte. Die Volksbeauftragten genehmigten am 28. Dezember Wels Rücktrittsgesuch vom Tage vorher. Mit ihm trat Oberst S c h w e r c k zurück. An Wels Stelle war zunächst Oberst Reinhardt als Stadtkommandant vorgesehen. Aber die Berliner Soldatenräte, die nach dem Versagen der Truppen gegen die Matrosen, die sich wieder stark fühlten, setzten durch, daß Reinhardt das Amt nicht antrat. Im Rate der Volksbeauftragten schlug Barth vor, daß B r u t u s M o l k e n b u h r oder Kapitänleutnant Paasche oder Tost oder Polizeipräsident Eichhorn Kommandant von Berlin werden sollte. Schließlich wurde A n t o n F i s c h e r provisorisch mit der Wahrnehmung der Geschäfte des Kommandanten betraut. Eigentlich war beabsichtigt, einen Offizier zu ernennen und ihm einen politischen Beirat zuzugesellen. Man hielt diese Lösung sachlich für richtiger, falls bei weiteren gewalttätigen Angriffen auf die Regierung wieder militärische Machtmittel eingesetzt werden müßten. In diesem Falle wäre das Vorhandensein ziviler Beigeordneter zweckdienlich gewesen.

Die Vorgänge im Schloß und vor dem Marstall hatten noch ein Nachspiel. Der „Vorwärts" brachte am folgenden Morgen einen Artikel, der mit den schuldigen Matrosen und ihren Drahtziehern nicht glimpflich umging. Das veranlaßte am ersten Weihnachtsfeiertag einen Haufen Spartakisten und Matrosen unter Ueberrumpelung der Wache des Hauses Lindenstraße 3 den Vorwärts zu besetzen. Das war nur möglich, weil der Wache verboten war, von der Waffe Gebrauch zu machen. Die Spartakisten gaben einen „Roten Vorwärts" heraus, als Gegenstück zu dem „lügnerischen Reptil Stampfers". Sie hinderten die Redakteure am 26. Dezember abends an der Wiederaufnahme der Arbeit für den wahren Vorwärts. Durch Vermittlung D ä u m i g s und E i c h h o r n s wurde der Vorwärts auf Beschluß der „revolutionären Obleute" wieder geräumt. Doch wurde zuvor von der Redaktion die Aufnahme einer Erklärung erpreßt, die an der Spitze des Blattes zu bringen war, und in der es u. a. hieß, der „Vorwärts" habe in letzter Zeit in der schamlosesten Weise alle ehrlichen und entschiedenen revolutionären Kreise sowie die Volksmarinedivision beschimpft. Die revolutionären Obleute hielten daher die den Vorwärtsleuten erteilte Lektion für wohlverdient:

„Sie (die Versammlung der revolutionären Obleute. D. V.) verpflichteten sich, alle Kräfte einzusetzen, die revolutionäre Entwicklung weiterzutreiben und den Kampf für den Sozialismus zu Ende zu führen. In diesem Kampf ist selbstverständlich eingeschlossen der Kampf gegen die Regierung Ebert und deren Lakaien im „Vorwärts".

Die Versammlung der revolutionären Obleute erkennt das Recht der Berliner Arbeiterschaft auf den „Vorwärts" an. Sie ist der Meinung, daß die „Vorwärts"-Angelegenheit in dieser revolutionären Epoche sofort vom Vollzugsrat der Groß-Berliner Arbeiterschaft in diesem Sinne geregelt werden muß."

Für die Redaktion des „Vorwärts" mußte diese Erklärung von Stampfer, Heinrich und Kuttner gezeichnet werden.

Die Redaktion hatte aber das „Recht" erhalten, gegen den Inhalt dieser Erklärung Stellung zu nehmen, was sie sachlich scharf tat. Sie meinte zum Schluß, daß sie hoffentlich das Recht, ihre Meinung frei zu sagen, im revolutionären Deutschland kein zweites Mal würde zu verfechten brauchen.

Das war ein Irrtum. In der zweiten Januarwoche besetzte Spartakus den „Vorwärts" zum zweiten Male.

Daß die Redaktion des „Vorwärts" gezwungen werden konnte, die erwähnte Erklärung aufzunehmen, war der beste Beweis dafür, daß von einem Siege der Regierung nicht die Rede sein konnte. Die Regierung hatte die Pflicht, aber nicht die Macht, die Pressefreiheit zu schützen.

Die Matrosen sargten ihre sieben Opfer im Speisezimmer des Schlosses ein. Auf Marstallwagen fuhren sie sie nach dem Friedrichshain. In den Trauerreden wurden die Volksbeauftragten beschimpft. Im Leichenzuge wurden Tafeln getragen:

„Drei Mörder der Matrosen klagen wir an:
Es sind Landsberg, Ebert und Scheidemann."

Der Vers war holprig. Sein Inhalt verlogen. Gerade Ebert hatte sich bis zur Grenze des Erlaubten um die friedliche Beilegung der Differenzen bemüht. Die Matrosen hätten lieber ihren Dorrenbach anklagen sollen. Der fand freilich später auch ein tragisches Ende. Er verließ Berlin, nachdem der Januarputsch der Linksradikalen niedergeschlagen worden war. Er wurde im März 1919 im Braunschweigischen verhaftet. Vom Schwurgericht wurde er von der Anklage, an einem bewaffneten Raubzug teilgenommen zu haben, freigesprochen. In Eisenach wurde er im Mai erneut verhaftet. Nach Berlin gebracht, wurde er bei einem angeblichen Fluchtversuch von einem Soldaten in den Hals geschossen. An der erlittenen Verletzung starb er am 19. Mai 1919 in der Charité.

XIV. Die erste Regierungskrise der Republik

Als ich am 4. Januar 1919 nach Berlin zurückkam, war die erste Regierungskrise der deutschen Republik ausgebrochen. Die unabhängigen Mitglieder Haase, Dittmann und Barth hatten ihre Aemter als Volksbeauftragte niedergelegt. Die preußischen unabhängigen Volksbeauftragten folgten am 3. Januar 1919 diesem Beispiel. Seit die Unabhängigen den Zentralrat boykottiert hatten, war ihre Partei ohne Verantwortung für die Politik der Volksbeauftragten. Ihre Kritik an dieser Politik mußte sich deshalb verschärfen. Die Unabhängigen kämpften damals im eigenen Lager gegen die Elemente, die revolutionäre Politik gemeinsam mit den Spartakisten machen wollten. Die Spartakisten hatten sich inzwischen unter der Firma „Kommunistische Partei" selbständig gemacht und sich damit endlich von den Unabhängigen organisatorisch getrennt. Die Kommunisten predigten unentwegt ein gewaltsames Vorgehen zur Sicherung und Fortführung der Revolution. In dem D e z e m b e r - M a n i f e s t des Spartakusbundes hieß es:

„Die Herrschaft der Arbeiterklasse ist nur erreichbar auf dem Wege der bewaffneten Arbeiterrevolution. Die Kommunisten sind ihre Vorkämpfer.

Diese wird kommen, denn das Bürgertum setzt sich zur Wehr, und die Arbeiterklasse wird nur zu wählen haben zwischen Knechtung durch das Bürgertum und ihrer Herrschaft über das Bürgertum."

„Die von der jetzigen Regierung vorbereitete Nationalversammlung würde ein Organ der Gegenrevolutionäre zur Erdrosselung der Arbeiterrevolution werden. I h r Z u s t a n d e k o m m e n m u ß m i t a l l e n M i t t e l n v e r h i n d e r t w e r d e n."

Die Arbeiter wurden zum Anschluß an die Kommunistische Partei aufgefordert mit der Behauptung, daß das Bürgertum den bewaffneten Bürgerkrieg wolle. Das war nicht zu beweisen. Das Bürgertum freute sich vielmehr darüber, daß die Proletarier sich nicht nur in Wort und Schrift, sondern auch mit der Waffe bekämpften.

Bevor die Spaltung zwischen den Unabhängigen und dem Spartakusbund vollzogen war, hatte die Generalversammlung der Berliner Unabhängigen sich am 15. Dezember mit 485 gegen 195 Stimmen für Hilferding und gegen Rosa Luxemburg entschieden. Der linke Flügel der Unabhängigen stützte sich aber nach wie vor nicht auf den Parteiapparat, sondern auf die „revolutionären Obleute" der Berliner Großbetriebe. Diese forderten damals die Einberufung eines Reichsparteitages der Unabhängigen für Ende Dezember. Sie verlangten den Austritt der unabhängigen

Volksbeauftragten aus der Regierung. Sie wollten damit die Politik fortführen, die auf dem Rätekongreß mit der Absage an den Zentralrat begonnen worden war. Sie verlangten endlich, daß die Unabhängigen den Wahlkampf im antiparlamentarischen Sinne führen sollten.

Die revolutionären Obleute kühlten in dieser Zeit ihren Mut auch an Barth. In einem Beschlusse verurteilten sie „aufs schärfste die Politik und das persönliche Verhalten des Genossen B a r t h nach seinem Eintritt in die Regierung". Sie entzogen ihm deshalb jedes weitere Vertrauen. Als Barth nach seinem Austritt aus der Regierung wieder Anschluß an die revolutionären Obleute suchte und am 31. Dezember in ihrer Sitzung erschien, wurde er hinausgewiesen, ohne daß ihm zuvor die Möglichkeit zu einer sachlichen Auseinandersetzung gegeben worden war. Er behauptet in seinem Schriftchen „Aus der Werkstätte der Revolution" darauf erklärt zu haben, daß „in kurzer Frist der Dilettantismus ihres (der revolutionären Obleute. D. V.) geistigen Führers, der sicher in jede gestellte Falle hineintappt, sie und die Revolution qualvoll zu Tode martern" werde.

Die blutigen Weihnachtskämpfe gaben den äußeren Anlaß zu dem Austritt der unabhängigen Volksbeauftragten aus der Reichsregierung. Ueber jene Vorgänge wurde am 27. Dezember in einer gemeinsamen Sitzung der Volksbeauftragten und des Zentralrats verhandelt. H a a s e und D i t t m a n n hatten die Vorgänge des 23. und 24. Dezember in der Reichskanzlei nicht miterlebt, sondern nur Barth. Haase und Dittmann waren aber mit Ebert, Scheidemann und Landsberg außerdem in Gegensatz geraten, weil die Vorgänge im Osten, wo die Polen vor den Friedensverhandlungen auf territorialem Gebiet fertige Tatsachen schaffen wollten — und dann auch schufen — nach Auffassung Eberts und seiner Freunde eine völlige Demobilisierung noch nicht erlaubten. Außerdem bestand der bereits von mir in Kapitel 10 behandelte Gegensatz über die Durchführung der Hamburger sieben Punkte des Rätekongresses.

In der auf den Nachmittag des 28. Dezember einberufenen Sitzung der Volksbeauftragten und des Zentralrats hatte L e i n e r t den unabhängigen Volksbeauftragten die Frage vorgelegt, ob sie auch gewillt seien, erforderlichenfalls gegen die Spartakusgruppe die notwendigen Maßnahmen zu treffen.

Haase bejahte das. Er wies auf das Ergebnis der Berliner Generalversammlung der Unabhängigen hin, die mit Dreiviertelmehrheit gegen Rosa Luxemburg entschieden habe und bemerkte, daß die Spartakisten die Führer der Unabhängigen gewiß nicht schonen würden, wenn sie zur

Herrschaft gelangten. Er fügte allerdings hinzu, daß er an einen Putschversuch der Spartakisten nicht glaube. Die unabhängigen Volksbeauftragten seien bereit, jeden gegen die Regierung verübten Gewaltakt abzuwenden. Aber dabei wollten sie sich nur auf Truppen aus dem Proletariat stützen. Eine solche zuverlässige Schutzwehr könne und müsse die Regierung der Volksbeauftragten schaffen.

In dieser Sitzung trug dann D i t t m a n n im Auftrage der unabhängigen Volksbeauftragten acht an den Zentralrat gerichtete formulierte Fragen vor, deren Beantwortung über das Verbleiben in der Regierung entscheiden sollte.

Nach dreistündiger Beratung antwortete der Zentralrat. Fragen und Antworten lauteten wie folgt:

Frage 1. Billigt es der Zentralrat, daß die Kabinettsmitglieder Ebert, Scheidemann und Landsberg in der Nacht vom 23. zum 24. Dezember dem Kriegsminister den in keiner Weise begrenzten Auftrag erteilten, mit militärischer Gewalt gegen die Volksmarinedivision in Schloß und Marstall vorzugehen?

Antwort: Die Volksbeauftragten haben lediglich den Auftrag erteilt, das Nötige zur Befreiung des Genossen Wels zu veranlassen. Das ist aber auch erst geschehen, nachdem den drei Volksbeauftragten von dem Führer der Volksmarinedivision mitgeteilt worden ist, daß er für das Leben des Genossen Wels nicht mehr garantieren kann. Das billigt der Zentralrat.

Frage 2. Billigt der Zentralrat das am Morgen des 24. Dezember von den Truppen des Generalkommandos Lequis mit nur 10 Minuten befristete Ultimatum, sowie die Artilleriebeschießung von Schloß und Marstall?

Antwort: Die zweite Frage beantwortet der Zentralrat mit Nein.

Frage 3. Erklärt sich der Zentralrat für die sofortige, strikte Durchführung der vom Kongreß der Arbeiter- und Soldatenräte gefaßten Beschlüsse über die Abschaffung der Rangabzeichen und das Untersagen des Waffentragens außerhalb des Dienstes für die Offiziere im Heimatheer?

Antwort: Der Zentralrat steht auf dem Standpunkt, daß die auf dem Kongreß gefaßten Beschlüsse durchzuführen sind. Der Rat der Volksbeauftragten wird beauftragt, die Ausführungsbestimmungen alsbald vorzulegen.

Frage 4. Billigt es der Zentralrat, daß die Oberste Heeresleitung in einem vertraulichen Telegramm an die Heeresgruppe Ober-Ost erklärt, sie erkenne diese Beschlüsse der Arbeiter- und Soldatenräte nicht an?

Antwort: Die vierte Frage wird mit Nein beantwortet.

Frage 5. Billigt der Zentralrat die von den Kabinettsmitgliedern Ebert, Scheidemann und Landsberg befürwortete Verlegung der Reichsregierung von Berlin nach Weimar oder einem anderen Orte Mitteldeutschlands?

Frage 6. Billigt der Zentralrat, daß statt der völligen Demobilmachung des stehenden Heeres nur eine Reduzierung desselben auf den Friedensstand unter Zurückhaltung und eventueller Auffüllung der beiden Jahresklassen 1897 und 1898 stattfindet?

Frage 7. Steht der Zentralrat mit uns auf dem Standpunkt, daß die Regierung der sozialistischen Republik sich militärisch nicht stützen kann und darf auf die Generalität und die Reste des auf dem Kadavergehorsam aufgebauten, alten, stehenden Heeres, sondern nur auf eine nach demokratischen Grundsätzen aus Freiwilligen zu bildende Volkswehr?

Antwort: Zu den Fragen 5, 6 und 7: Der Zentralrat kann diese Fragen ohne vorherige eingehende Erörterungen mit dem Rat der Volksbeauftragten nicht erörtern.

Frage 8. Ist der Zentralrat dafür, daß die Sozialisierung der dafür reifen Industrien durch gesetzgeberische Akte sofort in Angriff genommen wird?

Antwort: Der Zentralrat wünscht in allernächster Zeit von der für die Vorbereitung der Sozialisierung eingesetzten Kommission einen Vortrag über den Stand ihrer Arbeiten zu hören. Er ist der Meinung, daß diese Sozialisierungskommission in Ausführung der Beschlüsse des Kongresses der Arbeiter- und Soldatenräte so schnell wie möglich positive Vorschläge über die Sozialisierung der dazu reifen Betriebe (insbesondere des Bergbaues) macht."

Der Zentralrat begnügte sich aber nicht mit diesen Antworten, sondern stellte selbst den Unabhängigen folgende zwei Fragen:

„Sind die Volksbeauftragten bereit, die öffentliche Ruhe und Sicherheit, insbesondere auch das private und öffentliche Eigentum gegen gewaltsame Eingriffe zu schützen?

Sind sie mit den ihnen zu Gebote stehenden Mitteln auch bereit, ihre eigene Arbeitsmöglichkeit und die ihrer Organe gegen Gewalttätigkeiten, ganz gleich, von welcher Seite sie erfolgen sollten, zu gewährleisten?"

Die Beantwortung dieser beiden Fragen lehnten die unabhängigen Volksbeauftragten ab. Da die Antwort des Zentralrats sie zum Austritt aus der Regierung veranlasse, behaupteten sie, nicht mehr antworten zu brauchen.

H a a s e, D i t t m a n n und B a r t h blieben dabei, daß Ebert dem Kriegsminister keinen unbegrenzten Auftrag zur militärischen Gewaltanwendung geben durfte, zumal nach ihrer Auffassung eine solche zur Befreiung von Wels weder nötig noch zweckdienlich gewesen sei. Der Weg der Verhandlungen hätte in keinem Stadium verlassen werden dürfen. Im Gegensatz zu dieser Auffassung habe der Zentralrat das Vorgehen von Ebert, Scheidemann und Landsberg gebilligt. Der Zentralrat habe des weiteren nicht die sofortige und strikte Durchführung der militärischen Beschlüsse des Rätekongresses verlangt, sondern nur die alsbaldige Vorlegung von Ausführungsbestimmungen. Durch das Hinausschieben der Entscheidung über die Fragen 5 bis 7 würden die Errungenschaften der Revolution gefährdet. Ferner sichere die Entscheidung des Zentralrats nicht die Verwirklichung des Kongreßbeschlusses über die Sozialisierung der dafür reifen Industrien. Dabei arbeiteten die Unabhängigen in der Sozialisierungskommission mit.

Der zur Unabhängigen Partei gehörende Genosse E d u a r d B e r n s t e i n, der damals als Beigeordneter im Reichsschatzamt wirkte und die Schwierigkeiten kannte, unter denen die Volksbeauftragten regieren mußten, sagt in seinem Buche über „Die deutsche Revolution" (Berlin 1921) über diese Erklärung der unabhängigen Volksbeauftragten:

„Schwerlich wird jemand bei genauer Prüfung der Sätze den so schwerwiegenden Schritt des Austritts aus der Regierung für genügend begründet finden" ...

„Es fehlte den drei unabhängigen Volksbeauftragten keineswegs nur die Deckung durch Parteigenossen im Zentralrat, es fehlte ihnen, was noch weit wichtiger war — denn der Zentralrat bestand ja doch aus Sozialisten, die keineswegs bloße Nachläufer der drei Mehrheitssozialisten in der Regierung waren, — an Verständnis in der eigenen Partei für die wirkliche Lage draußen im Lande und die aus ihr sich ergebenden politischen Notwendigkeiten." ... „Daß aber mit Karl Liebknecht und dessen Verbündeten, die nach bolschewistischem Muster und wahrscheinlich auch mit bolschewistischer Unterstützung arbeiteten, der gewaltsame Zusammenstoß eines Tages unvermeidlich werden würde, konnte sich niemand verheimlichen, der deren Treiben offenen Auges verfolgte. In solcher Situation auf der Seite der die dann notwendige Repression übenden Regierungsgewalt stehen zu müssen, das war eine Perspektive, die auch andere mit Grauen erfüllen konnte."

Und weiter:

„Menschlich läßt sich der Schlag, den die drei Unabhängigen der Republik durch ihren Austritt aus der Regierung versetzten, verstehen und zum mindesten entschuldigen. Politisch bedeutete er eine unrühmliche und verderbliche Kapitulation vor Spartakus."

Genützt hat der Austritt aus der Regierung den Unabhängigen nichts. Sie waren von der Verantwortung frei. Die Wahlen zur Nationalversammlung brachten aber den Verantwortungsfreudigen den Sieg.

Mit dem Austritt der Unabhängigen aus der Regierung der Volksbeauftragten war einer Einigung der beiden sozialistischen Parteien erst recht der Boden entzogen. Auf Sonntag, den 22. Dezember 1918, war nach den „Concordia-Sälen" eine Versammlung für die Sozialisten beider Lager einberufen, in der E d u a r d B e r n s t e i n ausführte:

„Der Parteihader muß begraben werden. Niemals habe ich den anderen den guten Glauben abgesprochen. Wer jetzt den Imperialismus in Frankreich und England beobachtet, will sagen, daß die Mehrheitssozialdemokraten im Unrecht waren!"

B e r n s t e i n hielt es für erlaubt, diese Frage aufzuwerfen, obwohl er nach wie vor die in der Vergangenheit getriebene eigene Politik für die richtige und die im Kriege von den Mehrheitssozialisten getriebene Politik für falsch hielt. Aber auf all das komme es jetzt nicht an. Jetzt hieße es in Erinnerung an Karl Marx: „Sozialisten Deutschlands, einigt euch!"

Eduard Bernsteins Mahnruf fand taube Ohren.

XV. Aus der Zentralratszeit

Der auf dem Ersten Rätekongreß gewählte Zentralrat der sozialistischen Republik, der nur aus Mehrheitssozialisten bestand, sah seine Hauptaufgabe darin, parlamentarische Kontrollinstanz für die Volksbeauftragten zu sein. Er verzichtete deshalb darauf, einen aufgeblähten Büroapparat zu unterhalten, wie das der Vollzugsrat getan hatte. Seine organisatorischen Arbeiten hatte der Zentralrat wie folgt eingeteilt:

Reichsangelegenheiten, Auswärtige Politik, Heereswesen: Robert Leinert, Max Cohen-Reuß, Hermann Müller.

Verkehrswesen (Eisenbahn, Post, Finanzen): Hermann Kahmann-Dresden, Wilhelm Knoblauch-Darmstadt, Heinrich Zwosta-Nürnberg.

Arbeiterfragen und Sozialpolitik: Gustav Heller-Berlin, Fritz Faaß-Westfront.

Kultus, Gesundheit und Justiz: Max König-Dortmund, Fritz Herbert-Stettin, Hugo Struve-Westfront.

Ernährungsfragen: Albert Grzesinski-Kassel, Richard Horter-Karlsruhe.

Marinesachen: Max Pfaff-Kiel.

Soldatenangelegenheiten: Vorsitzender Georg Maier-Ostfront, Robert Kohl-Ostfront, Emil Pörschmann-Westfront, Walter Lampl-Hamburg, Hugo Struve-Westfront, Max Cohen-Reuß.

Interner Ausschuß: Vorsitzender Heller, Schäfer, Pörschmann, Maier.

Ferner gehörten dem Zentralrat noch an: Hermann Wäger-Ostfront, Albert Stuber-Eßlingen, Karl Prokesch-München, Karl Zörgiebel-Köln, Karl Bethge-Freiberg, Heinrich Kürbis-Altona, Fritz Voigt-Breslau, Otto Sydow-Brandenburg.

Zur Aufrechterhaltung eines geordneten Bürobetriebes wurde ein Zentralbüro unter Leitung des Genossen R i t t e r eingerichtet.

Am 21. Dezember gab der Zentralrat bekannt, daß alle vom Vollzugsrat ausgestellten Vollmachten am 28. Dezember 1918 ihre Gültigkeit verlieren würden.

Das persönliche Zusammenarbeiten verlief im Zentralrat reibungslos. Die 27 Mitglieder kannten sich zum größten Teil aus vieljähriger Zusammenarbeit in der Partei- und Gewerkschaftsbewegung. Die Agitation für die Wahlen zur Nationalversammlung erlaubte freilich nicht allen Mitgliedern des Zentralrats, dauernd in Berlin anwesend zu sein. Dienstags und Freitags sollten regelmäßig gemeinsame Sitzungen mit den Volksbeauftragten abgehalten werden. Der Januarputsch zwang aber bereits zur Aenderung dieser Dispositionen. Außerdem waren regelmäßige Besprechungen zwischen Ebert und Leinert vorgesehen. Die Vorlagen der Regierung sollten sofort dem Zentralrat zugehen. Dem Zentralrat fehlte es nicht an Arbeit. Bald wurde er gezwungen,

Stellung zu Forderungen zu nehmen, die im Reiche erhoben wurden.

Ende Dezember 1918 kamen beunruhigende Nachrichten aus O b e r s c h l e s i e n. Noch vor dem Austritt der Unabhängigen aus der Regierung befaßte sich eine Sitzung, an der neben den Volksbeauftragten Vertreter des Zentralrats, darunter V o i g t - B r e s l a u, teilnahmen, eingehend mit den dortigen Zuständen. Dort arbeiteten die Kommunisten nach russischen Methoden. Dort trieben die Polen Propaganda für den Anschluß Oberschlesiens an die polnische Republik. Dort war das Zentrum gegen die preußische Regierung aufgebracht wegen der angeblich beabsichtigten Trennung von Kirche und Staat. Zur Abwehr dieser Bestrebungen wurde in Schlesien damals das Projekt einer von Preußen losgetrennten selbständigen „schlesischen Republik", selbstverständlich im Rahmen des Reiches, diskutiert. In dem oberschlesischen Teile der Provinz wurde die Parole ausgegeben: „Oberschlesien den Oberschlesiern". Es wurde verlangt, daß auf wichtige Verwaltungsposten Oberschlesier gesetzt würden, die der polnischen Sprache mächtig wären. Den polnischen Kindern sollte der Religionsunterricht in polnischer Sprache erteilt werden.

Für Montag, den 30. Dezember, hatten der Breslauer Volksrat und der schlesische Zentralrat bereits eine Sitzung nach B r e s l a u einberufen, um zu beraten, durch welche Zugeständnisse der Ausrufung einer „schlesischen Republik" vorgebeugt werden könnte. Vertreter der Reichs- und der preußischen Regierung sollten dort erscheinen, um über die Gewährung einer kulturellen Autonomie und über eine Neubesetzung wichtiger Verwaltungsstellen — in erster Linie war an die Ersetzung des Oppelner Regierungspräsidenten von Miquel gedacht — beruhigende Erklärungen abzugeben. Geleitet wurden die schlesischen Sozialdemokraten dabei vor allem von dem Gedanken, ganz Oberschlesien dem Reich zu erhalten.

V o i g t - Breslau vom Zentralrat erhob Vorwürfe gegen die sozialistische preußische Regierung, die nicht einmal den Breslauer Regierungspräsidenten v o n J a g o w, der sich schon als Berliner Polizeipräsident durch seinen vergeblichen Kampf gegen die Wahlrechtsdemonstrationen vor dem Kriege den Ruf eines wilden Reaktionärs erworben hatte, abberufen hätte, trotzdem der Breslauer Soldatenrat das längst verlangt habe. Voigt drohte, daß der Soldatenrat aus eigener Initiative vorgehen würde, wenn v. Jagow nicht aus Breslau wegkäme.

B r e i t s c h e i d vom preußischen Innenministerium sagte die Abberufung von Jagows zu, über die längst verhandelt würde. Man sei nur mit den Breslauern noch nicht über einen geeigneten Nachfolger einig geworden. Er gab der Auffassung Ausdruck, daß in Schlesien und am

Rhein die ergangenen und die angeblich geplanten Erlasse Adolph Hoffmanns nur als Vorwand benutzt würden. Dem Regierungspräsidenten
v. Miquel seien die besonderen Fonds gesperrt, mit denen die preußische
Regierung früher in Oberschlesien gearbeitet habe. Besondere Beschwerden seien gegen ihn nicht eingegangen. Die Arbeitervertreter hätten
anscheinend ganz gut mit ihm gearbeitet. Von Miquel habe selbst gefordert, daß möglichst katholische Beamten nach Oberschlesien gesandt
werden möchten. Die Bildung selbständiger Republiken an Stelle bis-
heriger Provinzen Preußens müsse verhindert werden. Ob Preußen in
seiner jetzigen Gestalt bestehen bleibe, hänge von der Entscheidung der
Nationalversammlung ab.

Der preußische Ministerpräsident P a u l H i r s c h schloß sich dem an.
Auch über die Trennung von Staat und Kirche habe die Nationalversammlung zu entscheiden. Zur Frage des Religionsunterrichts habe die preußische
Regierung noch gar keine Stellung genommen. Es liege bislang nur ein
Erlaß des Unterrichtsministers vor, dem nicht alle Mitglieder des Kabinetts
zugestimmt haben würden, der aber dem Kabinett gar nicht vorgelegt
worden sei. Hirsch bemerkte dazu, daß Verfügungen von solcher Bedeutung die Minister nicht erst aus den Zeitungen kennen lernen dürften.
Wegen ihrer Wirkung sollten sie von der Gesamtregierung erlassen werden.

Der Volksbeauftragte L a n d s b e r g zweifelte nicht daran, daß die
oberschlesische Bevölkerung bei freier Wahl zu Deutschland halten würde.
Aus oberschlesischen Kreisen sei der Wunsch nach militärischem Schutz
laut geworden. Dorthin müßte zuverlässiges Militär gesandt werden. Wir
müßten zeigen, daß von uns aus alles getan wird, was in unserer Macht
steht, um Oberschlesien zu behaupten.

V o i g t - Breslau hatte an sich gegen Entsendung von Militär nichts
einzuwenden. In die Gruben dürfte aber Militär nur mit Zustimmung der
Arbeiterräte beordert werden. Daß die oberschlesische Großindustrie bei
Deutschland bleiben wolle, daran sei nicht zu zweifeln.

B r e i t s c h e i d teilte dann noch mit, daß der schlesische Oberpräsident
sein Abschiedsgesuch eingereicht habe. Die Regierung habe Paul Löbe
angefragt, ob er bereit sei, das Amt zu übernehmen. Löbe habe aber abgelehnt.

Nach dem Austritt der drei unabhängigen Volksbeauftragten
hatte E b e r t vorgeschlagen, mindestens zwei weitere Volksbeauftragte zu wählen. Der Zentralrat war für die Neuwahl von drei
Volksbeauftragten. Nachdem aber der mitvorgeschlagene P a u l
L ö b e abgelehnt hatte, blieb es bei der Zuwahl von zwei Volksbeauftragten. Gewählt wurden G u s t a v N o s k e und R u d o l f
W i s s e l l. Vergeblich hatte der Marinevertreter P f a f f - Kiel
gewarnt, Noske aus Kiel wegzunehmen, wo er sich großen Einfluß
auf die Bürger und auf die unabhängigen Kreise erworben hätte.
Ihm wurden die Militär- und Marineangelegenheiten, Wissell die
sozialpolitischen, die wirtschaftspolitischen und die Demobilisie-
rungsarbeiten als Tätigkeitsgebiet zugewiesen. Ebert wurde zum
geschäftsführenden Vorsitzenden der Volksbeauftragten ernannt.
Ferner wurde am 30. Dezember beschlossen, daß von nun ab die

Gesetze nicht mehr als vom Rat der Volksbeauftragten, sondern als von der Reichsregierung erlassen bezeichnet würden.

Vor allem galt es damals, die Wahlen zur Nationalversammlung vorzubereiten. E r z b e r g e r hatte mit der Entente Fühlung genommen, um im besetzten Gebiet die Wahlen ungehindert vorbereiten zu können. Seine Bemühungen waren von Erfolg. Dagegen verboten die Franzosen die Vornahme der Wahlen in Elsaß-Lothringen. Die Mehrheit der Volksbeauftragten hatte beschlossen, daß für dieses Gebiet ein Wahlkreis zu bilden sei. Sie beriefen sich auf den Vorgang von 1871, wo die deutsche Verwaltung die Wahl von Abgeordneten zur französischen Nationalversammlung in Bordeaux für Elsaß-Lothringen zugelassen hatte. Die Franzosen aber betrachteten Elsaß-Lothringen als reannektiertes Gebiet, dessen Bevölkerung nicht erst zu befragen war. Sicherlich hätte sich die dort zurückgebliebene Bevölkerung auch nicht an der Wahl beteiligt.

Nach den Erfahrungen des Ersten Rätekongresses erschien in Berlin ein ruhiges, geordnetes Arbeiten der Nationalversammlung nicht gesichert. Sie mußte deshalb gegen Sprengung und Terror geschützt sein. In Erinnerung an 1848 lag der Gedanke nahe, in die Paulskirche nach Frankfurt a. M. zu gehen. Dagegen sprach, daß Frankfurt hart an der Grenze des besetzten Gebietes lag. Außerdem wurden Kassel, Bayreuth und Weimar genannt. Die Entscheidung fiel zugunsten von Weimar, das eine zentrale Lage hat und auch nicht allzu weit von Berlin entfernt ist, wo die Reichsämter arbeiteten.

Außenpolitisch entstanden in jener Zeit neue Schwierigkeiten, weil nach dem Zusammenbruch im Osten alles in Aufruhr geraten war. Die Bevölkerung der neu entstandenen Randstaaten fürchtete ein Uebergreifen des Bolschewismus auf ihr Gebiet. Auch die Entente wollte die Bolschewisierung jener Gegenden verhindert haben. Das war der Grund, warum die Entente zunächst nicht die sofortige Räumung dieser Gebiete, sondern im Gegenteil das Verbleiben des deutschen Militärs verlangte. Da der Vertrag von Brest-Litowsk ungültig geworden war, konnten andererseits die Russen das zum Anlaß nehmen, dem russischen Reiche entrissene Gebiete wieder zu besetzen.

Die Polen verhandelten sogar in jener Zeit wegen des Ankaufs deutscher Waffen mit der deutschen Regierung. Die Armeeleitung Ober-Ost hatte nichts gegen die Abgabe von Handfeuerwaffen, wohl aber gegen die Abgabe von Geschützen und anderem Kriegsgerät. Der Soldatenrat der 10. Armee war gegen jeden Verkauf von Waffen, weil die Abgabe von Waffen an Polen von Rußland als unfreundlicher Akt gewertet werden konnte. Andererseits konnten die Polen bei der Rückführung der letzten deutschen Truppen aus der Ukraine Schwierigkeiten bereiten. Die Polen strebten nach den bisher preußischen Gebieten, die überwiegend von Polen bewohnt waren. An Polen verkaufte Gewehre konnten also eines Tages gegen Deutsche losgehen.

Interessant war, daß H a a s e sich als Leiter der auswärtigen Politik gegen jeden Waffenverkauf an Polen und für Wahrung absoluter Neutralität ausgesprochen hatte, während sein Parteifreund E i s n e r Pilsudski telegraphisch versprach, seinen Einfluß zugunsten eines Waffenlieferungsvertrages geltend zu machen. Warum dies? Er bat gleichzeitig um Unterstützung für die beschleunigte Rückführung bayerischer Truppenteile. Solches Durchkreuzen der deutschen Außenpolitik mußte in die Zustände des siebzehnten Jahrhunderts zurückführen.

Zur Abwehr polnischer Uebergriffe war versucht worden, einen Grenzschutz zu schaffen. Wenn auch anzunehmen war, daß überwiegend von Polen bewohnte Gebiete wegen des Kriegsverlustes an Polen abgetreten werden mußten, so sollte das doch keinesfalls vor Abschluß des Friedens geschehen. Der Grenzschutz war seiner Aufgabe vielfach deshalb nicht gewachsen, weil er aus bodenständigen Elementen gebildet, also von Polen durchsetzt war.

Die Reichsregierung und die preußische Regierung bemühten sich, mit den Polen zu einer Verständigung zu kommen. Das Reich sandte den Grafen H a r r y K e ß l e r als Gesandten in außerordentlicher Mission nach Warschau. Dieser war Philantrop und Pazifist. Mit der Polenpolitik des alten Regimes war er nicht im geringsten belastet. Die preußische Regierung sandte am 20. November H e l l o v o n G e r l a c h nach Posen, der als Schriftsteller die Arbeit der preußischen Hakatisten seit Jahren scharf bekämpft hatte. Er war sehr optimistisch. Nach seiner Auffassung würden die Polen der Friedenskonferenz nicht vorgreifen. Er hoffte, daß die Polen sich zunächst mit der Außerkraftsetzung der Ausnahmebestimmungen der Kaiserzeit, mit Zugeständnissen in der Sprachenfrage und mit der Erteilung des Religionsunterrichts in polnischer Sprache begnügen würden. Was im Posenschen sich wirklich vorbereitete, davon merkte Herr von Gerlach nichts.

In den überwiegend von Polen bewohnten Teilen der preußischen Grenzprovinzen leistete sich der erwachende polnische Nationalismus fortgesetzt Gewaltakte gegen Deutsche. Diese wurden dann in der Presse — die Kriegspressemethoden waren noch nicht abgebaut — oft stark übertrieben. Als dann in Polen bekannt wurde, daß in Deutschland Freiwillige für den „Heimatschutz Ost" gesucht wurden, gab das Grund zur Deutschenhetze. Die Polen bildeten polnische Schutzwehren gegen einen erwarteten deutschen Angriff. Nach einem Besuch der Minister Paul Hirsch und Eugen Ernst im Posenschen wurde die Auffassung der preußischen Regierung wie folgt öffentlich bekanntgegeben:

„Die Regierung hält einen besonderen Heimatschutz für die Provinz Posen nicht für nötig. Dagegen ist ein Grenzschutz unbedingt erforderlich zur Uebernahme des Ostheeres und um die Ausfuhr von Lebensmitteln zu verhindern. Der Grenzschutz ist von bodenständigen (d. h. den in Friedenszeiten in demselben Bezirk garnisonierenden) Truppen unter Kontrolle der Soldatenräte wahrzunehmen. Eine anordnende Gewalt steht den Soldatenräten nicht zu. Die zurzeit noch in der Provinz befindlichen Truppen aus fremden Bezirken sollen sofort zurückgezogen werden, sobald Truppen aus den zuständigen Generalkommandos zur Verfügung stehen, die sich aus den dienstpflichtigen Jahrgängen und Freiwilligen zusammensetzen."

Trotzdem erhielt Graf Harry Keßler am 18. Dezember eine Note der polnischen Regierung zugestellt, die ihn aufforderte, mit dem Gesandtschaftspersonal Warschau zu verlassen, da die diplomatischen Beziehungen zu dem Deutschen Reich unterbrochen seien. Das war die Antwort auf die vierwöchigen Bemühungen eines wahrhaft friedliebenden Diplomaten. Pilsudski und Morazewski waren nicht stark genug, diese Brüskierung des Grafen Keßler zu verhindern. Das Ziel der polnischen Nationalisten ging dahin, durch Vorspann polnischer Volksräte überall deutsche Behörden durch polnische zu ersetzen. Nationalheld war damals neben Pilsudski der Klaviervirtuose P a d e r e w s k i. Bei dessen Anwesenheit kam es um Weihnachten herum in Posen zu nationalen Demonstrationen. Gleichzeitig entfernten deutsche Soldaten gewaltsam Ententefahnen; ein ebenso blöder als schädlicher Streich. Es kam zu Straßenkämpfen. Die Deutschen wurden verdrängt. Der Oberpräsident mußte seinen Sitz von Posen nach Bromberg verlegen. Ein Teil der früher preußischen Gebiete war damit tatsächlich, wenn auch nicht rechtlich, vom Reiche getrennt. Militärische Machtmittel zur Zurückeroberung dieser Gebiete konnte das Reich nicht einsetzen. Darüber waren sich alle zivilen und militärischen Faktoren klar. Die polnische Regierung schrieb in diesen Gebieten bald Wahlen zur polnischen Konstituante aus.

Zu Sowjetrußland waren die diplomatischen Beziehungen nicht wieder aufgenommen worden, seit der russische Botschafter Joffe kurz vor der Revolution gezwungen worden war, Deutschland zu verlassen.

Nach dem Januarputsch, an dem Russen beteiligt waren, mußte die Reichsregierung durch Ebert und Scheidemann den Russen telegraphieren:

„Bei Unterdrückung der aufrührerischen Bewegung, die hier kürzlich von einer terroristischen Gruppe zwecks politischer und tatsächlicher Vergewaltigung des deutschen Volkes unternommen worden ist, sind unwiderlegliche Beweise dafür zutage getreten, daß diese Bewegung mit russischen offiziellen Mitteln und von russischen Organen unterstützt worden ist, und daß russische offizielle Persönlichkeiten an ihr teilgenommen haben. Die deutsche Regierung legt gegen die unzulässige verbrecherische Einmischung in die inneren Verhältnisse Deutschlands strengste Verwahrung ein. Sie sieht zunächst davon ab, aus diesem Grunde allen russischen Staatsangehörigen, die sich bisher frei in Deutschland aufhalten konnten, das gewährte Gastrecht zu entziehen, wozu sie an sich berechtigt wäre. Sie will jedoch keinen Zweifel darüber bestehen lassen, daß gegen alle Russen, die sich einer Unterstützung der aufrührerischen Bewegung schuldig gemacht haben oder noch in diesem Sinne tätig werden, auf das schärfste vorgegangen werden wird."

Die Haltung der Volksbeauftragten zu Räterußland fand die Billigung des Zentralrats.

Die Weihnachtskämpfe, der Januarputsch, die Ermordung Liebknechts und die Agitation vor der Wahl zur Nationalversammlung fielen in die ersten Wochen der Tätigkeit des Zentralrats. Mit dem Zusammentreten der Nationalversammlung hörten die politischen Funktionen des Zentralrats auf. Er hat sich nachher noch mit dem Räteproblem befaßt, für dessen Lösung er eine deutsche Form suchte. Auf dem Zweiten Rätekongreß, der vom 8. bis 14. April in Berlin tagte, wurde von dem Rätegedanken zu retten gesucht, was noch zu retten war. Er sprach sich für Schaffung von Kammern der Arbeit aus, zu denen alle Arbeit leistenden Deutschen, nach Berufen gegliedert, wahlberechtigt sein sollten. Neben einer allgemeinen Volkskammer sollte in Kreis, Provinz, Ländern und Gesamtrepublik „eine Kammer der Arbeit" gebildet werden, der alle Gesetzentwürfe wirtschaftlichen Charakters zuerst zugehen sollten. Die Nationalversammlung hat in den Bestimmungen der Reichsverfassung über den Reichswirtschaftsrat und die Bezirkswirtschaftsräte den Rätegedanken festgehalten. An den Ausführungsgesetzen dazu fehlt es nach neun Jahren aber immer noch. Am 18. Januar 1920 wurde das Betriebsrätegesetz von der Nationalversammlung beschlossen. Damit waren die ersten Schritte zur Wirtschaftsdemokratie hin getan.

XVI. Der Januaraufstand 1919

Als auf dem Ersten Rätekongreß am 19. Dezember infolge der Boykottpolitik der Unabhängigen ein Zentralrat aus 27 Mehrheitssozialdemokraten gewählt worden war, herrschte nach Verkündung des Wahlresultats minutenlanger Lärm, untermischt von höhnischem Gelächter und wilden Verwünschungen. Das Protokoll des Kongresses vermerkt dabei:

„Man hört einige Matrosen rufen: Wir sprechen uns wieder! Wir gehen noch einmal auf die Straße!"

Das sollte nur zu bald Wahrheit werden. Am Sonntag, dem 5. Januar, wurde durch Schuld der Linksradikalen jener Umsturzversuch eingeleitet, der die Kraft der Spartakusbewegung brach. H i l f e r d i n g hat den Januaraufstand mit Recht die „Marneschlacht der Revolution" genannt.

Ich war am Abend des 4. Januar aus Schlesien nach Berlin zurückgekommen. Am folgenden Sonntag ging ich gegen Abend nach der Reichskanzlei, wo ich nur deren Leiter C u r t B a a k e antraf, der mir über die Weihnachtskämpfe noch einiges erzählte. Aber diese Vorgänge hatten kaum mehr Bedeutung, denn soeben war der „Vorwärts" von einem revolutionären Haufen von neuem besetzt worden. Das war unerträglich.

Dabei hatte Spartakus ursprünglich und eigentlich nicht die Absicht, im Januar 1919 die Weltrevolution bis zum Sturze der deutschen Regierung zu treiben, weil er wohl wußte, daß ein bolschewistisches Regiment sich in Berlin nicht halten konnte. Der Spartakusbund hatte in seinem Programm ausdrücklich betont, daß „die politische Revolution kein verzweifelter Versuch einer Minderheit" sein dürfe, „die Welt mit Gewalt nach ihrem Ideal zu modeln, sondern die Aktion der großen Millionenmassen des Volkes". Von einer spartakusgläubigen Millionenmasse war aber nicht die Rede. Die Kommunisten zählten bestenfalls nach Tausenden.

Den äußeren Anlaß zu dem folgenschweren Konflikt gab das Vorgehen der preußischen Regierung gegen den Berliner Polizeipräsidenten E i c h h o r n, der zu Beginn des Weltkrieges als Redakteur des Sozialdemokratischen Pressebüros eifriger Anhänger der Bewilligung der Kriegskredite gewesen war, sich später nach links entwickelte, den Unabhängigen beitrat, dann gegen Kriegsende die Leitung der Berliner sowjetrussischen Telegraphenagentur (Rosta) übernahm und schließlich der Kommunistischen Partei beitrat. Als die Unabhängigen aus der preußischen Regierung austraten, folgte Eichhorn nicht dem Beispiel Breitscheids, Rosenfelds und Adolph Hoffmanns. Er wollte sein Amt auch unter der rein mehrheitssozialistischen Regierung weiter behalten. Warum wollte Eichhorn nicht gehen? Er verfügte als Polizeipräsident über wirkliche Macht, die er nicht preisgeben wollte. Er war darin durchaus von dem Geiste der Jagow und Henniger beseelt. Dieser Geist erhielt sich auch, nachdem die politischen Akten der Kaiserzeit verfeuert worden waren*).

Eichhorns Macht reichte nicht allzu weit über den Alexanderplatz hinaus. Die fünf mehrheitssozialdemokratischen Volksbeauftragten „regierten" immer noch die Wilhelmstraße und deren nächste Umgebung. In der Siegesallee „herrschte" Karl Liebknecht mit seinen Mannen über die steinernen Hohenzollern. Seine Macht reichte gelegentlich bis ans Brandenburger Tor, aber nicht immer in die Linden, so daß er keine direkte Verbindung mit dem Alexanderplatz hatte. Solche Zustände machten die deutsche Regierung zum Gespött des In- und Auslandes.

Was Emil Eichhorn angeht, so kann nicht bestritten werden, daß er die Revolution weitergetrieben wissen wollte. Eichhorn hat darüber am Schluß seiner Broschüre über die Januarereignisse, die er 1919 im Verlag der „Freiheit" erscheinen ließ, begeistert geschrieben:

„Die Januartage waren ein stürmischer Atemzug der Revolution und die Revolution lebt noch. Sie wird sich wieder erheben, spottend ihrer Totengräber und sie wird ihren Siegeszug vollenden im Triumphe des Sozialismus."

Wer die Revolution so fördern wollte, arbeitete für Spartakus. Zweifellos war Eichhorn nach seinem ganzen Verhalten eine Gefahr für die öffentliche Ordnung und Sicherheit geworden. Der Herr Polizeipräsident!

Persönlich mag Eichhorn, der zähe und energisch, aber keinesfalls ein Himmelsstürmer war, zugute gehalten werden, daß er an eine Festigung der Regierung der Volksbeauftragten nicht glaubte und daran zweifelte, daß die Nationalversammlung jemals zusammentreten würde. Eichhorn war von den Berliner Unab-

---

*) Die Verbrennung der politischen Akten muß schon zwischen dem 7. und 9. November im Polizeipräsidium erfolgt sein. Der Polizeirat Henniger hatte sie befohlen. Bevor aber die Akten ins Feuer kamen, wurde noch ein Verzeichnis angelegt.

Es befanden sich u. a. darunter die Akten aller bekannten lebenden sozialistischen Parteiführer, darunter auch meine. Außerdem die Akten des verstorbenen Abgeordneten Bebel, die des Dr.-Ing. Kommerzienrats Robert Bosch, des Professors Robert Michels, des Ex-Jesuiten Grafen Paul Hoensbroech und des späteren völkischen Schriftstellers und Professors Max Maurenbrecher.

hängigen als Kandidat für die Wahlen zur Nationalversammlung aufgestellt und hatte als solcher das Zusammengehen mit den Kommunisten empfohlen. Ein Zusammengehen mit den Mehrheitssozialdemokraten faßte er als eine Annäherung an die bürgerliche Demokratie auf.

Die preußischen Volksbeauftragten hielten es für unmöglich, daß Eichhorn an der Spitze des Polizeipräsidiums bleiben könne. Der Berliner Polizeipräsident war nun einmal einer der wichtigsten politischen Beamten. Sie verlangten deshalb Rechenschaft über seine Haltung. Eichhorn lehnte es ab, über seine politischen Auffassungen Rechenschaft zu geben. Aber nicht seine politischen Auffassungen, sondern seine praktische Haltung gab der preußischen Regierung den Anlaß zu ihrem Vorgehen. Eichhorn folgte nicht der Einladung des Innenministers. Er kündigte P a u l   H i r s c h an, daß er auf die gegen ihn erhobenen Vorwürfe schriftlich zu antworten bereit sei. Hirsch wollte diese schriftliche Antwort berücksichtigen, wenn sie bis zum 4. Januar 1919 eingegangen wäre. Eichhorn hatte es aber nicht so eilig. Paul Hirsch verfügte als Innenminister sodann am 4. Januar die Entlassung Eichhorns aus der kommissarischen Verwaltung des Polizeipräsidiums Berlin mit dem Bemerken, daß sich Eugen Ernst bereit erklärt habe, bis auf weiteres neben seinen bisherigen Funktionen die Leitung des Berliner Polizeipräsidiums zu übernehmen. Das Vorgehen des Innenministers erhielt die Zustimmung des Zentralrats. Zum Ueberfluß bestätigte auch der Berliner Vollzugsrat am 6. Januar, nachmittags 6 Uhr, mit zwölf Stimmen gegen die zwei Stimmen von Ernst Däumig und Richard Müller die Entlassung Eichhorns. Dieser Beschluß wurde wie folgt veröffentlicht:

„An die Bevölkerung Groß-Berlins!

Der Vollzugsrat für Groß-Berlin hat die vom Zentralrat der Deutschen Sozialistischen Republik verlangte und vom Ministerium des Innern vollzogene Amtsenthebung des Berliner Polizeipräsidenten Eichhorn bestätigt. Mithin haben alle von der Revolution eingesetzten Behörden dieser Entlassung zugestimmt. Die erdrückende Mehrheit der arbeitenden Bevölkerung Berlins wünscht, daß diese Enthebung so rasch wie möglich zur Tat gemacht wird. Den Befehlen des Polizeipräsidenten Eichhorn, der sich sein Amt willkürlich anmaßt, ist daher nicht mehr Folge zu leisten. Wer sie befolgt, handelt in offener Auflehnung gegen die Reichsregierung, gegen den vom Kongreß aller Arbeiter- und Soldatenräte gewählten Zentralrat und gegen den Vollzugsrat für Groß-Berlin."

In der gleichen Sitzung des Groß-Berliner Vollzugsrats wurde mit derselben Mehrheit die Wiederherstellung der uneingeschränkten Pressefreiheit für alle Zeitungen und die Rückgabe des „Vorwärts" an die rechtmäßigen Eigentümer beschlossen. Eichhorn setzte sich aber über alle diese Beschlüsse glatt hinweg und appellierte einfach an die „revolutionären Obleute".

Als Eugen Ernst die Geschäfte des Berliner Polizeipräsidenten übernehmen wollte, behauptete E i c h h o r n , daß er von den Berliner Arbeitern als Polizeipräsident eingesetzt worden sei, ehe die Regierungen des Reiches und Preußens überhaupt gebildet waren, und daß er deshalb sozusagen unabsetzbar sei, solange ihn die Arbeiter nicht absetzten. Nun hatte Eichhorn allerdings am 9. November, nachdem Arbeiter, Soldaten und Matrosen in das Polizeipräsidium eingedrungen waren, dort die Geschäfte übernommen. Man hatte ihn aus dem Vorstandsbüro der Unabhängigen in der Schicklerstraße einfach nach dem Polizeipräsidium geholt, als sich die Massen desselben bemächtigt hatten und feststand, daß die berühmte preußische blaue Polizei keine Lust mehr hatte, ihre Haut für Wilhelm II. zu Markte zu tragen. Der Polizeipräsident von Oppen war zusammengebrochen und verhandlungsunfähig. Emil Eichhorn und Karl Leid hatten damals das Polizeipräsidium von den höheren Beamten einfach unterschriftlich für die Unabhängigen übernommen.

Alles das änderte aber nichts daran, daß der Berliner kommissarische Polizeipräsident genau so dem preußischen Minister des Innern unterstand wie die übrigen staatlichen Behörden. Seit der Einsetzung des Zentralrats durch den Ersten Rätekongreß war endlich gar kein Zweifel darüber möglich, daß Eichhorn zu gehen hatte, wenn die Regierung und der Zentralrat über die Notwendigkeit seines Verschwindens einig waren.

Eichhorn konnte auch nicht auf eine Ausnahmestellung Anspruch erheben, weil er sich des öfteren Eigenmächtigkeiten zuschulden kommen ließ. So hatte sich die Reichsregierung schon im Dezember mit den Waffenbestellungen zu befassen, die Eichhorn in Wittenau gemacht hatte. Er brauchte angeblich 15 Maschinengewehre für das Polizeipräsidium. Von diesen Bestellungen benachrichtigte er die Vorsitzenden des Vollzugsrats, nicht aber die preußische Regierung, die später zahlen sollte. Noch im F r ü h j a h r 1919 erhielten B r u t u s M o l k e n b u h r und R i c h a r d M ü l l e r deswegen Rechnungen über 83 000 Mark präsentiert, weil das preußische Innenministerium die Zahlung verweigerte. Es handelte sich um Waffenlieferungen, die am 13. Dezember 1918, am 4. und 13. Januar 1919 erfolgt waren. Die beiden Vorsitzenden des Vollzugsrats hatten die Bestellungen gegengezeichnet.

E d u a r d B e r n s t e i n , der die Form des Entlassungsschreibens der preußischen Regierung bemängelt und eine Begründung der

Maßnahme sowie die Bezugnahme auf das Einverständnis des Zentralrats in dem Schreiben vermißt, gibt in seiner „Geschichte der deutschen Revolution" ausdrücklich zu, daß es sich nicht um die Maßregelung eines Beamten, „sondern um die Lösung eines unhaltbar gewordenen Verhältnisses" handelte.

Die „revolutionären Obleute" der Groß-Berliner Betriebe, der Vorstand der Groß-Berliner Unabhängigen und die Zentrale der Kommunistischen Partei sahen in dem Vorgehen des Innenministers Paul Hirsch aber nichts als einen Gewaltstreich gegen Eichhorn.

Die Arbeiter wurden zu Sonntag, dem 5. Januar, nachmittags 2 Uhr, zu Massendemonstrationen gegen die Gewaltherrschaft der Ebert-Scheidemann-Hirsch und Ernst in die Siegesallee gerufen.

„Mit dem Schlage, der gegen das Berliner Polizeipräsidium geführt wird, soll das ganze deutsche Proletariat, die ganze deutsche Revolution getroffen werden."

Die Demonstrationen waren vorher zu einem anderen Zweck angesetzt gewesen. Die Mannschaften der Jahrgänge 1896/1899 sollten aufgerufen werden, gegen die Verzögerung ihrer Entlassung zu protestieren. In seiner Ansprache an die jungen Mannschaften forderte K a r l L i e b k n e c h t dann auch deren sofortige Demobilisation. In der Hauptsache wurden die Demonstrationen aber nun für Eichhorn ausgenutzt. Besonders stark waren sie auf dem Alexanderplatz und in seiner Umgebung. Sie bestärkten Eichhorn in seinem Widerstand gegen die Regierung.

Trotzdem in dem ersten Aufruf zur Demonstration in keiner Weise zur Anwendung von Gewalt aufgefordert worden war und das auch in den Ansprachen vor dem Polizeipräsidium nicht geschah — L e d e b o u r wurde später entgegen der Anklage, nach der er bewaffnete Haufen gebildet und die Besetzung der Zeitungsbetriebe veranlaßt haben sollte, von den Berliner Geschworenen freigesprochen — ging nur ein Teil der Demonstranten am Abend ruhig nach Hause. Ein anderer Teil ging ins Zeitungsviertel, besetzte die Verlagsdruckereien von Mosse, Ullstein, Scherl und Büxenstein und vor allem den „Vorwärts", in dem S t a m p f e r täglich tapfer als ein wahrer Erzieher der Arbeiterklasse für die großen verantwortungsvollen politischen Aufgaben, die nun zu lösen waren, gegen den Unverstand der Linksradikalen polemisierte.

Nachdem die Besetzung des Zeitungsviertels erfolgt war, wollte niemand die Verantwortung dafür übernehmen, weil diese Gewaltakte die ganze Bewegung vor der großen Oeffentlichkeit sofort ins Unrecht setzten. Die Haufen waren „kraft revolutionären

Rechts" ins Zeitungsviertel eingebrochen, um ihren Mut an der Presse zu kühlen, die gegen die Linksradikalen schrieb.

Die Ueberrumpelung des „Vorwärts" war möglich gewesen, weil die Reichsregierung Weisung gegeben hatte, wenn irgend möglich Blutvergießen zu vermeiden.

Mit der Besetzung des Zeitungsviertels war die deutsche Revolution in jene entscheidende Woche getreten, in der es um alles ging. Siegte Spartakus, so war die Welt um die Sowjetrepublik Berlin bereichert. Um mehr nicht, denn im Reiche hätte Berlin keine Schule gemacht. Die Volksbeauftragten waren diesmal entschlossen, dem Kampf nicht auszuweichen.

Das Tragische an dem Januarputsch war, daß die den Spartakisten und den revolutionären Obleuten folgenden Arbeiter in einen Kampf gehetzt wurden, dessen bezeichnetes Ziel eigentlich gar nicht erreicht werden sollte. Die Führer ließen die Massen auf den Straßen stundenlang schreien: „Nieder mit der Regierung Ebert-Scheidemann!" Dabei hatten die Führer Angst, daß dieses Ziel erreicht werden könnte. Sie wußten, daß ein isoliertes sowjetistisches Berlin von seinem agrarischen Hinterland unter dem Beifall der Bourgeoisie ausgehungert werden würde und kapitulieren müßte.

Auf dem Gründungsparteitag der Kommunisten, der an der Jahreswende 1918/1919 stattgefunden hatte, waren die Führer darin einig, daß weder organisatorisch noch ideologisch in Deutschland die Voraussetzungen für die unmittelbare Machtergreifung des Proletariats gegeben waren. Organisatorisch deshalb nicht, weil der Spartakusbund nur wenig Fühlung mit den Arbeitern der Betriebe hatte. Die kleine Anzahl Spartakisten ging auf die Straße und versuchte durch unentwegtes Geschrei die Aufmerksamkeit der Arbeiter auf sich zu ziehen.

R o s a   L u x e m b u r g   hielt auf dem Gründungsparteitag der Kommunisten am 31. Dezember 1918 eine Rede, in der sie die erste Phase der Revolution für abgeschlossen erklärte und nun eine zweite Phase anhaltend sich steigender ökonomischer Kämpfe prophezeite. Sie sagte ausdrücklich, daß der Sturz der Regierung Ebert-Scheidemann nicht das Nächste und ihre Ersetzung durch eine proletarisch-revolutionäre Regierung jetzt nicht das Notwendige sei. Die Regierung Ebert-Scheidemann müsse durch einen sozialistischen Massenkampf des Proletariats erst unterminiert werden. Die Revolution müsse auf das flache Land getragen werden, wo man leider noch nicht einmal beim Anfang des Anfanges sei. Der bürgerliche Staat müsse von unten herauf ausgehöhlt werden. Der Sturz der Regierung Ebert-Scheidemann müsse erst der Schlußakt sein.

Wenn die Kommunisten der Auffassung waren, daß der Sturz der Regierung als politisches Ziel jetzt gar nicht in Frage kam, mußten sie alles vermeiden, was bei ihren Anhängern den Glauben erwecken konnte, daß die Regierung gestürzt werden müsse. Es war dann frivol, die Arbeiter auf die Straße zu hetzen.

Am Abend des 4. Januar hatte die Zentrale der Kommunistischen Partei in Kenntnis des Vorgehens der preußischen Regierung gegen Eichhorn die Auffassung vertreten, daß eine auf die linksradikalen Teile des Proletariats gestützte Regierung sich keine 14 Tage halten würde, und man war sich deshalb — zufolge der eigenen später gegebenen Darstellung der Januarvorgänge — darin einig, „daß alle Forderungen vermieden werden müßten, die den Sturz der damaligen Regierung mit Notwendigkeit zur Folge haben müßten". Das entsprach völlig einem kurz vorher verbreiteten Flugblatt der Kommunisten, in dem es hieß:

„Würden die Berliner Arbeiter die Nationalversammlung heute auseinanderjagen, würden sie die Scheidemann-Ebert ins Gefängnis werfen, während die Arbeiter des Ruhrgebiets, Oberschlesiens und die Landarbeiter Ostelbiens ruhig bleiben, so würden die Kapitalisten morgen Berlin durch Aushungerung unterwerfen können."

Mit anderen Worten: es sollte eigentlich nur ein bißchen revolutionäre Gymnastik getrieben werden, vielleicht mit dem Hintergedanken, daß sich hierdurch die Regierung einschüchtern ließe und Eichhorn zum Nutzen der Linksradikalen so auf seinem Posten im Polizeipräsidium gehalten werden könnte.

Am Abend des 5. Januar, einem Sonntag, fand eine gemeinsame Sitzung der „revolutionären Obleute", des Vorstandes der Groß-Berliner Organisation der Unabhängigen und einiger Mitglieder der Zentrale der neugegründeten Kommunistischen Partei statt. Die anwesenden Unabhängigen gehörten meist zu dem linken Flügel, der mit den Kommunisten sympathisierte. Die Besetzung des Zeitungsviertels und die Demonstrationen rund um den Alexanderplatz hatten während dieser Sitzung eine hysterische Stimmung erzeugt, in der schließlich einer den anderen zu überkreischen versuchte. Ganz wenige blieben nüchtern. D o r r e n - b a c h , der Unheil stiftete, wo er auftrat, machte den Anwesenden weiß, daß die Volksmarinedivision und die Berliner Regimenter bereit seien, die Regierung mit Waffengewalt zu stürzen. In Spandau stünden 2000 Maschinengewehre und 20 Geschütze zum Kampfe gegen die Regierung bereit usw. Vergebens wiesen S t o l l und A l b r e c h t darauf hin, daß nach den Erfahrungen der vergangenen Wochen auf die Truppen kein Verlaß sei. Vergeblich warnte D ä u m i g, der an das Ende dachte. Vergeblich wies R i c h a r d M ü l l e r auf die Folgen eines verfrühten auf Berlin beschränkten Vorgehens gegen die Regierung hin. Von den etwa 70 Anwesenden stimmten nur 6 — Däumig, Eckard, Malzahn, Richard Müller, Neuendorff und Rusch — dagegen, daß der Kampf gegen die Regierung aufzunehmen und bis zu ihrem Sturze durchzuführen sei. Die Mehrheit sah in der Besetzung des Zeitungsviertels ein unwiderstehliches Drängen der Massen zur Revolution. Der erste, der seine bessere Einsicht und damit das Aktionsprogramm der Kommunisten preisgab, war K a r l L i e b k n e c h t. Er wollte nun auf einmal eingesehen haben, daß der Sturz der Regierung Ebert-Scheidemann nicht nur möglich, sondern auch nötig sei. P i e c k von der kommunistischen Zentrale schloß sich ihm an, wie der Putzfleck dem Leutnant: „Sofort müsse der Kampf aufgenommen werden." L e d e b o u r war für die Parole: „Wenn schon, denn schon! Und wenn schon, dann rasch und aufs Ganze." E i c h h o r n war bereit, sich jeder Entscheidung der Konferenz zu unterwerfen. Er hieß damit den Kampf gegen die Regierung mit dem Ziel ihres gewaltsamen Sturzes gut.

D ä u m i g, der den Putsch für verloren ansah, ehe er begonnen hatte, beteiligte sich nicht mehr an der Bewegung, ebenso Richard Müller. L e d e b o u r griff beide später deswegen in der bei ihm üblichen gehässigen Art an. R i c h a r d M ü l l e r antwortete ihm in der „Freiheit":

„Ledebour darf nicht glauben, daß ich meine Haut zu Markte trage, wenn ein politischer Narr aus vollständiger Verkennung der revolutionären Voraussetzung oder aus Eitelkeit eine „revolutionäre Erhebung" für gegeben erachtet."

Die Sitzung der 70 zog sich bis in die frühen Morgenstunden des Montags hinein. Wie kam es in ihr zur Vorbereitung des Putsches? R i c h a r d M ü l l e r wies später darauf hin, daß die durch die Gründung der KPD. erfolgte Abspaltung der Spartakusleute von den Unabhängigen nicht ohne Einfluß auf das Abstimmungsresultat war. Die Kommunisten wollten beweisen, daß sie noch revolutionärer seien als der linke Flügel der Unabhängigen. Im Berliner Zentralvorstand der Unabhängigen saßen aber nach dem Urteil R i c h a r d M ü l l e r s schwankende Gestalten, die sich gewöhnlich nicht gern in Gefahr begaben, aber doch überall als die wildesten Schreier dabei sein wollten und sich recht revolutionär gebärdeten. Diese suchten in revolutionären Gesten Liebknecht zu überbieten.

Die Sitzung der 70 traf sofort alle Vorbereitungen für den Sieg, der die zweite Phase der deutschen Revolution einleiten sollte. Es wurde ein provisorischer Revolutionsausschuß eingesetzt von nicht weniger als 53 Personen, an deren Spitze drei gleichberechtigte Vorsitzende: L e d e b o u r , L i e b k n e c h t und P a u l S c h o l z e standen. Dieser Ausschuß sollte nach siegreich beendetem Kampf an Stelle der gestürzten Reichsregierung provisorisch die Regierungsgeschäfte übernehmen.

In dem Prozeß, der gegen Ledebour vom 19. Mai bis zum 23. Juni 1919 vor den Berliner Geschworenen geführt wurde, gab L e d e b o u r ausdrücklich zu, daß es Absicht der Verschwörer war, alles aufzubieten, um diese verderbliche Regierung (Ebert-Scheidemann) zu beseitigen. Wie am 9. November sollte nach den Absichten des Revolutionsausschusses ein Sturz der Regierung erfolgen. Von der neuen provisorischen Regierung sollten Wahlen für die Arbeiter- und Soldatenräte ausgeschrieben werden. Dann sollte von einem für ganz Deutschland gewählten Arbeiter- und Soldatenrat eine neue definitive Regierung gebildet werden.

Indessen hatten sich die Massen wieder schlafen gelegt, nachdem man sie lange genug ziel- und weisungslos auf der Straße stehen gelassen hatte. Am anderen Morgen hörten sie die Parole: „Generalstreik". Im Aufruf dazu hieß es u. a.:

„Erscheint in Massen heute vormittag 11 Uhr in der Siegesallee." „Um Großes handelt es sich nunmehr! Es muß allen gegenrevolutionären Machenschaften ein Riegel vorgeschoben werden. Nieder mit der Regierung Ebert-Scheidemann!"

Die Reichsregierung hatte keine Truppen zur Verfügung, auf die sie sich verlassen konnte. Die Mehrheitssozialdemokratie bot deshalb zunächst ihre Berliner Anhänger auf. Sie schlug Spartakus mit dessen eigener Taktik. Hatte der Revolutionsausschuß seine Anhänger nach der Siegesallee gerufen, so wurden die Mehrheitssozialdemokraten mit folgendem Aufruf für 11 Uhr nach der Wilhelmstraße beordert:

„Arbeiter! Bürger! Soldaten! Genossen!

Zum zweiten Male haben bewaffnete Banditen des Spartakusbundes den „Vorwärts" gewaltsam besetzt. Die Führer dieser Banden proklamierten heute in öffentlichen Reden erneut den gewaltsamen Sturz der Regierung, Mord und blutigen Bürgerkrieg und Errichtung der Spartakusdiktatur. Dem deutschen Volk und insbesondere der Arbeiterschaft drohen die schlimmsten Gefahren. Anarchie und Hunger würden die Folgen der Spartakusherrschaft sein.

Jetzt ist unsere Geduld zu Ende!

Wir wollen uns nicht länger von Irrsinnigen und Verbrechern terrorisieren lassen. Es muß endlich Ordnung in Berlin geschaffen und der ruhige Aufbau des neuen revolutionären Deutschland gesichert werden. Wir fordern euch auf, zum Protest gegen die Gewalttaten der Spartakus-

banden die Arbeit einzustellen und sofort unter Führung eurer Vertrauensleute vor dem Hause der Reichsregierung, Wilhelmstraße 77, zu
erscheinen.

Arbeiter! Bürger! Genossen! Soldaten!

Erscheint in Massen! Zeigt, daß ihr Manns genug seid, aus eigener
Kraft eure Freiheit, euer Recht und euer Parteieigentum zu schützen."

Von 10 bis 12 Uhr drängten sich Tausende, die nicht haben
wollten, daß das Erbe der Revolution nutzlos vertan wurde, in
der Wilhelmstraße zusammen und deckten mit ihren Leibern die
Regierung. Der Massenaufmarsch der Berliner Sozialisten hin-
derte an diesem Montag und an dem folgenden Dienstag, daß
Liebknechts Mannen das Regierungsviertel besetzten. In der
Umgebung dieses Viertels konnte der staunende Passant, so zum
Beispiel in der Leipziger Straße, sehen, daß zwei Züge aneinander
vorbeimarschierten und sich nichts taten, trotzdem die einen ununterbrochen im Chore riefen: „Nieder mit Scheidemann! Nieder
mit Ebert! Hoch die Weltrevolution!" und die anderen: „Nieder
mit Liebknecht! Nieder mit Spartakus! Hoch die Demokratie!
Hoch der Sozialismus!" Dieses friedliche Nebeneinander zeigte,
daß keine Richtung wußte, welche die stärkere war. Allerdings
hatten Liebknechts Scharen Waffen. Deshalb riefen die mehrheitssozialistischen Demonstranten vor der Reichskanzlei nach Bewaffnung. S c h e i d e m a n n bat noch um Geduld, versprach aber,
für Ausrüstung mit Waffen und nicht nur mit Knüppeln sorgen
zu wollen. Scheidemanns Worte wurden bekannt und mahnten
Liebknecht zur Vorsicht.

Die Berliner Mehrheitssozialisten waren in diesem Kampf quick-
lebendig. War die „Vorwärts"-Druckerei auch besetzt, so gab es
doch noch andere Druckereien in Berlin, in denen Flugblätter und
Handzettel in Millionen hergestellt und dann unter die Massen
geworfen werden konnten. Auch eine Extraausgabe des „Vorwärts" wurde so gedruckt und verteilt. Die Besetzung der „Vorwärts"-Druckerei hatte sich als ein Fiasko erwiesen.

Gegenüber dem „Vorwärts"-Gebäude befand sich damals in der
Lindenstraße das Propagandabüro der Groß-Berliner Sozialdemo-
kratie, in dem die Wahlarbeiten erledigt wurden. Als das die
Haufen bemerkten, die den „Vorwärts" besetzt hatten, warfen sie
im Wahlbüro der Sozialdemokratie die Scheiben ein, schmissen
Wahlflugblätter, Handzettel und Wahlplakate in Packen auf die
Straße und zündeten sie dann an. Der Scheiterhaufen brannte
lichterloh. Die Straßenbahnen mußten in der Lindenstraße den
Verkehr einstellen. Das war die Rache dafür, daß trotz der „Vor-
wärts"-Besetzung kein „revolutionärer" „Vorwärts" herauskommen

konnte, weil das Personal sich weigerte, zu setzen und zu drucken. Die Männer, die, zum Teil mit Dietrichen bewaffnet, den „Vorwärts" besetzt hatten, konnten mit diesen Diebeswerkzeugen weder den Strom bedienen noch die Setzmaschinen in Gang bringen. Im „Vorwärts"-Gebäude hatte die Besatzung übrigens böse gehaust. Die Räume des Parteivorstandes und des Parteiarchivs waren allerdings von jeder Brandschatzung verschont geblieben, wie ich am 12. Januar mit Genugtuung feststellen konnte.

Die Volksbeauftragten hatten sich am Sonntag abend außerhalb des Regierungsviertels über die nun zu treffenden Maßregeln beraten. Ueber das Ergebnis wurde der Zentralrat am Morgen des 6. Januar, einem Montag, im Pfeilersaal der Reichskanzlei unterrichtet. E b e r t erklärte kategorisch, daß es so nicht weitergehen könne. Zu einem Frieden könne Deutschland nur kommen, wenn es gefestigte Regierungsverhältnisse hätte. Die Volksbeauftragten seien deshalb zu der Ueberzeugung gekommen, daß sie sich eine Truppe schaffen müßten, auf die sie sich verlassen könnten.

Oberst R e i n h a r d t , der Kriegsminister, schlug vor, den General H o f f m a n n mit der Aufgabe zu betrauen, in Berlin geordnete Verhältnisse herzustellen. Gegen diesen Vorschlag wurde eingewandt, daß die Uebertragung des Oberbefehls an einen General in weiten Kreisen der Arbeiterschaft starke Bedenken auslösen würde. So lag der Vorschlag, daß N o s k e den Oberbefehl übernehmen solle, nahe. Daß er den guten Willen zum Betreten des richtigen Weges hatte, zeigte schon der Gouvernementsbefehl, mit dem er der Kieler Garnison am 11. November die Bildung der Regierung der sechs sozialistischen Volksbeauftragten mitgeteilt hatte. In diesem Befehl hieß es u. a.:

„Jeder Streit in der Arbeiterbewegung hat aufzuhören. Neben dem Reichskanzler Ebert und dem Staatssekretär Scheidemann sitzen die bisherigen unabhängigen Sozialisten Haase und Dittmann in der Regierung. Der unselige Streit in der Sozialdemokratie hat sein Ende erreicht. Nur eine geschlossene Arbeiterbewegung und eine einige festgefügte Sozialdemokratie darf es von jetzt ab geben."

Noske erklärte sich bereit, diese schwere Aufgabe zu übernehmen. Er sagte selbst dazu: „Einer muß der Bluthund werden. Ich scheue die Verantwortung nicht!"

Wer gegen Spartakus aufzutreten wagte, kam um diesen Titel nicht herum. Wels hatte dies als Kommandant von Berlin schon vor Noske genügend erfahren. Der Zentralrat stimmte in der Beurteilung der politischen Lage mit den Volksbeauftragten völlig überein und erteilte durch e i n s t i m m i g e n Beschluß Noske außerordentliche Vollmacht zur Anordnung der Maßnahmen, die zur Wiederherstellung der Ordnung in Berlin notwendig seien. So wurde Noske Generalgouverneur von Berlin und Oberbefehlshaber mit allen möglichen Machtbefugnissen, ohne daß ihm jemals besondere Vollmachten schriftlich ausgehändigt wurden.

N o s k e ließ keinen Zweifel darüber, daß sich die Berliner Arbeiter einige Tage gedulden müßten. Er hielt dafür, daß eine etwaige Niederlage der Regierungtruppen so demoralisierend wirken würde, daß die Stellung der Regierung dann überhaupt unhaltbar würde. Deshalb dürfe die Besetzung Berlins durch regierungstreue Truppen erst dann erfolgen, wenn sicher wäre, daß Berlin von nun ab in allen seinen Teilen gehalten werden könne.

Noske verließ Berlin nach kurzem Aufenthalt im Generalstabsgebäude und schlug sein Quartier im Luisenstift zu D a h l e m auf, das im Frieden einem Mädchenpensionat zum Aufenthalt gedient hatte. Von dort aus traf Noske seine Vorbereitungen. Im Berliner Zeitungsviertel waren inzwischen regelrechte Barrikaden errichtet worden. Die Zeitungshäuser von Mosse und Ullstein waren zu richtigen Festungen ausgebaut. Papierballen dienten als gute Deckung. Maschinengewehre waren zur Schaufensterdekoration geworden. Das Pflaster der Zugangsstraßen war aufgerissen. Von Rechtsblättern war nur der „Lokalanzeiger" besetzt.

N o s k e war der Ueberzeugung, daß die Anhänger Liebknechts, die im Besitz von Maschinengewehren waren, eine permanente Gefahr für die Reichskanzlei bildeten, die nur von einer kleinen Truppe unter Befehl des Offizierstellvertreters S u p p e geschützt wurde. E b e r t war der gleichen Auffassung und traf daher für den schlimmsten Fall Vorsorge.

Nach der Sitzung des Zentralrats und der Volksbeauftragten lud mich E b e r t zu einer kurzen Aussprache in das Reichskanzlerzimmer. Ich habe ihn selten so besorgt gesehen. Ich fragte ihn geradezu: „Was ist denn nun noch los? Mehr als wir getan haben, indem wir Noske unbeschränkte Vollmacht gaben, können wir doch nicht gut tun?" Aber Ebert meinte, daß es fünf bis sechs Tage dauern könne, bis Noske außerhalb Berlins genügend zuverlässige Truppen gesammelt hätte. Bis dahin könne die Reichskanzlei vielleicht in nächtlichen Kämpfen überrumpelt werden.

Für diesen schlimmsten Fall sollte ich außerhalb Berlins eine Regierung bilden, gestützt auf die Organisationen im Reiche. Ich sollte nach Eberts Vorschlag Richard Fischer und Hermann Molkenbuhr hierfür als Mitarbeiter gewinnen. In Magdeburg, Dessau oder Weimar sollte ich gegebenenfalls diesen Versuch wagen.

Sogleich würde der Unterstaatssekretär S c h i f f e r aus dem Reichsschatzamt erscheinen, der mir in die Hand geloben würde, daß in diesem äußersten Falle die Beamten des Reichs unter mir weiterarbeiten würden. Schiffer erschien dann auch, gelobte mir für die deutschen Beamten Treue und verlas hierzu den Entwurf einer Erklärung, die erfreulicherweise zunächst keine praktische Bedeutung bekam.

Als ich mich von Ebert verabschiedete, um Molkenbuhr und Fischer über das Vorgefallene zu unterrichten, bat er mich, in den nächsten Tagen bei Eintreten der Dunkelheit nach Hause zu gehen. Für den Fall, daß das Regierungsviertel in die Hand der Spartakisten falle und die Volksbeauftragten erledigt würden, dürfte ich nicht mit gefaßt werden. Ich folgte diesem Ratschlag.

Theoretisch war die Regierung Ebert-Scheidemann bereits am Montag, dem 6. Januar, erledigt. Der Revolutionsausschuß hatte das nämlich verfügt. Das betreffende Schriftstück ist uns aus einer Szene bekannt geworden, die in ein Lustspiel gehört.

Am Montag, dem 6. Januar, war der Marstall von Revolutionären in Uniform und Zivil besetzt. Es sollte mit der Eroberung wichtiger Berliner Gebäude ernst gemacht werden. In dem üblichen Durcheinander erhielt der Matrose L e m m g e n von der Volksmarinedivision den Befehl, mit 300 Mann nach dem Kriegsministerium in der Leipziger Straße zu ziehen, um es für die provisorische Revolutionsregierung zu besetzen. Lemmgen befolgte den Befehl. Im Kriegsministerium empfing ihn der 28jährige Leutnant Bruno H a m b u r g e r im Auftrag des Staatssekretärs Paul Göhre. Ein Lemmgen beigegebener Zivilist gab Hamburger folgendes Schriftstück, von dem eigentlich erst nach dem Siege Gebrauch gemacht werden sollte:

„Kameraden! Arbeiter!
Die Regierung Ebert-Scheidemann hat sich unmöglich gemacht. Sie ist von dem unterzeichneten Revolutionsausschuß, der Vertretung der revolutionären sozialistischen Arbeiter und Soldaten (Unabhängige Sozialdemokratische Partei und Kommunistische Partei) für abgesetzt erklärt.

Der unterzeichnete Revolutionsausschuß hat die Regierungsgeschäfte vorläufig übernommen.
Kameraden! Arbeiter!
Schließt euch den Maßnahmen des Revolutionsausschusses an.
Berlin, den 6. Januar 1919.
Der Revolutionsausschuß.
i. V. Ledebour.   Liebknecht.   Scholze.

Hamburger besah sich das Schriftstück und bemängelte die fehlenden Originalunterschriften. Er sagte in allem Ernst zu der Deputation, daß einer Uebergabe des Kriegsministeriums nichts im Wege stehen würde, sobald die Unterschriften des Revolutionsausschusses wirklich vorhanden seien. Er wäre im Ernstfall bereit gewesen, einer n e u e n Regierung das Kriegsministerium zu übergeben, das nur eine ganz schwache Besatzung hatte. Aber einen Brief, der nur Schreibmaschinenunterschriften trug, wollte er als Befehl nicht anerkennen. Sonst hätte ja jede Stenotypistin den Sturz der Regierung herbeiführen können. Lemmgen sah ein, daß das Kriegsministerium nicht besetzt werden dürfe, solange die Unterschriften des Revolutionskomitees nicht im Original vorhanden waren. Er zog deshalb wieder ab. Die 300 Revolutionssoldaten, die er auf der Leipziger Straße hatte stehen lassen, liefen auseinander. Lemmgen ging nach dem Marstall zurück. Dort ließ er sich von Paul Scholze und Karl Liebknecht eine richtige Unterschrift geben. Karl Liebknecht unterzeichnete außerdem für den gerade abwesenden Ledebour.

Nun hatte Lemmgen seine Unterschriften. Nun hätte er das Kriegsministerium besetzen können. Aber inzwischen revoltierte die Volksmarinedivision gegen den Revolutionsausschuß. Die Matrosen hatten sich durch ein Abkommen mit der Reichsregierung vom 24. Dezember verpflichtet, keine gegen die Regierung gerichtete Aktion mehr zu unterstützen. Die Mehrheit der Matrosen wollte dieses Abkommen halten. Sie erklärten sich für neutral. Die Führung der Volksmarinedivision wollte sogar Dorrenbach verhaften. Denselben Dorrenbach, der in der Nacht zum Montag damit renommiert hatte, daß die Groß-Berliner und Spandauer Garnison bereit ständen, die Regierung mit Waffengewalt zu stürzen. Die Matrosen ließen dann den bis dahin in Schutzhaft festgehaltenen stellvertretenden Kommandanten Anton Fischer frei. Dieser hatte Liebknecht ins Gesicht gesagt, daß der größte Teil der Berliner Arbeiterschaft nicht auf seiner Seite stünde. Liebknecht behauptete, daß der rührigere und intelligentere Teil ihm anhänge. So überschätzte Liebknecht seine Leute.

Die Zivilisten, die im Marstall ihr revolutionäres Hauptquartier aufgeschlagen hatten, wurden nun von dem stellvertretenden Kommandanten, dem 27jährigen R o b e r t G r u n d t k e, aufgefordert, unverzüglich den Marstall zu verlassen, was Liebknecht übrigens schon vorher getan hatte. Der Revolutionsausschuß mußte nun seine Papiere packen. Alles das sah Lemmgen mit an. Dann nahm er das Schriftstück, das zur Besetzung des Kriegsministeriums dienen sollte, an sich, verließ den Marstall, ging nach Hause und meldete sich für acht Tage krank.

Nach acht Tagen war der Spartakusspuk in Berlin vorbei. Lemmgen ging dann in die Wilhelmstraße und gab in Baakes Büro dem Sekretär Moser das Schriftstück, das dann im Prozeß gegen Ledebour eine große Rolle spielte.

L e d e b o u r kam am Nachmittag des 6. Januar wieder in den Marstall. Er fand dort seine Revolutionsregierung nicht mehr vor, weil sie inzwischen hinausgeworfen worden war. Er schimpfte fürchterlich über die „Matrosenverräter", die seit dem 31. Dezember 1918 ihren Frieden mit der Garde-Kavallerie-Division geschlossen und öffentlich erklärt hatten, daß sie mit Spartakus nichts mehr zu tun haben wollten.

Wenn auch das Kriegsministerium um die Besetzung gekommen war, so hatten doch wilde Haufen, denen angeblich niemand einen Auftrag gegeben hatte und für deren Tun hinterher niemand verantwortlich sein wollte, die Reichsdruckerei, die Eisenbahndirektion Berlin, das Proviantlager in der Köpenicker Straße, die Pionierkaserne in der Köpenicker Straße, den Schlesischen Bahnhof und andere Gebäude besetzt. Nächtlich fielen in allen Stadtteilen Schüsse. Beim Halleschen Tore habe ich selbst mehrfach erlebt, daß abends Linien der elektrischen Straßenbahn umgeleitet wurden, weil sich im Halbdunkeln Schießereien entsponnen hatten. In der Nähe des Abgeordnetenhauses, in dem der Zentralrat tagte, fielen des öfteren Schüsse, die angeblich von Dächern aus abgefeuert wurden. Wer sich vom Hotel Kaiserhof nach der Reichskanzlei begeben wollte, wurde damals von Schutzleuten darauf aufmerksam gemacht, daß er, auch wenn er in der Wilhelmstraße die Mauer entlang ginge, vor Zufallsschüssen nicht sicher sei. Eines Nachmittags sah ich selbst, wie in die Vorhalle des Reichskanzlerhauses ein Toter getragen wurde, der stundenlang dalag, bis er zur Leichenhalle abgeholt wurde. Die Umgebung des Anhalter Bahnhofs war in jenen Tagen oft das Flugfeld irrender Kugeln. Militärisch hatte diese Bewegung den Charakter eines Guerillakrieges. Jede Oberleitung, überhaupt jeder militärische Plan, fehlte.

Bald setzten Vermittlungsversuche ein, zu denen die Reichsleitung der Unabhängigen bereits am 6. Januar die erste Anregung gegeben hatte. Haase war in jenen Tagen von Berlin abwesend. Aber im Gegensatz zur Berliner Ortsverwaltungsleitung der Unabhängigen, die unter dem Einfluß der „revolutionären Obleute" stand, saßen in der Reichszentrale der Unabhängigen alte Genossen, die die demokratischen Forderungen des Erfurter Programms noch nicht auf dem Russenaltar geopfert hatten. Kautsky,

Dittmann, Breitscheid, Hilferding, Oskar Cohn und Luise Zietz arbeiteten für eine Vermittlungsaktion, die Eduard Bernstein angeregt hatte.

Eduard Bernstein, der unter dem Kaiserreich für die Partei ins Exil gegangen war, um ihr von draußen her das Sozialistengesetz überwinden zu helfen, litt schwer darunter, daß die Zeit der Revolution durch die Uneinigkeit der Arbeiter für die sozialdemokratischen Ziele nicht besser ausgenutzt werden konnte. Bernstein trat, um den Einigkeitswillen symbolisch zu verkörpern, zur Mehrheitssozialdemokratie über, ohne seine Mitgliedschaft bei den Unabhängigen aufzugeben. Doch die Berliner Unabhängigen verboten ihm die doppelte Mitgliedschaft. So gezwungen, sich zu entscheiden, blieb Bernstein bei der Mehrheitssozialdemokratie mit der Begründung, daß ihm deren Innenpolitik für die junge Republik die richtige zu sein scheine. Dieser Kampfgenosse von Marx und Engels war fest davon überzeugt, daß diese den Terrorkult der Kommunisten ebenso abgelehnt hätten wie Marx seinerzeit die Auffassungen von Most und Bakunin. Erfreulicherweise hat sich Bernstein, der sein Leben lang Bekennermut hatte, auch nicht gescheut, im Prinzip das Vorgehen Noskes für durchaus verständlich zu halten. Er sagt hierzu in seiner „Geschichte der deutschen Revolution":

„Und daß Noske nun die Maßnahmen ergriff, die nach dem, was er vor sich gesehen, die zweckmäßigsten erschienen, wenn es nötig wurde, den Aufstand mit Gewalt niederzuschlagen, kann ihm in keiner Weise zum Vorwurf gemacht werden. Die Verantwortung hierfür trifft diejenigen, die in so skrupelloser Weise mit dem Feuer des Aufruhrs gespielt hatten. Lediglich auf das Gebot des Augenblicks bezogen, waren sie nur dessen logische Folgerung."

Und immer wieder ließ Bernstein seinen gerechten Zorn an jenen aus, die an dem vergossenen Blut schuldig waren, die

„die deutsche Republik mit Aufwand großer Geldmittel nicht zu einer ruhigen Entwicklung als demokratisches Gemeinwesen kommen ließen: die Bolschewisten in Rußland und deren Agenten in Deutschland."

Die Verhandlungen zur Beilegung der Feindseligkeiten wurden noch am Abend des 6. Januar in der Reichskanzlei aufgenommen, wohin Breitscheid, Dittmann und Kautsky gekommen waren. Die Vermittlung wurde grundsätzlich von den Volksbeauftragten und dem Zentralrat angenommen. Auch die revolutionären Obleute und der Groß-Berliner Vorstand der Unabhängigen erklärten am Abend ihr Einverständnis. Für den Abschluß eines Waffenstillstandes wurde zunächst folgender Vorschlag formuliert:

1. Beiderseitige Einstellung der Feindseligkeiten. 2. Beiderseits keine weitere Heranziehung von Truppen. 3. Beiderseitige Abschiebung der

schon herangeschafften Truppen. 4. Beiderseits keine weitere Heranschaffung von Waffen und Munition."

Hierzu gaben die Volksbeauftragten in den Verhandlungen, die von Mitternacht bis Montag früh 3 Uhr geführt wurden, folgende Erklärung ab:

„Es ist uns eine Gewissenssache, Gewalt lediglich zur Abwehr von Gewalt anzuwenden. Auf diesem Standpunkt bleiben wir stehen. Wir werden von der Waffe keinen Gebrauch zum Angriff machen. Zu irgendeiner Abmachung können wir uns nur verstehen, nachdem die am Abend des 5. und im Laufe des 6. Januar 1919 besetzten Gebäude freigegeben werden."

Diese Erklärung war für die Volksbeauftragten etwas ganz Selbstverständliches. Sie wurde vom Zentralrat völlig gedeckt. Sie mußte deutlich sein, damit die Vertreter der „revolutionären Obleute" vom ersten Tage ab wußten, daß ohne die Räumung der besetzten Gebäude, insbesondere der Zeitungen, an den Erfolg einer Vermittlungsaktion nicht zu denken war. Man muß im Auge behalten, daß diese Erklärung zu einer Zeit abgegeben wurde, in der die Volksbeauftragten gar nicht sicher waren, das Regierungsviertel halten zu können bis Noske zur Befreiung kam. Am Montag wurde nur erreicht, daß beide Parteien ihre Anhänger aufforderten, von der Waffe keinen Gebrauch zum Angriff zu machen.

Die Verhandlungen wurden am Dienstag, vormittags 11 Uhr, fortgesetzt. Die „revolutionären Obleute" blieben dabei, daß die Freigabe der besetzten Gebäude, wenn sie vor der Abmachung erfolge, die glatte Kapitulation bedeute, und daß die Freigabe deshalb erst das Ergebnis der Verhandlungen sein könne. Kautsky machte den Vorschlag, zu erklären, daß die Verhandlungen als gescheitert betrachtet werden sollten, wenn sie nicht zur völligen Wiederherstellung der Pressefreiheit führten. Die Vertreter der Putschisten waren bereit zu erklären:

„Wir betrachten die Zeitungen, die im Laufe der Kämpfe in die Hände der revolutionären Arbeiter gekommen sind, nur als Machtmittel zur Durchführung dieser Kämpfe. Daraus ergibt sich, daß ein beide Teile befriedigender Ausgleich die Herausgabe der besetzten Zeitungen einschließen würde."

Diese Erklärung war selbstverständlich ganz ungenügend. Es waren aber auch Zweifel darüber entstanden, ob der „Vorwärts" in die Erklärung einbezogen sei. Die Vertreter des Aktionskomitees hatten zu einer genügenden Erklärung hierüber keine ausreichenden Vollmachten. Die Verhandlungen wurden deshalb auf Mittwoch, den 8. Januar, früh 10 Uhr, vertagt.

Diese Verhandlungen wurden beeinträchtigt durch Meldungen über Kämpfe, die sich den Abmachungen zuwider am frühen

Morgen des Mittwoch zugetragen hatten. An jenem Mittwochmorgen drangen bewaffnete Haufen in die Druckerei am Schiffbauerdamm ein, wo der Ersatz-Vorwärts gedruckt wurde, und verhinderten gewaltsam die weitere Herstellung des „Vorwärts". Zur Verteilung fertige Pakete warfen sie in die Spree. Daß dieser neue Gewaltakt in den frühen Morgenstunden „spontan von einer impulsiven Menge" verübt worden sei, konnte man niemand vorreden.

Andererseits hatten die Pioniere an jenem Morgen ohne jeden Auftrag der Regierung das Gebäude der Eisenbahndirektion gestürmt. Darin sahen die Putschisten ihrerseits wieder einen Bruch der Abmachung, die Waffen nicht zum Angriff zu gebrauchen.

Auf diese Weise kamen die Verhandlungen nicht vorwärts. Die Vertreter der Putschisten beschwerten sich über Verschleppung, wollten aber andererseits die Voraussetzungen für gedeihliche Verhandlungen nicht schaffen. Die Regierung und der Zentralrat hatten den Eindruck, daß die Putschisten die besetzten Gebäude als Pfand behalten wollten für die Durchsetzung von Forderungen, die nicht erfüllt werden konnten, wenn die Regierung nicht im Inlande und im Auslande um alle Achtung kommen wollte. Die Putschisten waren am Mittwoch, dem 8. Januar, bereit, folgende Erklärung abzugeben:

„Die Verhandlungskommission der Unabhängigen Arbeiterschaft beschließt, die Freigebung der bürgerlichen Presse sofort zu bewirken, sofern die Regierung und der Zentralrat sich bereit erklären, nach Durchführung des Beschlusses unverzüglich in die Verhandlungen über die übrigen Fragen einschließlich des „Vorwärts" einzutreten."

Diese Erklärung war reichlich frech. Einer Regierung, die aus fünf Mehrheitssozialdemokraten bestand, einem Zentralrat, der aus 27 Mehrheitssozialdemokraten bestand, wagten die Putschisten den Vorschlag zu machen, die bürgerliche Presse freizugeben, das Organ der Mehrheitssozialdemokratie aber als Pfand zu behalten. Das Ansinnen wurde zurückgewiesen.

Die Lage der Regierung Ebert-Scheidemann besserte sich von Tag zu Tag. Aus den Reihen der Mehrheitssozialdemokraten waren inzwischen Regimenter zum Schutze des Regierungsviertels aufgestellt worden, so die Regimenter Reichstag, Liebe, Grautoff. Bei der Aufstellung dieser Regimenter hatten sich der Verleger Baumeister und der Redakteur Kuttner hervorragend organisatorisch betätigt. Sie bekämpften mit Erfolg Liebknechts Scharen am Brandenburger Tor. Sie warfen die Putschisten aus dem Reichstagsgebäude. Auf die Putschisten wirkte entmutigend, daß in der Wilhelmstraße Werbebüros eingerichtet worden waren, in denen sich Regierungsanhänger zum vorübergehenden militärischen Dienst einzeichnen konnten.

Die Reichsregierung erließ am 8. Januar 1919 einen Aufruf, dessen einfache klare Sprache den stärksten Eindruck auf die Bevölkerung machte. Er sei deshalb im Wortlaut wiedergegeben: „Mitbürger! Spartakus kämpft jetzt um die ganze Macht. Die Regierung, die binnen zehn Tagen die freie Entscheidung des Volkes über sein eigenes Schicksal herbeiführen will, soll mit Gewalt gestürzt werden. Das Volk soll nicht sprechen dürfen. Seine Stimme soll unterdrückt werden. Die Erfolge habt Ihr gesehen. Wo Spartakus herrscht, ist jede persönliche Freiheit und Sicherheit aufgehoben. Die Presse ist unterdrückt, der Verkehr lahmgelegt. Teile Berlins sind die Stätte blutiger Kämpfe. Andere sind schon ohne Wasser und Licht. Proviantämter werden gestürmt, die Ernährung der Soldaten und Zivilbevölkerung wird unterbunden.

Die Regierung trifft alle notwendigen Maßnahmen, um diese Schreckensherrschaft zu zertrümmern und ihre Wiederkehr ein für allemal zu verhindern. Entscheidende Handlungen werden nicht mehr lange auf sich warten lassen. Es muß aber gründliche Arbeit getan werden, und die bedarf der Vorbereitung.

Habt nur noch kurze Zeit Geduld! Seid zuversichtlich, wie wir es sind, und nehmt euren Platz entschlossen bei denen, die euch Freiheit und Ordnung bringen werden.

Gewalt kann nur mit Gewalt bekämpft werden. Die organisierte Gewalt des Volkes wird der Unterdrückung und der Anarchie ein Ende machen. Einzelerfolge der Feinde der Freiheit, die von ihnen in lächerlicher Weise aufgebauscht werden, sind nur von vorübergehender Bedeutung. Die Stunde der Abrechnung naht.“

Die Stimmung wurde in Berlin der Regierung immer günstiger. Schon waren ganze Abteilungen von Eichhorns Sicherheitswehr zur Regierung übergegangen. Die „Rote Fahne“ aber hetzte weiter. Sie schrieb am 9. Januar: „Heute gilt den Ebert-Sozialisten nicht ‚Parität‘, sondern die Faust.“

Unter diesen Umständen konnte eine Vermittlertätigkeit nicht von Erfolg begleitet sein.

Am Abend des 9. Januar eroberten Teile der Garde-Füsiliere unter dem Feldwebelleutnant S c h u l z e die Reichsdruckerei zurück, ohne daß ein Schuß fiel.

Inzwischen hatten Tausende von Arbeitern der AEG und der Schwartzkopffwerke nach einer großen Demonstrationsversammlung im Humboldt-Hain beschlossen, eine neue Verhandlungskommission zu bilden, mit dem Ziele, einen Waffenstillstand zur Vermeidung des Bruderkrieges zu schließen. Es wurde vorgeschlagen, vor Eintritt in die Verhandlungen den Vorwärts zu räumen, wenn die Arbeiter der beiden Werke von dem Zentralrat und der Regierung die Zusicherung erhielten, daß „die Verhandlungen im sozialistischen, versöhnlichen Geiste geführt, die Differenzpunkte einer paritätisch zusammengesetzten Kommission überwiesen werden und die endgültige Besetzung des Polizeipräsidiums nur im Einvernehmen mit den Unabhängigen erfolgt".

Eichhorn sah in dieser Erklärung eine Kapitulation vor der Regierung. Das war sie sicher nicht. Diese Arbeiter wollten ehrlich den Frieden.

Die Erklärung hatte aber einen anderen Fehler, so gut sie gemeint war. Sie stellte etwas in Aussicht, was nicht zu haben war. Die Vorwärtsbesatzung bestand aus Spartakusleuten, die noch am 10. Januar einer Arbeiterdeputation der Firma Ludwig Löwe auf Anfrage schroff erklärt hatten, daß sich die Besatzung eher unter den Trümmern des Vorwärtsgebäudes begraben ließe, als daß sie freiwillig abzöge. Andererseits konnte von einer Unterwerfung der Regierung unter die Entscheidung einer paritätischen Kommission gar keine Rede sein, denn da wären die Mehrheitssozialdemokraten gegen Unabhängige und Kommunisten in der Minderheit gewesen.

Inzwischen waren im Zeitungsviertel die Kämpfe eröffnet worden. Da die Besatzung dort gute Deckung hatte, kosteten die Kämpfe auf beiden Seiten schwere Opfer. Uebrigens hatten auch die am Brandenburger Tor kämpfenden Regimenter Reichstag und Liebe und die Maikäfer größere Verluste als die Putschisten. Während die Belegschaften der Berliner Betriebe immer noch auf den Erfolg einer Vermittlungsaktion hofften, gab der Spartakusbund ihnen eine unzweideutige Antwort. Er erhob am 10. Januar in einem Flugblatt schwere Vorwürfe gegen die zweideutigen Führer der Unabhängigen, „die O s k a r C o h n und H a a s e, die sich während des vierjährigen Gemetzels des Krieges nicht zu einer kühnen Tat aufraffen konnten" und „die jetzt heulen und lamentieren über Blutvergießen der Revolution".

Die Sprache gegen die Regierung war noch um einige Grade schärfer:

„Die Ebert und Scheidemann seien Verräter des Proletariats, elende Handlanger der kapitalistischen Blutsauger, die Verkörperung der Gegenrevolution, die vom Urteil des Volkes Gerichteten." „Sie gehören ins Zuchthaus, aufs Schaffott" und deshalb:

„Heraus aus den Betrieben, auf zum Generalstreik und zu den Waffen. Hinaus auf die Straße zum letzten Kampf, zum Sieg!"

Die Vermittler aber wurden in folgenden Sätzen verhöhnt:

„Den tückischen Verrätern der SPD. aber und den zweideutigen Maklern, die zwischen dem Proletariat und seinen Judassen Einigung stiften wollen, gehört die geballte Faust."

Regierung und Zentralrat wußten, wen sie vor sich hatten. Das

hielt L e d e b o u r nicht ab, in seinem Maiprozeß vor den Berliner
Geschworenen mir als dem Hauptsprecher des Zentralrats den
Vorwurf zu machen, daß ich es bei den Ausgleichsverhandlungen,
die am Donnerstag und Freitag im Abgeordnetenhause auf Anregung von Deputationen der Berliner Betriebe stattgefunden
hatten, auf eine Verschleppung abgesehen gehabt hätte, weil ich
mit der Regierung unter einer Decke gesteckt habe. Tatsächlich
blieb für mich und uns alle für die Verhandlungen dauernd Voraussetzung, daß erst der Vorwärts geräumt werden müsse. Der
war aber am Freitagabend noch nicht geräumt, und kein Vermittler
konnte die freiwillige Räumung in Aussicht stellen. Für die
Besatzung des Vorwärts, die auf eigene Faust Revolution machte,
war die Autorität Ledebours gleich Null.

In der Nacht zum Freitag wurde Ledebour dann verhaftet. Er
wollte erst nicht mitkommen. Als er den die Verhaftung vor-
nehmenden Leutnant fragte, mit welchem Recht er verhaftet würde,
antwortete dieser keck: „Mit dem Recht des Stärkeren." Dagegen
konnte Ledebour nichts Stichhaltiges einwenden.

Wenn mir damals C u r t R o s e n f e l d als Verteidiger
Ledebours den Vorwurf gemacht hat, daß ich ein Doppelspiel getrieben hätte, so ist mir das unverständlich. Ich war damals einer
der drei Vorsitzenden des Zentralrats und gleichzeitig Partei-
Vorstandsmitglied der Sozialdemokratie. Beide Körperschaften
haben stets erklärt, daß Voraussetzung für eine Vermittlungsaktion die Freigabe des Vorwärts sein müsse. Das war ganz ein-
deutig. Es ist bedauerlich, daß das die Gegenseite nicht begreifen
wollte. Zur Verschleppung der Verhandlungen trugen nur diejenigen bei, die die Freigabe des Vorwärts nicht erzielen konnten.
Wir hatten im Dezember nach der ersten Besetzung des Vorwärts
erlebt, wie um des lieben Friedens willen die Freigabe des Vorwärts unter dem Zwange der Aufnahme einer Erklärung erfolgte,
in der die Vorwärtsredaktion und die Partei verhöhnt wurden.
Wir waren nicht gesonnen, uns etwas Aehnliches zum zweiten
Male bieten zu lassen.

Nach der zweiten Besetzung des Vorwärts hatten die Putschisten
zudem öffentlich erklärt:

„Aber jetzt habt ihr den Vorwärts zum zweitenmal erobert. Jetzt
haltet ihn fest. Kämpft mit Nägeln und Zähnen für ihn, laßt ihn euch
nicht entreißen. Macht ihn zu dem Organ, daß er sein soll: einem Vorkämpfer auf dem Wege zur Freiheit."

Es fehlte nur noch, daß gesagt wurde: Auf dem Wege zur
Pressefreiheit.

In dem Bericht, den der Zentralrat unter dem Titel: „Fünf Tage Verhandlungen und dann erst der Sturm auf den Vorwärts" erstattete, wurde darauf hingewiesen, daß eine Deputation von Arbeitern aus den besetzten Druckereien, die 40 000 Arbeiter und Angestellte vertrat, mit E i c h h o r n in dessen neuem Hauptquartier in der Bötzowbrauerei verhandelt hatte. Dabei hatte Eichhorn noch am 10. Januar sich zwar bereit erklärt, die bürgerliche Presse freizugeben, aber nur, wenn sie sich einen Zensor gefallen ließe, und wenn die Volksbeauftragten und der Zentralrat sich schriftlich bereit fänden, keine Truppen in die befreiten Druckereien zu legen, die den Zensor in seiner Arbeit hinderten. Den Vorwärts wollte er nicht räumen. Der Bericht sagt dazu zusammenfassend:

„Zu einer solchen Schändung der Pressefreiheit waren Zentralrat und Volksbeauftragte natürlich nicht bereit. Sie hätten sich mit ewiger Schmach bedeckt, wenn sie sich auf die Zumutungen Eichhorns, des reaktionärsten Polizeipräsidenten Berlins, eingelassen hätten."

In der Nacht zum 10. Januar wurde der Angriff auf das „Vorwärts"-Gebäude eröffnet. Es fiel, ehe Noske mit 3000 Mann am Sonnabend von der Potsdamer Straße her in Berlin einzog. Den Befehl, das „Vorwärts"-Gebäude zu nehmen, hatte das Regiment Potsdam unter M a j o r v o n S t e p h a n i. In diesem Regiment stand u. a. auch ein Prinz aus der katholischen Linie Hohenzollern-Sigmaringen. Major von Stephani fragte Brutus Molkenbuhr wegen der Schwere der ihm übertragenen Aufgabe, ob der „Vorwärts" nicht auf dem Wege der Verhandlung zu entsetzen sei. Wegen der schroff ablehnenden Haltung der Besatzung mußte Molkenbuhr bekennen, daß Verhandlungen keine Aussicht auf Erfolg hätten. Wegen dieser Erklärung ist Molkenbuhr von linksradikaler Seite später ganz zu Unrecht angegriffen worden. Sie entsprach durchaus der Sachlage.

Der gesamte „Vorwärts"-Komplex war von der Lindenstraße bis zur Jakobstraße zu hartnäckiger Verteidigung hergerichtet worden. Die Balkons der Vorderseite in der Lindenstraße waren mit Maschinengewehren bespickt. Aber schließlich kamen die Maschinengewehre gegen die Kanonen nicht auf, deren Donner weithin gehört wurde. Als eine sicher gezielte Mine mit einem Durchfegen die Balkons samt ihren Maschinengewehren zur Erde niederriß, so daß bis in den vierten Hof hinein das ganze Gebäude zitterte, erfolgte die bedingungslose Kapitulation der Besatzung. Der „Vorwärts" war befreit!

Spartakus verlor nun Position um Position. Die Garde-Pionier-Kaserne in der Köpenicker Straße und Wolffs Telegraphenbüro wurden entsetzt. Die Druckereien von Ullstein, Mosse und Büxenstein wurden von den Regierungstruppen gestürmt. Die Bahnhöfe wurden von den bewaffneten Putschisten gesäubert. Nur Eichhorn, dem das Polizeipräsidium nicht mehr sicher war, saß noch in der Bötzowbrauerei am Prenzlauer Tor, bis das Polizeipräsidium in der Frühe des 12. Januar gestürmt war. Eichhorn verbarg sich dann einige Tage in Berlin und fuhr darauf mit einem Auto ins Braunschweigische.

Noske konnte mit dem Gros seiner Truppen, ohne Widerstand zu finden, in Berlin einziehen. Von der Diktatur des Spartakus war keine Rede mehr.

Die Januarunruhen haben nach dem Bericht, der später dem Untersuchungsausschuß des Landtags gegeben wurde, 156 Tote gefordert. Sie waren nicht alle im Kampfe gefallen. Auch an Erschießungen Wehrloser hat es nicht gefehlt. Die Wut der Soldaten über den verlustbringenden Widerstand der „Vorwärts"-Besatzung war groß. Vielfach stachelte das Publikum die Soldaten noch zu Grausamkeiten auf, da es über die ewigen Unruhen empört war. Zur Aufstachelung der Bevölkerung hatten auch die Plakate und Flugblätter der Antibolschewistenliga beigetragen, der die rohe Kampfesweise der „Roten Fahne" täglich neues Material lieferte. Von den 295 Gefangenen, die aus dem „Vorwärts"-Gebäude abtransportiert wurden, sind 7 auf dem Hofe der Dragonerkaserne in der Belle-Alliance-Straße nach schweren Mißhandlungen erschossen worden. Vom Rechtsstandpunkt aus war das ein durch nichts zu entschuldigender kaltblütiger Mord.

Jedenfalls ist kein Zweifel darüber, daß die Volksbeauftragten und insbesondere Noske alle Gewaltakte vermieden wissen wollten, die zur Erreichung des gesteckten Zieles nicht im geringsten notwendig waren. Trotz des Januarputsches und auch des späteren Märzputsches, der noch mehr Opfer kostete, bleibt die deutsche Revolution von 1918/1919 eine der unblutigsten Revolutionen der Weltgeschichte. Als die spartakistische Besatzung des Mossehauses bei der Uebergabe Sicherheit für das Leben verlangte, erklärte die Reichsregierung am 11. Januar 1919:

„Herrn Bachmann erklären wir, daß wir damit einverstanden sind, daß die Besatzung der Druckerei Mosse im Falle der Uebergabe als Gefangene ohne Waffen abgeführt werde. Sie sollen nach Art der Kriegsgefangenen interniert werden."

Von dieser Regierung, die stets bedacht war, Blutvergießen zu vermeiden, sagte ein Aufruf der Kommunisten und der „revolutionären Obleute": „Im Arbeiterblute will sie waten!" Die Volksbeauftragten hatten verlangt, daß die Gefangenen der Staatsanwaltschaft übergeben würden. Daß aus der Reichskanzlei jemand den Soldaten den Befehl gegeben haben soll, die Gefangenen zu erschießen, konnte niemals festgestellt werden. Nach den Aussagen des Majors von Stephani hat sich Genosse Stampfer, der Chefredakteur des „Vorwärts", für die Gefangenen eingesetzt und ihn mehrfach darauf hingewiesen, daß die Gefangenen, unter denen das Leben einer Frau besonders gefährdet zu sein schien, unmöglich erschossen werden dürften.

In der Parteikonferenz zu Weimar hat N o s k e am 23. März 1919 gesagt:

„Ich hatte doch wahrhaftig das übelste Geschäft während der ganzen Revolution." „Daß die Regierungstruppen Ausschreitungen begehen würden, daran habe ich nicht einen Augenblick gezweifelt. Wenn man nach viereinhalbjähriger Kriegsdauer Zehntausende in Straßenkämpfen einsetzen muß, dann sind natürlich eine ganze Anzahl Elemente darunter, die man unter anderen Umständen weit von sich weisen würde. Aber wir müssen auch den Mut haben, festzustellen, daß eine große Anzahl übler Elemente sich planmäßig in die Regierungstruppen eingeschlichen hat. Ich kann Ihnen aktenmäßig nachweisen, daß Leute, die an einem Tage das Polizeipräsidium beschießen halfen, am nächsten Tage als Freiwillige zu Reinhardts Regiment gingen. Mein Name ist unter Ausweisen planmäßig gefälscht und dann ist damit Schindluder getrieben worden. Immer wieder wird der Versuch gemacht, unsere Abzeichen fälschlich zu tragen und dann allerlei Gemeinheiten zu begehen."

In seinem Aufruf vom 11. Januar 1919 sagte N o s k e u. a.:

„Ein Arbeiter steht also an der Spitze der Macht der sozialistischen Republik. Ihr kennt mich und meine Vergangenheit in der Partei. Ich bürge dafür, daß kein unnützes Blut vergossen wird. Ich will säubern, nicht vernichten. Ich will euch mit dem jungen republikanischen Heere die Freiheit und den Frieden bringen Die Einigung der Arbeiterklasse muß gegen Spartakus erfolgen, wenn Demokratie und Sozialismus nicht untergehen sollen."

Der objektive Geschichtsschreiber der Revolution wird auch nicht verschweigen dürfen, daß in den Wohnungen des „Vorwärts"-Gebäudes von einem Teil der Besatzung schwer geplündert wurde. Unter der Besatzung und ihrem Troß war allerhand Gesindel, vor dem Wäsche, Kleider und Silberzeug nicht sicher geblieben sind.

Als W e l s, M o l k e n b u h r und ich Ende Januar 1919 zur Internationalen Sozialistenkonferenz nach Bern reisten, wurden wir viel nach dem Berliner Januarputsch gefragt, weil die wildesten Gerüchte über das angeblich brutale Vorgehen der Reichsregierung gegen die „biederen" Spartakisten im Umlauf waren. Zur Aufklärung zogen wir dann eine Ansichtskarte aus der Tasche, die das „Vorwärts"-Gebäude nach der Rückeroberung mit allen seinen Verwüstungen zeigte. Dann sagten wir: „Geht man so gegen sein eigenes Haus vor, wenn es nicht zwingend notwendig ist?" Das war beweiskräftig.

In Berlin hatte der Vorstand der sozialdemokratischen Organisation (Theodor Fischer, Franz Krüger, August Pattlich) nach Abschluß der Kämpfe einen Aufruf an Arbeiter, Soldaten und Bürger herausgegeben, der mit folgendem Absatz begann:

„Vor acht Tagen begann Spartakus den Bürgerkrieg. „Kampf bis aufs Messer" erklärte Liebknecht der übrigen Bevölkerung. Heute liegen diese Vertreter der rohen Gewalt am Boden. Die treu zur sozialistischen Regierung stehenden republikanischen Truppen und zahlreiche Freiwillige aus dem Volke haben den Vergewaltigungen der Pressefreiheit und der persönlichen Freiheit ein Ziel gesetzt. Wir danken ihnen von Herzen für ihre Opferbereitschaft, sie haben die sozialistische Republik gerettet."

Es hieß dann aber auch in demselben Aufruf:

„Jeder Jubel über das Niederschlagen der Spartakusgewalt liegt uns fern. Die Regierung hat ihre harte Pflicht getan, die das Volk von ihr verlangen durfte."

„Sorgt jetzt dafür, daß nie wieder Bruderblut fließen darf."

Die „Rote Fahne" gab hinterher höhnisch den Führern die Schuld am Mißlingen, die die vor Erregung zitternden Massen besänftigten, statt sie zur Tat zu führen. Zu diesen Führern gehörte auch K a r l L i e b k n e c h t. Erst am 10. Januar verbot die Zentrale der Kommunistischen Partei Liebknecht und Pieck die weitere Teilnahme an den Beratungen des Revolutionsausschusses.

Am 13. Januar schickte der Vorstand der Groß-Berliner Unabhängigen die Arbeiter wieder in die Betriebe: „Euer Opfermut wird in der Geschichte der Berliner Arbeiterbewegung unvergessen bleiben." Geopfert für wen? Für Führer, die nicht wußten, was sie wollten, für Führer, „die berieten, berieten, berieten" — wie die „Rote Fahne" höhnte. R i c h a r d M ü l l e r aber sagte über die Januarkämpfe: „Die revolutionäre Gymnastik feierte Triumphe. Die Patentrevolutionäre besorgten die Geschäfte der Gegenrevolution."

Die Regierung aber konnte als Ergebnis der Erledigung des Januarputsches zunächst zwei Tatsachen buchen:

1. Die Kampfkraft der Berliner Putschisten war zunächst völlig gebrochen.

2. Infolge der Niederwerfung des Putsches fanden die Wahlen zur Nationalversammlung ungestört statt. Die Demokratie hatte freie Bahn.

XVII. Die Ermordung von Karl Liebknecht und Rosa Luxemburg

Am Vormittag des 16. Januar ging ich wie gewohnt zunächst gegen 9 Uhr nach unserem Parteibüro. B a r t e l s erzählte mir dort, daß eben ein Soldat dagewesen sei, der mitgeteilt habe, daß Karl Liebknecht in der Nacht getötet worden sei. Näheres wußte er nicht. Ich glaubte das nicht. Keine Morgenzeitung hatte eine Notiz über nächtliche Kämpfe gebracht. Ich fuhr mit der Elektrischen nach der Prinz-Albrecht-Straße. Niemand sprach von Liebknecht. Auch im Abgeordnetenhause nicht. Da bat mich E b e r t telephonisch sofort nach der Reichskanzlei. Dort sollte ich aus seinem Munde die Bestätigung der schauerlichen Mordtat empfangen, die in der Nacht zuvor nicht nur an Karl Liebknecht, sondern auch an Rosa Luxemburg verübt worden war.

Beide waren von Angehörigen der Bürgerwehr in der Wohnung des Genossen Marcussohn in Wilmersdorf, Mannheimer Straße 43, verhaftet und dann im Edenhotel am Zoo beim Stabe der Gardeschützenkavallerie eingeliefert worden. Nach kurzem Verhör war die Ueberführung nach dem Untersuchungsgefängnis Moabit angeordnet worden. Liebknecht und Rosa Luxemburg wurden getrennt abtransportiert. Schon beim Verlassen des Hotels wurde Liebknecht von dem Posten stehenden Jäger Otto Runge mit dem Gewehrkolben so über den Kopf geschlagen, daß das Blut lief. Im Tiergarten wurde Liebknecht aufgefordert, das Auto, angeblich wegen einer Panne, zu verlassen. Bei dieser Gelegenheit soll er versucht haben zu fliehen. Da er auf Anruf nicht halt gemacht haben soll, wurde nach militärischer Regel auf ihn geschossen. Von mehreren Schüssen getroffen, fiel er tot nieder. Der die Eskorte führende Kapitänleutnant Pflugk-Hartung meldete den Vorfall amtlich, ließ aber die Leiche als die eines angeblich unbekannten Mannes 11.20 Uhr nachts in der Rettungswache am Kurfürstendamm abliefern. Angeblich um so Aufsehen zu vermeiden.

Noch schlimmer verfuhr die entmenschte Soldateska mit Rosa Luxemburg, die, durch Mißhandlungen bereits ohnmächtig geworden, im Auto durch einen Schuß getötet wurde. Der Oberleutnant Kurt Vogel lieferte die Leiche nicht ab, sondern ließ sie in der Nähe der Corneliusbrücke in den Landwehrkanal versenken, wo sie erst nach Wochen gehoben wurde.

Das ist der Sachverhalt, der aber erst allmählich festgestellt wurde. Die erste amtliche Darstellung, nach der eine über die

Spartakisten erbitterte Menge die Hauptschuld an den Mißhandlungen getragen haben sollte, enthielt bewußt falsche Angaben der schuldigen Militärs. Die Regierung hatte den Willen, Aufklärung zu schaffen, am Abend des 16. Januar durch folgende amtliche Mitteilung kundgetan:

„Die Regierung hat über die Umstände, die zum gewaltsamen Tode Dr. Rosa Luxemburgs und Dr. Karl Liebknechts geführt haben, die strengste Untersuchung angeordnet. Die beiden Getöteten hatten sich zweifellos schwer am deutschen Volke vergangen, sie hatten jedoch ebenso zweifellos Anspruch auf Recht, das Schuldige bestraft, aber auch sie vor Unrecht schützt. Ein Akt der Lynchjustiz, wie er an Rosa Luxemburg begangen worden zu sein scheint, schändet das deutsche Volk, und jeder, auf welcher Seite er auch politisch stehen mag, wird ihn sittlich verdammen. Ist im Falle Luxemburg das Gesetz offenbar verletzt worden, so bedarf es auch im Fall Liebknecht noch der Aufklärung, ob hier nach gesetzlichen Vorschriften gehandelt worden ist. Sollten sie verletzt worden sein, so müßte auch hier in der schärfsten Weise eingegriffen werden."

Der Zentralrat billigte die Haltung der Reichsregierung, die eine gründliche Untersuchung mit dem Ziele schärfster Bestrafung etwaiger Schuldiger befohlen hatte.

Ich habe E b e r t selten so erregt gesehen, als an jenem Morgen des 16. Januar. Neben den Gefühlen des Abscheus über die gräßliche Tat machten sich folgende Erwägungen geltend: Eben war die Regierung des Januarputsches Herr geworden. Für eine ruhige Aufbauarbeit schien der Weg geebnet. Würde die Ermordung der beiden nicht zu neuen Kämpfen führen? Würden Karl Liebknecht und Rosa Luxemburg als Märtyrer nicht zu einer größeren Gefahr werden, als sie jemals lebend waren?

Die angeordnete Untersuchung gegen die schuldigen Militärs — Zivilpersonen kamen, wie sich bald ergab, für die Tat nicht in Betracht — fand vor dem Gericht der Gardeschützenkavalleriedivision statt. Ein Sondergericht konnte nach Auffassung der Volksbeauftragten nicht eingesetzt werden. Jedem Angeschuldigten war das Recht zugesichert, von seinem ordentlichen Richter abgeurteilt zu werden.

Als Gerichtsherr fungierte G e n e r a l H o f f m a n n, als Untersuchungsrichter Kriegsgerichtsrat J ö r n s. Die Vertreter der beiden sozialistischen Parteien forderten, daß die Untersuchung durch eine aus Mitgliedern der sozialdemokratischen Parteien zusammengesetzte Untersuchungskommission vorgenommen würde. Die Volksbeauftragten stimmten dem nicht zu, waren jedoch damit einverstanden, daß je zwei Mitglieder des Zentralrats und des Groß-Berliner Vollzugsrats bei der Untersuchung mitwirken. Vom Zentralrat wurden H u g o S t r u v e und ich dazu bestimmt.

Am 24. Januar mußte ich dann zur ersten Internationalen Sozialistenkonferenz nach dem Kriege nach Bern fahren. Ich habe so nur an den ersten Besprechungen im Edenhotel teilgenommen, die der Aufhellung der Vorgänge in und vor dem Hotel galten.

Hugo Struve trat am 16. Februar zugleich mit den Groß-Berliner Mitgliedern Rusch und Wegmann von der Mitwirkung an der Untersuchung zurück. Sie begründeten das damit, daß mehrfach ihre Anträge über Zeugenvernehmungen, die zur Verhaftung der Anstifter, Täter und Beihelfer führen sollten, von dem Gerichtsherrn und den Untersuchungsrichtern abgelehnt worden waren, wodurch die Flucht von Schuldigen ermöglicht und für die Mitschuldigen wegen der Verständigungsmöglichkeit die Verdunklungsgefahr gegeben war. Sie forderten deshalb die Einsetzung eines Sondergerichts bzw. die Aburteilung der Schuldigen durch ein ordentliches Zivilgericht.

Beide Forderungen hatten die Volksbeauftragten bereits abgelehnt, bevor die Delegierten der beiden Parteien sich entschlossen hatten, an der Untersuchung teilzunehmen. Haase hatte als Volksbeauftragter immer die Auffassung vertreten, daß niemand seinem ordentlichen Richter entzogen werden dürfe. Jetzt setzte er sich für die Bildung einer Sonderkommission ein, die allerdings nicht richterliche Funktionen haben sollte, sondern, ähnlich wie die Untersuchungskommissionen des englischen Parlaments mit besonderen Vollmachten ausgestattet, in einer mit allen gesetzlichen Garantien umgebenen Untersuchung den Tatbestand feststellen sollte. Die Volksbeauftragten hielten demgegenüber die rasche Aburteilung der Schuldigen durch das Gericht wegen der Erregung weiter Kreise der Bevölkerung für nötig. Wenn der Untersuchungsrichter aber, wie geschehen, Anträge ablehnte, in denen Zeugenaussagen über wesentliche Punkte der Anklage angeboten worden waren, so vermehrte das die Erregung. Er hätte jedem sachlichen Antrag nachgehen müssen, um das vorhandene starke Mißtrauen zu beseitigen. Was nützte nachher eine noch so energische Haltung des Anklagevertreters, wenn es in der Voruntersuchung an der notwendigen Aufhellung des Tatbestandes gefehlt hatte! Und hier setzten die Zweifel ein.

Die Gerichtsverhandlung brachte keine volle Aufklärung. Für eine gemeinsame Verschwörung der angeschuldigten Offiziere konnte der Beweis nicht erbracht werden. Eine solche hatte wohl auch kaum stattgefunden. Inwieweit die Vorgänge im Tiergarten auf Verabredung der verantwortlichen Offiziere beruhten, konnte in der gerichtlichen Verhandlung nicht nachgewiesen werden. Daß

Mord vorlag, gab der Anklagevertreter zu. Jörns beantragte gegen die vier Offiziere, die geschossen hatten, die Todesstrafe wegen Mordes. Das Gericht sprach aber die Angeklagten frei. Die Indizien für eine Verabredung zur Ermordung Karl Liebknechts schienen dem Gericht für eine Verurteilung nicht auszureichen. Der Oberjäger Runge, der mit dem Kolben die beiden Opfer mißhandelt hatte, erhielt zwei Jahre Gefängnis, Oberleutnant Vogel wegen Beiseiteschaffung einer Leiche und wissentlich falscher Dienstmeldung zwei Jahre vier Monate Gefängnis. Vogel gelang es mit Hilfe eines falschen Passes nach Holland zu entfliehen. Gefälschte Pässe waren damals wohlfeil zu haben. Die Kriegsmoral herrschte noch.

Das Verbrechen an Liebknecht und Rosa Luxemburg hatte nicht die erwartete gerichtliche Sühne gefunden. Darüber herrschte in sozialistischen Kreisen allgemeine Empörung. Im Auslande wurde das zur Hetze gegen die Sozialdemokratie benutzt. Nach Bern hatte Theodor Liebknecht telegraphiert, daß wir Mehrheitssozialdemokraten an der Ermordung Liebknechts mitschuldig seien, weshalb unser Ausschluß von der Berner Konferenz erfolgen müsse. Die Konferenz ging über dieses lächerliche Ansinnen debattelos zur Tagesordnung über.

Branting, Troelstra und Huysmans wußten, daß nicht die leiseste Verbindung zwischen Eberts Regierungstätigkeit und diesem feigen Mord herzustellen war.

Daß im Bürgertum keine starke Entrüstung über die Tötung Liebknechts herrschte, daran war die Arbeit des Spartakusbundes selbst schuld. Am Tage vor seinem Tode hatte L i e b k n e c h t in der „Roten Fahne" noch den Fortgang der Revolution gefeiert. Er hatte die Schwere der Niederlage nicht begriffen, die die Berliner Linksradikalen im Januarputsch erlitten hatten: „Wir sind nicht geflohen, wir sind nicht geschlagen. ... Und der Sieg wird unser sein. ..."

„Denn Spartakus das heißt Sozialismus und Weltrevolution. Noch ist der Golgathaweg der deutschen Arbeiterklasse nicht beendet — aber der Tag der Erlösung naht!"

Der Vorstand der Berliner Mehrheitssozialdemokratie fand überall in der Partei Zustimmung, als er an der Spitze eines Aufrufes an die Arbeiterschaft Groß-Berlins sagte:

„Das tragische Ende Karl Liebknechts und Rosa Luxemburgs wird von allen anständig denkenden Menschen aufs tiefste bedauert, von uns, seinen Gegnern, am meisten Wenn ein Verschulden oder gar ein Gewaltakt vorliegt, verlangen wir schärfstes Vorgehen, wie wir es auch gegen spartakistische Gewalttaten verlangt haben."

Der Aufruf wandte sich dann gegen Demonstrationen, zu denen die Unabhängigen und der Spartakusbund unter Anklagen gegen die Sozialdemokratie und die Reichsregierung aufgerufen hatten, insbesondere gegen die Aufforderung zur Arbeitseinstellung. In dem Aufruf hieß es weiter:

„Man mag die Ereignisse der allerletzten Tage noch so sehr bedauern, verurteilen und verabscheuen, die Schuld derer darf doch nicht vergessen werden, die selber zuerst an die Gewalt appelliert und die wildesten Instinkte entfesselt haben."

Der Aufruf erinnerte dann an das Flugblatt des Spartakusbundes vom 11. Januar, in dem Cohn und Haase als zweideutige Führer verhöhnt worden waren, weil sie über das Blutvergießen der Revolution heulten und lamentierten und ihnen das geringste Opfer für die Revolution schon zuviel sei. Wer das Treiben der Spartakisten verfolgt hatte, dem leuchtete die schlichte Sprache des Aufrufs mehr ein als das Gerede darüber, daß für diese Greuel die Regierung Ebert-Scheidemann-Noske-Landsberg für alle Zeiten verantwortlich sei.

Trotzdem die gesamte Arbeiterschaft in der Verurteilung des Mordes einig war, versagten sich die Arbeiter dem von den Unabhängigen geforderten Generalstreik. R i c h a r d M ü l l e r , der in diesem Fall sicher das Fiasko nicht gerne zugibt, stellt fest: „Der Generalstreik nahm keinen großen Umfang an." Die Januarkämpfe hatten die Aktionskraft der Berliner Arbeiterschaft gebrochen, und wo es im Reiche zu größeren Proteststreiks kam, waren sie gleichfalls ohne Wirkung.

Karl Liebknechts Leiche wurde am 25. Januar unter sehr großer Beteiligung der Arbeiterschaft bestattet. Auch Mitglieder der Mehrheitssozialdemokratie, die für Liebknechts Revolutionstätigkeit kein Verständnis aufbringen konnten, aber den Sohn Wilhelm Liebknechts betrauerten und von ihm manches erhofft hatten, waren durch das furchtbare Ende dieses Mannes tief erschüttert.

Ich hatte Karl Liebknecht erst im Jahre 1906 nach meiner Wahl in den Parteivorstand näher kennengelernt. Ich bearbeitete damals im Parteivorstand die Fragen der Jugend. Wie Ludwig Frank, hatte auch Karl Liebknecht sich in seiner politischen Frühzeit der Förderung der Jugendbewegung gewidmet, die nach dem damaligen preußischen Vereinsgesetz in Norddeutschland eine unpolitische Bewegung sein mußte, da den Lehrlingen die Zugehörigkeit zu politischen Vereinen verboten war. Ich besitze aus der Zeit, in der Liebknecht nach seinem Leipziger Hochverratsprozeß auf der Festung Glatz seine Strafe absaß, zwei Briefe, die zeigen, wie sehr ihn damals die Frage der Arbeiterjugendbewegung beschäftigte. Damals war er ein vorsichtiger Taktiker, mehr, als wir im Parteivorstand das für nötig hielten. In einem Briefe, datiert: „Glatz, 19. Juli 1908", der an der Spitze den Vermerk trug: „Auch dieser Brief ist natürlich ein Geheimprodukt," schrieb er mir neun Seiten lang seine Besorgnisse wegen der Behandlung der Jugendfragen auf dem Nürnberger Parteitag:

„Ich habe die größten Bedenken gegen die Behandlung der Sache in Nürnberg. Die Frage eignet sich meiner genau erwogenen Ueberzeugung nach so wenig wie möglich zur öffentlichen Diskussion auf einem Parteitag. Ueber die eigentlichen Details dürfte gar nicht gesprochen werden, wollte man nicht Selbstmord oder Kindsmord begehen."

Und nach längeren weiteren Ausführungen: „Keine Debatte!" Er warne aufs eindringlichste davor.

Der Schluß dieses Briefes ist von einer Bescheidenheit, die man an Karl Liebknecht auch in der Vorkriegszeit nicht immer wahrnahm. Er lautete:

„Ich hoffe, daß Sie diesen Brief
1. lesen können,
2. lesen,
3. nicht gleich darauf in den Papierkorb werfen.

> Die freundlichsten Grüße überall
> Ihr Karl Liebknecht."

Am 3. August 1914 gehörte Liebknecht zu den 14 Gegnern der Kreditbewilligung in der Reichstagsfraktion, fügte sich aber der Fraktionsdisziplin und stimmte nicht gegen die Kriegskredite. Als er dann von 1915 ab offen die Agitation gegen die Fortführung des Krieges aufnahm, war er sich der Konsequenzen durchaus bewußt. Er ließ absichtlich alle Vorsichtsmaßnahmen beiseite. Die Folge war, daß er dann in erster Instanz zu 2½ Jahren Gefängnis und in zweiter Instanz vom Reichsmilitärgericht zu 4½ Jahren Zuchthaus und Aberkennung der bürgerlichen Ehrenrechte verurteilt wurde. Dadurch ging er des Mandats für Potsdam-Spandau verlustig. Als sein Nachfolger wurde der Mehrheitssozialdemokrat Emil Stahl gewählt.

Aus dem Zuchthaus wurde Liebknecht auf Veranlassung S c h e i d e m a n n s befreit. Am 21. Oktober 1918 wurde die Begnadigung gegen den Widerstand des Vorsitzenden des Reichsmilitärgerichts und des Kriegsministers durchgesetzt. Prinz Max von Baden, der erst große Bedenken hatte, wunderte sich nachher, daß der befreite Karl Liebknecht von Soldaten auf die Schultern gehoben wurde.

Die Verfolgungen der Kriegszeit, besonders das Zuchthausmartyrium hatten aus Liebknecht einen bedenkenfreien Agitator gemacht. Alle Logik des geschulten Juristen war ihm abhanden gekommen. Uebrig geblieben war ein jeglichen Verantwortungsbewußtseins barer politischer Triebmensch, dem ein heißes Gefühl einziger Motor allen politischen Handelns war. In dieser Sinnesverfassung warf sich der befreite Liebknecht den Moskauern in die Arme. Er wartete auf den Tag, an dem er berufen zu sein schien, die deutschen „Kerenskis" aus der Regierung zu stoßen. Seine Anhänger, die ihm kritiklos zujubelten, während er sie immer wieder mit denselben feurigen Sätzen aufputschte, waren an der unglückseligen Entwicklung Liebknechts mitschuldig.

Liebknecht goß in der „Roten Fahne" täglich die ganze Schale seines Hohnes auf die Häupter der beiden sozialistischen Parteien aus. „Gegen das Einigkeitsgerede!", „Gegen den neuen Burgfrieden!", „Gegen die Revolution, die sich fast unter behördlicher Duldung vollzog" wütete Liebknecht unausgesetzt mit Feder und Blei, umgesetzt in Druckerschwärze. Ununterbrochen forderte er die Bildung einer Arbeitermiliz, einer Roten Garde, die Bewaffnung des Proletariats und die Niederwerfung der herrschenden Klasse. Die deutschen Arbeiter hätten nach 1917 den Anschluß verpaßt und die Russen schon viel zu lange warten lassen. Aber naiv wie dieser heißblütige Mann im Grunde war, glaubte Liebknecht auch an den Anschluß der französischen, englischen, italienischen Arbeiter an die Sowjets. Frankreich hat die Republik. In England und Italien ist die Monarchie eine belanglose Aeußerlichkeit. Deshalb kommt für diese Länder überhaupt nur die soziale Revolution in Betracht, so argumentierte Liebknecht. Er hat den Mussolini wahrhaftig nicht vorausgeahnt. In seiner Gedankenwelt sah Liebknecht die Ebert, Noske und Scheidemann verlassen von den Sozialisten der ganzen Welt:

„Beschmutzt, ausgestoßen aus den Reihen der anständigen Menschen, herausgepeitscht aus der Internationale, gehaßt und verflucht von jenem revolutionären Proletariat, so stehen sie vor der Welt, die Führer der sozialistischen Internationale."

Auf dem Gründungskongreß der Kommunistischen Partei traten Ende Dezember Liebknecht und Rosa Luxemburg für Beteiligung an den Wahlen zur Nationalversammlung ein. Mit dem auf dem linken Flügel der Unabhängigen stehenden Ledebour hatten sie über ein gemeinsames Vorgehen bei den Wahlen verhandelt. Ledebour hatte sich schon geweigert, mit Haase zusammen auf einer Liste zu kandidieren! Liebknecht und Rosa Luxemburg ernteten aber, was sie gesät hatten. Die zur Verachtung des Parlamentarismus im allgemeinen und der Nationalversammlung im besonderen erzogenen Spartakisten lehnten mit 62 gegen 23 Stimmen die Beteiligung an den Wahlen ab. Sie zogen damit nur die

Folgerungen aus den blanquistischen Redensarten ihrer Lehrer. Bei der Demonstration vor dem Abgeordnetenhaus hatte Liebknecht während des Rätekongresses gerufen:

„Die soziale Revolution beginnt erst! Der Rätekongreß hat das Urteil über sich selbst gesprochen. Die Massen der Berliner Arbeiter werden es vollziehen. Es wird keine Ruhe geben in Berlin."

Wer das immer wieder hörte, sagte sich: Wozu noch wählen, wenn die Weltrevolution so bald kommt! So kamen Liebknecht, Rosa Luxemburg und Ledebour nicht in die Nationalversammlung.

Rosa Luxemburgs starker Geist hatte auf ihren Mitkämpfer Liebknecht leider wenig Einfluß. Freilich schwankte auch sie während der Revolutionszeit hin und her und machte besserer Erkenntnis zuwider Konzessionen an ihre wildgewordenen Anhänger. Sie war Gegnerin des unsinnigen Januarputsches gewesen. Sie geriet, wie Paul Levi 1921 erzählte, in einer Sitzung in der Puttkammerstraße hart mit Liebknecht aneinander. Leo Jogisches hatte damals den Vorschlag gemacht, während des Kampfes in der „Roten Fahne" in einer scharfen Erklärung von Liebknecht öffentlich abzurücken. Damals hatte Rosa Luxemburg schon den Gedanken gehabt, daß ein Zusammengehen mit Liebknecht nicht mehr lange möglich sei.

Auch wer nicht mit Rosa Luxemburgs Auffassungen einverstanden war, fand in der Lektüre vieler ihrer wissenschaftlichen Arbeiten reiche Anregung. Eine dichterische Natur war Rosa Luxemburg trotz ihrer schönen Gefängnisbriefe aber nicht. Als sie im Kriege die anderthalb Jahre Gefängnis absaß, die ihr wegen antimilitaristischer Propaganda zudiktiert worden waren, konnte sie sich in ihren Briefen schon des Zuchthauses wegen nicht mit den großen Problemen der Zeit befassen. Wenn deshalb in so poesievoller Weise in ihren Gefängnisbriefen von Blumen, Grillen und Vögeln die Rede ist, so berührt das nur eine Seite ihres Wesens. Die andere Seite war damals eingeengt durch die Gewalt, die das Zuchthaus über sie hatte. Draußen in der Freiheit — ihre Leitartikel in der „Roten Fahne" beweisen das — war ihre Sprache keineswegs vorwiegend lyrisch. Ihre Artikel waren oft von beißender Schärfe. Bei Rosa Luxemburg waren schon in der Vorkriegszeit blanquistische Gedankengänge lebendig gewesen. Sie wollte sich im Grunde genommen auf den revolutionären Elan einer kleinen aktiven Kampfesgruppe verlassen. Qualität, nicht Quantität sollte maßgebend sein. Sie hegte die kühne Hoffnung, daß in Zeiten revolutionärer Erregung sich die Anziehungskraft einer kleinen Kampfgruppe auf die Masse magnetisch bewähren würde. Sie schätzte deshalb den Unterschied zwischen Organisierten und Unorganisierten gering ein. Die Indifferenten trennte ja nur ein Blatt Papier — das Mitgliedsbuch — von den Organisierten!

Vor dem Kriege hatte Rosa Luxemburg des öfteren den Versuch gemacht, uns Jüngere zu bekehren. Ohne Erfolg. Ich selbst habe Rosa Luxemburg früh kennengelernt, weil ich von 1897 bis 1906 in Schlesien tätig war. Rosa Luxemburg stand damals in scharfem Kampf mit der polnisch-sozialistischen Partei Oberschlesiens, wobei sie die Hilfe der deutschen Genossen in Schlesien suchte.

Auch in den ersten Jahren meiner Berliner Tätigkeit kam ich noch öfter mit ihr zusammen. Ein Brief, den sie mir aus ihrer Friedenauer Wohnung in der Cranachstraße 58 am 28. August 1908 wegen Schönlanks Sohn Hellmut schrieb, ist mir ein Erinnerungszeichen aus jener Zeit. Später kamen wir immer weiter auseinander. Im Kriege veröffentlichte sie ihre scharfe Kritik an dem Verhalten der Mehrheitssozialdemokratie unter dem Pseudonym „Junius": „Der Krieg und die deutsche Sozialdemokratie." Und doch blieb sie uns als Denkerin näher als den Spartakisten; wie ihr im Sommer 1918 im Gefängnis geschriebenes nachgelassenes Buch über die russische Revolution beweist, übte sie an Lenin scharfe Kritik. Sie hielt nach diesem Buch nichts von der Diktatur einer Handvoll Politiker. Sie suchte dialektisch-spielerisch für Demokratie und Diktatur eine Synthese zu finden: „Jawohl Diktatur! Aber diese Diktatur besteht in der Art der Verwendung der Demokratie, nicht in ihrer Abschaffung." Um die Demokratie verwenden zu können, muß man aufgeklärte Massen haben. Diese fehlten der Spartakusbewegung. Ueber die Erziehung der Massen schrieb Rosa Luxemburg in diesem Buche:

„Der einzige Weg zu dieser Wiedergeburt (der Massen) ist die Schule des öffentlichen Lebens selbst, uneingeschränkte weiteste Demokratie, öffentliche Meinung. Gerade Schreckensherrschaft demoralisiert."

Bürgerkrieg demoralisiert noch mehr als Krieg. Demoralisation auf der linken Seite weckt Demoralisation auf der rechten Seite und umgekehrt. Rosa Luxemburg fiel als Opfer des weißen Schreckens, der das Gegenstück des roten Schreckens war.

XVIII. Die neue Gesetzlichkeit

Am 25. Januar 1919 fuhr ich mit Wels und Hermann Molkenbuhr zur Berner Internationalen Sozialistenkonferenz, die zu dem Friedensproblem Stellung nahm. Ihre Tagung gehört zeitlich in die illegale Periode. Der Raum, der diesem Buch gesetzt ist, verbietet mir aber eine Schilderung der Berner Tagung, die ich in einem späteren Buch nachzuholen gedenke.

Wir hatten in Bern keinen leichten Stand. Aus dem Lager der Entente-Sozialisten wurde zuerst die Forderung erhoben, die deutsche Mehrheitssozialdemokratie wegen der im Kriege betriebenen Politik auszuschließen oder zum Widerruf zu zwingen. Gegen diese Bestrebungen setzte sich jedoch die Erkenntnis durch, daß man mit Ausschluß der Mehrheitssozialdemokratie die überwältigende Mehrzahl der deutschen Arbeiterklasse aus der Internationale entferne. Der Beweis hierfür war durch den Ausgang der Wahlen zur Nationalversammlung erbracht. Wir erreichten schließlich aber die Anerkenntnis, daß unsere in Bern abgegebenen Erklärungen revolutionären Geist bekundet haben. Die Konferenz begrüßte die deutsche Revolution und sah die Bahn frei für die gemeinsame Arbeit der Internationale. Auf den Abschluß des Friedens haben die Berner Beschlüsse keinen Einfluß gehabt.

Am Nachmittag des 14. Februar kamen wir in W e i m a r an. Wegen der Berner Konferenz haben Wels, Molkenbuhr und ich die ersten zehn Tage der Tagung der Nationalversammlung nicht miterlebt.

Die Wahlen zur Nationalversammlung waren am 19. Januar 1919 im ganzen Reiche friedlich verlaufen. Die Spartakisten hatten Wahlenthaltung proklamiert. Sie hatten sich auch sonst passiv verhalten und, wie das Wahlergebnis zeigte, zahlenmäßig nicht viel zu bedeuten. Die Wahlbeteiligung war groß, sie betrug 82,7 Prozent. Die Frauen machten von dem ihnen neu verliehenen Wahlrecht fleißig Gebrauch. Unter den gewählten Abgeordneten befanden sich 37 Frauen, davon 19 in der sozialdemokratischen Fraktion und 3 in der der Unabhängigen.

Der Wahlaufruf der mehrheitssozialdemokratischen Partei war vom 1. Januar 1919 datiert. Die Sprache des Aufrufes war klar, der Ton frisch, der Inhalt unzweideutig.

Der Aufruf sagte, daß die Sozialdemokratie dem Volke so rasch wie möglich zu seinem Rechte verhelfen wolle, selbst über seine Geschicke zu bestimmen. Damit habe sie gezeigt, daß sie das Urteil des Volkes nicht scheue. Aber der Aufruf scheute auch das Bekenntnis zur Vergangenheit nicht: „Unsere Kreditbewilligung war Bekenntnis der Liebe zum eigenen Volk, nicht des Gehorsams gegenüber den früheren Beherrschern Deutschlands. Unser Ziel war die Abwehr feindlicher Uebermacht und der Abschluß eines Verständigungsfriedens." „Die nationalistische Ueberhebung, der die bürgerlichen Parteien zum großen Teil verfallen waren, Blindheit und Hochmut unserer früheren Machthaber mißachteten unseren Rat und führten uns ins Verderben. So kam die Revolution."

Die Sozialdemokratie wolle: „Die freieste republikanische Verfassung, einen gerechten Frieden, Schutz gegen neue Ausbeutung und Unterdrückung der geistig und körperlich Schaffenden durch den Kapitalismus, höchste Freiheit und vollkommenste Ordnung für alle." Auch die konfessionellen Gemeinschaften sollen jede Freiheit eines freien Staates genießen. . . .

„Wir wollen, daß alle Angehörigen unseres Volkes frei und gleich nebeneinanderstehen, und daß unser Volk frei und gleich neben den anderen Völkern stehen soll!

Eine Riesenaufgabe, wie sie noch keiner Partei beschieden war, steht vor uns. Nur das Vertrauen an die Gerechtigkeit unserer Sache verleiht uns den Mut Euch aufzurufen: Gebt uns die Macht, sie zu vollenden."

Der Wahlkampf war nicht leicht. Trotzdem errang die Mehrheitssozialdemokratie einen glänzenden Sieg: 11½ Millionen Wählerinnen und Wähler wählten ihre Kandidaten. Sie erhielt 37,8 Proz. aller abgegebenen Stimmen. Mit 163 Mandaten war die Sozialdemokratie die weitaus stärkste Partei in der Nationalversammlung.

Aber der Sieg reichte nicht aus zur Führung einer rein sozialistischen Politik. Die Unabhängigen verfügten nur über 22 Mandate. Die Nationalversammlung hatte also keine sozialistische Mehrheit. Die bürgerlichen Parteien hatten 236 von insgesamt 423 Mandaten inne. 25 Mandate hätten von den sozialistischen Parteien mehr erobert werden müssen, wenn eine knappe sozialistische Mehrheit hätte erreicht werden sollen. Ob eine einige, geschlossene sozialdemokratische Partei dieses Mehr an Mandaten erreicht hätte? Jedenfalls hätte eine einige Partei es leichter gehabt, moralische Eroberungen zu machen. Aber seien wir ehrlich: auch mit einer knappen Mehrheit in der Nationalversammlung hätte in einem Staate, der sich nach 4½jährigem Kriege von der Kriegs- zur Friedenswirtschaft umstellen mußte, in Anbetracht der ungeheuren Verluste an Volkskraft und Volksvermögen die Vollsozialisierung nicht glatt durchgeführt werden können. Wären gar Experimente nach russischem Muster versucht worden, so wäre der Pendel sicher bald noch weiter nach rechts geschlagen, als das in den folgenden Jahren sowieso der Fall war. Karl Marx hat in seinen historischen Schriften an den Beispielen der Pariser Februar- und Julirevolution gezeigt, wie vor, in und nach Revolutionen die jeweilig in der Gesellschaft vorhandenen Klassenkräfte sich auswirken. Die Umlagerung der sozialen Grundlagen der Gesellschaft kann nur das Ergebnis eines längeren wirtschaftlichen Prozesses sein. K u r t E i s n e r , der die Einberufung der bayerischen verfassunggebenden Versammlung wegen des ihm unbequemen Wahlergebnisses ungebührlich verzögerte, sagte in dem Programm der bayerischen Regierung Ende Januar 1919 folgende Wahrheiten:

„Wir sprechen aber in vollkommener Offenheit aus, daß es uns unmöglich scheint, in einer Zeit, da die Produktivkräfte des Landes nahezu erschöpft sind, die Industrie sofort in den Besitz der Gesellschaft überzuführen. Man kann nicht sozialisieren, wenn kaum etwas da ist, das zu sozialisieren ist. Es ist die Auffassung von Karl Marx, daß die Wirtschaft dann in den Besitz der Gesellschaft übergeführt werden muß, wenn die Produktivkräfte sich so gewaltig entwickelt haben, daß sie die zu enge Hülle der kapitalistischen Ordnung sprengen. Ferner scheint es unmöglich, in einem einzelnen nationalen Gebiete der Weltwirtschaft die sozialistische Ordnung durchzuführen."

In den Ländern der Entente konnten die sozialistischen Parteien unter dem Druck der Sieger an die Durchführung der Sozialisierung damals gar nicht denken.

Die bürgerlichen Parteien hatten die Mehrheit zum Teil unter neuen Firmenschildern erreicht. Die Konservativen, die freikonservative Reichspartei und die antisemitischen und deutsch-sozialen Gruppen hatten sich zur „Deutschnationalen Volkspartei" zusammengeschlossen. Die fortschrittliche Volkspartei nannte sich jetzt deutsch-demokratische Partei. Dieser schloß sich auch der linke Flügel der früheren Nationalliberalen an. Weil die Führer der neugegründeten demokratischen Partei Gustav Stresemann wegen der von ihm im Kriege befürworteten Politik nicht trauten und ihn deshalb zu der Gründung der demokratischen Partei nicht einluden, schuf Stresemann mit den Resten der Nationalliberalen die „Deutsche Volkspartei". Selbst das Zentrum zog als „Christliche Volkspartei" in den ersten Wahlkampf. Die beiden Rechtsparteien erhielten zusammen nur 64, davon die Deutsche Volkspartei 22, das Zentrum einschließlich der Bayern 90, die Demokratische Partei 75 Mandate. Außerdem saßen noch 7 Wilde (Welfen und Bauern) in der Nationalversammlung.

Das Wahlergebnis ließ theoretisch die Möglichkeit einer gesamtbürgerlichen Regierung gegen die Sozialisten zu. Praktisch kam das nicht in Betracht. Ohne die deutsche Arbeiterschaft, die stärker denn je sozialistisch gewählt hatte, konnte der deutsche Aufbau nicht vollzogen werden. Außerdem hätte eine Regierung mit Einbeziehung der Rechtsparteien damals wie eine Provokation der ganzen Welt gewirkt. Die Deutschnationalen waren gewillt, die verfehlte Politik der Kaiserzeit fortzusetzen. Neu war nur, daß sie sich gegen jede Diktatur wandten und für das parlamentarische System einsetzten.

Eine sozialdemokratische Minderheitsregierung wäre gleichfalls theoretisch möglich gewesen. In den Reihen der christlichen Gewerkschaften wurde für sie Stimmung gemacht. In diesem Falle hätten die Sozialisten allein den Frieden schließen müssen, im Parlament aber für alle Gesetze die Unterstützung bürgerlicher Politiker gebraucht.

Praktisch kam eine sozialistische Minderheitsregierung ernsthaft nicht in Frage, weil die Ablösung des Waffenstillstandes durch einen Friedensvertrag die Bildung einer Regierung voraussetzte, die sich auf eine sichere Mehrheit stützen konnte.

Eine sozialistische Minderheitsregierung wäre im übrigen nur als Regierung der Mehrheitssozialdemokraten möglich gewesen. Die mehrheitssozialdemokratische Fraktion der Nationalversammlung hatte am 5. Februar bei den Unabhängigen angefragt, ob sie bereit seien, in eine auf demokratischer Grundlage zu bildende Reichsregierung einzutreten. Es wurde dabei ausdrücklich das Bekenntnis zu einer Staatsform vorausgesetzt, die in jeder Beziehung dem Willen der Mehrheit des Volkes angepaßt war. Die Fraktion der Unabhängigen sagte am 6. Februar ab. Sie verlangte als Vorbedingung die Absage an die bestehende Gewaltherrschaft und das Bekenntnis und den entschlossenen Willen sämtlicher Mitglieder, die demokratischen und sozialistischen Errungenschaften gegen die Bourgeoisie und die Militärautokratie zu verteidigen. Nach dem Ausgang des Wahlkampfes war eine solche Antwort zu erwarten. Wären die Unabhängigen damals in die Regierung gegangen, so hätten ihre Wähler das nach dem soeben geführten Wahlkampf nicht verstanden.

Zur Herbeiführung des Friedens und zur Schaffung einer republikanischen Verfassung war deshalb das einzig Mögliche: die Bildung einer Koalitionsregierung der republikanischen Parteien, d. h. der Mehrheitssozialdemokratie, des Zentrums und der Demokraten. Die Demokratische Partei hatte sich bei ihrer Gründung im Dezember 1918 zur republikanischen Staatsform bekannt und in ihrem Wahlaufruf gesagt, daß alle öffentliche Macht allein auf dem Willen des souveränen Volkes beruhen müsse. Sie trat für eine soziale Steuer- und Wirtschaftspolitik auf dem Boden der bürgerlichen Gesellschaftsordnung ein. Das Zentrum hatte sich in seinem Wahlaufruf rückhaltlos zum demokratischen Volksstaat bekannt. Es trat ein für „gleiches Recht aller Volksschichten auf Teilnahme an der Verwaltung aller Angelegenheiten ohne Kastengeist und Klassenbevorzugung". In sozialen Fragen stand also das

Zentrum, in den kulturellen die Demokratische Partei der Sozialdemokratie näher. So schufen denn diese drei Parteien gemeinsam
die Grundlage der neuen Republik, für die dann der Zentrumsabgeordnete Mathias Erzberger und der Demokrat Walther
Rathenau später zu Blutzeugen werden sollten.

Als ich am Nachmittag des 14. Februar in Weimar ankam, war
das Gesetz über die vorläufige Reichsgewalt vom 10. Februar 1919
bereits erlassen. Der Zentralrat der Arbeiter- und Soldatenräte
Deutschlands hatte am 4. Februar 1919 als Reichskontrollinstanz
seine Tätigkeit zugunsten der Nationalversammlung eingestellt.
Die Volksbeauftragten hatten am 10. Februar nach Annahme der
vorläufigen Reichsverfassung ihre Aemter niedergelegt. Friedrich
E b e r t war mit 277 von 379 Stimmen am 11. Februar zum vorläufigen Reichspräsidenten gewählt worden. Philipp S c h e i d e -
m a n n hatte als Reichsministerpräsident das erste Ministerium
der deutschen Republik bereits gebildet und am 13. Februar seine
Regierungserklärung abgegeben. Der 77jährige Wilhelm P f a n n -
k u c h war noch ganz im Vollgefühl der historischen Stunde, in
der er als Alterspräsident die Nationalversammlung der Republik
eröffnet hatte. Das hätte sich der junge Tischlergeselle nicht
träumen lassen, als er, ergriffen vom Feuergeiste Lassallescher Agitation in den sechziger Jahren des vergangenen Jahrhunderts sich
in Kassel der sozialistischen Bewegung anschloß. Als ich in Weimar
ankam, war der erste Präsident der Nationalversammlung, Eduard
David, infolge seines Eintritts in das Reichsministerium bereits
durch Fehrenbach ersetzt. Zur Regierungserklärung hatte als
Redner der sozialdemokratischen Fraktion bereits Wilhelm K e i l
gesprochen.

Als ich das Nationaltheater in Weimar betrat, in dem die
Nationalversammlung tagte, sprach gerade der alte Graf P o s a -
d o w s k i - W e h n e r , der solange im Kaiserreich als Staatssekretär der Finanzen und des Innern für die Regierung das Wort
geführt hatte. Jetzt sprach er resigniert als Abgeordneter gerade:

„Prinz Max von Baden hat die bisherige Regierung liquidiert und die
parlamentarische Regierung amtlich in Deutschland eingeführt. Man hätte
nun glauben können, daß die Einführung der parlamentarischen Regierung den weitestgehenden Politikern genügt hätte."

Der Graf übersah, daß Prinz Max zu spät gekommen war. An
sein parlamentarisches System hatte das Volk den Glauben verloren.

Nach Sitzungsschluß ging ich zunächst in mein Privatquartier.
Ich blieb dort wohnen, bis ich im Juni 1919, als Nachfolger des

Grafen Brockdorff-Rantzau als Außenminister in das Weimarer Schloß übersiedelte.

Am Abend ging ich in das Schloß, wo Wels, Molkenbuhr und ich Ebert und Scheidemann einen Stimmungsbericht über die Berner Konferenz gaben. Dann sprachen wir über die nächste Zukunft Deutschlands, die uns schwarz erschien. Aber Ebert verlor nie den Mut. Sein Glaube an eine bessere Zukunft Deutschlands war unerschütterlich.

Es ist jedoch nicht Aufgabe dieses Buches, die neue legale Periode der deutschen Geschichte zu schildern. Die Zeit der Revolution war mit dem Beginn der Tagung der Nationalversammlung zu Ende, wenn auch noch manche Unruhen das Gefüge des neuen Staates zu erschüttern drohten. So hat der Berliner Märzputsch mehr Menschenblut gekostet als alle vorausgegangenen Unruhen. Im Rheinland, in Oberschlesien, in Mitteldeutschland gab es auch späterhin noch aufständische Bewegungen. Immer wieder versuchten die Spartakisten die Regierung durch Stillegung der wichtigsten Produktionsbetriebe lahmzulegen. Ende Februar war die Nationalversammlung in Weimar tagelang von dem ordnungsgemäßen Zugverkehr nach Norden abgeschlossen. Aber das alles waren nur vorübergehende Erscheinungen und Nachhutgefechte. Die Nationalversammlung blieb in Weimar und vollendete dort ihr Werk.

Der Uebergang vom Obrigkeitsstaat zum Volksstaat vollzog sich verhältnismäßig leicht, weil die Volksbeauftragten in der verfassungslosen Zeit sich auf allen wichtigen Gebieten als Gesetzgeber bewährt hatten. Der Nationalversammlung wurden die von den Volksbeauftragten erlassenen nicht weniger als 124 Verordnungen zur Ueberprüfung innerhalb dreier Monate vorgelegt. Sie bestanden in den drei Ausschüssen, denen die Verordnungen überwiesen waren, diese Prüfung.

Im zehnten Jahre der Republik weiß die in der Nachkriegszeit aufgewachsene Jugend vielfach gar nicht, was sich gegen früher durch die Revolution grundlegend geändert hat. Ich denke dabei nicht nur an die Verfassungsverhältnisse, sondern an die Verbesserungen auf allen Gebieten des öffentlichen Lebens. Die Revolution hat, um nur einiges anzuführen, die Gesindeordnung und die ausnahmegesetzlichen Bestimmungen für die Landarbeiter beseitigt und diesen das Koalitionsrecht gegeben. Die Revolution hat den Kreis der Sozialversicherten bedeutend erweitert. Die Revolution hat die Beamten erst zu freien Staatsbürgern gemacht. Es war geradezu eine symbolische Handlung, als der sozialdemokratische preußische

Unterrichtsminister damals den gemaßregelten Privatdozenten Leo Arons rehabilitierte, der unter dem Kaiserreich seine Lehrtätigkeit als Physiker von Ruf an der Berliner Universität aufgeben mußte, weil er sich außerhalb seines Amtes politisch zur sozialdemokratischen Partei bekannt hatte. Nach der Revolution wurde die Erwerbslosenversicherung erst durch Verordnung, dann durch Gesetz eingeführt. Nur die Gewerkschaften zahlten vorher Arbeitslosenunterstützung. Wer von den Arbeitslosen ausgesteuert war, fiel der Armenfürsorge der Gemeinde zur Last, und Empfang von Armenunterstützung war vor dem Kriege mit Verlust des Wahlrechts verbunden. Die Revolution brachte die Befreiung der geringen Einkommen von der Einkommensteuer, während im Obrigkeitsstaat die geringsten Einkommen Gemeindesteuern zahlen mußten. Die Revolution hat erst die Grundlage für ein deutsches Tarifrecht geschaffen. Ohne das Schlichtungswesen wäre in den Zeiten großer Arbeitslosigkeit, wie wir sie in der Nachkriegszeit erlebten, der Reallohn von Millionen Arbeitern stark gesenkt worden, wie das vor dem Kriege stets in Krisenzeiten der Fall war. Erst nach der Revolution mußten sich die Unternehmer gesetzliche Beschränkungen bei der Einstellung und Entlassung von Arbeitern und Angestellten gefallen lassen. Die Revolutionszeit brachte durch die beiden Demobilmachungsverordnungen über die Arbeitszeit den Achtstundentag. Im Herbst 1923 wurden diese beiden Verordnungen, als sie im Ablaufen waren, von einer rein bürgerlichen Regierung nicht erneuert, und seither ist das Prinzip des Achtstundentags in Deutschland durchlöchert. Im Obrigkeitsstaat gab es keinen Schutz für die erwachsenen männlichen Arbeiter in bezug auf die Begrenzung der Arbeitszeit, nur für weibliche und jugendliche Arbeiter kannte die Gewerbeordnung einschränkende Bestimmungen. Die Revolution gab den Betriebsräten ihre Stellung im Gesetz. Das war ein erster kleiner Versuch zu dem großen Ziel: neben die politische Demokratie die Wirtschaftsdemokratie zu setzen.

Die Revolution hat das Werk der Befreiung der Arbeiterklasse eingeleitet. Im Werk von Weimar liegt der Keim für die werdende sozialistische Gesellschaft. Es ist Aufgabe der Zukunft, das in Weimar begonnene Werk zur Reife zu bringen. Das wird gelingen, wenn wir aus der Revolutionszeit die große Lehre ziehen, daß ein so hohes Ziel nur durch die geeinte Arbeiterklasse zu erreichen ist.